KB252790

타르코프스키의 영화

■ 일러두기

• 옮긴이가 단 주는 본문에 (—옮긴이)로 표기했으며 그 외의 주석은 모두 저자가 달았다.

• 타르코프스키의 저서 『Sculpting in Time』는 『시간 속의 조각』으로 번역했으며 국내 번역본은 『봉인된 시간』(분도출판사)이다.

• 도서명은 『 』, 영화 제목과 미술 작품명은 〈 〉로 표기했다.

타르코프스키의 영화

시간과 공간의 미로

나리만 스카코프 지음

이시은 옮김

B612 북스

옮긴이_ **이시은**
서울대학교 서양사학과와 KAIST 경영대학원 MBA를 졸업했으며 대기업, 컨설팅사 등을 거쳐
현재는 〈바른 번역〉의 전문 번역가 겸 자유기고가로 활동 중입니다. 옮긴책으로는 『심리의책』,
『위대한예술』, 『위대한세계사』, 『철학의책』, 『큐레이션』, 『써먹는 서양 철학』 등이 있습니다.

타르코프스키의 영화
시간과 공간의 미로

개정판 1쇄 발행 2026년 2월 25일

지 은 이	나리만 스카코브
옮 긴 이	이시은
펴 낸 이	권기남
펴 낸 곳	B612북스

주　　소	경기 양주시 양주산성로 838−71
전화번호	031)879−7831 팩스 031)879−7832

이 메 일	b612books@naver.com
홈페이지	blog.naver.com/b612books
출판등록	2012년 3월 30일(제2012−000069호)

ISBN 978−89−98427−58−0 (03680)

B612북스, 2026, Printed in Seoul, Korea
• 책값은 뒤표지에 표시되어 있습니다.

차례

시간(들)과 공간(들)에 대하여

물살이 아주 완만하게 흐르고 좋은 자전거나 말이 있다면,
같은 강물에 두 번(위생상 필요하다면 세 번까지도) 몸을 담글 수 있다.
– 아우구스토 몬테로소

1971년 2월 15일에 러시아 영화감독 안드레이 타르코프스키Andrei Tar-
kovsky는 일기에 이렇게 적었다. '나는 여러 해 동안 시간의 권역에서 가
장 놀라운 발견이 우리를 기다리고 있다는 확신에 시달렸다. 우리는 그
무엇보다 시간에 대해 모른다.'[1] 단순한 '때'가 아닌 현상으로서의 '시간'
은 이 감독이 평생 매달렸던 주제였다. 타르코프스키는 수수께끼 같고
가끔은 앞뒤가 맞지 않는 자신의 말을 보완하기 위해 수시로 헤라클레
이토스Heraclitus, 몽테뉴Michel de Montaigne, 쇼펜하우어Arthur Schopenhauer의
시간 철학을 끌어들였다. 그러나 설사 이 감독의 책이나 발언에서 포괄
적이고 한결같은 시간 철학을 발견하지 못하더라도, 그의 영화에서만큼
은 대단히 독창적이고 일관된 시간의 '환영'을 맛보게 된다. 타르코프스
키의 영화는 그 특유의 유장한 흐름으로, 시간을 마치 손에 잡힐 듯 생

생하다가도 순식간에 어디론가 빠져나가 부서지고 마는 '실체'로 그려낸다. 아마 러시아 시인 오시프 만델슈탐Osip Mandelstam이 '수줍은 번데기, 밀가루를 뿌려 놓은 배추흰나비'[2]라 노래한 것도 바로 이러한 종류의 시간이었을 것이다.

만델슈탐의 비유는 눈에 잘 띄지 않는 변화, 느린 움직임, 영원히 계속되는 소실을 떠올린다. 모두 타르코프스키의 영화 일곱 편에서 매번 마주치게 되는 시간 이미지와 관련이 깊다. 그러나 이 비유의 생동감은 그 물질성을 통해 획득된다. 숨어 있는 번데기와 밀가루를 덮어 쓴 나비의 날개란 구체적이고 공간적인 이미지이다. 시간은 공간 속으로 퍼져 나가면서 조형력 있는 시간성의 개념으로 발전한다. 영화는 시간 속에 공간적으로 국지화 가능한 요소를 구조화함으로써, 이러한 발전을 입증한다. 타르코프스키는 '공간'의 권역에서도 놀라운 발견이 우리를 기다리고 있다는 명백한 사실을 간과한 듯하다.

시간

타르코프스키가 여러 텍스트에서 복잡하게 설명한 바 있듯이, 그의 미학적 체계의 핵심은 시간 그 자체이다. 영어로 번역된 그의 두 저서, 일기와 영화 예술론의 제목에는 모두 '시간'이라는 단어가 들어간다. 『시간 속의 시간Time Within Time』과 『시간 속의 조각Sculpting in Time』은 이 네 번째 차원을 이해하고 위치 부여하려는 노력의 일환이다. 그러나 더 중요한 것은, 피사체의 색과 질감 등 시간과 관련된 다양한 이미지 요소에 대한 감독의 생각이나 그의 트레이드마크인 롱테이크, 그리고 영화를 '시간 속의 조각sculpting in time' 또는 '봉인된 시간imprinted time'으로 보는 그의 미학적 원칙이 모두 영화의 시간적 특징을 강조한다는 사실이다. 이러한 미학적 전략에서, 그는 시간을 각각 변화의 동인, 지속, 모든 것을 아우르는 존재와 창조성의 보고로 간주한다.

『시간 속의 조각』에서 타르코프스키는 '우리들을 에워싸고 있는 이 세계가 천연색일지라도 흑백 영화가 이 세계의 모습을 심리적, 자연적, 시적 진실의 측면에서 더 적나라하게 재현해 주며 따라서 주로 시각성에 의존하는 예술인 영화 예술의 본질에 더 적합하다.'[3]라고 주장한다. 그럼에도 불구하고 천연색을 사용하고자 한다면, 촬영 기사가 극도로 주의를 기울여야 한다. 천연색은 시간의 변화에 따른 물질의 상태, 그 변화와 내구성을 드러내기 때문이다. 이러한 점에서, 색깔이 변하는 나뭇잎이나 낡은 철문에 슨 녹은 자연의 변화 과정, 즉 시간의 지속을 겪고 있는 자연을 표현하기에 이상적인 영화 이미지라 할 수 있다. 모든 물질은 결코 영원할 수 없다는 달갑지 않은 현실 앞에서 시간의 흐름과 함께 쇠락해간다. 흑백 영화인 〈이반의 어린 시절〉을 제외한 타르코프스키의 모든 작품에서 다양한 유형과 채색의 단계적 변화가 사용된 데는 이렇게 감독이 색에 예민했던 까닭도 있다. 보통 자연의 이미지를 통해 흑백에서 컬러 화면으로 전환될 때마다 관객은 시간 축의 이동을 깨닫게 되고, 아울러 피사체의 질감으로 시간의 경과가 표현된다.

한편, 시간의 경과는 타르코프스키의 영화관을 구현하는 롱테이크의 주요한 특징이기도 하다. 롱테이크는 의심할 여지없이 감독의 가장 유명한 스타일적 장치로, 그는 단일한 숏 안에서 '실제 시간'을 재현하기 위해 이 기법을 즐겨 사용했다. 롱테이크란 영화의 일반적인 편집 속도보다 더 오랫동안 중단되지 않고 이어지는 화면으로, 타르코프스키의 경우 보통 슬로모션과 함께 구사한다. 롱테이크는 닫히기를(즉 편집을) 거부하며 계속 열린 상태로 남아 지속적인 현장감을 추구한다. 그리하여 관객은 내러티브를 잠시 제쳐 놓고 순수한 형태의 시간을 응시하도록 초대받는다. 말 그대로 '시간 속의 시간'[4]을 경험하게 되는 것이다.

그러나 시간의 개념에 대한 타르코프스키의 편견은 영화를 '시간 속의 조각'으로 여기던 그의 영화관에 가장 중요한 흔적을 남기고 있다. 이 원칙은 『시간 속의 조각』의 3장에서 잘 나타난다.

> 영화감독의 작업의 본질은 무엇인가? 시간 속의 조각이라 정의할 수 있을 것이다…감독은 거대하고 단단한 삶의 사실들로 뭉쳐진 '덩어리 시간'에서 모든 불필요한 것을 깎아 내고 제거하여, 앞으로 완성될 영화의 일부가 되고 전체 영화에 없어서는 안 될 순간만을 남겨 둔다.[5]

그 본연의 형태와 모습으로 포착되고 각인되어 보존된 시간이야말로 타르코프스키가 생각하는 영화 예술의 궁극적인 근간이다. 시간의 흐름 속에 빠져드는 삶의 사실들이라 할 현실은 시간을 잘라냄으로써 하나의 인상, 즉 영화 이미지로 바뀐다. 그러므로 시간의 흐름을 감지하는 능력은 영화를 만드는 데 필수적이다. 영화감독은 '시간 속에 머물며 변해 가는 사실과 본질의 감각을 전하겠다는'[6] 영화의 근본적인 야심을 실현하기 위해, 일상적이고 단순한 사건들을 시간의 프리즘을 통해 관찰해야 한다. 여기에서 타르코프스키가 다큐멘터리 연대기를 '가장 이상적인 영화'[7]로 꼽은 이유가 분명해진다. 이 장르는 현실 그 자체를 관찰하고 재구성하여, 사실이 그 결을 되찾는 과정을 보여 주기 때문이다.

'시간 속의 조각'이란 원칙하에 롱테이크를 즐겨 사용하다 보니, 타르코프스키는 자연히 앞서 지적인 몽타주 기법을 주장했던 세르게이 예이젠시테인Sergei Eisenstein과 반대 입장에 서게 되었다. 이 소련의 초기 영화감독에게 영화란 주로 현실에 대한 심상을 제시하는 것으로, 이질적이고 비교적 짧은 숏을 조합하여 일관되고 확신에 찬 담론을 만들어 내는 감독의 능력에 그 본질이 있다. 그래서 몽타주는 일반적으로 현실을 산산조각 낸 후 변증법적 체계로 재구성하여 상이한 시각적 요소의 충돌에서 새로운 인식을 이끌어 내는 기법으로 알려져 있다. 또 정서적이거나 정치적인 메시지를 모호하지 않게 전달하는 데 목적을 둔다. 앙드레 바쟁André Bazin의 말대로, 이러한 몽타주는 관객에게 사건을 보여주지 않고 단지 암시하는 데 그친다.[8] 반면 타르코프스키가 추구하는 영화는 현실을 있는 그대로 객관적으로 드러낸다. 몽타주는 그 존재가 두드러질 경우 시간의 흐름을 방해하므로 언제나 감춰져야 한다.[9] 몽타주의 역할은 의미로 채워진 화면이 아니라 시간으로 채워진 화면을 병치하는 것이다.[10] 나아가 '시간은 영화 속에서 편집의 힘으로 흘러가는 것이 아니라, 편집을 했음에도 "불구하고" 흘러가는 것이다.'[11] 이렇게 선형적이고 의미론적인 심상의 몽타주에서 시간적 영역으로 전환한 결과 '포착된' 시간의 추상적인 이미지, 즉 시간의 '조각'이 모습을 드러낸다.

타르코프스키의 시간의 개념에 대한 집착은 그동안 많은 비평가들이 지적해 왔지만[12], 그 중에서도 질 들뢰즈Gilles Deleuze는 특별한 위상을 차지한다. 타르코프스키를 이해하는 데 가장 도움이 되는 비평 중 상당수는 '시간-이미지time-image'와 거기에서 파생된 '결정-이미지crystal-image'라는 그의 중요한 영화 이론 개념에 걸쳐 있다. 들뢰즈의 유명한 이분법, 즉 이른바 고전 영화의 실용적이고 인물 중심적인 '운동-이미지 movement—image'와 전후 영화의 추상적인 '시간-이미지'의 구분은 시간과 공간이라는 두 근원적 개념의 하위 개념 간의 충돌로 이해할 수 있다. 운동-이미지는 내러티브의 운반자로서, 몽타주로 구성된 공간과 인물의 선형적인 진행을 이룬다. 반면 시간-이미지는 느슨한 서사적 결말에 이르는 추상적인 상황을 제시하여 '역설적인 움직임을 창출'한다[13]. 들뢰즈는 또 직접적인 시간-이미지를 구현하는 방법 중 하나가 결정-이미지, 즉 실제적인 현실과 가상적인 과거 이미지를 서로 구분하기 힘들 정도로 융합하는 것이라고 주장한다.[14] 그가 보기에, 타르코프스키의 영화는 후자의 전형이다.

> 그리고 풍경이, 결정체적인 배아와 결정화될 수 있는 질료만을 보유한 환경에서 환각적으로 되어버린 결정적인 공간들이 있다. 그러나 이 공간들을 특징짓는 것은, 이들의 성격이 단지 공간적인 방식만으로는 설명될 수 없다는 데 있다. 이 공간들은 국지화될 수 없는 관계들을 함축한다. 그것이 바로 시간의 직접적인 현시이다. 우리는 더 이상 운동으로부터 유출되는 시간의 간접적 이미지를 갖는 것이 아니라, 운동 자신이 그로부터 유출되는 직접적인 시간-이미지를 갖게 되는 것이다. 더 이상 우연적인 비정상적 운동에 의해 전복될 수 있는 연대기적 시간이 아닌, 필연적으로 '비정상적'이고 본질적으로 '거짓'인 운동을 생산하는 만성적인, 비-연대기적 시간chronic non—chronological time을 갖게 되는 것이다.[15]

이 '만성적인 비-연대기적 시간'은 비-경험적인 시간 구성이 가능한 영화의 잠재력을 보여주는 데 기여한다. 시간-이미지 속의 시간은 3차원적 공간의 부담에서 해방된 듯하다. 배경이나 인물 관계가 시간적으로 선형적인 내러티브 진행에 따르지 않고 완전히 해체된 상태로 제시되는 것이다. 공간은 더 이상 행위의 장소나 상호 작용의 현장이 아니다. 실제 타르코프스키의 여러 인물은 환각적인 풍경 속에 살면서 공간적 방향 감각을 완전히 상실하여 결과적으로 '만성적인 비-연대기적 시간'에 머문다.

그러나 들뢰즈의 이론과 타르코프스키의 응용 사이에는 두드러진 차이가 있다. 들뢰즈의 시간의 형이상학이 변화가 제한된 수학적-구조주의적 개념에 기초하여 도덕적 혹은 신학적 '부담'에서 완전히 자유로운 시간 이미지를 제시한다면, 타르코프스키의 시간의 '조각'은 대단히 인간 중심적이고 또 특정의 신성한 이상을 추구한다. 그렇기는 해도 두 사람 모두에게 시간은 필수적인 범주이고, 시간에 관한 논의는 거의 습관처럼 붙어 다닌다. 들뢰즈의 두 권짜리 연구에서 시간-논의와 타르코프스키의 시간에 대한 고찰은 '시간은 이음매에서 어긋나 있다The time is out of joint'라는 햄릿의 우주관을 거듭 인용함으로써 보강된다. 이 시간성에 대한 언명이 당면한 담론의 극적인 본질을 드러내는 것이다.

시간과 공간

그러나 이 책에서 주장하는 바는 시간뿐 아니라 공간 역시 어긋나기 일쑤이고, 이렇게 전치된 공간이야말로 '이음매에서 어긋난' 시간의 본질적인 일부라는 것이다. '이음매joint'란 두 가지 실체(즉, 시간과 공간)가 합쳐지거나 맞물리는 접합 점을 의미하기 때문이다.[16] 시간의 강을 이루는 공간의 굴곡은 너무나 확연히 눈에 띄어 무시하기 힘들다. '공간' 은 분명히 중요하고, 타르코프스키와 비평가들의 시간 '집착적인' 담론 에도 여전히 개념적으로 녹아 있다. 공간의 개념은 어떤 때는 완전히 말 소되는 과정에서 그 흔적으로 남아 있고, 어떤 때는 완전히 다른 개념으 로 둔갑하여 재등장한다. 20세기 후반부에 들어 영화 체험의 시간적 특 징을 강조하여 공간적 요소를 폄하하거나 심지어 억압하려는 집요한 노 력이 본격화되었고, 타르코프스키와 들뢰즈의 경우에도 이 점은 뚜렷이 확인된다. 그러나 공간은 이 과소평가와 억압을 유유히 비껴간다. 미셸 푸코Michel Foucault가 말한 대로, '시간과 공간의 치명적인 교차를 무시하 기란 불가능하다.'[17] 시간은 공간을 점하는 사건인 것이다.

이 상황은 호르헤 루이스 보르헤스Jorge Luis Borges의 소설 〈끝없이 두 갈래로 갈라지는 길들이 있는 정원The Garden of Forking Paths〉과도 유사 한데, 여기에서는 운남성의 옛 성주였던 취펭Ts'ui Pên이 고안하고 만든, 책과 미로의 결합체가 등장한다.[18] 이 이야기에서 미로−텍스트는 시간 의 범주를 재고하려는 시도로서, 각 사건마다 가능한 모든 결과가 동시 에 벌어져 점점 더 많은 경우의 수가 발생하는 세계를 묘사한다. 본래는 공간적 개념인 '두 갈래로 갈라진다.'는 비유가 여기에서는 공간이 아닌 시간에 적용되는 것이다. 놀라운 것은 이 소설가의 유일한 관심사가 시 간임에도 불구하고, 소설에서 시간을 의미하는 단어가 단 한 번도 나오 지 않는다는 점이다. 보르헤스는 소설 속에서 이렇게 설명한다. '〈끝없 이 두 갈래로 갈라지는 길들이 있는 정원〉은, 시간이 그 해답인 하나의 거대한 수수께끼, 또는 우화인 거지요. 바로 그러한 깊은 이유 때문에 그는 그 단어를 언급할 수가 없었던 겁니다. 어떤 단어를 강조하기 위해 가장 뛰어난 방법은 그것을 영원히 생략해 버리거나, 부적절한 은유로 재분류 하거나, 또는 뻔히 드러나는 우회적인 언어에 호소하는 방법일 겁니다.'[19] 보르헤스의 부정apophatic 서사는 부재를 노골적으로 강조하여 존재에 대한 신비감을 조성한다. 어떻게 보면 타르코프스키의 영화와 이를 둘러싼 비평적 담론도 같은 경로를 밟고 있는 듯하지만, 한 가지 차이점이 있다. 이 경우 억압의 대상이 되어 오히려 존재감을 드러내는 것은 (시간이 아닌) 공간의 개념이라는 사실이다. 비유를 좀 더 하자면, 끝없이 두 갈래로 갈라지는 오솔길들이 본래의 3차원적 공간을 재획득하여 시-공간적 미로로 진화하는 셈이다.

공간은 앞에서 언급한 타르코프스키의 시간 중심적인 세 가지 전략에서도 찾아볼 수 있다. 컬러 화면은 전적으로 공간적 수단을 통해 시간의 진행을 표현한다. 시간은 녹슬어가는 철문이나 바래가는 나뭇잎 같은 사물의 표면에서 드러나고, 질감은 영화에서 물질의 특정한 상태를 표현한다. 또 롱테이크는 (광범위하긴 하지만) 단일한 공간에 오랜 시간 머무는 기법이고, '시간 속의 조각'은 말 그대로 시간을 공간화하는 과정이다. 시간의 환영은 언제나 공간적 프리즘을 통해 구현된다. 두 가지 실체는 서로 밀접하게 연관되고, 에릭 로메르Éric Rohmer의 말대로 '공간적인 표현 방식은 영화에서 시간을 표현하는 일반적인 방법에 부합해야한다.'[20] 게다가 영화는 각각의 정지된 프레임을 영사하거나 공간화하여 연속성의 환상을 만들어 낸다. 사실 영화 자체가 시간 속에 공간적 요소를 구조화하는 것이므로 시간의 공간화는 영화 체험의 요체라 할 수 있고, 타르코프스키의 작품도 여기에서 예외일 수 없다.

영어 번역서에는 빠져 있는 1981년 1월 11일자 일기에서, 타르코프스키는 오로지 시간이나 시간의 흐름에 기초한 10개의 에피소드로 만든 영화를 구상한다.[21] 이 에피소드에서는 시간을 주된 미학적 주제로 삼아, 다양한 정서, 대기, 광학적 상태에서 영화로 담아낼 생각이었다. 감독은 시간의 특징을 잘 전달하는 상태로 황혼과 흩어지는 연기, 바람기 없는 대기, 간헐적인 비 등 일시적이고 불안정하며 포착하기 힘든 자연현상을 선택한다. 그러나 천연색의 경우와 마찬가지로, 시간은 공간을 통해서 표현되고, 시간의 경과는 자연적 공간에서만 인식될 수 있다. 만약 이 기획이 성사되었다면, 관객은 구체적인 공간적 체계 속에 깃든 추상적인 시간의 이미지를 목격했을 것이다.

시-공간의 역학은 타르코프스키가 가장 잊지 못할 시간적 흐름의 이미지를 포착하는 데 사용한 그 유명한 롱테이크 기법에서 한층 더 복잡해진다. 롱테이크라는 단일한 연속 화면은 의도적으로 단조롭고 일상적인 경험을 연장시켜, 현실을 인식하는 대안적 방식을 제시한다.[22] 일단 외부의 공간적 표지가 제거되면, 덧없이 흘러가는 현상으로서 시간이 노출된다. 공간적 동인인 사건이나 움직임이 순수한 내러티브적 목적을 잠시 내려놓으면, 그 요인들이 시간 속에 계속 존재한다는 사실 자체가 의미를 띠게 된다. 들뢰즈의 표현대로, 실재가 '더 이상 재현되거나 재생되는 것이 아니라 그 자체로 "겨누어지게"' 되는 것이다.[23] 그리하여 순간순간의 중요성과 독창성이 부각되고 시간적 지표가 은근슬쩍 가려지면, 관객은 '존재의 매 순간의 혼동할 수 없는 일회성'[24]을 발하는 인생의 유일무이한 한 순간을 경험하게 된다. 이렇듯 악센트가 내러티브에서 시간의 지속으로 옮겨지고 나면 절정에 이르러 일종의 의미론적 위기가 찾아온다. 의미가 관객에게 부여되지 않고 감추어지거나 시간 속에 흩어지는 것이다. 그리하여 롱테이크가 이어지는 동안에도 끊임없이 의미론적 암시가 나타나길 고대하던 관객은 지쳐 나가떨어지기 십상이다. 빠르고 쉬운 돌파구는 어디에도 없다. 그래서 타르코프스키에게는 늘 어렵고 심지어 '지루한' 영화감독이라는 오명이 따라 다닌다.

롱테이크에서 시간적 평면이 부각될 수 있는 것은 공간적 조작 덕분이다. 관객이 공간을 인식하는 방법이 질적인 변화를 겪는 것이다. 롱테이크가 진행되는 동안 카메라의 이동은 사건을 바라보는 다양한 관점 대신 하나의 시점만을 제시한다. 그 결과 공간과 카메라가 동일시되면서 그 물질성이 오롯이 드러난다. 헝가리 영화이론가 벨러 벌라주Béla Balázs는 초기 저작에서 이러한 특징을 강조하며, 롱테이크의 경험을 다음과 같이 묘사한다. '공간적 "연속성"이 깨지지 않는다. 우리는 공간을 단지 피사체를 담아내는 용기나 프레임이 아니라 그 안의 개별적 사물들과는 별개의 "공간 그 자체"로 느끼게 된다.'[25] 이뿐 아니라 롱테이크는 관객이 꼼짝도 하지 않고 광범위한 움직임을 한 눈에 파악할 수 있어 매순간 초월적 성질의 경험인 시간의 연속이라고 볼 수 있다. 일부 비평가가 지적했듯이, 관객의 시선은 '신의 자리 혹은 도처에 편재하며 모든 것을 지각하는 주체의 장소'[26]인 특권적이고 독특한 공간에 놓이게 된다.

타르코프스키의 영화에서 롱테이크의 극단적인 사례는 시간이 거의 손에 만져질 듯한 공간적 실체로 바뀌는 시퀀스들이다. 이러한 시간의 물질성에 대해, 발터 벤야민Walter Benjamin은 보들레르Baudelaire의 시론에서 이렇게 말한다. '시간이 물화物化된다. 1분 1분이 눈송이처럼 사람을 덮는다.'[27] 〈안드레이 루블료프〉에서 농부의 오두막 안 원형 패닝 시퀀스, 〈솔라리스〉에서 자연을 비추는 숏, 〈미러〉에서 반복되는 숲의 이미지, 〈스토커〉에서 비밀의 방 문턱 시퀀스, 〈향수〉에서 고르차코프가 바뇨 비뇨니Bagno Vignoni 연못에서 촛불을 들고 걷는 장면, 〈희생〉에서 알렉산더Alexander의 종말론적 환영 등은 모두 순수한 형태의 롱테이크로 표현된다. 관객을 시간 속에 봉인하는 것이다. 아울러 이 모든 장면에서 사건의 명백한 부재와 그로 인한 단조로움은 내러티브상의 공백을 초래하여, 모종의 의미나 형이상학적 존재로 그 공백을 채우고 싶다는 관객의 욕구를 부추긴다.

끝으로, '시간 속의 조각'의 원칙 역시 그 자체로 공간의 흔적을 포함한다. '지도제작법cartography(공간을 기록하는 학문)'과 '연대기chronology(시간을 기록하는 학문)'라는 단어로 보면 일반적으로 공간은 쓰기graphia와, 시간은 말하기logos와 연관된다는 인상을 받는다. 그렇게 보자면 '시네마토그래피cinematography(영화 촬영)'라는 용어는 두 개의 공간적 용어로 구성된다. '쓰기graphia'에 '움직임kinēnma'이란 용어가 결합하여 '움직임의 기록'이 된다. 한편 시네마토그래피의 또 다른 표현인 '시간 속의 조각'은 '조각'도 일종의 기록이니 만큼 '쓰기graphia' 부분은 포함된다고 볼 수 있지만, '움직임' 부분은 명백히 '시간'의 개념을 위해 희생된다. '시간chrónos'이 '움직임kinēnma'을 대체하는 것이다. 이로서 타르코프스키의 원칙은 시—공간적인 실체가 된다.[28] 그러나 이 수사학적 변화가 획기적인 개념은 아니라는 것을 주지해야 한다. 바쟁이 1950년대 후반에 이미 사진 촬영의 존재론에서 '사물의 이미지가 곧 그 지속의 이미지가 되어, 이를테면 변화의 미라가 된다.'[29]고 주장한 바 있기 때문이다. 이 프랑스 비평가는 이처럼 지속의 이미지를 제시하여 예술을 '강경증(일정한 자세에 오래 머물러 있는 긴장병 증상—옮긴이)'에서 구해내는 능력을 영화의 대표적인 특징으로 꼽는다.

바쟁과 타르코프스키의 은유가 독특한 것은 거기에 내재된 모호함 때문이다. '변화의 미라'와 '시간 속의 조각'은 그저 언어적 비유에 그칠 수밖에 없는 불가능한 조합이다. '단지' 움직임을 기록하려던 영화 촬영의 목표는 이제 시간적 흐름을 포착해내려는 야심으로 바뀌었다. 그러나 시간은 구체적인 물질도 아니고 정적이지도 않다. 심지어 시간은 이미 영화로 기록된 형태 — '시간의 현실'[30]을 셀룰로이드 필름에 고정시켜 편집한 영화 시퀀스 혹은 좀 더 추상적인 표현으로 '현실적 시간의 모체 matrix'[31]—에서도 조각의 원재료(물질)로서 특정한 공간적 지점을 점유하기를 거부한다. 시간은 그 자체가 질적으로 전혀 다른 4차원에 해당되므로 3차원의 공간으로는 표현될 수 없다. 타르코프스키가 자신의 예술을 실현 불가능한 용어로 정의한 것은 이 때문이다. 그의 정의는 달성할 수 없는 목표의 끊임없는 추구에서 비롯된다.

시공간의 혼란은 사실 시간이 마치 공간처럼 사유될 때도 많고(시간적 위상 개념 등), 일각에서는 시간과 공간이라는 별개의 경험적 현실이 아닌 '시공時空'[32]이라는 단일한 실체, 광대한 연속체가 있다고 주장할 정도로 비교적 흔하게 논의되는 주제이다. 물리학자들도 시간과 공간이 독립적이지 않다고 믿고, 상대성 이론에서도 두 개의 공간적 좌표가 동일한 경험적 범주에 속하듯이, 시간과 공간의 좌표 사이에도 범주의 구분이 없다고 주장한다. 게다가 인간의 시간 인식이 공간적 제약을 받고, 외적으로 국지화된 사건(인과 관계)이 연속되면 시간적 관계가 드러난다는 주장은 이제 진부하게 들릴 정도이다.

시간과 공간은 실제 근본적인 상호 연관성이 있어, 어느 한 쪽도 다른 쪽 없이는 존재하지 못한다. 시간적 순간과 공간적 지점에도 상관성이 있어, 시간은 본질적으로 공간적이고, 공간은 본질적으로 시간적이다. 러시아 비평가 미하일 바흐친Mikhail Bakhtin은 이러한 전제 하에 두 가지 범주를 '크로노토프Chronotope(말 그대로 '시공간')'라는 영향력 있는 개념으로 통합한다. 크로노토프는 모든 내러티브를 관장하는 모체로서, 이 개념은 '시간은 심오하게 공간적이고 구체적이다. 시간은 땅이나 자연과 분리되지 않는다. 인간의 전 생애와 마찬가지로 모두 표면적이다.'[33]라는 입장에서 유래된다.

시간과 공간의 본질적인 상호 의존성은 두 단어의 사전적 정의에서도 확인된다. '시간time'이란 전통적으로 '존재가 지속되는 한정된 범위나 공간, 두 연속적인 사건이나 행위 사이의 간격, 또는 어떠한 행동, 상황, 상태가 지속되는 기간'으로 정의된다(옥스퍼드 영어사전Oxford English Dictionary, 이하 OED). 이 표준 정의로 시간은 연대기나 내러티브의 영역에 놓이게 되고, 시간의 흐름을 이해하는 데는 아리스토텔레스Aristotle의 시대부터 알려져 온 공간적 지표가 중요해진다(시계 바늘, 나이테, 진자, 해와 별, 행위 등 모든 것이 지표가 된다). OED의 '공간space'에 대한 정의에서도 시공간 개념의 '혼동'으로 상황은 더욱 혼란스러워진다. 공간의 첫 번째 정의는 '시간이나 지속을 의미'하고, 두 번째는 '지역이나 확장을 의미'하는 것이다.

이 혼란은 철학 역사상 시간을 공간화하려 했던 가장 유명한 시도인 엘레아의 제논Zeno of Elea의 역설로까지 거슬러 올라간다. 이 역설은 아킬레스Achilles가 거북이보다 불리한 상황에서 달리기 경주를 시작하는 한, 방금 전 거북이가 있던 지점에 도착할 때마다 거북이는 그보다 단한발이라도 앞서 가게 되어, 결국 아무리 빠른 전사라도 느린 거북이를 따라잡을 수 없다는 주장의 사고 실험이다. 물리적으로는 불가능하지만 수학적으로는 그럴싸하게 들리는 이 역설은 아킬레스가 속도와 무관하게 거북이를 추월하기 전까지 공간상의 무한히 많은 점—끝없는 일련의 과업—에 도달해야 한다는 가정에서 발생한다. 공간적으로 무한히 전진해야 한다면, 시간적으로 이 경주가 끝날 수 없다는 의미가 된다. 공간의 무한성에서 시간의 영원성이 도출되는 것이다.

앙리 루이 베르그송Henri—Louis Bergson에 따르면[34], 이 역설은 제논이 시간을 공간적 방식으로 표현한 데서 비롯된 환상에 불과하다. 제논은 시간과 운동이 그것들 밑에 놓여 있는 선, 즉 아킬레스와 거북이가 가는 길에서 만난다고 본 것이다. 그러나 운동은 분할될 수 없고, '정지된 상태로 구성'되지도 않는다.[35] 시간 역시 정지된 순간들의 집합으로 나타낼 수 없다. 이러한 측면에서 보면, 앞서 사전의 정의는 시간을 설명하기 위해 공간적 표지를 사용하는 과오를 범하고 있다. 그 정의는 시간의 본질—지속—이 공간적 정지 상태 바깥에 존재한다는 사실을 간과하는 듯하다. 이 혼란은 언어가 항상 '운동과 지속을 공간적으로 표현'[36]하는 데서 비롯되고, 바로 이러한 연유로 베르그송은 '경험'이 시간의 범주에 이르는 관문이 되어야 한다고 주장한다. 그는 물질적 삶의 불연속성을 문제로 보고, '지속durée'의 개념을 대안으로 제시한다. 이는 관념적인 분석 기법이 아니라 1인칭의 직관을 통해 인식되는 무한한 연속성을 의미하는 개념이다.

베르그송은 분명히 시간의 개념을 공간보다 우위에 두고자 한다. 그는 '주체와 대상, 그리고 그것들의 구분과 결합에 관련된 물음들은 공간보다는 시간의 함수로 제기되어야 한다.'[37]고 주장한다. 그러나 그의 '지속'에 대한 정의에는 이미 공간의 개념이 침투해 있다. 지속이란 '과거가 미래를 잠식하고, 전진하면서 부풀어가는 부단한 과정'이나 '거슬러 올라갈 수 없는 흐름', 또는 '무언가가 살고 있는 곳에서는 시간이 기입되는 장부가 어딘가 열린 채로 있다'고 정의되는데 '부풀어감', '흐름', '기입'은 명백히 공간적인 용어인 것이다.[38] '베르그송의 귀환'과 연구 프로젝트의 확대를 위해 『베르그송주의Bergsonism』[39]를 저술한 들뢰즈 역시 유사하게 이율배반적인 입장을 취한다. 그는 두 권짜리 영화 연구서 중 세 장을 베르그송에게 할애하며, 시간-이미지의 영화에서 나타나는 바와 같이 일탈적인 운동의 개념을 주창한다. 운동-이미지가 공간 속의 운동에 시간을 종속시키는 반면, 시간-이미지는 공간적인 좌표를 해체함으로써 공간에서 자유로워진다. 결국 경험적, 공간적 경직성을 탈피한 시간이 제논의 선형적으로 공간화된 시간에 대한 들뢰즈의 대안인 셈이다.

앞서 타르코프스키의 결정-이미지와 만성적인 비 연대기적 시간에 대해 인용한 구절에서, 들뢰즈는 공간의 개념이 자기 해체의 과정을 겪고 있다고 말한다. 결정화된 장소, 환각적인 풍경, 비정상적이고 일탈적인 움직임은 일단의 국지화될 수 없는 관계를 구성한다. 이러한 '공간들'은 스스로 중심을 두거나 데카르트 좌표 상에 놓이기를 거부하며, 비워지고 떨어진 '임의의 공간any-space-whatever'[40]이 되어, 명확히 규정된 광범위한 공간을 대체한다. '임의의 공간'이란 순수하게 시지각적이거나 음향적인 관점에서 규정되는 영역으로, 극적인 사건을 배제하고 자연의 영상을 유일한 질료 삼아 영화를 찍으려했던 타르코프스키의 순전히 시간 중심적인 영화 구상과 뚜렷한 유사성을 보인다. 그 결과 나타난 구체성을 벗어난 세계관에는 행위 주체가 없다. 대신 '단순한' 목격자가 등장한다. 들뢰즈의 지적인 연구는 영화 이론 분야에서 상당한 변화를 낳았다. 그러나 영화 스크린에서 공간의 독재로부터 시간을 해방하려는 이 단호한 시도 역시 공간적 범주에 침범당하고 있다. '임의의 공간'도 비록 새롭게 개념화되긴 했지만 여전히 공간인 것이다.

시간들과 공간들

시간과 공간은 일단 이론의 영역에서 빠져 영화적 응용의 영역으로 편입되자 더 이상 동질적인 실체를 이루리란 기대가 사라지고 불연속적인 시—공간의 갈래로 뻗어 나간다. 영화감독들은 서로 다른 시점에 촬영한 다양한 테이크를 조합하여 연속적인 영화 이미지의 환상을 만들어낸다. 따라서 영화의 분명한 연속성은, 로버트 스탬Robert Stam이 주장하듯이, '끊임없는 불연속성으로 이루어진다.'[41] 타르코프스키의 영화 기획은 영화의 불연속적인 특성을 감추지 않을 뿐 아니라 영화 체험의 불연속성을 증폭시켜 그 독특한 본질을 획득한다는 점에서 주목할 만하다. 〈이반의 어린 시절〉부터 〈희생〉까지 감독의 영화들은 별개의 시간, 장소, 사람들 사이에서 비선형적인 관계를 형성한다. 영화의 순간적인 속성, 그 가상적이고 몽환적이며 환각적인 잠재성을 탐색함으로써, 타르코프스키는 동질적인 '실제'의 현실 역시 인위적으로 구성된 개념임을 시사한다.

'비현실성을 위해 현실성을 보장'[42]하는 영화 매체의 특성상, 많은 영화 이론가들이 『국가The Republic』에 나오는 플라톤Platon의 동굴, 그 드러 내는 동시에 감추는 공간에서 영감을 얻었다. 동굴의 비유에서 사슬에 매여 벽에 비친 그림자를 보는 사람들—즉 영화관에 앉아 있는 움직이지 못하는 관객—은 어떻게 현실이 환영으로 표현되는가에 대한 강력한 비유를 제공한다. 그러나 타르코프스키 영화의 시-공간적 불연속성에는 아마 르네 데카르트René Descartes의 『성찰Meditations on First Philosophy』에 나오는 '꿈의 논증'이 더 적절히 들어맞을지 모른다. 이 논증에서는 꿈을 꾸는 행위야말로 우리가 현실과 환상을 구분할 때 근거로 삼는 감각이 수시로 우리를 속인다는 증거가 된다고 단정한다. 우리가 '깨어 있는 상태와 잠든 상태를 분간할 수 있는 확실한 표지는 아무것도 없다.'[43]는 데카르트의 주장은 가상의 시-공간적 체계가 실지로 현실의 객관적 영역에 침투한다는 점을 시사한다. 꿈, 환상, 망상 같은 감각은 일원화된 시-공간적 체계에는 결코 끼어들 수 없는 경험이다. 동일한 주제에 관심이 있었던 러시아 시인 조지프 브로드스키Joseph Brodsky는 이렇게 주장한다. '진실의 척도에서 상상의 비중은 현실과 맞먹거나 오히려 현실을 능가한다.'[44]

영국의 관념론 철학자 프랜시스 허버트 브래들리Francis Herbert Bradley[45]는 전부를 아우르는 단일한 시-공간이 존재하는 것이 아니라 다수의 시간들과 공간들이 존재한다고 주장하며 데카르트의 회의주의 계보를 이어간다. 브래들리는 시간을 복수가 아닌 하나의 연속선상으로 봐야하는 이유에 대해 의문을 제기한다. 이 문제의식을 뒷받침하기 위해, 그는 꿈속의 사건들과 허구적 이야기 속 사건들의 관계에 주목한다. 이러한 가상의 내러티브에서 사건들은 동일한 가상의 내러티브 속 사건들과 시간적으로 관련을 맺고 있으므로 명백히 시간적인 실체이다. 그러나 이 사건들은 객관적인 역사적 시간 체계 속에서는 위치를 점하지 못한다. 게다가 허구적 이야기나 꿈의 시간적 범위는 보통 실제로 지속되는 시간보다 훨씬 더 길고, 사건들이 늘 선형적으로 배치되는 것도 아니어서 어린 시절의 추억이나 회상이 현재의 사건들 틈으로 파고들기 일쑤다. 브래들리는 시간 및 공간이 물질적인(객관적이고 방대하며 체계적인) 경우와 경험적인(주관적이고 사소하며 파편화된) 경우의 차이를 역설한다.

이처럼 다양한 시간들과 공간들을 일관된 논증을 통해 '주장'하는 철학자들과 달리, 타르코프스키는 영화 스크린 상에서 사건들의 관계를 '재현'한다. 그리하여 관객은 그 논증을 몸소 체험하게 된다. 철학자들이 시간과 공간의 현상학적 특성을 오로지 언어적 수단(예를 들어, 대상의 존재론적 위상에 대한 고찰, 시제가 있는 문장의 현실성이나 비현실성과 같은 특정한 문법적 현상에 대한 고찰)으로만 다루는 반면, 타르코프스키의 영화는 시간과 공간에 대한 '환영'을 제시한다. 시−공간적 불연속과 단절은 타르코프스키 영화의 대표적인 특징이다. 그의 영화에는 동질적으로 이어지는 4차원의 연속체가 없다. 감독은 지형적 좌표를 전치시키고 시간적 비약을 부여하며, 때로는 공간적 일탈이나 시간적 비정상성을 통해 영화의 미로로 들어선다. 이 전치와 비약은 내러티브의 탈선을 초래하여, 결과적으로 관객이 방향 감각을 잃고 헤매게 만든다.

종래의 영화에서 줄거리가 시−공간적 제어 장치 역할을 하는 반면, 타르코프스키 영화의 느슨한 내러티브는 시간과 공간상 선형적으로 진행되지 않고(헤라클레이토스의 강의 깨끗한 물이 아니라), 대신 수많은 혼란스러운 (흙탕물의) 흐름을 만들어 낸다. 이를 통해 '안정적인 절대성에서 불안정한 조건부 상태'[46]로의 이동이 이루어진다. 타르코프스키는 자신의 미학적 전략을 설명할 때 후자를 전자의 선형적 논리와 대조한다. '나는 피사체의 논리가 아니라 생각, 꿈, 기억 등 주관적인 논리를 보여줄 수 있는 몽타주 원칙을 찾고 있다. 또 불필요하게 논리적으로 연결되지 않은 것들을 보여주고자 노력한다.'[47] 시-공간적 불연속과 단절은 사실 우리의 생각, 꿈, 기억의 특징이기도 한 것이다.

***

타르코프스키 영화의 이론과 응용은 여러 면에서 들뢰즈의 시간-이미지 담론의 여러 갈래로 갈라진 길을 따른다. 공간이 개념상의 변질을 겪는 동안, 시간이 막강한 기세와 한층 새로워진 현상으로 나타난다. 감독이 주된 미학적 원칙에서 '조각한다'는 의미로 사용하는 러시아어 동사는 'vaiat'로, 이는 '짜다'는 의미의 'vit'와 연관된다. '시간을 짠다'고 하면 이 원칙의 공간적 뉘앙스가 한층 강해진다. '시간 속의 조각'이 '시간의 직물'이 되는 것이다. 타르코프스키의 영화에는 특유의 복잡한 짜임새와 방직된 미로가 있어, 각각의 시간적 갈래들(과거-현재-미래) 사이의 관계가 명확히 드러나지 않는다. 그 결과 다양한 시-공간적 체계 간에 비선형적인 관계가 끊임없이 재연된다. 공간의 매 지점마다 각기 다른 날짜의 사건을 '기억'하는가 하면, 시간의 매 순간마다 각기 다른 장소에서 벌어지는 사건으로 '채워진다.' 시간과 공간은 언제나 미리부터 시-공간적 다중성을 지니고 있어, 감독은 단지 이 속성을 증폭시킬 뿐이다.

선형적인 연속체의 부재는 이 책에서 앞으로 논의할 일곱 편의 영화의 주요한 특징 중 하나이다.[48] 꿈, 환영, 환상, 기억, 계시, 회상, 망상이 대안적인 시-공간적 패턴을 제시하는 현상들로, 사건의 선형적인 연속성을 파괴하고 내러티브의 불연속성을 빚어낸다. 이 책의 각 장마다 이러한 현상 중 하나를 중심 모티프로 삼아 타르코프스키의 장편 영화 한 편씩을 중점적으로 논의할 것이다. 영화 속 인물들은, 과거와 현재의 엄격한 경계가 사라져 현재에서 과거로, 거기에서 다시 현재로 이어지는 시간 초월적인 영역을 끊임없이 넘나든다. 대부분 본질적으로 정신적인 이들의 탐색은 단일한 시간적 패턴이 지배하는 장소와는 접점이 없다. 과거의 추억, 미래에 대한 환영, 아무 '상관없는' 환각이 모두 이들을 시간적, 공간적으로 전치시킨다. 타르코프스키의 영상 세계를 구성하는 다양한 스타일적 특징과 반복적인 모티프가 시-공간적 안정을 뒤흔드는 기능을 한다. 비논리적인 컷, 필터, 다양한 필름(모노크롬, 흑백, 컬러)의 사용은 선형적인 내러티브를 방해한다. 차라리 사운드스케이프Soundscape(음환경—옮긴이)에 가까운 타르코프스키의 사운드트랙은 투명하게 감정이나 분위기에 대한 신호를 주기는커녕 시-공간적 혼돈을 가중시킨다. 감독은 그가 보기에 다양한 시간과 공간의 불가해한 단편들을 주관적으로 쌓아올려 현실의 경험을 구성해가는 인간 조건을 생생히 전달할 수 있는 영화적 수단을 택한 것이다.

1장

<이반의 어린 시절>의 꿈

우리의 깨어 있는 상태는 자고 있는 상태보다 더 눈멀어 있다.
우리의 지혜는 우리의 광기보다 덜 현명하다.
우리의 환상은 우리의 판단보다 더 가치가 있다.
– 미셸 드 몽테뉴

타르코프스키의 장편 데뷔작 〈이반의 어린 시절Ivanovo Detstvo〉(1962)의 제작 과정은 힘들고 지루한 시행착오 끝에 성공적인 결실을 맺은 사례이다. 영화사 모스필름Mosfilm은 블라디미르 보고몰로프Vladimir Bogomolov가 쓴 단편 소설의 영화화 작업을 본래 에두아르트 아발로프Eduard Abalov 감독에게 의뢰했으나 러시필름이 만족스럽지 않아 중도에 제작을 중단시켰다. 그 후 1년이 지난 1961년 6월에 새로운 제작팀을 구성하고 안드레이 타르코프스키에게 감독을 맡겼다. 소련의 전형적인 전쟁 영웅 소설에서 출발한 시나리오는 그때부터 극적인 변화를 겪었고, 이전에 촬영된 필름은 고스란히 폐기되었다. 새롭게 탄생한 영화는 타르코프스키의 미학적 정수를 간직한 채 복잡하게 뒤얽힌 영화 속 시—공간 여행에 나선다. 〈이반의 어린 시절〉은 사회주의적 리얼리즘의 전통에 뿌리를 두면서도, 장르 영화의 엄격한 경계를 뛰어 넘는다. 영화는 여전히 이반의 운명을 추적하며 이 떠돌이 소년이 정찰대에 들어가 목숨을 걸고 소련군에게 정보를 제공하여 전쟁 영웅으로 거듭나는 과정을 보여주지만, 영웅적인 전쟁 이야기는 이내 상실된 유년기에 대한 드라마로 탈바꿈한다. 이반의 군사적 업적이 그의 버림받고 의지할 데 없는 처지에 가려 무색해지면서, 그의 영웅적 행위와 영광도 빛을 잃는 것이다.

이러한 변화는 원작 소설과 아발로프가 찍던 영화의 간결한 제목 〈이반Ivan〉(단순한 주인공 이름)이 새 영화에서 〈이반의 어린 시절〉(러시아어 원제에서는 '유년기'란 명사Detstvo가 '이반'의 소유형용사Ivanovo와 대구를 이룬다)로 바뀐 이유를 어느 정도 설명해준다. 원작에는 등장하지 않던 유년기의 크로노토프Chronotope(시간과 공간이 본질적으로 지니고 있는 관계의 연관성─옮긴이)가 영화 각색에서는 주축을 이루는 것이다. 그러므로 이 영화의 주된 관심사는 군사적 업적을 이룬 이반이라는 인물이 아니라 그의 현실적이면서도 추상적인 어린 시절에 대한 환영이다. 원작 소설의 관습적인 1인칭 서술자 갈체프Galtsev 중위는 영화에서 몽환적인 화자 이반에게 자리를 내준다. 그러나 이 소년─주인공은 사건의 진행을 지휘하거나 감독하지 않는다. 내면 독백이나 화면 밖 내레이션도 없다. 그는 그저 자신의 어린 시절을 그리워하는 몽상가일 뿐이다.

이처럼 문학적 전신(소설 『이반』)과 영화적 후신後身의 근본적인 차이는 작품 도입부에서부터 확연히 드러난다. 보고몰로프의 소설은 '나는 그날 밤 전투의 전초 기지를 확인할 생각으로 새벽 4시에 깨워달라고 지시하고 8시가 조금 넘어 잠자리에 들었다'[1] 라는 직설적이고 다소 건조한 문장으로 시작한다. 이 문장은 군대라는 배경을 알리고, 정확하고 사실적인 정보를 제공한다. 작가는 십대 때 소련군에 입대하여 군사 정보부에서 일했던 이력에 걸맞게 전쟁 지식에 대한 자신감을 드러내고, 독자는 첫 문장에서 이미 앞으로 전개될 이야기를 짐작할 수 있다. 무자비한 적군에 맞서 싸우는 소련군의 영웅적 행위가 부각되는, 비극적이지만 삶을 긍정하는 영웅 이야기가 펼쳐질 참이다. 더욱 중요한 것은 이 소설이 확정적인 문법 구조인 '나'라는 대명사로 시작한다는 점이다.

독자는 아직 '나'가 누구인지 모르지만, 그 존재만큼은 이미 기정사실인 것이다. 이와는 달리 영화는 전형적인 타르코프스키 스타일로 시작하여, 첫 장면부터 관객이 방향 감각을 잃게 만든다. 〈이반의 어린 시절〉은 꿈으로 시작하지만, 그 꿈을 꾸는 주체는 아직 소개하지 않는다. 사회주의적 리얼리즘의 산물이 '사회주의적 초현실주의'[2] 작품으로 탈바꿈하는 순간이다.

첫 장면에서는 이상하리만치 거대한 거미줄을 살펴보는 호기심 많고 천진난만한 이반이 등장한다. 이 소년은 뻐꾸기 울음소리에 귀를 기울이는데, 마치 이 새가 사람의 남은 수명을 예언해준다는 러시아 속설에 따르는 듯하다. 소년의 표정은 순진무구하고 행복한 어린 시절의 이미지처럼 보이지만, 실은 그에게도 이미 죽음을 향한 카운트다운이 시작된 것이다.

소년은 그 후 중부 러시아의 평화로운 풍광 속을 거닐다가 나비 한 마리를 만난다. 이 날아다니는 곤충의 이미지는 곧 이반 자신이 날아오르는 이미지로 바뀌며, 크레인 숏이 그를 공중으로 들어 올린다. 이 비현실적인 주인공의 공중 부양은 관객에게 앞으로 보게 될 영화가 그리 현실적인 개연성이 높지 않다는 점을 시사한다. 이반은 매우 즐거워하며 주변의 나무 위로 떠오르다가 마치 언덕을 타고 미끄러져 내려오듯 땅에 점점 가까워진다. 어느 순간 비행의 가벼움이 중력의 무거움과 균형을 이루고, 소년은 진흙 땅 속에 뒤엉켜 있는 나무뿌리를 유심히 관찰한다. 다시 한 번 뻐꾸기 소리가 들려오고, 그 소리 끝에 이반은 물 양동이를 든 어머니와 마주치며 거기에 든 물을 마신다. 이로서 4대 자연요소 중 대기와 흙과 물이 모습을 드러내고, 네 번째 요소인 불은 어머니를 죽이는 갑작스러운 기관총 화염의 형태로 등장한다[그림 1-1]. 이 완전한

[그림 1-1] 〈이반의 어린 시절〉 도입부

행복 상태에서 파괴와 상실 국면으로의 밀도 높은 여정이 갑자기 중단되면서, 소년은 잠에서 깨어난다. 이 장면 전환에는 음악이 흘러나와, 타르코프스키의 이후 영화들의 음악이나 사운드스케이프와 달리 관객의 정서에 노골적인 신호를 보낸다.

러시아의 종교 철학자 파벨 플로렌스키Pavel Florensky의 '예술은 물화物化된 꿈'[3]이라는 잠언은 타르코프스키의 일기[4]에 적혀 있는 것으로 보아 그의 관심을 끌었던 듯하다. 대안적 현실로서 꿈이라는 영역은 타르코프스키의 미학적 전략에서 필수적이었고, 이 점은 그의 데뷔작에서도 분명히 확인된다. 〈이반의 어린 시절〉의 몽환적인 성격은 도저히 간과하기 어렵다. 전쟁의 참혹한 현실을 묘사해야 할 영화가 처음부터 꿈이라는 비현실적인 사건으로 시작하는 것이다. 꿈-환각과 같은 대안적 현실과 '진짜' 현실 간의 적대적인 상호 작용이야말로 이 영화의 핵심적인 구성 전략이다. 감독은 꿈이라는 아이디어에 착안하여 '꿈, 추억, 공상에 수반되는 놀라운 효과'[5]를 떠올렸을 때 이 영화의 구조가 명확히 잡혔다고 주장한다. 실제로 꿈은 이 영화의 내러티브에 수시로 끼어들고, 그 꿈의 주체인 주인공은 다른 누구와도 달라서, 아마도 이탈리아 시인 에우제니오 몬탈레Eugenio Montale가 말한 '보이는 것이라곤/ 현실을 생각하는 이들의 끊임없는 경멸'[6]을 경험할 터이다. 왜냐하면 그 주변의 어른이나 멘토들은 그가 현실과 상상을 구분할 수 없다는 사실을 인정하지 못하기 때문이다.

소년은 전쟁의 잔혹함에 심한 정신적 외상을 입는다. 그는 인생에서 가장 기억에 남는 장면과 사건을 거듭해서 반추함으로써 이 과거에 맞선다. 지그문트 프로이트Sigmund Freud의 주장처럼 트라우마는 유년기의 특정한 기억에 기반을 둔 꿈을 통해 발현되는 듯하다. 실제로 꿈에 대한 고전 현상학에서는 뇌가 악몽을 통해 고통스러운 경험에서 느꼈던 감정을 제어하는 법을 터득한다고 주장한다. 꿈에서 의미를 찾으려는 것은 인간의 자연스러운 충동이고, 이러한 인식론적 추구에는 으레 치유 효과가 뒤따를 것으로 기대된다. 그러나 이반의 꿈은 치유도, 구원도 아니다. 나아갈 길이나 신적인 영감을 제시하지도 않는다. 오히려 주인공과 관객의 방향 감각을 모두 헝클어 놓는다. 이 꿈은 일상적 경험의 재현적인 질서에 도전한다. 반복적인 패턴으로 인물을 에워쌈으로써 그의 현실 인식을 왜곡하는 것이다.

장 폴 사르트르Jean Paul Sartre는 〈우니타L'Unità〉(이탈리아 좌익민주당의 중앙기관지─옮긴이)지의 편집자 마리오 알리카타Mario Alicata에게 보낸 공개서한에서, 〈이반의 어린 시절〉에 대한 이탈리아 언론의 공격에 적극 반박했다. 사르트르는 이반의 상태가 환각이라는 가상의 영역과 전쟁의 참혹한 현실을 구분하지 못하는 극적인 상황이라고 주장하여 이 영화의 개념적 핵심을 짚어냈다.

> 우리는 자꾸만 이반을 외부에서, 마치 '현실적인' 장면을 보듯 바라본다. 그러나 이 소년에게는 온 세상이 환각이고, 소년 자신도 괴물이자 순교자로서 이 세계의 '다른 사람들에게는 환각'이다. 영화의 첫 시퀀스가 영리하게도 숲을 나는 아이의 실제 비행에서 어머니의 가상의 죽음까지 모든 것을 보여주며, 우리를 전쟁을 겪는 아이의 현실과 가상의 세계로 이끄는 이유도 바로 여기에 있다… 광기? 현실? 두 가지 다 존재한다. 전쟁에서는 모든 병사들이 미쳐 있다. 이 괴물 같은 아이는 그들의 광기를 지켜보는 객관적인 목격자인데, 그것은 본인이 그들 중 가장 미쳐 있기 때문이다.[7]

환각이 또 다른 환각을 대면하거나 경험하는 상태가 이 영화의 미학적 조건이다. 이 혼란에 빠진 소년은 내부와 외부, 전쟁과 평화, 꿈과 현실, 광기와 이성을 구분할 수 없는 시-공간적 미로에서 자신을 발견한다. 사르트르는 이렇게 말을 잇는다. '인력에 이끌리듯 자살을 향해가는 이 아이에게, 낮과 밤은 차이가 없다. 그는 어떠한 경우에도 우리들과 함께 살지 않는다. 행동과 환각이 긴밀한 교신을 주고받는다.'[8] 이반이 사는 장소는 어딘가에 있을 다른 곳으로, 현실인 동시에 비현실인 공간이다.

사르트르는 사실 타르코프스키가 일기에서 인용했던 아르투어 쇼펜하우어의 꿈에 대한 논증을 어느 정도 되풀이하고 있다. 이 독일 철학자의 추론 과정은 시간의 프리즘을 통해 전달된다. '모두에게 시간이 같은 방식으로 흐른다는 사실은 우리가 같은 꿈을 꾸고 있고, 나아가 꿈이 하나의 동일한 실체라는 꿈을 꾸고 있음을 그 무엇보다 결정적으로 입증한다.'[9] 쇼펜하우어는 또한 단일한 현실의 평면 같은 압도적인 존재감을 해체하고, 관찰자와 관찰 대상 사이의 안전한 거리와 안정적인 경계를 허문다. 양자가 꿈을 꾸는 하나의 실체로 결합되는 것이다. 이 마지막 논점은 영화의 끝에 이르러 갈체프 중위가 이반의 꿈을 꾸는 듯한 장면에서 그대로 실현된다. 본래 꿈의 주체이던 소년이 죽자, 꿈을 꾸는 행위가 사후에 다른 사람을 통해 완수되는 것이다.

영화라는 매체는 꿈과 현실 사이의 경계가 모호한 예술적 우주를 창조하려는 감독에게는 거의 완벽한 수단이다. 스크린은 오로지 하나의 동질적인 평면, 즉 초당 24프레임짜리 이미지의 흐름으로 이루어진다. 게다가 영화는 일반적으로 현실 세계의 복제물인 동시에 꿈의 등가물로 인식된다. 실제 벌어졌던 현실이나 각색된 사건을 기록하는 한편, 몇몇 비평가들이 지적했듯이 컴컴한 영화관 속에서 영화를 보는 경험은 꿈을 꾸는 과정에 비견된다. 타르코프스키의 영화는 언제나 이 꿈과 현실의 경계 지대를 서성이므로, 영화 매체의 핵심적인 특징을 십분 활용하는 셈이다. 그리하여 이반과 다른 인물, 그리고 관객들 모두 현실의 비현실성을 경험하고 꿈을 꿈꾸게 된다.

그러나 주인공의 악몽이 단순히 무의식적 영역의 발현만은 아니므로, 꿈-현실의 이분법은 〈이반의 어린 시절〉을 설명하기에 충분히 만족스러운 개념 체계가 아니다. 이반의 환영적인 경험은 실제 시각적으로 뚜렷이 나타나는 다른 시-공간 차원을 재현한다는 점에서, 아메리카 인디언 부족의 신명 탐구vision quest(환각 상태에서 자신을 새롭게 찾는 영적 차원의 통과의례—옮긴이)와 유사하다고 볼 수도 있다. 사춘기 전에 수행되는 신명 탐구는 영적이며 세속적인 안내를 받는 것이 목적이므로 결국 인생의 전환점이 된다. 아이는 며칠 동안 황야에서 홀로 자신의 영적 탐구를 시작하여, 보통 정신 착란적인 경험을 거쳐 어른이 되는 데 필요한 정신적 가르침을 얻는다. 더 이상 아이가 아니지만 아직 성인기에 이르지 못한 이반은 드네스트르-스틱스 강Dniester—Styx(스틱스 강은 그리스 신화에서 명계를 아홉 번 휘감아 지상과 저승의 경계를 이루는 강—옮긴이) 너머의 불모지로 신명 탐구에 나서지만, 목표를 달성하는 데는 궁극적으로 실패한다. 돌아오지 못하는 것이다.

몽환적인 물

그러나 사자死者의 땅을 향한 불길한 마지막 여정에 앞서, 이반은 모르페우스Morpheus(그리스신화에 나오는 꿈의 신—옮긴이)의 영역에 몇 차례 진입한다. 소년은 전선에서 보초병에게 붙잡혀 갈체프의 막사로 끌려가서도 사령관의 권위에 대든다. 그는 곧 오해를 풀고 기밀을 기록할 연필과 종이를 지급받고, 그 후 뜨거운 물에 목욕을 하게 된다. 물은 소년의 본 모습을 드러내어, 금발의 창백하고 깡마른 아이가 나타난다. 그는 내키지 않는 듯 귀리죽을 몇 숟갈 떠먹은 뒤 탈진하여 탁자에 곯아떨어진다. 그러자 물이 다시 전경에 등장하여, 물 떨어지는 소리가 들리면서 이반이 우물의 꿈을 꾸기 시작한다.

급격한 시간적 변화가 일어나지만(실제 또는 왜곡된 과거의 환영), 시퀀스 내에서 공간 컷은 도입되지 않는다. 불타는 장작의 클로즈업 이후 떨어지는 물을 받는 양철 그릇과 침대 옆으로 흘러내린 이반의 팔(의) 숏이 이어진다. 지붕의 구멍에서 새는 듯 보이는 물이 소년의 손 위로 떨어진다. 이로서 물과 불이라는 상반되는 요소가 한 공간을 공유하게 된다. 이 적대적 요소의 융합은 현실에서 환영 영역으로의 전환을 의미하는 개념적인 변화가 되어 이 꿈 시퀀스의 프레임 기능을 한다. 실제 에피소드는 상극인 물과 불의 이미지(떨어지는 물과 불타는 장작)로 시작하여 같은 조합(어머니에게 튀는 물과 함께 들리는 총성)으로 끝마친다. 젖은 손의 클로즈업 이후 카메라는 갑자기 옆으로 빠져 뜻밖에도 이반의 침대가 깊은 우물 속에 놓여 있음을 드러낸다.

기분 나쁜 음악을 배경으로 이루어지는 이 갈체프의 막사에서 우물로의 이동은 관객을 깜짝 놀라게 한다. 공존할 수 없는 두 장소가 결합되며 하나의 공간으로 확장되는 것이다. 더욱이 중요한 점은 연속적인 시간의 흐름도 깨지지 않는다는 것이다. 편집 없이 한 번에 이어지는 카메라 이동이 시간적 연속성을 보장한다. 약 2–3초가량 지속되는 이 순간적인 영화적 기교는 엄청난 미학적 효과를 거둔다. (현재에서 이반의 과거 경험으로의) 시간적 이동이 공간을 통해 성취되고, 시간과 공간이 교차하면서 복잡한 시-공간적 그물망이 형성된다. 타르코프스키는 평생에 걸쳐 이 예술적 기법을 연마하여 〈거울〉, 〈향수〉, 〈희생〉등의 후기 작품에서는 완벽에 가깝게 구사한다.

막사와 우물 바닥이 통합된다는 공간적 모순에 이어, 카메라가 '위를 올려다보자' 우물 바닥으로 깃털을 떨어뜨리는 또 다른 이반의 모습이 포착되어, 공간적-육체적 '정체성'의 오류가 뒤따른다. 주인공의 유일성이 무너지는 것이다. 이반은 우물 바닥에서 자고 있는 동시에 위에서 우물 안을 들여다보고 있다. 소년의 정체성은 분열되고, 두 개의 분신이 향하는 길이 우물이라는 단일한 공간으로 수렴된다. 또 이반에게서 나타나는 증상—주관적인 시간의 왜곡 또는 상실, 환청, 학대나 트라우마의 반복적인 회상—이 해리성 정체 장애dissociative identity disorder의 증상에 속한다는 점도 눈길을 끈다. 이반의 꿈은 아마추어 정신 분석가도 쉽게 이해할 수 있을 듯이 보여, 관객은 이반의 정신을 분석하려는 유혹을 느끼게 된다. 그러나 이반의 꿈은 슬픔-행복의 이진법을 뛰어넘고, 몽환적인 환영은 더욱 미묘한 상호 작용을 이룬다.

우물 위에서는 다소 감상적인 대화가 벌어진다. 어머니는 아들에게 햇빛이 화창한 날에도 아주 깊은 우물의 바닥에서는 별을 볼 수 있다고 말한다. 이반은 어리둥절해한다. 어떻게 한낮에도 별을 보는 게 가능할까? '너한테는 낮이지만, 별에게는 밤이니까 그렇지'라는 대답이 돌아온다. 낮과 밤, 흑과 백, 환영과 현실이 영화 속에서 다시 한 번 뒤섞이는 대목이다. 어머니의 설명은 명백히 비현실적이고 과학적으로도 오류지만, 소년을 흥분시킨다. 그는 손을 아래로 뻗어 물속에 보이는 빛을 잡으려 한다. 마치 수면 아래에서 찍은 듯 고도의 기교가 돋보이는 이 카메라 숏에 이어, 또 한 번 분열된 정체성의 이미지가 등장하여, 다시 우물 아래에서 별을 잡으려는 이반이 보인다. 똑같이 희미하게 깜빡이는 빛이지만, 이번에는 불길한 독일인의 목소리가 함께 들려온다. 이 시퀀스에서 우물은 거울의 역할을 하면서도, 현실적 평면(이반)과 가상적 평면(그를 비추는 상)을 구분하지 못한다. 타르코프스키는 우물의 사각 모양을 프레임으로 활용하고, 물은 본래가 사물을 비추는 표면이다. 이반은 자신의 반사상-분신과 결합하여 또 다른 영역으로 진입한다. 그러나 앨리스Alice와 달리 그가 들어간 곳은 원더랜드Wonderland(이상한 나라-옮긴이)가 아니다. 그의 영역은 황폐한 웨이스트랜드Wasteland(불모의 땅-옮긴이), 즉 제2차 세계대전이 최고조에 달한 시기의 소비에트 러시아다.

클로즈업과 원거리 숏을 이용한 우물 입구와 바닥 간의 상호 작용이 극적인 절정으로 치달으면서, 삶과 죽음이라는 또 다른 대립 쌍이 영화 속에 등장한다. 어머니는 양동이를 위로 끌어 올리지만(삶을 긍정하는 몸짓), 갑자기 총성이 들리고 양동이가 다시 우물 밑으로 떨어져 수면에 부딪친다(죽음의 이미지). 총에 맞은 여인 위로 물이 튀면서, 다시 한 번 소년은 죽어가는 어머니에게 돌아간다. 첫 번째와 두 번째 꿈에서는 잠에서 깨고 잠이 드는 사이에 점진적인 이행이 없는 대신, 감독은 비명이나 총소리 같은 날카로운 소리를 활용하여 꿈이라는 고요한 비현실과 전쟁이라는 가혹한 현실을 대조하는 하드 컷(관객으로 하여금 화면이 편집되었다는 사실을 알 수 있도록 거칠게 편집하는 방식-옮긴이)을 도입한다[그림 1-2]. 그래서 꿈은 심한 흥분 상태에서 끝난다.

상징적인 층위에서 이 시퀀스의 의미는 매우 뚜렷하다. 순진무구한 아이 상태의 이반은 어머니를 도울 수 없다. 별(어린아이다운 환상)을 잡기 위해 우물 속 깊은 곳에 있기 때문이다. 그는 우물 꼭대기에서 벌어지는 일을 그저 수동적으로 지켜볼 수밖에 없다. 그 후 이반은 유년기

[그림 1-2] 〈이반의 어린 시절〉 우물 장면

의 우물에서 기어 올라와 인정사정없는 복수를 시작한다. 소년은 인간의 친절과 행복의 가능성을 더 이상 믿지 않는다. 환상은 우물 바닥 안에 내려두고 온 것이다. 우물은 〈이반의 어린 시절〉에서 매우 중요한 모티프로, 두 번째 꿈 외에도 여러 번 등장한다. 도입부의 첫 번째 꿈 시퀀스에서는 우물에서 물을 길어오는 양동이를 든 어머니의 이미지가 나오고, 공중 부양한 이반과 카메라가 언덕을 따라 내려오는 동안에도 화면 한쪽 구석에 우물이 보인다. 또 정신이 이상한 농부와 무너진 오두막이 등장하는 시퀀스에서도 우물이 몇 번 나오고, 그 다음에는 이반이 그 남자를 위해 우물가에 빵 한 덩이와 통조림 하나를 놓고 가며, 마지막으로는 영화의 끝부분에서 이반의 어머니가 아마도 첫 번째 꿈과 같은 우물에서 같은 물 양동이를 들고 돌아오는 모습을 보게 된다.

우물이라는 모티프는 전통적으로 일상 세계와 지하 세계 사이의 경계를 의미한다. 이 경계적인 속성 때문에 우물 안에서 소원을 빌기도 하고, 일부 수원水源에는 치유적 속성도 있다. 이 사실을 알기라도 하듯, 이반은 상징적으로 어머니가 퍼온 우물물을 마신다. 영화의 첫 장면과 마지막 장면에서, 또 이반의 첫 번째 꿈과 마지막 꿈에서, 어머니는 양동이 가득 물을 퍼오고, 아들은 그 물을 마신다. 그러나 결과적으로 이 물은 생명수가 아니다. 이반의 꿈에 나오는 우물은 주로 죽음의 의미를 내포한다. 어쩌면 그 지하수는 하데스Hades의 강에서 발원했을 수도 있다. 실제로 강은 이 영화에서 또 하나의 중요한 물-원천으로서, 그 반복적인 등장의 의미론적 암시를 충분히 평가하기란 쉽지 않다. 이 영화의 첫 번째 '현실'의 에피소드는 늪을 헤치고 나아가는 이반을 비춘다. 고여서 썩어가는 물은 마치 악마처럼 들러붙어 무겁게 발길을 잡는다. 똑같이 죽음을 초래하는 물이 영화 끝부분에서 이반이 마지막 정찰 임무에 나서며 강을 건너는 에피소드를 압도한다. 소년이 콜린Kholin과 갈체프에게 작별 인사를 한 후, 카메라는 마치 이반을 배웅하려는 듯 수면 위를 따라 서서히 트래킹 이동을 시작한다. 이 영화에서 유일하게 타르코프스키 특유의 롱테이크가 사용되는 장면이다. 트래킹 숏이 보여주는 세계는 위아래가 뒤집혀 있고, 잎이 진 나무들의 줄기 윗부분이 수초로 뒤덮인 고인 물에 비치는 세계이다.

죽음을 암시하는 물은 또 교수형을 당한 후 불길한 '환영' 표지판을 걸고 있는 두 명의 게릴라의 시체 근처에도 흐른다. 이들은 드네프르 강Dnieper River을 결코 반갑지 않은 스틱스 강으로 변모시킨다. 실제로 이반이 이 강을 건너 다른 강둑으로 이동할 때, 그는 죽음의 영역에 진입하여 다시는 돌아오지 못한다. 이 우크라이나의 강은 사자死子의 강River of the Dead과 합류하고, 정찰 임무는 사지死地로의 횡단이 된다. 어렸을 때 스틱스 강에 몸을 담갔다는 아킬레스와 달리, 이반은 불사신이 되지 못하여 결국 나치의 희생양이 되고 마는 것이다.

러시아의 전설적인 베이스 표도르 샬랴핀Fedor Chaliapin의 민요 '마샤는 강을 건너지 않을 거야Masha May Not Cross the River' 역시 이 영화에서 물과 관련된 또 하나의 흉조가 된다. 갈체프와 콜린은 이반이 이미 강을 건넜을 때 다른 강둑으로 이동하고 나서 탁자에서 이 노래를 조용히 듣는다. 카타소니치Katasonych와 갈체프는 전에도 이 곡을 들으려 시도했지만, 매번 실패하고 말았다(갈체프의 경우 '제정신이야?'라고 화내며 막은 사람은 바로 콜린이었다). 낭만적인 만남의 실패를 노래한 이 서정적인 곡은 여기에서 장송곡으로 바뀐다.[10] 콜린 본인이 이 곡을 틀고, 두 사람은 마치 세상을 떠난 아이를 애도하듯 음악을 듣는다.

그러므로 〈이반의 어린 시절〉에서 물은 강력한 죽음의 함의를 지니는 듯하다. 소년이 마지막 임무를 수행하러 떠나기 전, 벙커에서는 물 떨어지는 소리가 요란하게 들린다. 이반의 얼굴 클로즈업에 이어 벽에 새겨진 복수의 죽음-비문이 비추는 동안, 계속 물 떨어지는 소리가 들린다. 물은 이미 이반의 비극적인 결말을 아는 것이다. 이른바 오필리아 콤플렉스Ophelia complex(사랑을 잃어버린 사람이 마지막 도피처로 꽃이 핀 물가를 찾는 경향-옮긴이)에 대한 논의에서, 가스통 바슐라르Gaston Bachelard는 '물은 죽음에의 초대'[11]라는 말로 물-죽음에 대한 이론적 근간을 마련한다. 이 철학자는 물이라는 실체에 대해 시적인 찬사를 보내면서, 물을 다른 자연 요소와 비교한다.

> 물은 '운명의 한 유형'이며, 그것도 유동하는 이미지의 공허한 운명, 미완성된 꿈의 공허한 운명이 아닌 존재의 실체를 끊임없이 변모시키는 근원적 운명이다. […] 헤라클레이토스의 유동성은 '구체적인' 철학이며 '전체적인' 철학이다. 사람은 같은 강에 두 번 목욕하지 않는다. 왜냐하면, 이미 그 깊이에 있어 인간 존재는 흐르는 물의 운명을 지니고 있기 때문이다. 물은 참으로 변하기 쉬운 원소이다. […] 물에 일신을 바친 존재는 항상 변화하는 존재이다. 그는 순간마다 죽으며, 그의 실체의 무엇인가는 끊임없이 무너지고 있다. 일상적인 죽음은 하늘을 화살로 꿰뚫는 불의 발랄한 죽음은 아니다. 일상적인 죽음은 물의 죽음이다. 물은 항상 떨어지며, 그리고 항상 수평적인 죽음으로 끝난다. […] 물의 죽음이 흙의 죽음보다 더 몽상적임을 우리는 수많은 예에서 보게 될 것이다. 물의 고통은 끝이 없다.[12]

바슐라르에게 물은 변하기 쉬운 존재이고, 가능한 변화 방식은 오직 한 가지, 삶에서 죽음으로의 변화밖에 없다. 시간의 경과는 곧 죽음으로

가는 길이다. 〈이반의 어린 시절〉에서 흐르는 물에 관한 이미지는 바슐라르의 주장과도 공명한다. 이 물은 우물, 양동이, 강에서 유래하여 이반의 본질적인 운명을 이루고, 이 영웅을 휘감는다. 이 물은 정적이지도 않고, 나르시시즘의 이미지를 제시하지도 않는다. 오히려 계속 흐르고, 떨리며, 튀긴다. 소년은 물을 마시고 그 안에서 수영이나 목욕을 한다. 그는 기꺼이 자신의 불운한 운명을 받아들이고, 죽음의 물에 몸을 담근다. 그는 어머니의 양동이에 든 물을 무심코 마시던 영화의 첫 번째 꿈에서부터 죽음을 향해 다가가고 있다. 물은 타르코프스키의 미학적 우주에서 밀도 높은 이미지이고, 〈이반의 어린 시절〉의 삶-죽음의 상호 작용은 이 감독의 평생에 걸친 물에 대한 관심이 최초로 드러난 사례이다.

폐허가 된 풍경

다 허물어져 가는 건물의 이미지, 누군가 점유한 폐허의 이미지는 타르코프스키의 장편 영화 일곱 편에 매번 두드러지게 등장하는, 그의 또 다른 전매특허나 다름없는 미학적 요소이다. 노후하고 반쯤 부서져나간 건물은 시간의 경과를 공간적으로 표현한다. 물질은 부패의 과정을 겪게 마련이고, 그 결과물은 시간을 공간 속에 각인시킨 가장 명료한 이미지다. 타르코프스키의 모든 영화는 폐허가 된 교회에서 버려진 우주 정거장까지 온갖 쇠락한 건물의 모티프를 담고 있다. 〈이반의 어린 시절〉의 줄거리는 이후의 영화들과 달리 감독이 이러한 요소를 도입할 자연스러운 명분을 제공한다. 전쟁의 참상은 무엇보다 초토화된 이미지에서 잘 드러나기 때문이다. 이 영화의 풍경은 추락한 비행기, 부서진 농기계, 까맣게 타버린 밀밭 등으로 가득하다. 이 대대적인 파괴의 흔적은 온갖 무너지고 깨지고 불타버린 건물들, 예컨대 농부의 오두막, 풍차,

교회, 독일군 막사와 행정 사무국 등의 이미지로 한층 강렬해진다.

　허물어져가는 건물의 모티프는 정신이 이상한 노인의 에피소드에서 가장 뚜렷이 나타난다. 다소 뜬금없는 이 시퀀스는 전쟁의 해악에 대한 메타 논평을 제시하는 환영적인 막간 에피소드의 성격을 띤다. 이반은 후방으로 돌아가 군사 학교에 다니라는 명령을 거부하고 도망쳐 나오던 길에 누더기를 걸친 남자와 마주친다. 소년은 황폐해진 마을을 지나다가 비어 있는 축사 같은 곳에서 잠시 쉬려던 참이다. 이곳에는 벽이 없어서 소년은 문이 아니라 크게 벌어진 구멍을 통해 안으로 들어간다. 일부 남아 있는 판자들이 '입구'를 호위하며 그 날카로운 모서리로 이반을 위협하듯이 뻗쳐 있다. 카메라 앵글과 전반적인 구도가 전혀 타르코프스키답지 않은 것은, 인물의 인간적 존재가 아닌 공간의 기하학이 화면을 압도하기 때문이다. 아직은 보이지 않는 나무문의 삐걱대는 소리가 이 파괴된 건물의 공허함을 부각시킨다.

　이반은 천장의 틈새로 잿빛 가을 하늘과 흘러가는 구름을 바라본다. 갑자기 수탉 우는 소리가 들리더니, 발이 끈에 묶인 닭이 굴뚝으로 날아올랐다가 곧바로 나이든 농부에게 붙잡혀 끌려 내려온다. 불안해진 소년은 일어나서 열린 문을 통해 이 정신 나가 보이는 남자를 지켜본다. 부서진 문틀이 프레임이 되어 이 주관적 시점 숏의 전체 구도를 보여주는 동안, 삐걱거리는 문은 계속 열렸다 닫히며 장면을 드러내고 감춘다. 남자는 팔에 액자를 끼고 노래를 흥얼거리며 집의 잔해 속에서 무언가를 찾는다. 그는 이반의 존재를 알아채기 전에 혼자 중얼거린다. '이 난로는 늘 한자리에 있지. 지금까지 그랬듯이 앞으로도 그럴 거야.' 러시아의 석조 난로는 목조 오두막과 달리 수명이 길고, 그 내구성 때문에 이 나라의 향후 재건의 이미지가 된다.

당황하고 약간 겁먹은 소년은 이 광인이 못을 찾고 있음을 알게 된다. 농부는 이반을 '안'으로 초대하고, 못 찾는 일을 도와달라고 부탁한다. 그러면서 둘은 몇 마디를 주고받는다. '멀리까지 가니?' 농부가 묻는다. '멀리요'라는 이반의 막연한 대답은 더욱 막연한, 거의 형이상학적인 논평으로 되돌아온다. '그래…요즘은 다들 멀리 가지. 하지만 왜? 그걸 누가 알까?' 혼란스럽고 방향 감각을 잃은 두 사람은 서로의 나이차에도 불구하고 전쟁에서 가족을 잃은 비슷한 처지임을 알게 된다. 한 사람은 아내를 잃었고, 또 한 사람은 어머니를 잃었다. 마침내 이반이 못 하나를 찾아내지만, 농부는 그 못이 '아니다'라고 한다. 그러면서 초조한 듯 문법에 안 맞는 말을 이어간다. '그걸 어디다 두었지? 조금 전까지 봤는데… 아주 키가 컸고, 안경을 썼고, 머리가 여기[어깨 길이]까지 내려왔어.' 이야기 주제가 못에서 아내를 죽인 나치 병사로 옮겨가는, 앞뒤가 어긋난 말에서 광기가 묻어난다. 농부는 이 파괴의 현장을 계속 맴돌며, 아내가 '돌아오기' 전까지 오두막을 살 만한 곳으로 바꾸려 노력 중이다. 이 헛된 노력은 그의 무의미한 행동을 통해 한층 강조된다. 소비에트의 '우상'이라는 상장을 정성들여 닦아 온전히 남아 있는 벽 한 쪽에 걸어두는 것이다.

이 에피소드의 추론적 의미는 비교적 명확하지만, 벌어진 구멍들 사이의 상호 작용은 좀 더 은밀한 시각적 주석을 제공한다. 노후한 건물은 자연 요소로부터 주민을 보호할 수 없는 대신 안팎의 경계 등 관습적인 공간적 경계를 지우는 시적인 테마로 작용하여, 어떠한 안정된 지표도 없는, 어디에도 있을 것 같지 않은, 시간을 초월한 장소의 이미지를 창조해 낸다. 결국 이 공간은 들뢰즈가 말한 '임의의 공간'이 된다. 전후 시기에는 우리가 더 이상 어떻게 대응해야 할지 모르는 상황이, 어떻게 규정해야 할지 모르는 공간 속에서 크게 늘어났다. 이렇게 파괴나 재건의 과정에서 버려졌지만 누군가 거주하는 폐기된 창고, 불모지, 도시 등이 바로 '임의의 공간'이다.[13] 그로 인한 공간적 방향 감각의 상실은 시간적 결과를 초래한다. 이제 과거-현재-미래의 구분이 효력을 상실하는 것이다. 이반과 농부는 둘 다 현재의 공간적 황폐함에서 벗어나기 위해 다른 시간, 즉 바깥세상의 형태를 극복할 수 있는 꿈과 환각의 비현실적인 시간으로의 비약을 시도한다.

파괴되어 육군 사령 본부이자 벙커로 개조된 교회 지하실 역시 〈이반의 어린 시절〉에서 결정적으로 중요한 '임의의 공간'이다. 과거에는 정신적 공간이었다가 지금은 군사적 공간으로 변형된 이곳은 여전히 벽에 이콘과 십자가가 걸린 채, 저항의 중심지 중 하나로 기능한다. 예전에는 러시아 국민의 영혼을 지켰고, 이제는 육체를 지키는 것이다. 소년은 영화 초반부에 이 벙커-교회로 끌려온 후, 결말부에서 마지막 임무에 나서기 전까지 이곳을 근거지로 삼는다. 그리고 더 중요하게도 이 건물을 환영에 이르는 관문으로 삼아, 총 네 차례 중 두 번의 꿈을 이곳에서 꾼다.

이 사령 본부도 완전히 피해를 면하지는 못한다. 실내는 황량하고, 두 번째 꿈에서 확인할 수 있듯이 지붕에서는 물이 새지만, 그래도 여전히 사람이 살고 있다. 은신처로서 기능이 변질되기는 했지만, 여전히 거주자를 눈과 비로부터 보호하는 것이다. 이러한 중간적 성격 때문에 이 건물에서는 비정상적인 현상이 벌어질 수 있게 된다. 이반은 이곳에서 꿈을 꿀 뿐 아니라, 아예 벙커를 환각의 무대로 바꾼다. 그는 벽에 휘갈겨 쓴 낙서('우리는 여덟 명이야. 전부 19살도 안 돼. 한 시간 후면 저들이 우리를 쏠 거야. 복수해줘.')를 보고 과거의 환영, 즉 처형당한 소년들을 떠올리며 이미 일어난 사건을 상상하고 거듭 재연한다.

영화 내내 이반은 꿈과 회상에서 나치 병사들과 죽은 사람들의 목소리를 들으며, 그들과 반복적으로 '교류'한다. 화면 밖의 '인물', 즉 실체가 없는 과거의 유령이 영화적 공간을 침범한다. 벙커에서 일어나는 전쟁의 환상은 그 중에서도 가장 두드러지고 서사적으로 중요한 경우이다. 이 환상은 종을 끌어 올리는 소년의 상징적인 행위로 시작한다(이 배우 니콜라이 부를라예프Nikolai Burliaev는 타르코프스키의 다음 영화 〈안드레이 루블료프〉에서 유사한 상징적 의미의 훨씬 더 큰 종을 끌어 올린다). 이반이 손에 칼을 쥐고 마루 위를 기어가는 동안 관객은 소년의 외화면 목소리('조심해, 조심해')를 듣는다. 갑자기 소년은 병을 던져 전등을 깨고, 어둠이 방을 감싼다. 독일인의 목소리, 아이들의 흐느낌, 무조無調 음악, 국소 조명이 불안감을 조성한다. 이반의 손전등이 살해당한 청소년들이 새긴 문구를 일부 비춘다.

그 후 예상치 못한 시점 변화가 뒤따른다. 이반이 손에 든 손전등에서 나온 불빛이 이제 카메라를 똑바로 쳐다보는 그를 비춘다. 이로서 일상적인 놀이가 기이한 환영으로 전환된다. 카메라가 왼쪽으로 이동하여 또 다른 소년을 비추는데, 마루에 누워 있는 그 소년은 이반의 생김새와 매우 닮아 있다. 카메라가 다시 원래의 칼을 든 이반으로 돌아왔다가 다시 왼쪽으로 옮겨가자, 이번에는 이반의 어머니와 닮은 여자의 모습이 포착된다. 그녀는 머리스카프를 쓰고 겁에 질린 모습이다. 카메라가 또다시 정신없이 이동하여 큰 거울 앞에 서 있는 이반과 거울에 비춘 상을 비춘다. 그 상태로 잠시 머물던 카메라는 갑자기 어머니의 유령 쪽을 비춘 후 결국 이반에게 돌아온다. 이처럼 어지럽고 혼란스런 카메라 이동은 현실과 환영의 이분법을 무너뜨린다. 이반은 꿈이 아닌 '현실'에서 죽은 자들과 마주치고 유령을 목격한다. 이 환영 속의 비현실적인 유령의 존재는 비정상적인 카메라 및 시점 이동을 통해 현실 공간과 중첩된다. 이로서 정체성은 분열되고 시간은 뒤죽박죽 뒤섞인다.

계속 여기저기를 오가는 거의 신경질적인 카메라 이동은 관객들을 혼란에 빠뜨린다. 편집 속도와 이미지 합성 양식은 순전히 예이젠시테인식이지만, 틸트tilt(카메라를 상하로 움직임-옮긴이)와 왜곡이 카메라워크를 압도한다. 이러한 양식적 기법은 타르코프스키의 전작을 통틀어 예외적이다. 이후 영화에서는 빠른 속도의 몽타주가 긴 트래킹 숏에 밀려 자취를 감춘다. 감독의 스타일은 〈이반의 어린 시절〉에서 조금씩 피어나는 듯 보인다. 그가 사용한 기법은 과거의 분석적 몽타주 전통에 속하지만, 그는 이미 이 전통에서 탈피하겠다는 명백한 의지를 내비친다. 무엇보다 이 첫 번째 장편 영화에서 감독이 이룬 주된 성취는 바로 시간과 공간의 비 경험적 관계를 드러내어 현실의 대안적 차원을 도입했다는 것이다.

시간의 선형성과 과거, 현재, 미래의 분할은 종래의 내러티브 영화에서 절대적으로 중요하다. 관객은 이 관습에 따르기로 동의하고, 명백히 표시된 과거 사건이나 꿈을 볼 때에 시간적 선형성의 위반을 받아들인다. 그러나 〈이반의 어린 시절〉의 꿈, 환각, 환영은 차원이 다르다. 관객은 더 이상 외부에서 관찰하는 입장이 아니라, 소년의 시-공간적 정신 착란에 함께 동참하게 된다. 더 이상 주관적이고 객관적인 평면 사이의 경계도 없다. 타르코프스키의 카메라는 자꾸만 과도하게 비현실적인 시점을 취하고, 사운드트랙과 세트 조명은 수시로 디제시스적diegestic(화면 위에서 전개되는 모든 허구적인 실재, 즉 영화 속 현실-옮긴이) 효과와 외재적 디제시스 효과(굳이 존재할 논리적 이유가 없는데도 스크린 내 공간에 삽입되는 사운드나 숏들-옮긴이)를 번갈아 활용한다. 이러한 요소는 전반적인 시-공간적 불연속성, 다른 시간과 공간으로의 끊임없는 비약과 더불어, 환영적인 현실이 실제 사건과 명확한 구분 없이 촘촘히 뒤얽히는 상태를 이루어 낸다. 이반의 환각적 놀이가 그 좋은 예이다.

이 놀이는 소년이 종을 울리기 시작하면서 절정으로 치닫는다. 이반이 종의 추를 흔들기를 멈춘 후에도 종이 계속 울려, 처음에는 디제시스적으로 들리던 사운드가 결국 외화면의 개입으로 밝혀진다. 공격하는 병사들의 함성이 울리고, 환청을 들은 아이도 그들의 전투에 '동참'한다. 이 공격은 점차 반드시 생포해야 할 최대의 적을 뒤쫓는 추적으로 바뀌어간다. 이반의 상상은 옷걸이에 걸린 군사 외투를 숨어 있는 적으로 변화시킨다. 소년은 포로를 위협하며, 그의 만행을 기억하고 있으므로 재판에 회부하겠다고 으박지른다. 이 가상의 승리가 마지막 정점에 달하자, 이반은 울먹이기 시작한다. 이 때 갑자기 환영의 비현실성과 전쟁의 현실성이 정확히 대조를 이룬다. 독일군이 러시아 은행에 폭격을 개시한 것이다. 인근에 미사일이 떨어지면서, 연이은 폭발로 벙커-교회 내의 이콘이 파괴된다. 혼자 남은 이반이 겁을 먹었을까 걱정된 갈체프가 사령 본부로 달려온다. 그러나 이반은 매우 침착하고, 거의 초연한 상태이다. 공포와 불안의 근원인 트라우마가 전부 과거에 놓여 있는 이반에게는 전쟁의 현실이 두려움을 주지 못하는 것이다.

주인공에게 시간은 환각적 놀이에서처럼 가역적인 범주이다. 이반에게는 과거만이 유일한 현실이다. 그는 현재에 살지 않고, 미래에 대해 생각하길 거부한다(이로서 그가 명문 군사 학교에 입학하길 꺼려하는 이유가 일부나마 설명된다). 그는 끊임없이 정신적 외상을 준 과거로 되돌아간다. 그는 과거에 대한 꿈에서 헤어나질 못하고, 실제 벌어졌거나 벌어지지 않았던 특정한 사건을 의식적으로 재연한다. 심지어 소년은 그림책

에서 목판화를 보고도 이 예술적 이미지에 자신의 과거 경험을 투사한
다. 알브레히트 뒤러Albrecht Dürer의 〈묵시록의 네 기사The Four Horsemen
of the Apocalypse〉에서 언젠가 본 나치 병사를 떠올리는 것이다. 그로서 뒤
러의 보편적인 묵시록이 이반의 생의 묵시록으로 바뀐다. 이 환영은, 꿈
이나 벙커 에피소드와 함께, 환상적인 공간으로 비약하여 시간적 범주
를 뒤집으려는 시도가 된다. 이러한 견지에서, 시간의 (비)가역성에 대
한 타르코프스키의 포괄적인 설명은 이해에 큰 도움이 된다.

> 시간은 되돌릴 수 없다고들 말한다. 이 주장은 이른바 '과거를 되돌릴 수는 없
> 다'라는 의미로 본다면 옳다. 그러나 이 '과거'란 정확히 무엇인가? 지나간 것
> 이란 과연 무엇인가? 만약 우리들 개개인에게 과거란 현재의 매 순간, 현재의
> 현실성에서 불변하는 모든 것을 전달하는 존재라면, '지나간 것'이란 대체 무
> 엇을 의미하는가? 어떤 의미에서 볼 때 과거는 현재보다 훨씬 더 현실적이고,
> 최소한 훨씬 더 견고하고 훨씬 더 지속적이다. 현재는 손가락 사이의 모래처
> 럼 흘러내리고 사라져버려, 오로지 회상을 통해서만 그 물질적인 중량감을 획
> 득한다. 솔로몬의 반지에는 "모든 것은 지나가리라"라고 씌어 있다지만, 나는
> 오히려 윤리적인 의미에서 시간의 회귀 가능성에 대해 주의를 환기시키고자
> 한다. 인간에게 시간은 주관적이고 정신적인 영역이므로 간단히 자취 없이 사
> 라질 수는 없다. 우리가 살아 온 시간은 바로 그 시간 속에 놓인 경험으로서
> 우리의 영혼 속에 굳건히 자리 잡고 있는 것이다.[14]

현재 순간이 덧없다는 타르코프스키의 관찰은 이전에도 수많은 사상
가들이 강조해온 바이므로 시간의 철학에 그다지 새롭게 기여하는 바가
없다. 그러나 이 감독의 유려한 수사학적 변형, 즉 솔로몬 왕의 '모든 것

은 지나가리라'를 뒤집은 '모든 것은 지나갔다'라는 암시된 원칙—진술은 이론적으로 흥미로운 결과를 낳는다. 솔로몬 왕의 미래 시점('지나가리라')에서 과거 시점('지나갔다')로의 비약은 시간의 범주를 그 미래성에서 추출해 낸다. 대신, 시간은 과거의 물질적 영역에 진입하며, 화석화되고 박제화하거나 각인된다. 이 변화는 물질적 변형을 통해 이루어진다. 시간은 손가락 사이로 빠져나가는 모래로 변하여, '물질적인 중량감'을 얻고 '우리 영혼 속에 자리매김' 한다. 시간의 범주와 그 공간과의 관계를 바라보는 감독의 시각은 유년기의 시—공간적 미로에서 헤매는 이반의 방황을 정당화한다.

몽환적인 네거필름

시간의 흐름은 세 번째 꿈에서 다시 한 번 형체를 얻는다. 이번에는 짐차가 운반하는 사과 더미로 변신한다. 꿈속의 풍경은 그 사이에 상당한 변화를 거쳐, 이제 소년의 어머니와 러시아의 시골 지역은 환영에 등장하지 않는다. 이반이 마지막 임무에 나서기 전에 낮잠을 자면서 꾸는 이 꿈은 다소 관습적인 방식으로 시작한다. 이 소년—몽상가는 바닥에 누워 있고, 그의 눈은 천장을 따라가다가 복수를 촉구하는 낙서 쪽으로 이동한다. 환각적 놀이 시퀀스에서는 벽에 있던 낙서가 이제는 천장에 새겨져 있다. 물이 떨어지는 소리와 몽환적인 음악이 다시 영화적 공간으로 스며든다. 이반은 눈을 감고 세 번째 꿈을 꾼다. 이번에는 환영과 현실의 경계가 엄격하게 구분되어, 두 번째 꿈에서처럼 두 영역의 공간이 결합되는 비정상적인 변화는 없다. 떨어지던 물방울이 세찬 비로 변하고, 이반은 따뜻한 여름날에 짐차가 운반하는 사과더미 위에 어느 소녀와 함께 앉아 있다. 갑자기 번갯불이 번쩍이면서 이 장면의 배경, 즉 나무들이 계속 스쳐가는 파노라마가 네거필름으로 바뀐다. 이 급작스럽고 명백히 비현실적인 변화의 와중에, 짐칸 위에서 두 아이의 만남이 이어진다.

이반이 옆에서 사과를 하나 집어 소녀에게 건네지만, 소녀는 웃으며 거절의 의미로 고개를 젓는다. 이반은 다른 사과를 내밀어보지만, 역시 소녀의 마음에 들지 않는다. 세 번째 시도 또한 실패로 끝나지만, 이번에는 소녀가 비에 흠뻑 젖은 상태에서도 행복한 미소를 짓는다. 소녀는 그 후 계속 이어지는 카메라 움직임 속에 빠르게 연달아 두 번 더 등장하여, 〈이반의 어린 시절〉에서 또 다시 인물의 유일한 정체성이 무너지게 된다. 소녀는 매번 비춰질 때마다 얼굴 표정과 상태가 극적으로 달라져 있다. 처음에는 머리가 비에 흠뻑 젖은 채로 '조용히' 미소 짓고 있지만, 두 번째 나올 때는 젖었던 얼굴이 비교적 말라 있다. 그리고 마지막에는 비가 갑자기 그쳐 전혀 젖은 기색이 없지만, 다소 우울한 눈으로 앞을 빤히 노려본다. 이 세 '유령'은 모두 어색하게 튀는 네거필름을 배경으로 등장한다[그림 1-3].

짐칸 장면이 끝나면 서정적인 막간 에피소드가 이어진다. 아마 이 영화에서 가장 평화롭고 삶을 긍정하는 장면일 것이다. 짐차가 네거필름 상태의 나무들의 터널을 빠져나와 어느 강둑의 탁 트이고 햇볕이 내리쬐는 공간으로 접어든다. 짐칸이 열리며 사과가 땅에 우르르 쏟아진다. 몇 마리 말이 카메라의 시야로 들어와 여기저기 흩어진 사과를 먹기 시작한다. 폭우가 내리던 네거필름 배경에서 화창하고 맑은 날로의 전환이 인상적이다. 결국 빛 그 자체가 영화에서 의도된 또 하나의 미학적 요소인 것이다. 평소에는 조명탄을 쏘아 올려 황폐한 풍경을 비출 뿐, 햇빛은 거의 꿈 시퀀스에서만 등장한다. 그 결과, 유년기의 햇빛 찬란한

[그림 1-3] 〈이반의 어린 시절〉 네거필름 장면

공간이 전쟁의 암울한 영역과 극명한 대조를 이루게 된다.

이 에피소드에서는 네거필름-포지필름의 상호 작용이 주된 미학적 장치이다. 감독은 제작 당시 네거필름을 사용하겠다는 아이디어를 낸 과정을 꽤나 자세히 회상한다.

> [나는] 눈 덮인 나무들 사이로 검은 태양이 반짝이고, 하얀 비가 쏟아져 내리는 장면을 상상했다. 번쩍이는 번개 장면을 삽입하여 포지필름에서 네거필름으로의 전환이 기술적으로 가능해졌다. 그러나 이 모든 것은 그저 비현실적인 분위기를 자아낼 뿐이었다. 그럼 내용은 어찌할 것인가? 꿈의 논리는 어찌할 것인가? 그런 것은 추억에서 나왔다. 젖은 풀밭, 사과를 가득 실은 짐차, 빗물에 젖어 햇빛 속에서 김을 내뿜는 말, 이런 광경을 본 기억이 났다. […] 꿈의 비현실성을 재현하기 위한 간단한 해결책을 찾던 중, 우리는 네거필름 형태로 지나쳐가는 나무들의 파노라마와, 그 배경 위에서 매번 다른 표정을 지으며 카메라 앞에 등장하는 작은 소녀의 얼굴을 생각해 냈다. 이 장면으로 우리는 다가올 비극에 대한 소녀의 불길한 예감을 포착하고 싶었다.[15]

이반과 어린 소녀와의 만남을 묘사하는 장면에서는, 네거필름의 어두운 배경이 자연 조명의 낮 장면을 에워싼다. 사물을 표현하는 빛과 어둠의 논리적 관계가 깨지는 것이다. 두 요소는 꿈에서 만나 하나의 공간을 공유하므로, 둘 사이의 적대 관계는 무효화된다. 빛과 어둠의 비현실적인 공존은 고양된 기쁨과 함께 불길한 조짐을 안겨준다. 과거 유년기의 행복이 미래의 숙명적인 종말과 뒤섞이는 것이다. 오로지 있을 것 같지 않은 꿈의 장소만이 낮과 밤, 행복과 슬픔 같은 두 개의 이질적인 영역과 상태를 수용할 수 있다.

여름에 '검은 태양'과 '눈 덮인 나무'가 이 시퀀스의 비정상적인 공간적 설정을 구성한다. 이 비현실적이고 전도된 자연은 포지필름에서 네거필름으로 빛이 반전된 결과이다. 이 예술적 기법은 분명 사진의 영역에 속한다. 네거필름은 사진으로 현상하기 이전의 원본을 이루는 필름이기 때문이다. 이 필름은 노출 시점에 렌즈 앞에서 벌어지는 광경을 기록한다. 그렇게 찍힌 사진에서는, 밝고 어두운 부분이 실제 현상된 사진과는 정확히 반대로 나타난다. 네거필름이 강력한 사진 같은 함축을 지니는 반면, 그 반대인 반전필름은 중간에 네거필름 없이 바로 포지티브 이미지로 만들어 스크린에 영사할 수 있으므로 주로 영화 제작 과정에 관련된다.

타르코프스키는 네거필름을 사용함으로써 말하자면 진실의 첫 순간에 호소하는 셈이다. 네거필름은 노출 중에 감지된 다양한 빛의 양을 반영하여 현실 그 자체와 상호 작용하는 최초의 접촉면을 형성하기 때문이다. 이러한 의미에서 사진은 영화보다 더 진실성에 근접해 있다고 볼 수 있다. 네거필름의 본질은 현실의 정직하고 왜곡되지 않은 이미지를 전달하는 잠재력이고, 감독은 바로 이 순수하게 사진 같은 효과를 이용한다. 그러나 그의 사진에 대한 관심은 이 시퀀스에만 국한되지 않는다. 영화의 결말에 이르러 사진은 내러티브상 결정적인 역할을 한다.

사진은 시간적으로 이미 지나간 특별한 순간의 목격자이다. 과거의 전령인 것이다. 갈체프가 나치의 기록 보관소에서 이반의 사진을 보는 장면도 정확히 사진의 이 과거를 소환해 내는 기능을 활용한다. 이 전형적인 사진 이미지는 더 이상 거기에 존재하지 않는 것을 되살려낸다. 사진은 사라져간 목소리들과 함께 이반의 이미지를 빚어내어, 갈체프와 관객이 소년의 운명을 알 수 있도록 잠시 그를 부활시키는 것이다.

사진과 보관 문서는 실제 사실에 입각한 전쟁의 기록이다. 이것은 영화에 사용된 다큐멘터리 자료의 진실성과도 일치한다. 모두 다 나치가 자행한 잔혹 행위의 목격자들이다. 실제로 이 기록 보관소 장면 앞에는 파시스트 장군과 장교가 자신과 가족들에게 가한 소름끼치는 폭력의 이미지가 등장한다. 여섯 자녀의 시체에 둘러싸인 요제프 괴벨스Joseph Goebbels 부부의 불에 타다 만 시체를 찍은 장면, 전쟁 항복 문서에 서명하는 다큐멘터리 장면, 고위급 장교와 가족의 시체를 보여주는 장면이 차례로 비춰진다. 파괴 충동은 거기에 사로잡힌 본인에게도 죽음을 부르는 것이다. 이러한 '현실' 평면의 표현이 더 이상 도드라지지 않고 현실과 허구가 공존하는 일종의 동시대성을 이루며 무리 없이 통합된다. 또 이 악인들의 거창한 최후를 묘사한 이미지는 그들의 (가공의) 희생자 중 하나의 이야기로 계속 이어진다.

영화 속에서 이반의 보관 문서는 인상적으로 등장한다. 한 병사가 독일군 사무국 바닥에 흩어진 수많은 문서를 둘러보면서 거기에 적힌 평결들을 단조롭게 읽어 나간다. 평결은 오직 총살과 교수형, 두 종류뿐이다. 갈체프는 문서 하나에 관심을 보이지만, 그 문서가 마룻바닥의 구멍 속으로 떨어져 그것을 줍기 위해 아래로 뛰어 내린다. 건물의 결함이 또 다시 시적 모티프로 등장하는 셈이다. 이번에 등장한 이 허물어진 건물은 앞서 난로가 남아 있던 농부의 오두막이나 여전히 이콘이 벽에 걸려 있던 교회-벙커와 달리 일체 희망의 흔적이 없다. 앞서의 건물들은 완전히 파괴되거나 일부 부서지기는 했어도 (천정의 틈새나 아예 천정의 부재로 인해) 하늘을 향해 열려 있었다. 말하자면 위를 보고 있었던 것이다. 이에 반해 파괴된 독일군 사무국 건물은 악이 자행된 현장이다. 정화의 비가 내리는 대신 검은 재가 대기 중에 떠다니고, 구멍도 바닥을 향해

나 있다. 아래의 고문실을 내려다보는 것이다.

카메라는 갈체프를 따라 아래로 내려가 사형실로 이동한다. 이 장교는 실제 다큐멘터리 자료로 등장하는 그 끔찍한 장소를 직접 '목도'한다. 그 천정에 걸린 갈고리, 피투성이 단두대, 가시철조망의 일부 등을. 수전 손태그Susan Sontag(일반적인 표기는 수잔 손택-옮긴이)에게 사진은 죽음을 상기시킨다. 사진은 시간의 경과를 강조하는데, 그 시간은 늘 죽음을 향해 가기 때문이다. '모든 사진은 메멘토 모리memento mori이다. 사진을 찍는다는 것은 다른 사람(또는 사물)의 죽음, 연약함, 무상함에 동참하는 것이다. 그러한 순간을 정확히 베어내 꽁꽁 얼려 놓는 식으로, 모든 사진은 속절없이 흘러가 버리는 시간을 증언해준다.'[16] 독일 병사들은 이반의 사진을 찍고 그를 처형함으로써 실제로 이반의 죽음에 동참한다. 사진은 죽음의 고통을 환기시킨다. 갑자기, 이반의 머리와 어깨가 마치 거꾸로 매달린 듯한 형태로 화면에 나타난다. 소년의 머리가 단두대에 잘린 것처럼 바닥을 굴러가고, 그는 눈을 깜빡이지 않는 채로 카메라를 똑바로 응시한다. 그러나 이반은 죽지도, 살지도 않은 것처럼 보인다.

롤랑 바르트Roland Barthes에게 사진은 강렬한 부동성의 표출이다. '우리는 "사진을 현상 한다develop"고 말하지만 그 말은 어휘상의 속임수이다. 화학적 작용이 현상하는 것은 현상 불가능한 (상처의) 본질로서, 그것은 변형될 수 없고 다만 집요함(집요한 응시)의 순간에 반복될 수 있을 뿐이다.'[17] 사진은 본질적으로 수사적인 확장의 가능성을 거부하고, 바르트가 보기에는 바로 이렇게 모든 것이 이미 주어졌다는 점에서 하이쿠와 사진이 접점을 지닌다. '하이쿠도 사진도 우리를 "꿈꾸게" 하지는 못하는 것이다.'[18] 그러나 타르코프스키 영화의 경우에 이반의 사진은 그 안에 주어진 것에 국한되지 않는다. 이반의 얼굴 같은 강렬한 부동성은 기억과 환영의 흐름을 유발한다. 결국 이 사진 한 장을 통해 갈체프와 관객이 마치 죽은 소년을 대신하듯 사후의 꿈을 꾸기 시작하니 말이다.

불멸의 숨바꼭질

영화 마지막 시퀀스의 꿈을 꾸는 주체는 이반이 아니다. 영웅은 이미 죽었기 때문이다. 결말의 에피소드는 나치의 보관 문서에서 비롯된 추상적인 환영이다. 소년의 형상은 꼼꼼히 보존된 공식 기록 문서에서 부활하여, 무고한 고통의 상징적인 이미지로서 마지막 모습을 드러낸다. 영화는 이반의 어린 시절에 대한 가상의 서정적인 장면으로 끝을 맺는다.

감독은 상상의 영역으로 진입하기 위해 이반의 몸이 사형장 바닥을 구르는 장면 이후 숏/리버스 숏shot–reverse shot 기법을 사용한다. 관객은 소년의 눈을 똑바로 바라보지만, 이반의 시선이 의도하는 화면 밖 수신인은 그의 어머니다. 이 여인은 강둑에 서서 자애롭게 아들을 향해 '뒤를' 돌아본다.

그 후 카메라는 아래로 이동하여 웃통을 벗고 어머니가 떠온 양동이의 물을 마신 후 웃는 소년을 비춘다. 이렇게 하여 서로 사랑했고 이제 죽어버린 두 사람이 '조우한다.' 숏/리버스 숏은 원래 편집의 연속성을 보장하는 고전적인 할리우드 기법이지만, 이 시퀀스에서 극적인 변화를 겪는다. 전통적으로 이 기법은 관객에게 일련의 이미지가 선형적이고 논리적으로 전개되는 연속 동작이라는 인상을 주기 위해 숏 전환을 강조하지 않는다. 그러나 〈이반의 어린 시절〉의 이 시퀀스에서 시선의 교환(나치 사형장 바닥에 누운 이반의 유령이 위를 올려다보면, 강둑에 서 있는 어머니가 아래를 내려다보고, 다시 이반이 양동이에서 물을 마신 후 올려다본다)

은 시-공간적 불연속성 또는 거짓된 연속성을 도입한다. 허물어져가는 나치 건물에 비현실적인 이반의 유령이 출현하는 것만도 시-공간적인 전치 상태이지만, 그 후 더욱 심한 전치가 벌어진다. 아예 전체 장면이 강둑으로 이동하는 것이다. 이처럼 이 영화에서 응시하는 시선들은 연속적인 내러티브를 제시하기보다, 다양한 층위를 한 데 얽히게 만드는 역할을 한다.

어머니는 끝까지 아들에게서 시선을 떼지 못하며 양동이를 들고 강둑으로 걸어간다. 그 후 이반과 다른 아이들의 술래잡기를 보여주는 설정 숏establishing shot(시퀀스 도입부에 사건이 벌어지는 공간에 대한 기본적 인식을 제공하는 숏-옮긴이)이 이어진다. 이반이 '술래'가 되어 숫자를 세자 아이들이 흩어진다. 시퀀스에 시들어가는 나무가 등장하고, 이반은 거기에 서서 친구들이 숨기를 기다린다. 카메라는 곧 이반의 세 번째 꿈에 등장했던 소녀가 다른 나무줄기 아래 숨어 있는 것을 발견하지만, 소녀는 아직 '술래'에게 들키지 않는다. 시든 나무가 다시 카메라의 시야에 들어오고, 텅 빈 강둑의 수평선에서 이 나무의 줄기와 아이들을 찾는 이반만이 오로지 두 개의 수직 '선'을 이룬다.

이반이 마침내 소녀를 발견하고 쫓아가기 시작한다. 두 아이가 마냥 기뻐하며 맨발로 강둑을 따라 달린다. 카메라가 잠깐 나무 숏을 비추었다가 다시 강가의 모래사장을 따라 얕은 물가를 뛰어가는 아이들을 보여준다. 이반은 소녀를 따라잡지만 그녀를 술래로 붙잡는 대신 계속 열린 지평선을 향해 달려간다. 일상적인 아이들의 놀이가 놀라운 환영으로 전환되는 순간이다. 그 후에도 소년은 계속 물가를 달려, 결국 영화의 마지막 화면에서 본래의 강둑으로 되돌아온다. 그는 술래잡기에서 이기기 위해 출발점인 나무를 치려고 팔을 뻗는다[그림 1-4]. 여기에 나무

[그림 1-4] 〈이반의 어린 시절〉 결말부

의 클로즈업이 이어지고, 어두운 나무줄기에 다가가면서 영화가 끝을 맺는다.

영화 도입부 침엽수 나무의 이미지는 영화 끝부분의 강둑에 서 있는 메마른 나무에서 그 분신을 찾는다. 두 나무는 소년과 매우 가까운 거리에 있다. 이반은 전자의 나뭇가지 사이에 걸려 있는 거미줄을 살피고 후자의 나무에 기대어 술래잡기 놀이를 한다. 두 나무 모두 꿈의 영역에 속하지만 전자는 살아 있고, 후자는 죽어 있다. 이 다소 직설적인 진행은 이때부터 이미 타르코프스키의 완숙한 미학의 자취가 엿보이기는 하지만, 아직 그의 영화 스타일이 발전하는 과정에 있었기 때문일 것이다. 예를 들어, 이 영화에서 환영의 영역이 전체 영화 구조에서 중요한 비중을 차지하는 것은 그가 이후에 대안적인 현실의 인식 방법에 집착했던 점과 관련이 깊다. 평범하고 상투적인 전쟁의 공간은 모호한 시간적 좌표와 구체적인 인공물 및 자연 요소를 통해 꿈의 장소로 전환된다. 이곳은 인물이 언덕 위로 날고, 우물 속에서 별을 따며, 네거필름 상태의 나무들에 둘러싸인 공간이다.

푸코는 바슐라르에게서 영감을 얻어 우리가 동질적이고 비어 있는 공간이 아니라 여러 이질적인 환영으로 이루어진 공간에 살고 있다고 주장한다. 이 가득 찬 장소에 대한 묘사에서, 푸코는 일상적인 영역과 가상의 영역을 구분하지 않는다.

우리의 일차적 인식의 공간, 꿈의 공간, 정념의 공간은 내재적으로 고유한 특징을 지니고 있다. 밝고 지극히 가벼우며 투명한 공간이 있는가 하면 어둡고 거칠며 혼잡한 공간도 있다. 정상과 같은 위로부터의 공간이나 진창과 같은 아래로부터의 공간도 있다. 샘솟는 물처럼 흐를 수 있는 공간도 있고, 바위나

수정처럼 굳어서 고정된 공간도 있다.[19]

    이반의 꿈과 현실에도 동일한 설명을 적용해 볼 수 있다. 이 서로 인접한 장소들은 물과 흙 등의 다양한 자연 요소에 지배를 받으며, 다양한 명암의 빛으로 채워져 있다. 꿈과 현실을 오가는 이동에는 조명의 극적인 변화가 수반되고, 물이 양쪽을 이어주는 연결점이 된다. 이 영화가 제작되기 몇 년 전인 1958년에 쓰인 아르제니 타르코프스키Arseni Tar-kovsky의 시 '이반의 버드나무'는 여기에서 논의된 모티프들을 신비로운 방식으로 융합시킨다. 이 시에서는 자연이 동경과 애도의 과정에서 핵심적 역할을 한다. 시에서 죽은 병사의 유령은 이반을 유년기의 풍경으로 다시 불러낸다.

전쟁이 있기까지
이반은 개울가에서 지냈네,
주인을 모르는 버드나무가 자라난 곳.

개울 위로 가지를 뻗은
이유는 알지 못했지만,
이것은 이반의 버드나무.

군복을 입은 채,
전쟁에서 죽은 이반은
자신의 버드나무 아래로 돌아왔네.

이반의 버드나무,

이반의 버드나무,

흰 쪽배처럼 개울가를 떠다니리.[20]

***

타르코프스키의 일기에 인용된 미셸 드 몽테뉴의 잠언, '…우리의 깨어 있는 상태는 자고 있는 상태보다 더 눈멀어 있다. 우리의 지혜는 우리의 광기보다 덜 현명하다. 우리의 환상은 우리의 판단보다 더 가치가 있다…'[21]는 어떤 의미에서 〈이반의 어린 시절〉에 묘사된 상황을 완벽하게 요약한다. 복수심에 불타는 소년 병사의 비극적 스토리는 광기와 이성, 슬픔과 행복, 꿈과 현실이 수렴하는 지점이다. 여러 면에서 상징적인 마지막 에피소드는 이 모든 이율배반적 요소를 통합한다. 명백히 우화적이고 추상적인 결말은 사건의 선형적 진행을 거부하고 서로 다른 시-공간의 대위법적 충돌에 더 집중하는 타르코프스키 영화 스타일의 시작을 알린다. 이러한 충돌에는 시-공간적 혼란을 가중시키는 감독 특유의 다른 미학적 요소들이 동반된다. 허물어져 가는 건물, 다큐멘터리 자료의 사용, 공중 부양 장면, 관조적인 자연 숏 등은 이미 데뷔작에서부터 그 예술적 질감을 이루고 있다.

이반의 꿈은 영화의 맨 처음과 마지막에 놓여 전체 내러티브를 형성한다. 더 중요하게도, 이 꿈은 정찰 임무 도중이나 직전 또는 직후에 시작된다. 임무를 위해 다른 해안으로 떠나는 여정은 경계선 상의 초월적인 사건으로, 영화에서도 가장 자리에 배치된다. 소년은 영화의 출발점인 첫 번째 임무 중에 첫 번째 꿈을 꾸고, 그 임무를 수행한 직후에 갈체프의 막사에서 두 번째 환영을 경험한다. 이반을 군사 학교로 보내려는 노력과 또 다른 임무의 준비, 그리고 마샤와 두 장교 사이의 삼각관계 묘사 등이 포함된 중심 내러티브가 영화의 중간 부분을 차지한다. 사회주의자 리얼리즘socialist−realism(글이나 그림 등의 한 양식, 1930년대 소련 연방에서 확립됨−옮긴이) 전쟁 영화 장르에서 매우 관습적인 이러한 에피소드는 흔한 사건들을 통해 현실 그 자체를 나타낸다. 반면 환각적 놀이와 세 번째 꿈은 다시 주변부로의 돌이킬 수 없는 이동을 예고한다. 이 놀이와 꿈은 치명적인 실패에서 절정을 이루는 소년의 마지막 임무 바로 직전에 등장한다. 건너편 강둑을 향해 강을 건너는 길고도 아슬아슬한 여정은 명백히 사후 세계의 경험으로 바뀌고 만다. 독일 강변의 보트 안에서 나온 소련 병사의 시체 두 구가 이반의 자리를 차지할 때, 죽음이 장면 안으로 들어온다. 소년의 죽음은 독일의 기록 보관소에서 갈체프의 시점을 통해 알려지고, 마지막 꿈인 사후의 환영이 영화를 매듭짓는다. 꿈과 환각의 프레임 기능이 확연히 드러나고, 그 경계선 상의 주변부적인 본질이 뚜렷이 강조된다.

처음 시작부터, 타르코프스키의 영화는 현실과 가상의 영역을 지속적으로 넘나드는 예술 형식으로 발전한다. 현실적 요소와 환상적 요소의 융합이 영화의 핵심 구조로서 〈이반의 어린 시절〉을 빚어낸다. 꿈은, 바흐친이 논하던 기사도 로맨스의 크로노토프와 유사하게, '더 이상 단순히 내용의 한 요소로서 기능하지 않고, 형태를 만드는 기능을 획득하기 시작한다.'[22] 〈이반의 어린 시절〉에서는 꿈이 '현실' 장면과 반대로 다층적인 대안적 시−공간 체계를 형성한다. 사실 이것은 그리 특별한 미학적 전략은 아니다. 주목할 것은 이 체계가 화면에 등장하는 방식이다. 대부분의 경우에 장면 전환은 꿈과 안정된 현실 사이의 명확한 경계 없이 이루어진다. 현실이 이미 환영을 담고 있는 것이다. 예를 들어, 물 떨어지는 소리는 영화가 진행되는 동안 수시로 출몰하는데, 감독은 이 소리를 통해 전시의 참을 수 없는 잔혹한 현실에서 행복한 꿈의 영역으로의 '도피'를 감행한다. 주인공 스스로도 현실과 꿈, 기억과 상상을 구분하지 못한다. 이반은 뒤러의 목판화를 볼 때에도, 그 시간을 초월한 예술 작품에서 동시대의 독일군을 본다. 또 죽은 자들의 목소리를 들을 수 있고, 놀이를 통해 이들을 부활시킨다. 이반 자신도 영화 끝에서는 정성 들여 보존된 사실로서, 후손들에게 알리기 위해 보관된 전쟁 문서로서 다시 부활한다.

꿈이나 환각 같은 대안적 현실을 통해 내러티브의 빠른 진행을 방해하는 방식은 〈이반의 어린 시절〉에서 두드러지게 나타나면서, 이 감독을 대표하는 기법 중 하나로 자리매김한다. 과거-현재-미래의 엄격한 구분과 시간 진행의 선형성은 이미 타르코프스키의 이 첫 장편 영화에서부터 무너지고 만다. 감독은 시간의 단일한 방향성에 반기를 든다. 그의 영화는 관습적인 사건의 선형적 진행이 인물의 우여 곡절을 거치며 아무런 예고도 없이 점점 시-공간적 미로로 변해 가는 이미지를 만들어 낸다. 별개의 시-공간적 체계를 조각보처럼 이어 붙이는 방식이 영화의 주축을 이룬다. 타르코프스키는 이 기법을 연마하여, 단지 꿈뿐 아니라 환영, 환상, 추억, 계시, 회상, 망상까지 현실 영역으로 침투시켜 이후의 영화에서는 실로 그 완벽의 경지에 이르게 된다.

2장

<안드레이 루블료프>의 환영

상상력은 그 어원이 암시하는 바와 같이
현실의 이미지를 형성하는 능력이 아니고,
현실을 넘어서 현실을 노래하는 이미지를 형성하는 능력이다.
그것은 초인간성의 능력이다.
– 바슐라르

:: :: :: ::

　〈이반의 어린 시절〉이 타르코프스키가 '승계'받은 영화였던 반면, 본래 〈안드레이의 수난The Passion According To Andrei〉으로 불리던 〈안드레이 루블료프Andrei Rublev〉는 그가 독자적으로 구상한 첫 번째 영화 프로젝트였다. 감독이 안드론 콘찰로프스키Andron Konchalovsky와 함께 시나리오를 쓰고 1966년에 완성한 이 영화는 그 범위와 야심 면에서 같은 유형의 제작으로는 여전히 비할 데 없는 독특한 입지를 굳히고 있다. 이 영화는 15세기의 러시아 수사이자 이콘icon 화가 안드레이 루블료프의 삶을 다룬다. 이 중세 화가의 '전기'는 타르코프스키가 처음이자 마지막으로 도전했던 장편 서사 장르였다. 감독은 대규모 예산과 3시간이 넘는 러닝 타임[1], 수천 명의 엑스트라를 동원하여 이 중세 러시아 세계를 파고든다.

　안드레이 루블료프는 영화 제작 당시만 해도 비교적 잘 알려지지 않았으며 오랫동안 망각의 늪에 빠져 있다 막 떠오르기 시작한 인물이다. 그는 20세기까지 러시아 문화에서 신화 같은 존재로, 〈삼위 일체The Trinity〉라는 이콘 한 작품의 화가로만 알려져 있었다. 아이러니하게도 그의 문화적 부활에 대한 영예는 소련 정부에게 돌아가야 한다.[2] 이 화가를 이데올로기적으로 전용하려는 소련의 노력은 1960년 루블료프의 이콘을 모은 대규모 회고전에서 절정에 이르렀고, 타르코프스키 역시 여기에 참석하여 이 영화를 만들겠다는 영감을 얻었을 가능성이 높다.

〈안드레이 루블료프〉의 도입부는 타르코프스키의 모든 영화 오프닝 중에서도 가장 고양되고 시적이라는 평가를 받는다. 이 영화는 비행 시퀀스로 시작한다. 이 프롤로그에만 등장하는 예핌Efim이라는 인물이 교회 종탑에서 직접 제작한 열기구를 띄울 준비에 한창이다. 예핌의 동료들은 그가 꿈꾸는 물리적 비상이 신성 모독이라고 여겨, 이 실험을 막으러 달려온다. 그를 도와 비행을 준비하던 사람들이 군중에게 붙잡혀 희생되는 동안, 이 농민—발명가는 간신히 그들의 손길에서 벗어난다. 예핌은 하늘로 치솟아 러시아의 구릉 지대 풍경—군데군데 굽어 흐르는 강과 습지, 여기저기 흩어진 말들—을 감상하다가 갑자기 강기슭으로 곤두박질친다.

이 치명적인 추락에 이어 타르코프스키의 영화로서는 매우 이례적인 요소가 등장한다. 바로 땅의 정지 화면이다. 정지 화면은 일종의 사진의 환영으로, 그 부동성은 명백히 비영화적이다. 땅의 숏은 이 발명가의 명시적 죽음이라는 돌이킬 수 없는 최후를 나타낸다. 관객은 의식을 잃은 그의 육신과 더불어 마치 죽어가는 동물처럼 조금씩 바람이 빠지는 원시적인 열기구를 보게 되고, 이로서 영화 화면도 서서히 부동 상태에서 풀려난다. 그 후 종마의 슬로모션 화면으로 프롤로그가 마무리되는데, 카메라는 이 기품 있는 동물이 진창에서 구르다가 일어나 카메라 시야를 떠나는 보기 드문 장면을 포착한다[그림 2-1]. 이 시퀀스의 순환적 구성(도약—비행—추락—뒹굶—떠남)은 갖은 우여 곡절을 거치면서도 삶은 계속된다는 긍정적인 메시지를 전달한다.

　　이 프롤로그의 도입부는 다소 결함이 있는 건물에서 시작된다. 이곳은 걸어 올라가야하는 어느 교회 종탑으로 이 중세 러시아 농부-발명가의 출발 지점이다. 건물의 입구는 전부 개방되어 있고, 내부도 막혀 있거나 별도로 분리된 공간이 없다. 예핌과 그를 돕는 사람들은 사방의 출입구로 드나들고, 이들의 뒤를 쫓으며 끊임없이 움직이는 카메라가 방향 감각에 혼란을 더한다. 이 건물은 〈이반의 어린 시절〉에 등장하는 교회-벙커와 마찬가지로 더 이상 폐쇄적인 종교적 장소가 아니다. 하늘의 위업을 예찬하는 종교적 회합을 집전한다는 본연의 기능은 상실한 채,

[그림 2-1] 〈안드레이 루블료프〉 도입부

하늘로 날아올라 지상의 영역을 극복하여 인간의 능력을 선언하려는 연단 구실을 한다. 이 오프닝 에피소드는 인간이 스스로 하늘로 날아오르는, 당대로서는 꿈도 꾸지 못했던 상황을 묘사한다. 이 추상적이고 시적인 시퀀스는 그 음울하고 거친 환경에서 벗어나고픈 때 묻은 중세인의 열망을 드러낸다. 이것은 여러 면에서 안드레이 루블료프의 운명을 연상시킨다. 그는 중세 러시아의 가혹하고 잔인한 현실에서 도망치기 위해 끊임없이 천상의 영역에 대한 환영을 떠올렸던 인물이다. 그 긍정적이고 자애로운 환영은 그의 미술에 영감을 불어넣어 이콘의 주제이자 소재가 된다.

영화의 내러티브는 안드로니코프Andronikov 수도원에서 보낸 기간을 따지며 실랑이를 벌이는 세 명의 수사(안드레이, 다닐Daniil, 키릴Kirill)들로 본격화 된다. 이 사소해 보이는 대화가 영화 초반부터 이 영화에서 시간과 연대기의 역할이 모호하다는 사실을 말해 준다. 이 영화의 인물들은 과거, 현재, 미래가 명확히 구분되지 않는, 시간을 초월한 현실 속에서 존재하고 행동하는 듯 보인다. 영화의 각 장마다 제목에 정확한 연대가 표시되어 있고(이 영화는 8개 부분으로 구분된다. 1장. '광대' 1400, 2장. '희랍인 테오파네스' 1405[–06][3], 3장. '안드레이의 수난' 1406, 4장 '이교도 축제' 1408, 5장 '최후의 심판' 1408, 6장 '침입' 1408, 7장 '침묵[사랑]' 1412, 8장 '종' 1423[–24]), 내러티브도 23년에 걸쳐 연대순으로 진행되는 듯 보이지만, 사실 이렇게 선형적으로 흐른다는 인상은 눈속임이다.[4]

〈안드레이 루블료프〉의 연대표는 전치돼 있다. 공간이 시간의 선형성을 미로로 탈바꿈시키는 것이다. 이 영화의 에피소드식 구성은 관객이 영화 속 중세 세계에 적응하려는 격렬한 시도와 결정적인 충돌을 일으킨다. 에피소드의 그러한 시간적 지표는 관객에게 도움이 되지 않는다.

시간적으로 명확히 구분된 듯 보여도 기껏해야 피상적인 연대기를 구성할 뿐 진정한 내러티브의 진행을 드러내지 않는 것이다. 영화 줄거리의 선형적인 일직선성은 사전에 예고되지 않은 환상과 회상으로의 비약에 끊임없이 침범 당한다. 이 영화에서 시간은 완전히 주관적이고, 감독 본인도 내러티브의 논리보다 환상, 꿈, 추억과 같은 주관적인 경험의 논리를 전달하는 몽타주 양식을 시도할 생각이었다고 밝힌다.[5]

게다가 이 장편 서사 영화의 내러티브는 명확한 구심점이 부족하다. 루블료프가 천재 중세 화가라고해도 '익명'으로 남아서 그의 존재는 비교적 주의를 끌지 못하고, 자주 카메라의 시야에서 사라진다. 그리고 〈안드레이 루블료프〉에서는 일반적인 의미의 사건이 완전히 부재한다. 행위 중심의 거장다운 전투신과 긴장감을 유발하는 '종bell' 에피소드는 주인공(들)과 직접적인 관련이 없어서 루블료프는 이 사건들의 관찰자에 머물고, 다닐(실제 루블료프의 평생에 걸친 동업자이자 친구)과 키릴(순수한 가공인물)은 아무 이유 없이 화면에 등장하고 사라진다. 영화는 인물들을 비-행위 상태로 제시한다. 루블료프는 침묵과 의심 때문에 예술적 활동이 중단되고, 키릴은 질투 때문에 다른 화가들과 협력을 못하며, 다닐은 영화의 후반부에서 아무 이유 없이 사라져 아예 행동해 볼 기회조차 없다.[6]

전반적으로 〈안드레이 루블료프〉의 미학적 전략은 이 가장 위대한 이콘 화가가 어떠한 인생을 살았는가에 대한 일관된 스토리를 구성하고 제시하기보다는 그의 공간적 좌표를 규정하고 그의 물질적, 정신적 실존의 상황을 상상해보려는 노력에 가깝다. 타르코프스키는 영화를 구성하는 에피소드들에 대해 다음과 같이 설명한다.

이 이야기들은 화가의 연대기를 따라 연결되어 있지 않고 오히려 루블료프에게 유명한 〈삼위 일체〉를 그리도록 강요한 시적 논리를 통해서 연결되어 있다. 바로 이 논리가 개개의 이야기에 통일성을 부여하면서, 개개의 이야기들은 제각기 특수한 주제와 특별한 이념을 갖게 되는 것이다. 이 에피소드들은 시나리오 속 시퀀스의 시적 논리에 내재된 내적 갈등을 통해, 상호 작용 속에 서로 발전한다. 삶의 모순과 복잡성, 그리고 예술적 창조성에 대한 일종의 영상적 형상화로서….[7]

이 '에피소드'에 대한 감독의 언급에서 주목할 점은 '말'과 '이미지' 사이의 내재적 긴장, 나아가 갈등이다. 스토리텔링이 형상화에 자리를 내주는 듯 보인다. 문학에서 짧은 허구적 내러티브를 의미하는 '에피소드'가 영화에서는 다른 패널들과 함께 스토리를 완성하는 하나의 영상 패널로 바뀐다. 영화 전체가 마치 다폭 제단화polyptych—여러 개의 패널로 구성되고 명확한 구심점이 없는 이콘의 특수 장르—와 같은 방식으로 안드레이의 삶과 예술을 재현 또는 표현한다. 말과 이미지가 한 데 섞여드는 것이다.

성경의 텍스트는 과히 드러나지 않게 영화에 녹아들어, 텍스트(성경 인용과 영화 대사)와 이미지(루블료프의 이콘과 영화 장면)가 공존하는 역동적인 장을 마련한다. 기독교의 현실을 진실하게 묘사하려면 둘 다 필수적이기 때문이다. 동방 정교회 예술사가들인 레오니트 우스펜스키Leonid Ouspensky와 블라디미르 로스키Vladmir Lossky는 '교회가 그 시초부터 세상에 기독교를 전파하는 데 말과 이미지를 사용했다'[8]는 점을 들어 이콘 미술과 성경 주해가 서로 불가분의 관계라고 주장한다. 또 기독교 교리의 기본 가정 하나를 언급하며 논지를 전개해 나간다. '하느님의 현현

[그리스도]을 통해 "그는 하느님의 영광의 광채이며 그분의 인격의 정확한 형상이다"(히브리서 1장 3절)라는 하느님의 말씀이 세상에 그분의 신성, 즉 하느님의 이미지로 드러난다.'[9] 그러므로 신성한 그림의 창조자인 기독교 이콘 화가를 다룬 영화가 신성한 텍스트인 성경으로 빚어지는 것은 당연해 보인다.

텍스트는 환영을 불러일으키고, 〈안드레이 루블료프〉는 텍스트를 환영으로 변형하는 성취를 이루어 낸다. 환상이나 추억의 영역에 진입할 때면 장문의 성경 구절이 인용된다. 또 이 이콘 화가의 전기 자체가 영화적 환영이므로, '환영'이라는 개념은 이 영화에서 결정적으로 중요하다. 루블료프는 타르코프스키의 영화에서 유일하게 시각적 결과물을 만드는 일을 하는 인물이다. 그러나 이 이콘 화가는 영화가 진행되는 동안 한 번도 그림을 그리지 않는다. 딱 한 번 성 조지St George를 그린 이콘에서 검댕을 긁어내는 모습이 보이지만, 이것조차 그의 작품이 아니다. 대신 그에게는 환영이 있다. 모든 회화적 재현에 필수적인 시 지각 능력이 환영적인 경험을 할 수 있는 정신적인 범주로 합쳐진 것이다.

옥스퍼드 영어사전(OED)에서 '환영vision'이란 '일반적인 눈으로 볼 때와 다르게 보이는 것, 특히 예언적이거나 신비로운 특징의 현상, 혹은 잠을 자거나 비정상적인 상태에서 초자연적으로 나타나는 계시의 성격을 띠는 것'으로 정의된다. 〈안드레이 루블료프〉의 주인공은 실제 남다른 눈을 가지고 있어, 쉽게 비정상적인 상태에 빠져든다. 그는 스승들과 다르게 세상을 바라본다. 그의 회화 양식은 다닐Daniil the Black을 넘어서고, 희랍인 테오파네스Theophanes The Greek와도 극적으로 대비된다. 안드레이는 환영을 보는 능력 덕분에 신비가visionary, 즉 '환영을 보는 것이 익숙하거나' 가능한 사람(OED)이 된다. 그의 예술은 남을 모방할 수가 없다. 그는 신성한 언어에서 영감을 얻은 환영을 바탕으로, 그의 정신적 눈으로 바라본 사건을 재창조하기 때문이다.

역사적 사실과 성경의 텍스트는 루블료프가 환영을 경험하는 토대이 자, 〈안드레이 루블료프〉의 복잡한 내러티브 양식의 주축이다. 실제로 장문의 성경 인용과 명확히 표현되는 세계관은 이 영화에서 핵심적인 역할을 하고, 타르코프스키의 전작을 통틀어 가장 일관되고 필수적인 인용 체계를 형성한다. 인용문은 모두 성경에 출처가 있으면서도, 인간 의 삶과 유기적으로 결합된 역사적 소재를 통해 표현된다. 구약 성경의 전도서Eccleciastes와 이사야서Isaiah, 신약 성경의 고린도 전서First Corinthi- ans와 마태복음Matthew의 인용구는 한 번 언급되고 마는 보충 자료가 아 니라 담론의 주제를 반영하고 내러티브 진행에 중대한 영향을 미친다. 텍스트의 인용은 감독이 예술사가들에게 유달리 러시아 색채가 강하다 고 평가받던 루블료프의 독특한 이콘 양식을 순전히 허구적으로 정당화 하는 데도 일조하는 듯하다. 루블료프를 유명하게 만들고 동방 정교회 의 찬사를 이끌어 낸 그 평온하고 자비로운 이콘 이미지는 섬세하고 침 착한 선과 따뜻한 색채 조합에서 비롯된다. 그의 평화로운 신성의 표현 은 처벌과 위협의 개념에 기초한 희랍인 테오파네스의 이콘과 확연한 대조를 이룬다.

그뿐 아니라 일부 학술적인 텍스트에서 영감을 얻은 것이 분명한 대 목도 있다. 러시아 모스크바 대공인 드미트리 돈스코이Dmitri Donskoi의 아들들인 모스크바의 바실리Vasili of Moscow와 즈베니고로드의 유리Yuri of Zvenigorod 사이의 갈등과 두 형제를 화해시키려는 대공의 노력은 라자레 프Lazarev의 책에서 확인할 수 있다.[10] 심지어 루블료프가 블라디미르의 성모영면 대성당Dormition Cathedral에서 〈최후의 심판〉 프레스코화를 그리길 주저하다 결국 두 해 여름(1408-09)에 걸쳐 작업을 마친 일이나 프레스코화를 완성한 후부터 1420년대 중반까지 그림 그리기를 중단했던 일도 비록 시나리오 작가의 상상력이 빚어 낸 순수한 허구지만, 역사적 사실의 간극을 채워보려는 노력에서 나온 것이다.[11]

따라서 〈안드레이 루블료프〉에서 텍스트 자료의 중요성은 아무리 강조해도 지나치지 않다. 텍스트는 루블료프의 삶에 대한 감독의 시각적 심상을 형성한다. 이 이콘 화가는 신성한 말씀을 시각적 기호로 옮기는 위대한 번역가였고, 타르코프스키 역시 그의 전례를 따르고자 한다. 영화에서 텍스트와 이미지의 상호 작용은 아예 내러티브가 시작되기도 전 몇 초 만에 드러난다. 하얀 배경 위로 오프닝 자막이 떠오르는데, 그 배경이 하필 회반죽벽이다. 그 벽이 텅 빈 상태란 것은 분명 부자연스러워서, 그 위에 덧칠될 이미지를 기다린다는 느낌을 준다. 그래서 눈부시게 하얀 회반죽은 마치 관객에게 어느 성자 같은 인물의 삶과 행동을 온전히 그려낼 프레스코화를 받아들일 준비가 되었다고 말하는 듯하다(참고로, 루블료프는 러시아 동방 정교회에서 1988년에 성인으로 공표 되었다). 벽과 영화 스크린의 텅 빈 공간은 그 후 서서히, 서두름 없이 안드레이 루블료프의 삶을 둘러싼 사건과 거기에서 비롯된 장면들로 채워진다.

텍스트의 인용에 실제 원전이 존재하듯이, 이 영화의 일부 미장센에도 순수하게 시각적인 측면에서 몇 가지 원형이 존재한다. 『시간 속의 조각』에서 타르코프스키는 비토레 카르파초Vittore Carpaccio의 회화 기법을 분명히 언급한다. 이 위대한 베네치아 화가는 주로 뚜렷한 주인공이 없고 군중이 지배하는 복잡한 구도로 유명하다.

카르파초의 인물들로 가득한 구도에서는 그들 하나하나가 작품의 구심점을 이룬다는 사실을 잊지 말아야 한다. 어느 한 인물에 집중하면 다른 모든 것은 이 '우연한' 인물을 돋보이게 하기 위한 일종의 배경이자 주변 상황에 불가하다는 점을 놀라울 정도로 분명하게 인식하게 된다. 범위를 좁혀 카르파초의 그림을 응시하다 보면, 명백히 군중 속으로 사라지는 얼굴들을 따라 이 얼굴 저 얼굴로 시선을 옮겨가게 되고, 자신도 모르게 순순히 화가가 의도한 감정의 논리적 흐름을 따라가게 될 것이다.[12]

관객은 실제 루블료프를 시야에서 자주 놓치게 되는데, 이 '메인' 주인공이 수시로 군중에게 떠밀려 공간적인 전치가 일어나기 때문이다. 이 이콘 화가는, 예를 들어 '광대'와 '희랍인 테오파네스' 에피소드에서는 주변 인물과 구분되지 않고, '침입' 에피소드의 대부분에서도 군중의 일원일 뿐이며, 마지막 '종' 시퀀스에서는 보리스카Boriska가 줄거리의 구심점으로 부상하는 동안 순수한 구경꾼으로 남는다. 이처럼 타르코프스키의 중심인물을 흐리는 방법은 분명 카르파초의 구성 방식과 통하는 부분이 있다.

그러나 굳이 〈안드레이 루블료프〉의 영감과 인용의 출처를 찾자면, 카르파초의 저부조 풍경보다는 중심 주제가 모호하거나 아예 부재하는 대 피터르 브뤼헐Pieter Bruegel the Elder(일반적인 표기는 피터 브뤼겔—옮긴이)의 원근법 그림이 더 적절해 보인다. 브뤼헐은 르네상스 시대 사람임에도 불구하고 당대를 풍미하던 인간 중심주의 사상을 공유하지 않았고, 그의 그림은 '그 생생함으로 종종 혼동되는 의미상의 구심점을 감추고 있다.'[13] 브뤼헐이 하나의 파노라마적 공간에 (전경과 후경 양쪽에 배치된) 여러 내러티브 장면을 담을 목적으로 풍경화 장르를 택한 반면, 카르파초의 그림은 보통 이보다 범위나 야심이 적고, 일부 재현적인 작품(〈성우르술라의 꿈St. Ursula's Dream〉이나 〈공부하는 성 아우구스티누스St. Augustine in His Study〉 등)에서는 한두 명의 인물만 등장하는 실내 장면을 묘사하기도 한다. 보다 결정적으로 영화에서 '인용'된 사람은 브뤼헐인 것이다.

안드레이의 수난

〈안드레이 루블료프〉에서 최초의 핵심적인 환영이 등장하는 '안드레이의 수난' 에피소드에는 브뤼헐의 겨울 연작(〈눈 속의 사냥꾼들Hunters in the Snow〉이나 〈새 덫이 있는 겨울 풍경Winter Landscape with Bird Trap〉 등)의 구도에서 영감을 얻은 십자가 처형 장면이 나온다.[14] 이 장면은 그리스도의 형상이 중앙에 있기는 하지만 주변의 수십 가지 정황에 가려 눈에 띄지 않는 브뤼헐의 〈십자가를 짊어진 예수(골고다로 가는 길)Jesus Carrying The Cross(The Way to Calvary)〉와도 일맥상통한다―이 화가는 마치 이 사건의 신성하면서도 곤혹스러운 성격을 감추려는 속셈인 듯 사건을 극적으로 표현하지 않는다. 또 영화에서 누구나 다 아는 성경의 한 장면을 (골고다 사막 대신 러시아 전통 의상을 입은 배우들이 가득한 러시아의 눈 덮인 풍경으로) 옮겨온 점 역시 성경의 고전적인 이야기를 화가의 실제 배경(사막 같은 베들레헴 대신 눈 덮인 플랑드르 마을) 속으로 옮겨온 브뤼헐의 〈눈 속에서의 왕들의 경배The Adoration of the Kings in the Snow〉와 밀접한 관계를 갖는다. 두 사람은 성경의 서사가 벌어지는 장소를 말 그대로 전치시키는 것이다.

영화 속에 등장하는 러시아인 예수는 인피靭皮를 엮은 신발을 신고 목이 마르면 눈을 먹는 등 슬라브인의 습성과 얼굴 모습을 지니고 있다. 시나리오 상에서는 예수가 짊어진 십자가가 러시아를 상징하는 대표적 나무인 자작나무로 만들어졌음을 암시하기도 한다.[15] 장면 전체에 스며든 우울한 분위기는 양식화된 러시아의 합창 음악을 통해 한층 고조된다.

러시아인 예수가 십자가에 못 박힐 장소까지 따라가는 전체 행렬의 거의 밋밋한 롱테이크와 인물들의 지친 얼굴과 무거운 발걸음을 비추는 클로즈업이 한 데 뒤섞인다. 이 장면의 표현 방식은 대형 서사시 규모의 풍경을 여러 작은 시각적 '창'들을 통해 묘사하고, 웅장한 집단 행위를 항상 개개인의 작은 부분 행위로 구성하는 브뤼헐의 그림들을 연상시킨다.

'안드레이의 수난' 에피소드는 작은 숲을 거니는 안드레이와 그의 제자 포마Foma의 대화로 문을 연다. 스승은 제자의 끊임없는 거짓말과 나태함을 꾸짖으면서 시냇물, 작은 뱀, 다양한 초목과 밑동 등의 주변 자연 환경을 바라본다. 이 정신적으로 성숙하고 온화한 스승은 다소 유치한 제자 때문에 한결 돋보인다. 그러나 이 에피소드의 논증적인 핵심은 루블료프와 테오파네스의 만남이다. 강둑에서 둘이 벌이는 언쟁은 205분짜리 확장판에서만 볼 수 있는 비행의 환영에 이어진다.

포마는 모닥불에서 아교를 떼어내러 가던 중 땅바닥에 뭔가 떨어져 있는 것을 발견한다. 다가가 보니 백조가 죽어 있다. 이 견습생은 썩어가는 동물의 시체를 조심스레 관찰하며, 나뭇가지로 송장벌레를 쫓아버리고 새의 날개를 살며시 들어 올린다. 이 행동은 다소 꾸밈없는 방식으로 발전하여, 들어 올린 날개의 이미지에 이어 곧바로 비행 시퀀스가 시작된다.[16] 이 비행은 죽은 새의 추억이다. 이 기억은 계속 바뀌는 풍경을 통해 추상성을 획득한다. 단 몇 초 만에 백조는 봄의 강변 목초지, 눈으로 덮인 강둑, 여름 들판 위를 나는 것이다. 새가 나는 동안 공간의 연속성은 계절의 변화를 통해 드러나는 시간의 불연속성과 균형을 이룬다. 이 짧지만 뚜렷한 동기가 없는 환영은 사실 영화로 촬영되지는 않았지만 시나리오에는 여전히 남아 있는 '사냥' 에피소드의 흔적이다. 그러나 이 짧은 비행을 통해 관객은 극적으로 다른 시−공간으로의 또 다른 비약, 즉 이 영화에서 가장 중요한 환영을 받아들일 채비를 갖춘다. 결국 이 비행 시퀀스는 포마의 호기심 어린 관찰과 루블료프의 환영—'러시아인의 수난'이라는 궁극적인 상상의 비약—사이를 이어주는 가교 역할을 한다.

이 시퀀스에서 포마의 역할은 사실 모호하다. 포마는 루블료프의 내러티브를 형상화하고 '러시아인의 수난' 환영을 경험하는 주체일 수 있다. 하지만 그의 미성숙함 때문에 이 주장이 내러티브상 정당화되기는 힘들다. 동시에 그는 이제 이콘 화가로서 첫발을 내디딘 상태이다. 205분짜리 확장판에서는 루블료프에게 '그래도 나는 그들 누구보다 더 잘 볼 수 있어요.'라고 큰소리친다. 루블료프와 테오파네스의 대화 소리가 들릴 때, 카메라 시야에 잡히는 것도 포마의 모습뿐이다. 이 청년은 붓을 빨며 스승들이 나누는 말에 귀를 기울인다. 또 '러시아인의 수난' 환영이 시작되기 직전에 카메라가 루블료프의 등을 응시할 때도 배경에서 초점을 벗어난 채로 재등장한다. 마지막으로, 십자가 처형 시퀀스가 끝나면 같은 강가에 앉아 붓을 빨며 루블료프와 테오파네스의 대화를 주의 깊게 엿듣는 포마의 클로즈업이 이어진다.

환영을 경험하는 주체가 포마이든 아니든 간에, 이 시퀀스에서 강의 역할은 더없이 중요하다. 시간이 공간 내에 흩어져 있는 강의 굽이굽이를 따라 흐르면서, 시간과 공간의 범주가 하나로 융합되는 것이다. 강은 흔히 시간의 주된 메타포로 사용되는 공간적 실체답게, 여기에서도 시간의 비약, 심지어는 시간을 초월한 비약을 가능케 한다. 강은 루블료프와 테오파네스가 있는 현재의 장소(여름의 강 옆에 있는 작은 숲)와 러시아인 그리스도가 있는 가상의 장소(겨울의 강이 흐르는 구릉 지역)를 하나로 연결한다. 또 앞서 등장한 백조의 비행 시퀀스 역시 여름과 겨울 장면을 통합시키는 역할로 볼 수 있다. 새는 실제로 다른 계절을 날기 때문이다. 공간적 연속성이 (초)시간적 전치와 혼합되는 셈이다. 비행 시퀀스의 의미는 더욱 확장시켜 볼 수도 있다. 혹시 루블료프가 비행 장면의 백조가 날던 높이에서 두 가지 시-공간적 체계, 즉 내러티브상의 현재와 시간을 초월한 환영을 내려다보는 것은 아닐까? 날아가는 백조 아래로 흐르던 강이 포마가 붓을 빠는 여름의 강으로, 그 다음에는 러시아인 그리스도가 물을 마시는 겨울의 강으로 전환되면서 말이다.

그럼에도 이 에피소드의 구심점은 여전히 루블료프와 테오파네스의 언쟁이다. 매우 격앙된 말이 오가던 중에, 테오파네스는 그리스도의 수난이 그 제자들의 배신과 나약함으로 초래되었음을 상기시킨다. 그는 말이 끝나갈 때쯤 '최후의 심판'에 대해 언급하는데, 이 생각이 얼마 후 루블료프를 화가로서의 궁지로 몰아가게 된다. '최후의 심판은 곧 우리에게 다가올 것이고, 우리는 모두 촛불처럼 꺼져가고 있네. 내 말 잘 새겨두게나. 그때가 오면… 다들 제 죄를 남의 탓으로 돌리면서, 겁에 질려 어쩔 줄 몰라 하며 전능하신 신 앞에서 자신을 변명하기 바쁠 테니…' 이 말에 안드레이는 '어떻게 그런 생각을 하면서 그림을 그릴 수 있습니까?'라고 묻고, 이 혼란이 그가 예술적 의문을 갖는 계기가 된다.

본래 시나리오에는 '그리스도의 수난' 에피소드를 역사적 현실에 맞는 기후 조건과 장소 보다 관습적으로 형상화한 부분이 포함되어 있다. 희랍인 테오파네스는 그리스도가 바로 이러한 상황에서, 지독히 적대적인 군중에 둘러싸인 채 죽어갔을 것으로 생각한다.

숨 막힐 듯 하얗게 피어오르는 먼지 속에서 엄청나게 많은 사람들이 태양에 뜨겁게 달구어진 돌길을 따라 언덕 정상으로 걸어 오르고 있다. 병사들에 둘러싸여 처형 장면을 볼 기대감에 극도로 흥분한 군중들은, 고개를 높이 쳐들고 걷는 그를 향해 고함을 지르며 돌을 던진다. 군중 중에는 말을 탄 사람도 있고, 광란 상태의 인간들에게 겁을 집어먹고 매애 울어대는 대규모의 양떼도 있다. 그리고 이러한 인간의 증오와 배신의 무시무시한 소용돌이 한복판에, 비틀거리다 넘어져 무릎을 꿇은, 얼굴이 피로 물든 예수 그리스도가 있다. 길가의 먼지로 얼굴이 까매지고 땀을 뚝뚝 흘리면서도 피에 굶주려 이성을 잃은 사람들은 무거운 오크나무 십자가를 머리 위로 뻗은 손으로 부지런히 옮기고 있다. 마침내 이들이 십자가를 구덩이에 떨구고, 그 위에 예수를 눕게 한다. 그 후 그에게 달려들어 그의 지친 양 팔을 십자가 위에 벌리고 도끼 등으로 내리쳐 그의 양 손바닥에 검은 쇠못을 박는다.[17]

　희랍인 테오파네스의 이 낯설고 두려운 기독교 관은 처벌의 사상에 기반을 둔다. 테오파네스가 그리는 수난은 장면 자체의 잔혹성에 열기와 먼지까지 더해져, 단연코 폭력적이다. 여기 모인 사람들은 분명히 러시아인이 아니다. 그들에겐 특별한 국적이 없다. 그리스도의 피에 대한 갈망이 그들을 하나로 뭉치게 한다. 이 말로만 소개되는 환영은 안드레이의 러시아 예수가 십자가에 못 박히는 겨울의 환영에 앞서 등장한다. 이 두 가지 환영은, 전자는 재현되지 않은 채 말로 표현되고, 후자는 영상으로 재현되면서, 〈안드레이 루블료프〉의 상충되는 두 가지 담론을 제시한다. 처벌과 위협의 사상에 동조할 수 없는 안드레이는 테오파네스의 끝도 없이 모든 것을 빨아들이는 악의 개념을 반박하기 위해 자신의 의견을 밝히고, 이는 곧 순순히 고통을 감내하는 러시아인들이 자진하여 골고다 언덕에 오르는 환영 장면으로 발전한다. 이 러시아인 예수의 십자가 처형 장면에서는 고통의 자발적 감내와 수용, 즉 기독교의 '케노틱kenotic(예수가 인간의 모습을 취함에 따른 신성 포기 혹은 자기 비움—옮긴이)' 사상이 강조된다[그림 2-2]. 루블료프의 보이스오버를 통해 다른 시—공간으로 비약이 일어나며 두 공간이 통합되고, 그 사이 중단되지 않는 사운드트랙이 장면에 연속성을 부여한다.

타르코프스키의 '수난'에 대한 시각적 해석은 도상圖像 미술의 기본적인 미학적 전제에 근간을 둔다. 도상 미술에서는 '행위가 비록 시간 속에서 드러나지만 특정 시간에 국한되지 않듯이, 특정 공간에 갇히거나 국한되지도 않는다.'고 가정한다.[18] 또 기독교 교리에 따르면, 그리

[그림 2-2] 〈안드레이 루블료프〉 러시아인의 십자가 처형

스도의 도래는 일반적인 시간 개념을 초월하는 '카이로스적kairotic(모든 것이 변화하는 결정적 순간—옮긴이)' 사건으로서, 주어진 시간이 다할 때 (최후의 심판)까지 모든 기독교인의 영혼 속에서 거듭될 수 있다. 루블료프는 '수난'을 공간적으로는 (러시아로) 전치시키고 시간적으로는 15세기에, 혹은 시간을 초월하여 재연함으로써, 사랑과 용서에 기반을 둔 보편적이고 적극적인 기독교에 대한 신념의 정수를 반영한다. 그의 환영을 통해 이 추상적인 개념들이 속세의 시간 속에 온전한 모습으로 형상화된다.

루블료프의 온유한 환영은 단지 감독이 지어 낸 상상의 산물이 아니다. 러시아 학자들은 실제로 루블료프의 작품을 고요하고 평화롭고 침착하거나 온화하다고 묘사한다.[19] 또 루블료프만의 독특한 스타일을 강조하기 위해 그의 이콘 미술을 희랍인 테오파네스로 대표되는 비잔틴 전통 양식과 비교할 때가 많다. 이러한 대조는 때에 따라 지나치게 추측에 의존하는 경향이 있고, 보통 사려 깊은 예술사가의 분석에 근거를 두고 있지는 않다. 예컨대 평론가들은 이콘 미술의 가장 본질적인 역할, 즉 전통을 전수하고 이콘에서 개인적인 취향을 지우며 이콘 화가를 익명에 남겨두는 특징을 간과하는 경향이 있다.

그럼에도 불구하고 기본적인 이분법—어둠 대 빛의 구도—은 러시아 이콘 미술에 관해 글을 쓰는 모든 학자들이 택하는 공통된 출발점이므로, 타르코프스키가 이러한 적대적인 상호 관계를 내러티브의 기본 뼈대로 삼은 것은 충분히 온당해 보인다.[20] 테오파네스와 루블료프는 기독교적 세계관을 공유하지 않고, 이로 인해 루블료프는 자신만의 독창적인 스타일을 구축하게 된다. 테오파네스는 열변을 토하던 중에 전도서 1장 6절을 언급한다. '바람은 남으로 불다가 북으로 돌이키며, 계속해서 돌며 불다가 그 순환을 따라 다시 돌아가도다.' 테오파네스가 보기에 인간성이 발현되는 상황은 이처럼 진전이나 절정의 개념이 없다. 그 결과 세계는 계속 순환되는 인간의 악의로 형성되고, 이러한 인간 존재의 악순환을 벗어나는 유일한 길은 신의 심판을 두려워하며 신에게 완전히 복종하는 가운데 찾아진다. 반면 루블료프가 보는 그리스도의 수난은 카이로스적 사건으로서, 자발적인 정신적 재연이 그 본질이다. 그리스도의 수난에 대한 이러한 두 가지 시각(테오파네스의 시각은 시나리오에 나올 뿐, 영화에서는 대사를 통해 부분적으로만 제시된다)은 기독교 교리에 대한 두 가지 다른 해석을 상징하며 서로 충돌하기 시작한다. 물론 루블료프가 영화의 주인공이고 적어도 영화의 예술적 탐구의 주체인 만큼, 무게 중심은 확실히 그의 환영 쪽에 쏠려 있어 우선 화면에 등장하는 것이다.

한편, 겨울의 십자가 처형 장면은 그저 이성에 호소하는 텍스트의 역할로만 그치지 않는다. 이 장면은 전달하려는 담론도 중요하지만, 그 본질적으로 시각적인 특징을 과소평가해서는 안 된다. 러시아의 겨울 풍경에서 펼쳐지는 '그리스도의 수난'은 감독이 루블료프의 그림을 본떠서 만든 일종의 영화적 이콘으로 볼 수도 있다. 영화 속의 십자가에 박힌 판자에는, 십자가 처형 장면을 그린 동방 정교회 이콘에서 볼 수 있는 그리스어 제사題詞—'예수 그리스도, 고통의 신Jesus Christ, the God of Suffering'—가 깨진 철자로 새겨져 있다. 이 제사는 즉각적으로 이 장면을 '모방mimesis'의 영역에서 탈피시킨다. 겨울에 예수가 십자가에 못 박히는 이 장면은 특정한 역사적 사건을 모방하려는 시도가 아니라 그 사건의 이미지를 표현한다. 그리스도의 수난 이야기에서 영감을 얻은 루블료프의 환영이 이콘으로 발전하고, 이것이 다시 타르코프스키의 영화 속 영상으로 재현되는 것이다.

이러한 견지에서, 슬라보예 지젝Slavoj Žižek의 '나쁜 배우들이 눈물을 흘리며 우스꽝스런 페이소스로 연기한다.'[21]는 이 장면에 대한 비판은 재고되어야 한다. 동방 정교회 이콘 미술의 미학은 '양식화'의 개념에 기초한다. 그 대표적 요소는 다중 소실점이나 그림자 생략으로, 미학적으로는 어색하거나 심지어 '우스꽝스럽게도' 보일 수 있다. 그러나 이 '미숙함'이 지상과 천상 영역의 가시적 경계선을 설정한다. 이콘은 일상적 현실에 속하지 않고 그것을 규제하는 시각적 관습에도 따르지 않는다. 이와 마찬가지로, 양식화된 '나쁜' 연기와 비논리적인 분신(러시아인 그리스도가 쓰러질 때는 먼 언덕 아래에 있던 성모 마리아와 막달라 마리아Mary Magdalene가, 그리스도가 일어설 때는 바로 옆에 서 있다)은 이 사건의 초세속성을 의도적으로 부각시킨다. 그리스도의 수난은 결코 일상적인 사건이 아니며, 이 점은 평소 타르코프스키 영화의 흠잡을 데 없는 연기와는 다른 연기 방식 때문에 오히려 도드라진다.

이 점은 이콘 미술의 본질과도 일치한다. 이콘은 특정 시점의 자연을 '모방'하려고 하지 않는다. 모방은 고전적인 예술의 영역으로서, 보통 '환영'을 사각 틀의 캔버스에 담아 인위적인 특징을 부각시킨다. 이와 달리, 이콘은 능동적이고 영원한 정신적 '원형'을 '제시'하고자 노력하면서, '환영'을 보통 액자가 없는 나무 표면이나 회반죽벽에 그려 그 유체성有體性을 강조한다. 러시아의 고전적인 이콘 연구서 중 한 편의 저자들은 이렇게 표현한다. '이콘은 인간 앞에 놓인 과업, 즉 원형을 닮은 화상畵像을 만들고 신인神人God-Man이 드러내고 전수한 바를 삶 속에 구현하는 과업을 가능하게 하는 필수적 방편으로 여겨진다.'[22] 결국 정신적 이상을 지금—이곳에 재연할 수 있느냐가 관건이고, 타르코프스키는 의도적으로 이 전통에 따른 것으로 보인다.

최후의 심판

루블료프는 영화의 내러티브상 구약 성경의 성 삼위 일체는 삼자의 통일성이라는 그 복잡한 개념에도 불구하고 문제없이 그려내지만, 교리적 관점에서 상대적으로 덜 '난해한' 최후의 심판을 그리는 데는 고전을 면치 못하는 것으로 설정된다. 그는 최후의 심판 사상에서 당연시되는 폭력성에 극심한 충격을 느끼고, 공인된 정경正經에 감히 도전장을 내민다. 그의 의구심은 꽃이 만발한 여름 들판에서 그가 멘토이자 친구인 다닐과 대치하는, 뛰어나게 조율된 미장센에서 분명히 드러난다. 이 장면이 흥미로운 점은 루블료프와 다닐이 대화하면서 얼굴을 마주보지 않고 자꾸 다른 방향을 바라보는데 이것은 그들의 세계관이 서로 부합하지 않음을 의미한다. 이렇게 두 사람이 같은 공간을 공유하면서도 서로 다른 방향을 바라보려 애쓰며, 이데올로기적 합일의 가능성을 거부하는 것은 매우 기이한 형태의 상호 작용이다. 단일한 시간적 맥락의 선형성이 결여된 불연속적인 시간만큼이나, 이러한 공간적 접촉도 '위험하고' 일탈적이다. 추가적인 공간적 전치를 예고하기 때문이다.

안드레이는 꽃피는 들판에서 멘토이자 친구인 다닐을 만난다. 자신이 화가로서 부딪힌 장벽을 정당화하지 못하는 루브료프의 말은 중간 중간 끊기고 매우 혼란스럽다. 그는 자신이 그린 그림이 다른 이들을 위협하리라는 생각에 혐오감을 느낀다. 다닐은 다닐대로 안드레이의 고민을 잘 이해할 수 없다. 그에게 최후의 심판은 이미 기독교 교리 내에서 공인된 개념이기 때문이다. 이콘 화가는 그저 회화적 재현이라는 기존 전통에 따르면 된다. 시나리오에는 다닐의 당혹감을 드러내는 장황한 대사가 나온다. '내가 그걸 발명한 게 아닐세! 옛날 대가들도 그렇게 그렸고 테오파네스 또한 우리에게 이렇게 그리라고 가르쳤네! 비잔틴의 필사본이나 교본들을 보라구!'[23] 여기에서 테오파네스와 비잔틴 학파의 언급이 중요한 것은, 이들이 러시아의 초창기 이콘을 지배하다가 루블료프에 의해 폐기되었다고 전해지는 미학적 원형이기 때문이다. 또 205분짜리 확장판에는 포마가 떠나기에 앞서 다음과 같은 추가 장면이 삽입된다.

[안드레이:] 당장 나를 죽인다고 해도, 무엇을 그려야 할지 모르겠어.

[포마:] 모른다니, 그게 무슨 소리에요? 우리가 주문받은 그림은 〈최후의 심판〉이라구요.

[안드레이:] 실은, 최후의 심판을 그리지 않았으면 좋겠어.

[다닐:] 무슨 말인가?

[안드레이:] 아…아무것도 그리고 싶지 않아…아무것도. 그뿐이야….

최후의 심판을 어떻게 그려야할지는 포마에게도 명확하다. 이제 선임 견습생이 된 그는 일반적으로 수용된 원칙을 따져 묻거나 교리에 도전하지 않는다. 그런데도 안드레이 때문에 아무 일을 못하는 기간이 길어지자, 마을 교회에 그림을 그려달라는 요청을 받아들여 스승을 떠난다. 그가 의뢰받은 그림이 최후의 심판이라는 점도 주목할 만하다.

교리를 형상화할 수 없는 루블료프는 눈부시게 하얀 벽으로 둘러싸인 성당 내부를 배회한다. 그는 다른 시-공간으로 도피함으로써 화가로서 부딪힌 장벽을 극복하고자 한다. 회벽은 루블료프가 〈최후의 심판〉 프레스코화 작업에 착수하지 못하는 교회와 대공의 저택을 연결하는 공간적 표지이다. 성당 내벽의 순백색은 은유라고 하기도 힘들 만큼 노골적으로 루블료프의 화가로서의 침묵을 의미한다. 이 벽의 정적이 화가의 절망적인 비명을 에워싸고 있다. 또 이 벽은 현재 시점의 내러티브를 루블료프가 대공, 그의 가족, 그가 고용한 석공들을 만났던 기억의 영역으로 옮겨가는 시각적 모티프이다.

교회 내 회벽의 순백색은 어린 공작부인이 장난삼아 안드레이에게 뿌리는 우유와 대공의 새 저택의 하얀 석실로 되풀이 된다. 그리고 흰 벽 앞에 선 안드레이의 클로즈업에 이어지는 까맣게 탄 검은 통나무와 공중에 떠다니는 하얀 포플러 솜털 사이의 대조로 더욱 강조된다. 이후 현재 시점으로 복귀할 때는 마치 최후의 심판의 섬뜩한 이미지로 순결한 벽면을 '더럽히길' 거부한다는 듯 흰 벽에 진흙과 어두운 색 물감을 처바르는 루블료프가 다시 등장한다. 말 그대로 순결한 세력과 어둠의 세력, 각기 사랑과 처벌에 근간을 둔 기독교의 두 교파가 이 공명으로 가득한 에피소드에서 충돌하는 것이다.

그러나 벽은 더럽혀지기 전까지 시−공간적 전치의 수단으로 작용한다. 안드레이는 하얀 벽을 배경으로 고린도 전서 13장의 구절을 읊기 시작한다. 그의 목소리는 처음에는 다소 비통하게 시작하지만, 시−공간이 바뀌어 대공의 저택을 배경으로 어린 소녀가 등장하면서 즐겁고 높은 어조로 바뀐다. 루블료프는 무슨 말인지 이해하지 못하는 소녀에게 이 난해한 성경 구절을 읽어주면서 우유 뿌리는 장난을 부드럽게 나무란다.

내가 인간의 여러 언어를 말하고 천사의 말까지 한다 하더라도 사랑이 없으면 나는 울리는 징과 요란한 꽹과리와 다를 것이 없습니다. 내가 하느님의 말씀을 받아 전할 수 있다 하더라도, 온갖 신비를 환히 꿰뚫어 보고 모든 지식을 가졌다 하더라도, 산을 옮길 만한 완전한 믿음을 가졌다 하더라도 사랑이 없으면 나는 아무것도 아닙니다. 내가 비록 모든 재산을 남에게 나누어준다 하더라도 또 내가 남을 위하여 불 속에 뛰어 든다 하더라도 사랑이 없으면 모두 아무 소용이 없습니다. 사랑은 오래 참습니다. 사랑은 친절합니다. 사랑은 시기하지 않습니다. 사랑은 자랑하지 않습니다. 사랑은 교만하지 않습니다. 사랑은 무례하지 않습니다. 사랑은 사욕을 품지 않습니다. 사랑은 성을 내지 않습니다. 사랑은 앙심을 품지 않습니다. 사랑은 불의를 보고 기뻐하지 아니하며 진리를 보고 기뻐합니다. 사랑은 모든 것을 덮어 주고 모든 것을 믿고 모든 것을 바라고 모든 것을 견디어 냅니다. 사랑은 가실 줄을 모릅니다. 말씀을 받아 전하는 특권도 사라지고 이상한 언어를 말하는 능력도 끊어지고 지식도 사라질 것입니다. 우리가 아는 것도 불완전하고…. (고린도 전서 13장 1-9절)

타르코프스키의 책[24]에도 전문이 인용되어 있는 이 구절은 '사랑의 찬가Hymn to Love'로 잘 알려져 있다. 비록 산문 형태지만, 신약 성경에서 가장 시적인 구절로 손꼽힌다. 이 부분은 대조의 개념에 기초하여, 긍정-부정-긍정의 순서로 배열된 13개의 단순한 동사로 구성된다. 저자인 사도 바울Paul은 사랑을 여타 종교적 행위, 미덕, 쉽게 변하는 것들과 비교하거나 부정형 문장으로 묘사한다. 마찬가지로, 루블료프의 회상을 다룬 영화 시퀀스 역시 극적인 대조에 기반을 둔다. 대공의 옛 궁전의 불타버린 나무의 잔해는 새 궁전의 하얀 석실과 대비된다. 석공이 마친 작업에 대한 루블료프의 너그러운 칭찬은 대공의 부사령관 스테판Stepan의 혹독한 비난과 대조되고, 어린 공작부인의 아이다운 천진난만함은 그 오빠의 버릇없는 행동이나 아우와의 경쟁에 '눈이 멀어' 석공들의

눈마저 멀게 만드는 그 아버지의 잔인한 야심과 대조된다. 또 안드레이
가 블라디미르에서 프레스코화를 그리지 못하는 상태와 대공의 저택에
서 소실된 이콘을 복원하는 역할이 대비되고, 에피소드가 끝날 때는 시
냇물로 흘러가는 순백색의 우유와 눈이 먼 석공의 어둡고 크게 벌어진
눈구멍이 대비된다[그림 2.3]. 205분짜리 확장판에서는 루블료프가 고린도
전서의 나머지 부분에 앞서 다음 끝부분을 먼저 읽는다. 이 이콘 화가
는 포마가 떠나자마자 사랑의 찬가를 낭독하기 시작한다. 이렇게 보이
스오버가 길어지면서 두 개의 다른 공간, 즉 교회와 대공의 저택 사이

[그림 2-3] 〈안드레이 루블료프〉' 사랑의 찬가'시퀀스

에 좀 더 단단한 연결고리가 생기므로 의미 있는 추가 장면이라 볼 수 있다. 인용된 내용 자체도 중요하다.

> 내가 어렸을 때에는 어린이의 말을 하고 어린이의 생각을 하고 어린이의 판단을 했습니다. 그러나 어른이 되어서는 어렸을 때의 것들을 버렸습니다. 우리가 지금은 거울에 비추어 보듯이 희미하게 보지만 그 때에 가서는 얼굴을 맞대고 볼 것입니다. 지금은 내가 불완전하게 알 뿐이지만 그 때에 가서는 하느님께서 나를 아시듯이 나도 완전하게 알게 될 것입니다. 그러므로 믿음과 희망과 사랑, 이 세 가지는 언제까지나 남아 있을 것입니다. 이 중에서 가장 위대한 것은 사랑입니다. (고린도 전서 13장 11–13절)

처음에는 지식이 아직 불완전한 아이를 이야기하지만, 마지막 계시에 이르면 이 아이가 절대적인 지식을 가진 '어른'이 된다. 이 구절은 작은 공작부인의 등장에 대한 서사적 전조일 수 있다. 이 말에서 안드레이가 그 아이와의 만남을 떠올리는 것이다. 또 이 인용문에는 두 가지 바라보는 방식에 대한 유명한 구절이 등장하는데, '거울에 비추어 보듯이 희미하게' 보는 것과 '얼굴을 맞대고 보는 것'에서 다시 한 번 어두움과 명확함이 대비된다. 마지막 문장은 사랑에 대한 궁극적인 예찬으로서, 사도 바울은 늘 일시적이고 불완전한 기독교도의 다른 재능이나 특성과 달리, 사랑은 궁극적이고 완전한 현재 시점의 유일한 특징이라고 여겼다.

이 환영–기억은 사랑을 가장 위대한 덕목으로 추켜세우며 시작되어, 이 영화에서 가장 잔혹한 부분인 석공의 눈을 멀게 하는 장면에서 절정에 달한다. 우유의 순백색과 피의 어두움이 만나는 것이다. 공작들 간의 무자비한 경쟁은 그저 맡겨진 일을 할 뿐인 백성들을 희생시킨다. 이 학살 장면은 루블료프의 그리지 못하는 상태와 시각적으로 연결된다. 살육이 자행되는 교회와 숲에 공히 떠다니는 포플러의 솜털은 비현실적으로 고요한 분위기를 자아낸다. 꿈결처럼 떠다니는 솜털은 고통 받는 인물들을 어루만진다. 석공의 눈을 멀게 하는 장면의 마지막 이미지는 작은 연못에 쏟아지는 우유이다. 처음에는 우유를 뿌리던 어린 공작부인이 있는 시—공간으로의 비약을 알리더니 이제는 이 환영을 끝맺는 것이다. 순백색의 우유가 연못의 검은 물속으로 사라지자 갑자기 루블료프가 하얀 벽면을 더럽히는 현재의 성당 장면이 이어진다. 여기에서도 역시 어두운색 물질이 폭력적으로 순백색 평면을 침범하고 있다.

고양된 사랑의 찬가, 가차 없는 석공들 살해, 하얀 회벽의 훼손 다음으로 또다시 고린도 전서의 인용이 이어진다. 일부 신학자들에 따르면 고린도 전서는 '다소 실망스러운 실용주의로의 전락'[25]이라는 악평을 받았다는데, 인용되는 11장의 구절도 그 경우에 속한다. 안드레이가 난폭하게 성당의 하얀 벽면을 더럽힌 후 감정적으로 무너져 울기 시작하자, 다닐이 어린 견습생 세르게이에게 성경의 아무 구절이나 소리 내어 읽으라고 시킨다. 세르게이는 석공들이 눈이 먼 후 루블료프가 발견해 데려왔고, '최후의 심판' 에피소드가 시작될 때 포마에게 멱 감으러 가도 되냐고 애처롭게 조르던 소년으로, 곧바로 고린도 전서의 11장을 읽기 시작한다.

세르게이의 감흥 없고 서툰 낭독은 앞서 안드레이의 열띤 '사랑의 찬가' 낭독과 극명한 대조를 이룬다. 이번에는 소년이 직접 텍스트를 읽고 있지만, 어린 공작부인처럼 신약 성경 구절의 의미를 충분히 이해하지 못한다. 카메라는 세르게이의 단조로운 목소리를 흉내 내듯 성당 안에서 느릿하게 인물들을 추적하는데, 이 점 역시 (소녀를 쫓는 루블료프와 날아다니는 비둘기 등) 움직임이 두드러지던 고린도 전서 13장의 에피소드와 대비된다. 이제 카메라의 주된 관심은 이콘 화가들이 작업하는 교회 안에 비를 피하러 들어온 성스러운 바보holy fool에게 향한다. 그녀의 호기심 어린 시선과 부적절한 외관(상처투성이 얼굴과 단정치 못한 옷차림)이 시퀀스를 지배한다. 그녀는 신성한 장소에 머리를 가리지 않고 들어온 '수치스러운' 여인인 동시에 러시아에서 이성을 넘어선 기독교의 발현으로 깊이 존중받는 성스러운 바보이므로, 낭독 중인 고린도 전서 11장의 수사학에 놀랄 만큼 배치되는 사례이다. 성경에 따르면 보잘 것 없는 죄인으로 분류되기 십상인 이 여인은 신성한 장소의 벽이 더럽혀진 광경을 보고 충격을 받아 그만 울음을 터뜨린다.

고린도 전서는 ('사랑의 찬가' 외에는) 전체적으로 질서를 부여하고 엄격한 행동 양식을 규정하는 내용들로 구성된다. 11장의 '머리'에 대한 하향식 위계질서만 봐도 요구되는 복종의 내용을 확인할 수 있다. 이 위계질서에 따르면, 〈안드레이 루블료프〉의 성스러운 바보는 머리를 가리지 않았을 뿐 아니라 '정신이 나갔기' 때문에 궁극적으로 수치스러운 경우다. 205분짜리 확장판에서 그녀는 성당에 들어오자마자 신성한 장소에서 오줌을 싼다. 이렇게 수치스럽고 불경한 행위를 일삼는 그녀는, 적절하고 부적절한 행동 양식을 정의한 사도 바울의 교리를 들먹일 것도 없이 '죄인'의 범주에 속한다. 신성 모독은 물론 조금만 부적절한 행동을 해도 언제나 결과는 기독교 공동체로부터의 추방이고, 최후의 심판은 아예 그 자체가 배제의 행위이다. 선인과 죄인을 구분하여, 각자의 영역으로 보내는 것이다.

그런가 하면, 고린도 전서에는 사랑을 기독교인의 최우선적인 미덕이라고 찬양하는 명백한 구절이 들어 있다. 사도 바울에 따르면, 사랑이 있는 기독교인은 오래 참고 성내지 않으므로, 사랑은 심판이나 징벌적인 추방의 개념과 공존할 수 없다. 그러나 이러한 견해는 고린도 전서의 지배적인 기조라고 볼 수 없다. '사랑의 찬가'는 사도 바울의 핵심적 주장의 영역을 벗어나는 일종의 여담이다. 루블료프는, 기독교 교리에 일부 깔려 있고 고린도 전서의 나머지 부분에서 명백히 나타나며, 특히 세르게이가 읽은 구절에서 가장 확연히 드러나는 배제의 개념에 도전하기 위해, 이 매우 '주변부적'인 인용구를 끌어들인 듯 보인다.

고린도 전서의 13장에서 사랑(아가페, agapē)은 신의 사랑을 의미하며, 필리아(philia, 인간의 본능적인 애정, 형제애)와 에로스(eros, 욕정적인 사랑)와는 다르다. 루블료프는 주변적 인물인 성스러운 바보에 대한 연민과 필리아를 통해 아가페의 경지에 도달함으로써 최후의 심판을 그리지 못하던 문제를 해결한다. 두 번에 걸친 고린도 전서의 인용이 광범위하게 그의 화가로서의 장벽을 허무는 셈이다. 모든 것을 포용하는 아가페 덕분에 그는 문자 그대로의 교리의 경직성을 극복하기에 이른다. 안드레이가 고양된 목소리를 되찾고 기쁨에 차서 외친다. '다닐, 축제일이네, 축제일이야, 다닐, 이교도 축제일을 생각해보게!… 그들이 무슨 죄인인가, 아무리 머릿수건을 안 썼다고 해도 말이야!'

이 이콘 화가는 '미심쩍은' 성경 구절을 근거로 성스러운 바보를 쫓아낼 수 없음을 깨닫고, 그녀를 자신의 영역으로 받아들인다. 그녀는 그후 수년간 그와 함께 살게 된다. 루블료프는 이제 기독교의 진실에 '얼굴을 맞대고' 보게 되었고, 다시 정신적인 환영을 되찾는다. 이 갑작스러운 해결을 통해, 안드레이는 최후의 심판에서 '축일' 장면을 묘사해 낸다. 영화에는 그 이미지가 한 장면도 나오지 않지만, 영화 시나리오에는 생생하게 묘사되어 있다.

한 사람 한 사람씩, 고귀하고 부드러움 일색이고 온전히 러시아인의 얼굴을 한 선한 여인들이 앞으로 미끄러지듯 움직인다.

그들의 희망으로 가득한 고요한 눈과 단순하고 평온한 태도는 보는 이에게 그들의 현실감 있는 존재와 거룩한 여성스러움을 확신시킨다. 누이, 어머니, 약혼녀, 아내들의 빛나는 눈은 사랑과 미래에 대한 버팀목이다.

순결한 자[성스러운 바보]의 행복한 웃음이 깨끗하고 텅 빈 성당에 계속해서 울려 퍼진다.[26]

205분짜리 확장판에서는 이러한 해결 직전에 다른 시―공간으로의 도약이 등장한다는 점도 중요하다. 루블료프는 심한 폭우 속에서 키릴, 다닐과 함께 안드로니코프 수도원을 떠나던 때를 회상한다. 길가의 유일한 나무가 그들에게 쉴 곳을 제공하고, 그야말로 머리를 가려준다. 비는 정화의 기능이 있고, 물은 다시 이질적인 두 시간과 공간을 연결시킨다. 눈에 띄게 밝아진 루블료프는 교회 밖으로 나가 비를 흠뻑 맞는다.

환영적인 성장聖障

러시아의 대공 드미트리 돈스코이가 1389년에 사망하자, 그의 아들 바실리가 왕위를 물려받았다. 그러나 바실리는 동생인 즈베니고로드 Zvenigorod(러시아 모스크바 주에 위치한 도시―옮긴이)의 유리Iuri로부터 질시 어린 반대에 부딪쳤다. 두 형제간의 역사적인 경쟁 관계가 〈안드레이 루블료프〉의 줄거리를 구성한다. 둘의 경쟁은 '최후의 심판' 편에서는 배경에 머물지만, '침입' 편에서는 전면으로 등장한다. 영화에서 가장 행위 중심적인 이 블라디미르의 약탈 에피소드에서는 루블료프 외에 다른 인물의 환영과 추억이 등장한다는 점도 중요하다. 즈베니고로드의 공작은 다른 시간과 공간으로의 비약을 통해, 타타르족과 합세하여 이 러시아 도시를 파괴한 데 따른 죄책감을 억누르는 것이다.

첫 번째 시—공간적 비약은 에피소드의 시작 부분에서 공작이 타타르의 왕자를 만날 때 일어난다. 왕자는 공작에게 언제 마지막으로 형과 화해했냐고 묻는다. 공작은 형과 화해한 적이 없다고, 그저 대주교에게 불려가 형과 평화롭고 화목하게 지내겠다고 맹세했을 뿐이라고 대답한다. 이 말이 그 사건에 대한 기억을 떠올리고, 관객을 형제가 대주교를 만나러 가던 겨울 풍경 속의 성당으로 옮겨간다. 그 후 블라디미르의 약탈이 관객을 다시 현재 시점으로 되돌린다. 이 중세 도시의 주민들은 혹독한 시련을 겪고 있는데, 그 학살과 강간의 현장에서 일순간 동방 정교회의 찬송가가 울려 퍼진다. 처음에는 비디제시스적으로 들리다가 점차 영화 프레임 내의 소리로 밝혀지는 이 찬송가는, 한때 형제의 강요된 화해의 장소였고, 이제는 군대의 공격에 처한, 성당 안에서 들려온다.[27] 이 선율 있는 가락에 공성 망치(성벽 파괴용의 옛 무기—옮긴이)의 단조로운 소음이 섞여들고, 이 소리를 듣기 괴로운 즈베니고로드의 공작은 이 신성한 장소에서 등을 돌린다.

중요한 회상의 환영은 성당 안에서 타타르족이 열쇠 관리인 파트리케이Patrikei를 고문할 때 벌어진다. 이 환영에 앞서 공간적인 일탈이 일어난다. 공작이 고문 광경을 지켜보는 동안 뒤에서 거대한 샹들리에가 좌우로 흔들리며 카메라 시야에 두세 번 등장하는데, 다시 화면 밖으로 사라진 후 또다시 나타나리라는 관객의 기대와 달리 자연법을 무시하고 종적을 감춘다. 이렇게 현재의 시간의 추가 멈추자 내러티브는 과거의 영역으로 진입한다. 샹들리에의 움직임이 아무 이유 없이 중단된 후에야 공작이 트라우마 같은 기억의 시—공간으로 접어드는 것이다. 사소해 보이지만 이 신성한 장소가 비정상적인 상태에 돌입했음을 알리는 세부 묘사이다.

비정상적인 기운이 감도는 폐허의 느낌은 더욱 양식화되고 비현실적인 에피소드 속에서 한층 강화된다. 이제 곧 또 다른 환영이 펼쳐질 이 파괴된 성당은 임의적인 공간이 아니라 루블료프가 최후의 심판 프레스코화를 그린 블라디미르의 성모 영면 대성당이다. 여기 이 무너져가는 건물에서 그는 옛 스승이자 고인이 된 희랍인 테오파네스의 유령과 조우한다. 이 만남의 장소는 대단히 중요하다. 부서진 교회나 폐허가 된 은신처는 타르코프스키의 전작에서 반복되는 모티프로, 그의 영화 언어를 해석하는 데 커다란 의미론적 잠재성을 띤다. 게다가 이 현상을 기독교 교리적 관점에서 바라본다면 이 폐허에는 특정한 기능이 있다. 옛 성전의 파괴와 새 성전의 건설은 익히 잘 알려진 성경의 모티프이다.

블라디미르의 성당은 '프롤로그'의 종탑과 마찬가지로 본연의 기능을 수행하지 못할 만큼 망가진 건물이다. 타타르인과 즈베니고로드 공작의 침입으로 이 성소는 완전히 초토화된다. 건물의 완전무결성이 깨지면서, 이제 시체나 동물 등 어울리지 않는 요소가 모여들고(길 잃은 고양이와 말 한 마리가 교회 안을 어슬렁거린다) 자연에 고스란히 노출되어 성당 안에서 불이 타오르고 눈이 내린다. 이러한 성당의 상태가 안드레이와 죽은 테오파네스 유령의 만남과 같은 경계선 상의 사건이 벌어질 만한 무대를 조성한다. 무거운 샹들리에는 공작의 시–공간적 비약이 시작될 때 나타난 비정상적인 시간의 추와 마찬가지로, 두 사람이 만날 때도 배경으로 등장한다[그림 2.4]. 또 두 사람이 불타는 성장(성당 전체와 성당 내 가장 신성한 장소를 분리시키는 경계로, 규율에 따라 성화를 장식한다.—옮긴이) 앞에서 만나고, 전 장면에서 그 연기가 피어오른다는 점도 매우 중요하

다. 동방 정교회 교리에 따르면, 성장은 천상과 지상을 구분하는 장벽이
다. 저명한 러시아 동방 정교회 이론가이자 미술 전문가인 파벨 플로렌
스키는 이렇게 말한다.

두 세계를 구분 짓는 벽은 성장聖障이다. 판자나 벽돌, 바위가 모두 성장이
될 수 있다. 사실 성장은 보이는 세계와 보이지 않는 세계의 경계로서, 우리가
제단을 보는 데 장애물이 됨으로써, 그리하여 우리가 신이 계신 제단, 그 하늘
의 영광이 깃들어 진리를 알리는 영역을 오로지 그 주위에 일렬로 늘어선 성

[그림 2-4] 〈안드레이 루블료프〉 성장

다. 동방 정교회 교리에 따르면, 성장은 천상과 지상을 구분하는 장벽이

인들(즉, 수많은 목격자)을 통해서만 의식에 접할 수 있게 함으로써 그 경계로서
의 역할을 수행한다.[28]

플로렌스키는 성장이 신성한 유령을 일깨울 수 있다고 강조함으로
써 일련의 논지를 이어간다. '성장은 환영이다. 성장은 성인과 천사an-
gelophania의 현현이고, 무엇보다 현존했던 성모 마리아와 그리스도 자신
을 포함한 하늘의 목격자들, 그 죽을 운명의 육신과는 다른 세상의 이야
기를 알리는 목격자들의 명백한 현시이다. 성장은 성인 그 자체인 것이
다.'[29] 테오파네스는 정확히 신성한 유령의 상태로 안드레이 앞에 나타
난다. 고인이 된 이 이콘 화가의 탈속성은 다음의 대화에서 명시적으로
언급된다. '[안드레이:] 왜, 천국에 가지 않으셨어요? [테오파네스:] 내
가 말할 수 있는 것은 자네가 여기에서 상상하는 것과는 전혀 다르다는
것뿐일세.' 이 하늘이 보낸 사자使者는 천상의 영역을 대변하므로, 아직
살아 있는 인간에게는 그 특성을 밝힐 수 없다. 희랍인 이콘 화가는 눈
에 띄게 모습이 변했다. 아름다운 하얀 가운을 입고, 얼굴 표정은 얼마
간 평온해 보이며, 그가 하는 말에는 우수 어린 기운이 감돈다. 이 마지
막 특징은 앞에서 본 그의 지독히 인간 혐오적인 감정 폭발과는 사뭇 달
라서 특히 인상적이다.

유령의 방문은 안드레이가 이미 극심한 혼란에 빠진 상태에서 이루어
진다. 이 장면은 불타오르는 성장 앞에서 무릎을 꿇고 두서없는 말을 중
얼거리는 그의 모습으로 시작한다. 그는 처음 테오파네스를 발견했을
때 약간 당황하지만, 바로 이 완전히 비현실적인 상황을 수긍하고 만다.
루블료프가 유령에게 처음 꺼 낸 말은 최근의 꿈 이야기로, 거기에는 테
오파네스와 타타르인이 함께 등장하여 환상과 현실의 이분법을 더욱 무

너뜨린다. 그 후 안드레이는 앞서 러시아인 그리스도의 환영을 야기했던 둘의 대화를 언급하며 스승에게 불평을 늘어놓는다.

[안드레이:] 대체 무슨 일이 벌어지고 있지요? 타타르인과 한패가 되어 살인과 강간을 저지르고, 교회를 약탈하고 있어요. 스승님이 오래전에 말씀하셨죠.. 하지만 지금 저는 훨씬 더 상황이 안 좋아요. 스승님은 이미 돌아가셨지만….
[테오파네스:] 죽었지… 그게 어쨌다는 건가?
[안드레이:] 그런 뜻이 아니잖아요! 제 말은 제가 반평생을 눈이 먼 채 보냈다는 겁니다! 반평생을, 그렇게… 그들을 위해 일했어요, 전부 다른 사람들을 위해 일했습니다, 아침저녁으로 매일 말입니다… 그런데 대체 그들이 사람입니까? 그때 스승님 말씀이 옳았어요….
[테오파네스:] 내가 그런 말을 하긴 했지! 그때는 내가 오해하고 있었고, 지금은 자네가 오해하고 있군.

이어 루블료프는 테오파네스에게 사람을 죽였다고, 성스러운 바보를 겁탈하려던 러시아인 습격자를 죽였다고 고백한다. 블라디미르의 황폐한 성당에서 테오파네스의 유령은 과거에 루블료프와 언쟁을 벌일 때와는 전적으로 다르다. 테오파네스는 신의 심판에 대한 자신의 생각을 근본적으로 재고한다. 그의 말에는 여전히 과거 담론의 흔적이 일부 남아있지만, 용서의 개념이 등장하여 그 보복적 담론을 압도해 버린다. 명백히 용서를 긍정하는 것이다. 이 블라디미르의 약탈 에피소드는 두 이콘화가를 서로 가까워지게 한다. 정신적으로 붕괴된 루블료프가 인간을 무지하고 악의적인 무리로 여기던 테오파네스의 기존 입장에 따르려하자, 이제 테오파네스가 그 반대를 주장하고 나서는 것이다.

그 결과 루블료프는 '말과 이콘 작업을 중단함으로써…말과 이미지를 거부'[30]하게 되고, 이후 에피소드에 가서야 원래 상태로 복귀한다. 한편, 루블료프는 마지막 말에서 러시아의 운명을 힘없이 한탄한다.

> [안드레이:] 러시아, 러시아… 온갖 고통에 신음하는 우리의 조국, 이렇게 언제까지라도 견뎌내겠죠… 하지만 대체 언제까지 이 상태가 계속될까요? 테오파네스?
>
> [테오파네스:] 나도 모르지. 어쩌면 영영 그러겠지. [성장에 남아 있는 이콘들을 바라보며] 그래도 이 얼마나 아름다운가!
>
> [안드레이:] 눈이 오네요… 성당 안에 내리는 눈보다 더 끔찍한 일은 없죠. 안 그래요? [테오파네스가 사라진다]

테오파네스의 대답은 이 장면의 논증적인 결론으로 대단히 중요하다. 그는 이제 과거 자신을 그토록 분노하게 만들었던 인간 세계의 악순환에는 무관심해 보인다. 대신 매우 단순하지만 심오한 한 마디로 이콘의 필요성과 가치를 재확인한다. 그 아름다움만은 누구도 부인하기 힘든 것이다. 루블료프는 맨 마지막 대화에서 성당을 끔찍한 공간으로 언급한다. 그가 살인을 저지르고 대학살을 목격하면서 느낀 공포감은, 더 이상 성소로서 찾아오는 이에게 정신적 피난처를 제공하지 못하는 파괴된 교회의 환영 때문에 더욱 배가 된다. 교회 안에 내리는 눈은 불안하면서도 아름다운 광경으로, 한순간 두 인물의 넋을 빼놓는다. 테오파네스는 안드레이의 마지막 질문에 대답하지 않고 사라진다. 이콘 미술에 대한 긍정적인 발언이 그가 남긴 마지막 말이다. 그럼에도 관객은 과거에 충

돌했던 두 사람의 입장이 이 무너진 성당에서 하나로 수렴했음을 알게
된다.

미래를 주조하다

줄거리로 보자면 '종' 에피소드는 〈안드레이 루블료프〉 중 가장 일관
성 있는 부분이다. 영화의 마지막에 배치된 이 에피소드는 전혀 새로
운 인물, 즉 보리스카라는 소년을 내러티브의 전면에 내세운다. 루블료
프는 더 이상 특출 난 이콘 화가가 아니라, 창작을 단념하고 침묵 서원
을 결심한 죄 많은 수사이다. 그의 예술적 재능의 억압은 희생의 행위이
자 목숨을 끊지 않고 존재를 절멸하려는 시도다. 나이가 들고 침묵하는
루블료프는 여전히 환영을 보는 능력은 있지만 사건의 단순한 관찰자로
바뀌고, 이 에피소드는 그를 망각에서 부활시킨다. 두 사람의 만남은 영
화에서 가장 가슴 벅찬 순간으로 발전하여, 삶을 긍정하는 메시지를 전
달하며 천재의 귀환을 알린다. 바슐라르는 '상상력은 그 어원이 암시하
는 바와 같이 현실의 이미지를 형성하는 능력이 아니고, 현실을 넘어서
현실을 노래하는 이미지를 형성하는 능력이다. 그것은 초인간성의 능력
이다.'[31]라고 주장한다. '종' 에피소드는 그렇게 현실을 초월한 초인간적
인 개인의 이야기를 들려준다.

앞서 '침묵' 에피소드는 루블료프가 물을 데우기 위해 눈 위에 떨어뜨
린 불타는 돌의 이미지로 끝맺는다. 뜨거운 돌 표면과 차가운 눈이 만나
격렬한 상호 작용을 일으키면서, 눈이 쉬익 소리를 내며 녹는다. 이 비
현실적인 결과는 '젖은 불길'[32] 또는 '불타는 물'[33]로서 지극히 상징적이
다. 병사를 살해한 후 침묵 서원중인 루블료프 본인도 이제 해빙되기 일
보 직전인 것이다. 그는 곧 보리스카의 타고난 천재성에 힘입어 육체적,

예술적 침묵에서 벗어나게 된다. 이어지는 '종' 에피소드는 과연 봄의 모티프로 막을 연다. 보리스카가 오두막 옆에 앉아, 잔설이 녹으며 검은 띠처럼 드러나는 지면을 바라보고 있다. 이 소년은 흑사병에서 혼자 살아남아, 잊혀져가던 종 만드는 전통을 되살리게 될 참이다.

루블료프와 보리스카는 에피소드 초반부에 보리스카가 '적절한' 진흙을 찾는 결정적인 순간에 처음 '만난다.' 소년은 폭우 속에서 혼자 일하고 있다. 그가 홧김에 허공을 걷어차자 신발 한 짝이 멀리 날아간다. 그는 신발을 찾아 언덕 아래로 미끄러지듯 내려갔다가, 우연히 '적절한' 진흙을 발견한다. 이 재료를 찾는 필사적 과정은 안내자가 없으므로 직관에 의해 도달해야 할 비밀스러운 영감의 원천을 찾는, 예술가들의 일종의 비이성적인 모색을 상징한다. 카메라는 멀찌감치에서 루블료프를 발견하는데, 그는 이제 이콘 화가가 아니라 채소를 가득 실은 수레를 끌고 있다. 그는 비에 흠뻑 젖은 채 먼발치에서 환희에 차 있는 보리스카를 본다. 루블료프는 그저 바라만 본다.

그 후 종의 주형을 만드는 힘든 과정이 이어지는데, 도중에 보리스카가 루블료프를 우연히 발견하고 비키라고 소리친다. 한시라도 빨리 주형의 골조를 태워버리고 싶은 이 어린 종장鐘匠은 그 전에 버팀목을 보강해야 한다고 주장하는 동료들과 대치한다. 보리스카는 일꾼 하나를 때리도록 시켜 이 갈등을 완력으로 해결한다. 루블료프는 처연하게 이 광경을 지켜보다가 이 어린 장인에게 비웃음을 산다. 이로서 분주한 작업 현장의 한복판에 서 있는 루블료프의 클로즈업이 이어진다. 일을 그만둔 이 수사는 약간 혼란스러워한다. 그는 관객을 등지며 돌아서고, 슬픈 곡조가 배경에 깔리며 과거로의 도약을 알린다. 루블료프는 과거에 비교적 젊은 이콘 화가로서 포부도 컸던 그와 다닐, 키릴이 안드로니코프 수도원을 떠나 외로운 나무 한 그루 아래에서 세찬 비를 피하던 광경을 회상한다. 이 그림 같은 시퀀스는 세 사람이 구불구불한 길 위에 선 모습과 떡갈나무 아래에 서 있는 모습을 보여준다. 카메라는 갈까마귀와 키릴의 모습, 조용히 옆을 바라보는 루블료프, 그리고 바람에 흔들리는 잎이 무성한 떡갈나무 가지를 비춘다. 이 기억의 비약에서 기묘한 점은 루블료프의 클로즈업으로 돌아오기까지 종장들의 망치 소리가 계속해서 들린다는 사실이다. 이 소리는 수사 겸 화가들이 서 있던 나무와 더불어 두 공간을 연결시킨다. 그 후 늦가을의 눈을 맞으며 잎이 다 떨어진 나무 아래 서 있는 루블료프를 지나, 잠이 든 보리스카가 사람들에게 들려 옮겨지는 화면이 이어지면서, 관객은 다시 현재 시점으로 돌아온다.

회상은 내러티브의 선형성을 방해하고, '내러티브의 시간적 순서가 [영화라는] 매체 자체의 비가역성과 어떻게 충돌하거나 역행할 수 있는지'[34]를 보여준다. 회상은 현재의 '지금'과 지나간 과거에 공존하며, 과거에서 뭔가 중요한 것을 현재로 돌이키고 (다시) 상기시킨다. 이 기억의 비약을 통해 루블료프는 특정 시간과 공간의 이미지를 되돌릴 뿐 아니라 결과적으로 어떤 개개인의 과거부터 그의 현재 삶까지 되돌리는 경험을 한다. 영화 초반부를 장식한 두 인물, 광대와 키릴이 결말의 '종' 에피소드에서도 두드러진 활약을 보인다. 광대는 루블료프가 자신을 당국에 고발했다고 (광대는 10년간 감옥살이를 하여 건강이 나빠진 상태다) 비난하는 반면, 키릴은 루블료프에게 그림을 다시 그리라고 간곡히 설득한다. 타타르에 납치된 성스러운 바보 역시 돌아와서, 처음 종이 울리는 순간에 모습을 드러낸다. 이렇게 내러티브의 순환 구조가 형성된다.

에피소드가 끝나기 전에, 루블료프는 두 번 더 관찰자로 등장한다. 주형에 녹인 철을 부어 넣는 과정과 종에서 부스러기를 떼어 내는 과정에 서다. 두 번 다 루블료프는 화면의 상단에 서서 보리스카와 일꾼들을 주의 깊게 지켜본다. 일단 종이 모습을 드러내자 보리스카는 완전히 탈진하여 쓰러진다. 205분짜리 확장판에는 보리스카가 고된 노동의 산물 옆에 누워서 떠올리는 짧은 환영-기억이 결정적인 장면으로 삽입된다. 이 소년은 세 가지 작은 풍경을 꿈꾼다. 불이 담긴 '장식용' 양동이가 걸려 있는 나무, 어두운 띠 모양의 땅이 드러난 잔설, 말리려고 땅 위에 펼쳐 놓은 시트들. 눈과 시트의 이미지는, 실제로 보리스카가 오두막에서 종을 주조하기 위해 사람들을 따라 나서던 순간의 기억들로, 집과 관련된 이미지이다. 그러나 셋 다 자연 요소의 결합을 찬미하는 짧은 영상시라고도 볼 수 있다. 불-대기의 이미지에 이어 두 개의 땅-물의 이미지가 등장하는 것이다. 네 요소 모두 종을 주조하는 과정에 필수적이다.

마침내 종이 내걸리고, 이 당찬 소년 종장은 불가능한 목표를 이루어 낸다. 오로지 자신의 천재적 본능에 기대어 잊혔던 전통을 복원해 낸 것이다. 루블료프는 결말의 피에타Pietà 장면에서 어린 장인과 창조적인 합일을 이룬다. 그는 오랜 침묵을 깨고, 흐느끼는 소년을 위로하며 삼위일체 수도원에 가서 다시 그림을 그리겠다는 뜻을 밝힌다. 중세 시대의 잔혹성이 기적적으로 극복되는 것이다. 보리스카의 위업은, 신성한 아름다움을 지닌 이콘, 프레스코화, 종들이 겉보기에는 그 결과물과 전혀 닮은 구석이 없는, 더럽고 추악하며 잔인하고 무지한 인간들의 손에서 탄생할 수 있다는 사실을 입증한다. 그 자체로 기적인 이러한 작품들은 시간과 공간을 포함해 모든 기준을 뛰어 넘는 것이다.

이콘으로 쓴 시

갈등이 해소되자 뱌체슬라프 오브치니코프Viacheslav Ovchinnikov의 잔잔한 선율과 웅장하고 통렬한 12성 음악이 번갈아 흐르는 가운데 루블료프의 이콘 이미지가 연속으로 등장한다. 이 이콘 장면은 컬러 화면으로 전환 되면서 극적으로 고양된다. 내내 흑백으로 중세의 가혹한 현실을 비추던 영화가 총 천연색으로 표현된 탈속적인 아름다움의 이미지에서 절정을 이루는 것이다. '이콘으로 만든 시'[35]라고 할 만한 이 시퀀스는 온갖 의심, 침묵, 단념을 무릅쓴 예술적 진실의 궁극적인 천명이다. 이 긍정적인 메시지는 이 이콘 화가가 영화 속에서 전혀 그림을 그리지 않기 때문에 더욱 주목할 만하다. 그러나 피날레의 순수하게 형식적인 특징은 의미론적으로도 중요한 역할을 한다. 이콘을 트래킹 카메라로 따라가며 공공연히 인상주의적인 방식으로 화면에 담겠다는 감독의 결심은, 르네상스식 원근법의 '움직이지 않는 눈' 개념을 거부한다는 의미이다. 트래킹 카메라의 파편화된 영상은, 신도들이 눈을 움직여가며 이콘의 그림 표면을 여기저기 살펴보는 실제 경험과도 일치한다.[36] 타르코프스키는 '역 원근법' 개념을 예찬하고, 르네상스 원근법의 단일 소실점 대신 다중 소실점을 택한다.

'역 원근법'은 주로 플로렌스키[37]의 연구와 관련된 용어로, 이후 우스펜스키Uspensky[38]와 제긴Zhegin[39]이 발전시켰다. 우스펜스키와 제긴은 이콘 미술을 르네상스 및 포스트 르네상스(16세기 후기부터 18세기-옮긴이) 미술과 비교하여 그 미학적 원칙을 규명한다. 그리하여 제긴은 다중 소실점 개념을 발전시키고, 우스펜스키는 관객의 위치에 중점을 두었다. 한편, 또 다른 입장의 학자[40]들은 르네상스 이전의 이탈리아, 비잔틴, 러시아 이콘 미술의 회화적 공간에 대해서는 '역 원근법'이 그다지 정확한 용어가 아니라고 주장한다. 이 용어는 선 원근법의 의도적인 위반 또는 의식적인 왜곡을 전제로 한다. 그러나 선 원근법은 15세기에 레온 바티스타 알베르티Leon Battista Alberti의 《회화론On Painting》에 와서야 이론적으로 정립되었다. 이전 대가들은 특정한 재현 양식을 부인한 적은 없지만, 르네상스의 체계화된 회화적 공간과는 전혀 다른 자신만의 미학적 입장에 따랐다는 것이다.

역 원근법의 본질을 반영하는 '움직이는 시점'의 개념은 타르코프스키가 이 영화를 보는 관점에서도 드러난다. 1960년대 후반의 인터뷰에서 그는 회화를 감상하는 데는 영화 관객이 경험할 수 있는 것과는 전혀 다른 시—공간적 특성이 요구된다고 주장했다.[41] 그래서 루블료프의 이콘을 파편화된 방식으로 제시해야 할 불가피한 필요성을 느꼈다는 것이다.

> 그 동적이면서도 정적인 고유의 규칙이 있는 회화를 영화로 옮기기란 불가능하므로, 우리는 그림의 몇몇 일부를 확대하는 방법을 택했다. 그럼으로써 만약 관객이 안드레이 루블료프의 이콘을 몇 시간이고 계속 들여다보았다면 발견했을 것을 짧게 짧게 보여주고자 했다. […] 그림 '전체'의 인상을 창조하기 위해 오로지 '세부'의 표현에만 힘썼던 것이다.[42]

이 입장은 영화 시나리오에서 이 에피소드를 묘사한 대목에서도 되풀이된다. '흐릿하고 순수하며 그 반투명성이 매력적인 얼룩에는 이 프레스코화의 정확하고, 자로 잰 듯한 장식이 새겨져 있다. 선과 윤곽들은 반복되고 중첩되며, 수렴하고 얽혀들어, 의도적으로 연속성을 배제하며 서로를 만나고 지워버린다.'[43] 파편화된 에피소드가 루블료프의 일대기

같은 환영을 보여 주듯이, 이콘의 단편적인 부분들이 모여 그의 회화 전작에 대한 환영을 제시한다.

장관을 이루는 화려한 색채의 사용 역시 타르코프스키가 루블료프의 미술에 대한 파편화된 환영을 제시하길 바랐다는 사실로 설명될 수 있다. 실제로 타르코프스키의 다음 영화인 〈솔라리스〉에서는, 색채가 본질적인 미학적 요소로 부상한다. 두 영화의 제작 시점 사이에, 그는 영화 평론가 레오니트 코즐로프Leonid Kozlov와 '색채 연출법colour dramaturgy'에 대해 포괄적인 논의를 벌였다. 타르코프스키는 색상이 예외적 현상의 특징이라고 주장한다. '우리가 비일상적이고, 과거에 본 적 없는, 이국적인 대상과 마주칠 때, 가장 돋보이는 것은 색상이다.'[44] 나아가 그는 색채의 사용이 조형적인 특징을 소멸시킨다고 주장한다. '회화는 보통 색상이 지배한다. 묘사된 대상의 질감은, 아무리 공들여 표현했다고 해도, 색이 칠해진 표면의 질감 속에 소멸해 버린다.'[45] 이러한 입장 때문에, 〈안드레이 루블료프〉에서는 정말 그 다채로운 질감이 이콘의 가장 본질적인 예술적 특징이라는 듯 작품을 다룬다. 카메라는 묘사된 주제, 대상이나 시각적 서사에는 아랑곳하지 않고, 오로지 다양한 질감의 단편만을 포착한다. 그 질감과 이콘 미술에 관심이 있는 관객조차 화면에 등장한 이콘 대부분을 쉽게 알아보지 못한다. 그 이콘을 식별하려면, 제시된 단편을 자세히 살펴보고 전체 이콘과 비교하는 과정을 거쳐야 한다.

〈안드레이 루블료프〉의 마지막 시퀀스는 이콘 미술의 원칙을 영화적 방식으로 재현한 것이다. 미끄러지는 카메라는 결코 정적으로 머물지 않고, 이콘이라는 현상을 단일하고 배타적인 원근법적 시각이 아닌 다수의 중첩적인 관점에서 탐색한다. 이는 전례에서 이콘을 실제 종교 의식의 대상으로 마주하는 경험을 모방한다. 신도들은 의식이 거행되는 동안 성장의 각 부분을 두루 두루 '탐색'하는 것이다. 게다가 이콘의 각 부분들은 단일한 시점을 전제로 제작되지 않는다. 타르코프스키는 '그림을 지향하는 사람들이 종교 의식 중에 잠시 훑어보기만 해도 그 정신적, 미학적 수요를 충족할 수 있도록, 종교 의식의 배경이자 이미지로서의 역할이 결합'[46]된 러시아 이콘 미술의 시각적 규칙에 따르는 것이다.

각각의 이콘마다 다양한 부분이 다양한 카메라 앵글로 포착되지만, 이 시퀀스를 지배하며 시각적 정점을 찍는 특정한 이콘이 한 편 있다. 안드레이 루블료프의 〈구약 성경 성 삼위 일체The Old Testament Trinity〉는 총 8분간 지속되는 이 시퀀스 중 실제로 2분 30초 동안 카메라의 주목을 받는다. 카메라는 세 천사의 고요한 아름다움을 대단히 섬세하게 탐색 해 가고, 그 효과는 평화로운 곡조의 사운드트랙을 통해 한껏 고양되다가 이미지와 음악이 동시에 사라져 버린다. 이 작품은 또 타르코프스키의 다음 영화 〈솔라리스〉에도 복제품으로 등장한다. 영화 주인공 크리스Chris는 조용히 〈삼위 일체〉를 바라보는데, 이 때 〈안드레이 루블료프〉의 이콘 시퀀스와 동일한 음악 테마가 흘러나와 작품의 존재감을 부각시킨다.

이 작품에서 아브라함Abraham의 신성한 손님들은 마치 조용히 담소를 나누고 있는 듯 그려진다. 루블료프의 원형 구도는 세 천사가 의견의 일치를 이루었음을 암시한다. 중심부의 천사가 나머지 두 천사를 압도하지 않는다. 이 이콘 화가는 상반되는 것들의 통일성을 형상화한다.[47] 루블료프의 〈삼위 일체〉는 러시아 역사상 폭력적인 암흑기에 탄생한 온정적인 기독교의 관점으로 해석될 수 있다. 구약 성경의 천사들은 최후의 심판에 도전하여 그 공포를 무력화한다. 루블료프가 삶의 폭력적인 측면을 반영하길 꺼렸던 것은 이콘 미술의 본질적인 특성과도 부합한다. 우스펜스키와 로스키에 따르면, '그 순교자의 시대에, 고통은 전례서에 묘사되지 않듯이 눈에도 보이지 않았다. 보이는 것은 고통 그 자체가 아니라, 고통에 대한 응답으로서 견지해야 할 태도였다.'[48]고 하기 때문이다.

타르코프스키 역시 영화의 마지막 에피소드에서 전달하고자 했던 〈삼위 일체〉의 통일성이 중요하다고 강조한다.

> 우리는 일련의 세부 묘사를 포착하여, 관객들이 루블료프 미술 세계의 정점인 〈삼위 일체〉 전체를 보도록 유도할 생각이었다. 일종의 색채 연출법을 통해 관객을 이 탁월한 작품으로 이끌고, 일종의 연속적인 인상의 흐름을 창조하여 관객이 작품의 일부분에서 전체로 천천히 나아가게 할 생각이었다.[49]

그럼에도 불구하고 이 이콘은 영화에서 끝내 전모를 드러내지 않고, 카메라는 비록 상당 부분이기는 하지만 일부분씩만 비춘다. 나무로 만든 작품 표면을 수직으로, 또 수평으로 계속 훑어가지만 결코 줌 아웃하여 이미지 전체를 드러내는 법이 없다. 영화에서 루블료프의 이콘 중 전체상이 등장하는 유일한 작품은 맨 마지막에 등장하는 〈즈베니고로드의 구세주Zvenigorod Saviour〉이다.

우선 이 컬러 시퀀스의 첫 번째 이미지가 〈구세주의 영광Savior in Glory〉의 일부분으로, 붉은 배경 앞에서 금빛 튜닉(고대 그리스나 로마인들이 입던, 소매가 없고 무릎까지 내려오는 헐렁한 웃옷—옮긴이)을 입은, 그리스도의 오른쪽 무릎을 묘사한 부분이란 점을 주목할 필요가 있다. 이 부분의 클로즈업은 관객에게 이 이콘을 식별할 기회를 주지 않아, 끝내 어떠한 작품인지 밝혀지지 않고 남는다. 한편, 이 이콘 시퀀스의 마지막 이미지 역시 그리스도의 형상이 주제이자 소재인데, 이번에는 유일하게 시각적

재현의 대상이 완전히 공개된다. 〈즈베니고로드의 구세주〉는 작품 자체
가 불완전한 상태이지만(이 이콘은 크게 손상되어, 오늘날 그리스도의 얼굴
과 목 부분만 전해진다), 타르코프스키는 이 거룩한 '시간의 질감'의 일관
되지 않은 전체 모습을 드러낸다. 이 이콘은 여러 원근법적 시점에서 동
시에 묘사한다는 원칙을 구현한다. 그리스도의 몸은 4분의 3쯤 돌아간
상태지만, 얼굴은 정면을 향한다. 두 개의 소실점과, 따라서 두 개의 시
각이 관객 앞에 모습을 드러내 초월적인 실체를 강조한다. 그리스도의
얼굴이 말 그대로 다면적인 것이다.

[그림 2-5] 〈안드레이 루블료프〉 결말부

그 후 카메라는 그림 속 구세주의 머리 주변부의 비어 있는 나무 표면으로 초점을 옮긴다. 이 여백의 공간에 천둥소리와 함께 빗물이 떨어져 흘러내린다. 이러한 성물聖物의 자연 요소에 대한 취약성이 그 물질성을 강조한다. 이콘은 캔버스와 달리 그 물질적 한계를 노출하는 '물건' 또는 '대상'이다. 이콘은 존재의 환상을 창조하지 않고, 신의 현존을 직접 드러낸다. 시간을 초월한 영원불멸의 신이 그 자체로 각인되고, 천상의 시간이 지상에서 몸담을 형식을 찾아 공간화된다. 타르코프스키는 이콘 미술의 전통적인 물질성을 강조함으로써 다시 자연 그 자체로 돌아갈 수 있게 된다. 앞서 그림에 내리던 세찬 비가 이제 강 옆에 고요히 서 있는 말들에게도 퍼붓는다[그림 2-5]. 말의 이미지는 시작 부분으로 다시 돌아가려는 도식을 구현한 것으로, 종마가 등장하던 프롤로그 부분과 이 마지막 시퀀스를 연결시킨다. 이렇게 천상과 지상의 평면이 하나로 합쳐지면서 〈안드레이 루블료프〉의 끝을 알린다. 결말 부분의 시각적 비약을 통한 공간적 평면의 상징적 이동은 다음 영화인 〈솔라리스〉에서도 계속 탐색될 주제이다. 이번에는 외계의 현상인 외계 행성 솔라리스가 지상의 실체인 지구 행성과 대조를 이루게 된다.

3장

<솔라리스>의 환상

내게 중요한 것은 우주에서 지구를 보는 관점이다.
— 안드레이 타르코프스키

〈이반의 어린 시절〉과 〈안드레이 루블료프〉에서 각각 꿈과 환영의 모티프를 통해 표현된 현실과 상상의 상호 작용은 영화 〈솔라리스Solar-is〉(1972)에 와서 가장 극명하게 실현된다. 두 영역의 충돌은 우리가 사는 지구의 현실적이고 고정된 공간과 거대한 바다 행성 솔라리스의 환각적이고 유동적인 표면이란 이분법을 통해 구현된다. 솔라리스는 표준에서 벗어난 일탈과 변동의 근원으로, 외부적으로 명확한 시간적, 공간적 안정성이 없다. 이 행성은 우주 비행사의 억압된 기억을 바탕으로 인간을 복제하는 능력이 있어, 과거 사건과 현상을 되비추는 그러한 '상像'들은 정신적 외상을 초래할 정도의 파괴력을 발휘한다. 액체로 이루어진 솔라리스 바다Ocean Solaris는 실제의 지구인과 똑같은 형태로 행성의 주민을 빚어낸다. 그러나 그렇게 주조된 유령 중 하나인 하리Hari가 추억, 즉 과거 시간을 기억하는 인간의 능력을 되찾으면서 주조라는 공간적 개념이 점차 시간적 전치로 발전한다. 이와 더불어 영화의 구성도 점점 해체되어, 관객은 더 이상 현실과 단순한 환각을, 또한 현실의 실체와 그 '상'을 구분하지 못한다. 외계 행성의 궤도를 회전하는 원형 우주정거장은 꿈과 환영의 장소로 등장하여, 기존의 주관적인 환영뿐 아니라 환상적인 심상도 이곳의 복도와 방에서 형체를 얻게 된다.

공상 과학 소설SF은 시간 여행(시간적 결과를 초래하는 공간 이동)의 본산으로, 장르 특성상 기본적으로 시간과 공간의 왜곡을 수용한다. 또 미래를 길들여 현재로 표현하고자 하므로, 그 자체가 시간적으로 전치된 형태라고 볼 수 있다. 그러나 영화 〈솔라리스〉에서 벌어지는 시-공간적 전치는 일반적인 SF 영화와는 차원이 다르다. 시간과 공간이 공상 과학의 경이로운 세계를 이루는 것이 아니라 인간의 실존이라는 정신적 영역을 구성하기 때문이다. 이 말은 기존 장르의 관습과 제약도 이 감독 앞에서는 아무 의미가 없다는 뜻이다. 그의 영화는 제2차 세계대전 이야기(〈이반의 어린 시절〉), 중세의 서사시적인 전설(〈안드레이 루블료프〉), 무한한 미래의 환상 소설(〈솔라리스〉)이 모두 동일한 주제를 다룬다. 주인공이 형이상학적인 위기를 겪으며 시간과 공간의 미로 속으로 여행을 떠난다는 것이다.

지구적인 솔라리스

스타니스와프 렘Stanislaw Lem의 원작 소설 『솔라리스』(1961)에 대한 타르코프스키의 해석은 매우 독특하다. 그의 각색은 보고몰로프의 『이반』 작업 때와 마찬가지로 다양한 왜곡과 일탈로 넘쳐난다. 이러한 예술적 파괴의 결과 소설의 의미론적 방향성이 틀어지고, 텍스트의 통합된 시-공간적 체계가 상당한 위협에 처한다. 소설의 도입부는 다음과 같다.

우주선 시각으로 19시 정각, 나는 발사대를 향해 다가서고 있었다. 발사대 주변에서 대기하고 있던 요원들이 나를 통과시켜 주었고, 나는 캡슐 안으로 들어섰다.

좁은 조종실 안에는 몸을 움직일 수 있는 공간이 거의 없었다. 우주복 밸브에 호스를 연결하자 우주복은 금세 부풀어 올랐다. 그때부터 나는 그야말로 손끝 하나 마음대로 움직일 수 없는 상태가 되었다. 그렇게 감옥 같은 우주복 속에 간신히 매달려 있는 듯한 자세로 서 있어야 했다.[1]

렘의 소설 『솔라리스』는 첫 문장부터 바로 독자들이 공상 과학 소설의 영역, 즉 상상조차 못했던 기기와 언어를 사용하는 고도로 기계화된 세계로 진입하고 있음을 알려준다. 크리스는 치밀하게 준비된 방식으로 (자신이 아니라 우주선 시각으로 19시 정각에) 이 공간에 들어서고, 잠시 후 캡슐에 흡수된다(그는 우주복에 '들어선' 후로 꼼짝도 할 수가 없다). 이로서 그는 이 금속제의 외피와 물아일체의 상태가 된다. 지구를 떠나기에 앞서 인간이라는 입장을 포기하고 기술 문명과 합일해야 하는 것이다. 이렇게 처음 몇 문장만으로 벌써 앞으로 200쪽 넘게 펼쳐질 소설의 주제와 방향성을 독자들에게 제시하는 방식이 실로 주목할 만하다. 이 소설은 인간의 지평을 형성하는 경이로운 기술 문명이 주조를 이룰 것이고, 그 이야기가 선형적인 내러티브를 중심으로 전개될 것이다.

누구라도 이 소설의 도입부와 타르코프스키의 영화 〈솔라리스〉의 오프닝 장면을 비교해본다면, 이 감독이 소설을 영화로 '각색'하는 과정에서 누린 막대한 재량에 놀라고 말 것이다. 영화의 첫 장면도 같은 주인공(크리스Chris—과학자이자 우주 비행사)이 등장하지만, 그는 소설과는 전혀 다른 공간, 즉 관객이 익히 잘 아는 공상적이고도 밀실 공포를 유발하는 우주선 내부와는 완전히 대조적인 공간에 있다. 바로 지구이다. 영화 도입부의 4분짜리 시퀀스는 크리스의 고향집 주변의 자연을 탐색한다. 연못, 시냇물에 흔들리는 수초, 버드나무, 들꽃, 어슬렁거리는 잘생

긴 말 등. 크리스는 이 자연 서식지를 무심히 바라보는 데 그치지 않고, 연못에 손을 씻거나 세찬 비를 온몸으로 맞으며 자연과 교류한다[그림 3-1]. 이제 곧 지구를 떠날 예정인 그는 비교적 드넓은 풍경을 주의 깊게 탐색하며 솔라리스 행성에 가져갈 금속 상자에 흙을 약간 주워 담는다. 이 오프닝 장면 역시 관객에게 앞으로 2시간 동안 영화에서 추구하게 될 주된 주제의 방향성을 제시해 준다. 이 영화는 주요 사건이 수백만 마일 떨어져 있는 솔라리스 행성에서 벌어짐에도 불구하고 지구의 심상이 주조를 이루게 될 것이다.

오프닝 시퀀스에는 타르코프스키 영화의 주된 모티프인 공중 부양의

[그림 3-1] 〈솔라리스〉 도입부

다양한 복선들이 등장한다. 집으로 돌아가는 길에 크리스는 집 앞의 연못을 지나가고, 카메라는 주인공을 '내려다' 보다가 곧 위로 시선을 올려, 물리적 법칙을 무시하고 혼자 연못 위에 떠 있는 노란 풍선을 비춘다. 이 풍선은 날아오르지도, 바닥에 떨어지지도 않는다. 작지만 비정상적인 현상인 이 풍선은 향후 주인공이 겪을 외계적 실체 솔라리스로의 비행과 그 만남의 전조이다.

그 후 이어지는 실내 장면에서는 항공학 역사상 다양한 시대의 열기구를 소재로 한 석판화들이 등장하고, 석판화 사이에는 작은 앵무새가 든 새장이 있다. 이렇게 지구의 산물인 집과 그 구성물도 다가오는 솔라리스로의 비행을 예고한다. 실제 이 집은 영화의 결말부에서 외계 행성에 의해 기괴한 방식으로 복제되기도 한다.

이 지구 장면 다음에는 크리스와 버튼Berton의 만남과 솔라리스 탐사 중에 벌어졌던 사건에 대한 버튼의 보고가 이어진다. 이 장면은 관객에게 솔라리스에 대한 기본 정보와 탐사 활동 현황을 알려준다. 이제 관객은 영화 도입부에서 확인한 (다소 관조적이고 아름답게 묘사된) 지구와는 대조적으로, 구름 때문에 모호하고 불투명한 솔라리스의 이미지를 접하게 된다. 이 비디오 시퀀스는 영화 속의 영화(미장아빔mise—en—abîme) 형태로 제시되는데, 렘의 소설에서는 버튼의 보고 내용이 대화로만 전달될 뿐 이러한 형식은 나오지 않는다. 결국 이 시퀀스는 이 외계 행성을 이해하려는 과학자들의 노력이 수포로 돌아가고 있음을 미리 영화 초반부터 암시하는 장면으로 볼 수 있다. 또 솔라리스의 구름과 안개도 지구 탐사대의 지적 능력을 흐리는 일종의 장막으로 해석할 수 있다.

지구와 솔라리스 사이의 상호 침투와 충돌은 이미 이 비디오에서도 벌어지고 있다. 외계 행성이 친숙한 지구를 복제하면서 두 장소가 합성된 공간으로 바뀌는 것이다. 버튼이 솔라리스에서 맞닥뜨리는 최초의 환각적 이미지는 생 울타리, 키 작은 덤불, 아카시아, 오솔길이 있는 정원이다. 이 지구적인 풍경은 현실이 아니라 솔라리스의 외계 물질인 점액질로 만들어진 것이다. 버튼은 또 솔라리스 수면 위를 걷는 거대한 아이의 이미지를 촬영했다고 주장하지만, 관객에게 보이는 것은 온통 파도와 구름으로 뒤덮인 모호한 사진뿐이다. 이 불가사의한 아이는 끝내 보이지 않고, 바로 그 부재가 이 미지의 행성 솔라리스의 경이로운 질감을 관찰하는 미학적 즐거움과 더불어 관객의 불안감을 강화한다. 뒤에서 밝혀지듯이(이 아이와 정원은 죽은 우주 비행사의 추억이 공간화된 것으로 판명된다), 지구에서의 과거 시간이 외계 행성에서 물질적인 형체를 얻는 것이다.

이 아이와의 조우는 참으로 공상 과학적인 사건인 동시에, 관습적인 의미에서의 '환상phantasy'이다. 'phantasy'이란 '가시화'를 의미하는 그리스어로, '상상, 환영적인 생각'(OED)으로 정의된다. 한편 '공상fantasy'이란 단어는 'phantasy'와 발음이나 궁극적인 어원이 동일함에도 불구하고 별개의 언어로 정의되어, 일반적으로 '일시적 기분, 종잡을 수 없는 생각, 기발한 발상'을 뜻한다. 솔라리스의 유령은 우주 비행사의 환영이 형상화된 산물이란 점에서 궁극적인 'phantasy'이다. 죄책감에 시달리는 사람들이 과거의 환영을 '형상화'하는 것이다. 크리스가 지구를 떠나 죽은 아내의 유령을 만나기 전까지, 버튼이 상상과 인지 능력을 혼동한다고 비난했던 점은 특기할 만하다. 그의 말대로, '솔라리스 프로젝트는 바로 무책임한 판타지f(ph)antasy 때문에 막다른 골목으로 치닫고 말았다.' 그러나 그는 나중에 입장을 바꾸고, 상상력과 지적 능력을 동원하여 자신의 정신적 위기를 해결하고 외계 행성을 파악하는 과학적 임무를 수행하고자 노력한다.

진실의 추구는 이 감독과 작가 모두에게 중요한 철학적 테마이다. 그러나 타르코프스키에게 렘이 문제 제기한 인간 중심적 입장은 결코 극복해야 할 장애물이 아니다. 오히려 인간이 지닌 선천적인 지적, 정신적 입장이다. 인간의 몸을 벗어나 생각하는 것은 불가능하며, 인류는 이미 잘 아는 사실을 바탕으로 미지의 것들을 끊임없이 탐색한다. 인간이 자신의 자연 서식지와 맺는 관계가 그의 철학적 지평을 규정한다. 감독이 소설에서 제공된 소재에 '외계의' 시-공간적 층위, 즉 지구와 그와 관련된 추억을 도입한 이유도 바로 여기에 있다. 지구는 인간의 사고를 기반으로 삼는 자연 환경이다. 타르코프스키는 렘의 순수한 공상 과학 소설에 (현실적 실체인) 지구라는 지형을 추가한다. 그는 인간 드라마가 펼쳐질 수 있는 배경으로서 실질적인 지시 대상이 필요하다. 우주의 (정신적으로) 빈 공간을 드라마의 배경으로 삼을 수는 없는 노릇이다. 이 예술적 장치는 공기처럼 가벼운 '미래'와 물질적인 '현재-과거'의 차이에 대한 바흐친의 논의에서 정당화된다. 현실은 '미래에 놓일 때 "…이다"와 "….였다"에 필수적으로 따르게 마련인 물질성과 밀도, 현실적 중량감을 박탈당하는 것이다.'[2]

지구는 영화 1부(41분 10초 분량)의 배경인 동시에, 나머지 부분에서도 비디오 시퀀스와 꿈-환각의 형태로 계속 등장한다. 익숙한 가족의 시-공간적 체계가 외계 행성의 경이로운 시-공간으로 침투하는 것이다. 또 크리스가 솔라리스로 가져간 흙이 담긴 금속 상자도 영화 전반에서 결정적인 순간에 여러 번 등장한다. 관객은 이 상자를 든 크리스를 맨 첫 장면 중에 볼 수 있고, 이어 우주 정거장이나 꿈-환각의 시퀀스에서 다시 보게 된다. 지구에서 가져온 흙이 외계의 영역으로 이식되는 셈이다.

영화의 끝에 이르면 이 흙에서 식물의 싹이 트는 결정적인 변화가 일어나는데, 카메라는 이 발아 과정을 주의 깊게 지켜본다. 식물 클로즈업에 이어 귀환 시퀀스에서도 물에 잠긴 고향집 안에서 마지막으로 이 상자가 다시 등장한다[그림 3-2].

영화에 관한 인터뷰에서 렘은 타르코프스키와 프리드리히 고렌슈타인Friedrich Gorenshtein이 쓴 시나리오가 만족스럽지 않았다고 시인했다. 영화와 소설의 차이는 완성된 영화에서 결정적으로 드러나는데, 영화가 여전히 원작의 담론 흔적을 담고 있기 때문이다. 이 폴란드 작가는 자신과 감독의 시각이 얼마나 극단적으로 다른지를 다음과 같이 설명한다.

[그림 3-2] 〈솔라리스〉 흙이 담긴 금속상자

이 영화 시나리오는 내게 다소 불쾌한 놀라움을 안겨 주었다. 지구에서 일어나는 긴 프롤로그에서, 영화는 크리스의 가족을 소개하고 그의 노모에게 과도한 비중을 둔다. 노모는 가족의 유대를 상징할 뿐 아니라 조국, 대지를 상징하고, 이것은 러시아의 민속 문화에서 강력한 함의를 지닌다. 나로 말하자면, 크리스의 가족 관계는 거의 관심사가 아니었으며, 영화 〈솔라리스〉에서도 문제시되지 않아야 한다고 생각했다. 오랜 논의 끝에 나는 어렵사리 크리스의 가족 이야기를 대부분 들어내는 데 성공했다. 그러나 그때쯤에는 타르코프스키의 영화와 내 소설이 완전히 다르다는 사실을 확실히 깨달았다. 나는 '고향, 달콤한 지구'와 '차가운 우주'의 이미지가 대비되는 '인식의 드라마'가 형상화되길 기대하고 있었다. 우주 정거장의 인간들에게 영향을 미치는 인물이 바다에서 만들어져, 행성의 광활하고 열린 공간과 작고 폐쇄된 우주 정거장 간의 적대감을 상징하는 드라마 말이다. 안타깝게도 타르코프스키는 한쪽 편을 들어 '차가운 우주'에 대비해 '따뜻한 고향 지구'의 손을 들어주었다. 결국 지구에서 파견된 사람들이 인간의 마인드로는 해결할 수 없는 난해한 문제와 씨름하는 인식의 드라마 대신, 타르코프스키는 인식의 문제와 그 한계와는 전혀 무관한, '대단히 탁월한' 도덕극을 만들어 냈다.[3]

지구의 영역은 타르코프스키에게 결정적으로 중요한 데 반해, 렘에게는 거의 존재하지 않는다. 인간이 서식하는 공간으로서의 지구는 소설에서 부재한다. 크리스가 지구를 떠나는 순간부터 어느 한 인물도 실제 지구에서 등장하거나 지구에 가고 싶다는 열망을 표현하지 않는다. 유일하게 지구의 풍경이 거론되는 것은 버튼의 비디오 속으로, 그것도 솔라리스에서 점액질로 만든 관목, 아카시아, 생 울타리가 있는 정원의 기괴한 복제물이다. 렘의 소설에서 지구는 시각적으로 구체화되지 않는 판단 기준으로만 남아, 우리의 이해 범위를 규정하고 그로 인해 일종의 장애물로 인식된다. 등장인물인 스노우Snaut가 말하듯이 '우리는 우주를 정복하고자 하는 것이 아니라 단지 지구의 경계를 우주의 변경으로까지 확장시키고자 하는 것일 뿐'이다.[4] 그러므로 렘에게 지구에 대한 지나치게 강한 의존성은 극복의 대상이고, 작가 자신도 인간 중심주의에 대한 통렬한 비판을 작품의 취지로 꼽는다. 스노우조차 크리스가 착륙하자마자 '잊지 마시오, 여기는 지구가 아니라는 걸'이라고 경고한다. 익숙한 사고방식을 포기해야 한다는 뜻이다.

렘과 대조적으로, 타르코프스키는 지구와 그에 관련된 실체들에 사로잡혀 있다. 전반적인 풍경과 자연에 대한 관념이 그의 모든 영화를 지배한다. 이 감독은 다음의 '축축한 어머니 대지Mother Damp Earth'라는 발언에서 분명히 드러나듯이 러시아의 민속 신앙을 추종하는 듯 보인다. 타르코프스키는 러시아 영화의 전통에서 그의 유일한 롤 모델로 알려진 감독 알렉산드르 도브젠코Alexander Dovzhenko(〈대지Earth〉라는 무성 영화의 걸작을 만들었다)를 언급하며 이렇게 말한다. '나는 [도브젠코의] 조국 땅에 대한 사랑에 공감하고, 그래서 그가 매우 가깝게 느껴진다. […] 그의 땅과 백성에 대한 사랑 때문에 그의 인물들은 말하자면 땅에서 자라난다. 그들은 유기적이고 완전하다.'[5] 지젝은 타르코프스키의 '영화적 유물론'에 대한 논의에서 역시 이 모티프의 중요성을 강조하면서, 이것을 이 감독의 미학적 요체인 시간의 개념과 연계시킨다. '타르코프스키의 영화 전반에 스며들어 있는 것은 지구의 무거운 중력으로, 그 중력은 시간 자체에 압력을 행사하면서, 시간적인 왜상歪像 효과를 낳고, 내러티브 흐름의 요구들에 의해 정당화된다고 생각되는 범위 훨씬 너머까지 시간을 질질 끌고 가는 것으로 보인다.'[6] 지구라는 공간이 시간에 압력과 중력을 행사하여 왜곡을 낳는다는 것이다.

〈솔라리스〉에서 지구를 두드러지게 언급하는 두 부분이 모두 타르코프스키의 상상의 산물이란 점은 꽤나 흥미롭다. 첫 번째는 지구에 묻히고 싶다는 기바리언Gibarian의 마지막 소망인데, '우주' 생물학자인 사토리우스Sartorius는 그가 '지구에 묻어 달라고 했소. 그렇지만 우주가 그의 무덤으로 그렇게 나쁜 곳일까? 기바리언은 지구와 벌레들에게 돌아가고 싶어 했지.'라며 냉소적으로 이 사실을 언급한다. 두 번째 역시 기바리언과 관련된 부분으로, 그가 환풍기에 종이 끈을 매달아 그 나풀대는 소리가 지구의 나뭇잎 바스락대는 소리처럼 들리게 했다는 것이다. 소설에서는 그저 크리스가 그 종이 끈의 부스럭대는 소리를 들었다고만 나올 뿐 지구와 연결 짓지는 않는다.[7] 타르코프스키의 기바리언은 지구의 인간답게 스스로 인간이란 사실을 끊임없이 재확인한다. 그의 방문에는 아이가 그린 사람 그림이 붙어 있고, 거기에는 서투른 글씨로 'chelovek 인간'이라고 적혀 있다.

렘의 소설에 나오는 크리스는 타르코프스키의 영화 속 동명의 인물과 달리 지구를 친애하는 고향으로 여기지 않는다. 지구로 돌아간다는 발상은 뭔가 별 볼 일 없고 심지어 바람직하지 않다고 생각한다. 소설의 이런 구절을 보자. '지구인가? 거대하고 복잡한 도시에서 자신을 잃어버린 채 헤매고 다니는 나 자신을 떠올려 보았다. … 사람들 사이로 나를 밀어 넣어야 하리라.'[8] 타르코프스키의 지구 이미지는 렘과는 완전히 대조적으로, 처음에는 자연의 영상을 통해, 다음에는 가족이 사는 집을 통해 구현된다. 타르코프스키의 〈솔라리스〉에는 지구가 이질적이라거나 재미없다는 부분이 거의 없다. 지구는 친숙하고 아늑한 곳으로, 공상 과학 영화에 등장하는 것도 결코 무리가 아니다.

지구와 관련된 꿈과 환각의 비선형적인 시간 패턴과 지구의 지형은 수많은 정서적, 도덕적 문제를 내포하고 있어, 영화 담론의 방향성을 극적으로 바꾼다. 일관된 미래 세계의 비중은 축소된다. 대신 관객은 과거와 현재의 경계선상에서 살아가는 혼란스러운 정신 상태의 이미지와 마주하게 된다. 일반적으로, 이러한 시간적 패턴(현재와 과거)이 지형적 기준(솔라리스와 지구)과 더불어 〈솔라리스〉의 전반적인 극적 딜레마를 드러낸다고 주장할 수도 있다. 인물들은 이 시–공간적 '긴장 상태'로 인해 고통 받고 괴로워한다.

타르코프스키에게 지구–솔라리스 간의 대립의 중요성은 영화의 이동 시퀀스에서 강렬하게 표현된다. 영화에서 버튼과 크리스는 각각 장거리를 이동하는데, 이들이 이동하는 방식이 극단적으로 대비된다. 버튼이 크리스의 시골집에서 시내로 이동하는 장면은 아이러니하게도 이 영화에서 가장 공상 과학적인 시퀀스 중 하나이다. 타르코프스키는 정신적 혼란의 원천인 소외 역시 지구에서 비롯된다고 보는 듯하다. 버튼이 달리는 고속도로의 타자성은 (비록 이 장면이 도쿄의 아카사카 미츠케 Akasaka–mitsuke에서 촬영되어 현실의 지시 대상이 있기는 하지만) 긴 콘크리트 터널, 고가도로, 도로를 둘러싼 큼직큼직한 사각형 구조물을 통해 강조된다. 버튼은 무심히 등을 기대고 앉아 있을 뿐 차 운전에는 관여하지 않는다(아마 차내 컴퓨터가 운전할 것이다). 이 장면에는 급속도로 도시 공간을 질주하는 차들의 불안감을 조성하는 소음이 배경으로 깔린다.

(4분 42초로) 유독 긴 이 시퀀스는 말 한마디, 특별한 행동 하나 없이 진행되면서, 영화적 사색의 한계를 시험한다. 관객은 우주를 유영하는 기계 장치에 올라탄 경험을 만끽해 볼 기회를 부여받는다. 지나칠 정도로 길게 이어지는 이 시퀀스는 끝으로 갈수록 이미지와 음향의 강도가

높아지다가 (블루 필터로 촬영된) 크리스 고향집의 놀라우리만큼 고즈넉한 이미지에서 정점을 찍는다. 바로 출발 지점이다. 다시 한 번 타르코프스키는 (소외되고 활동이 정지된 버튼이 속한) 복잡하고 기술적인 기계의 세계와 (연못에서 손을 씻는 등 활동적이고 자연과 교감하는 크리스가 속한) 자연을 극명히 대조한다.

몇 분 뒤에, 영화에서는 또 다른 이동, 즉 크리스가 솔라리스로 날아가는 실제 비행이 시작된다. 이번에는 이동 거리가 훨씬 더 길지만(소설에 따르면 16개월 걸리는 비행이다)[9], 영화 속 시퀀스는 2분 22초 만에 끝나버려 관객을 놀라게 한다. 이동은 매우 신속하고(크리스는 우주선이 이미 발사되었다는 사실조차 알아채지 못한다), 고속도로 시퀀스에 비해 시각적 독창성이 떨어진다. 이동의 이미지도 없고, 솔라리스로의 비행은 지극히 양식화되어 있다. 결국 이동 장면은 방치된 우주 정거장, 그 대단히 어지럽고, 그래서 인간이 거주하는 흔적이 느껴지는 인공 구조물의 숏으로 마무리된다. 타르코프스키는 우주여행의 공상 과학적인 측면을 탐색하는 데 관심이 없어 보인다. 시각적으로 그 이질적인 특성은 무시한 채, 곧바로 일상생활로 전환해 버린다.

타르코프스키가 공상 과학 소설의 경이로운 특성을 깨부수려 한다는 점은 분명하다. 이 장르는 손태그가 묘사한 대로 관객을 '견딜 수 없는 따분함'에서 구제하거나 '심리적으로 견딜 수 없는' 상태를 일상화시킨다.[10] 타르코프스키의 경우 모든 것이 전복된다. 환상적인 우주 정거장은 일상적인 장소로 표현되는 반면, 그 인물들은 심리적으로 견딜 수 없는 상황에 직면한다. 크리스는 우주 탐사대에 닥친 위기를 해결하기 위해 솔라리스로 향한다. 외계 행성의 신비에서 초래된 위기는 그 장르 내에서 전형적인 역할을 한다. 그러나 크리스는 솔라리스 바다의 환상적인 특성을 조사하는 대신, 자신의 내면을 탐사한다. 솔라리스에서 죽은 아내의 기괴한 유령과 맞닥뜨리는 동안, 그의 정신은 도덕적 문제, 사적인 죄책감을 해결하기 위해 끊임없이 지구로 돌아간다. 공상 과학 장르의 이질적인 타자가 내면화되는 것이다.

공상 과학 소설에서 지구라는 장소는 설사 언급되지 않더라도 모든 곳에 침윤하여 가상의 세계를 지배한다. 이 점은 〈솔라리스〉의 경우에 특히 두드러져서, 타르코프스키는 이 영화에서 공상 과학 장르의 이질성을 극복하고 그것을 말 그대로 지구로 끌어내리려 애쓴다. 다른 소설과 마찬가지로, 공상 과학 소설 역시 전개되기 위해서는 현실이 필요하다. 심지어 감독은 지구적 시각을 버려야 한다는 노력조차 하지 않고, 그의 영상 언어는 친숙한 지구의 심상들로 도배되어, 색이 바란 가을 낙엽, 다채로운 색의 수초, 닳아서 흠집이 생긴 낡은 표면 등이 모두 솔라리스 정거장의 외계성과 대비를 이룬다. 그는 금방 알아볼 수 있는 지구의 풍경을 스탠리 큐브릭Stanley Kubrick의 〈2001 스페이스 오디세이 2001: A Space Odyssey〉(1968) 스타일의 환상적인 우주선보다 더 선호한다. 타르코프스키의 〈솔라리스〉는 인공위성 기지를 '부엌이나 공장처럼 전혀 낭만적이지 않게'[11] 묘사한 최초의 우주 서사시 중 하나이다. 영화에서 우주 정거장은 사람이 살고 있는 어지러운 공간이라, 크리스는 처음 도착했을 때 그 정신없는 상태에 놀란다. 이 영화에서 유일하게 시각적으로 강조되는 공상 과학적인 요소는 솔라리스 행성 그 자체뿐이다. 이 행성의 이미지는 아무런 명시적인 디제시스적 기능 없이 내러티브의 흐름에 반복적으로 끼어든다. 하지만 그 이미지조차 이질적인 추상성 면에서 멀리서 바라본 지구의 모습을 닮았다.

지구적인 지구

가족 비디오는 다른 시간과 공간으로 가는 수단으로서, 자연스럽게 내러티브의 흐름을 방해하는 디제시스적 장치이다. 일단 주인공이 솔라리스에 도착하면, 지구의 이미지는 주로 장치를 통해 등장한다. 〈솔라리스〉의 가족 비디오는 크리스와 그의 아버지가 만든 것으로, 대부분 가족 구성원과 자연을 찍은 정적인 화면으로 구성된다. 이 비디오는 영화 중반부에 외계 행성의 단조로운 은색 표면의 이미지에 이어 두드러지게 등장하여, 인물과 관객을 지구로 되돌리는 역할을 한다. 이 영사된 이미지가 솔라리스의 시-공간 내에 지구의 영토를 구축하는 것이다.

가족 비디오는 솔라리스의 타자인 지구를 담고 있다는 일반적인 시-공간적 '외계성'뿐 아니라, 공간적 수단을 통해 시간의 진행을 기록한다는 특징이 있다. 번갈아가며 등장하는 지구의 '정물'들은 다양한 계절(겨울, 초가을, 늦가을 등)과 인생의 다양한 시기의 크리스(어린 소년일 때와 사춘기 소년일 때)를 비춘다. 이로서 시간의 흐름이 형상화된다. 각 숏마다 하나의 장면을 보여주는 이 비디오는 전체적으로 밝은 색감의 '대칭적인' 모습들을 보여줘서 크리스의 삶의 만화경 같은 역할을 한다. 색채는 그 다양한 질감을 통해 시간의 흐름을 강조한다. 색깔이 바래가는 나뭇잎과 불타오르는 통나무는 시간의 흐름에 따라 변해 가는 물질의 속성을 생생하게 담아낸다. 비디오는 또한 두 여인, 즉 크리스의 아내와 그의 어머니의 모습에 초점을 맞춘다. 두 사람 다 파스텔 색상의 니트 원피스를 입고 풍경의 일부로서 멈춰선 상태로 포착된다. 진정한 대립을 이루는 두 여인은 각기 다른 세대에 속한다. 그들은 둘 다 크리스의 지구의 삶에 결정적인 역할을 했고, 솔라리스에서 그의 환영적인 삶에 등장한다.

　이 과거에 대한 회상은 기술적 수단으로 기록된 인간의 추억이다. 이러한 공존 상태는 요한 세바스티안 바흐Johann Sebastian Bach의 F단조 전주곡이 미디MIDI 신시사이저로 연주되는 사운드트랙에도 우아하게 반영되어 있다. 가족 비디오는 솔라리스 바다가 부활시켜 우주 정거장에서 물질적 형태로 전환된 죄책감 어린 기억과는 대조적이다. 그러나 역설적이게도 이 매우 지구적인 회상이 바로 크리스의 죽은 아내인 유령 하리가 과거의 기억을 회복하고 과거 실제 인간이었을 때의 현실을 재발견하는 동기가 된다. 그녀는 비디오를 본 후 잠시 망설이다가 곧 거울—기억의 동인—로 달려가 이렇게 외친다. '난 내 자신을 전혀 모르겠어요. 내가 누구인지 기억해 낼 수가 없어요. 눈을 감으면 내 얼굴도 기억나지 않아요.' 거울에 비친 하리의 상은 현재 순간의 기억으로서 그녀가 자신의 과거를 파고들도록 도와준다. 그녀는 결국 회상에 성공하여, 크리스와 아옹다옹하던 평범하고 사소한 일상을 기억해 낸다. 이처럼 언어를 통해 과거 시간으로 돌아간 후, 작은 공간적 일탈이 일어난다. 여자가 옆을 바라보자, 카메라가 그 쪽으로 이동하여 위에서 흘러내리는 물줄기를 비춘다. (이 시점에 샤워를 하는 사람도, 하려는 사람도 없어) 내러티브상 실내의 물줄기가 정당화되지 않으므로 우주 정거장의 완전무결함이 깨지게 되고, 때마침 고요한 합창 음악이 흘러나와 상황은 시적인 차원으로 고양된다.

　감독의 아버지인 아르제니 타르코프스키의 시와 브뤼헐의 〈눈 속의 사냥꾼들〉은 가족 비디오 시퀀스에서 미학적 좌표를 규정짓는 명백한 판단 기준이자 감독이 개인적으로 아끼던 것들이다. 촬영 중이던 1971년 3월 12일의 일기에 타르코프스키는 이렇게 적었다. '나이가 더 많은 켈빈이 촬영하고 크리스가 솔라리스로 가져가는 비디오는 한편의 시처럼 만

들어야할 것 같다. (아버지의 적당한 시 한편을 바탕으로).'[12] 그러나 그가 염
두에 두었던 시(나중에 〈향수〉에 등장하는 '내 어린 시절에…'로 시작하는 시로
추정)는 영화에서 텍스트 형태로 나오지 않는다. 대신 가족 비디오에서
몇몇 이미지로 구성된 환영의 시퀀스로 등장한다. 이 이미지들은 본래
『시간 속의 조각』에 묘사된 것처럼 별도의 단편 영화로 구상된 것이다.

> 하늘 위에서 찍은 가을 또는 초겨울 도시의 모습. 수도원 담장 앞에 서 있는
> 앙상한 가지의 나무로 서서히 다가가는 카메라. […] 모닥불의 클로즈업 […]
> 아버지는 불을 조절하고 나서 몸을 일으켜 돌아서서 카메라에 등을 대고 들판
> 으로 걸어간다. […] 아버지는 나무들 뒤로 들어가 보이지 않게 되고, 나무 뒤
> 에서 똑같은 방향으로 그의 아들이 나타나 걷는다. 카메라는 서서히 아들의
> 얼굴로 다가가고 아들은 이 숏의 마지막에 카메라 쪽으로 몸을 돌린다.[13]

이 영상은 한 편의 시로, 타르코프스키가 높이 평가하고 영화 철학의
주된 영감을 얻었던 하이쿠라는 일본 전통시의 시각적 등가물이라고 볼
수 있다.[14] 삶에 대한 순수하고 섬세한 관찰이 이 오랜 전통의 주된 양식
적 특징이다. 하이쿠의 간명함과 가장 일상적인 광경에서 시의 소재를
뽑아내는 비법은 분명 타르코프스키의 단편 영화 시나리오에 영감을 주
어, 〈솔라리스〉에까지 반영되었다. 카메라는 가을 나뭇잎, 서리, 물 같
은 자연 요소를 주시하여 공간을 통해 시간이 저절로 드러나게 만든다.
『시간 속의 조각』에 인용된 하이쿠 '물결 속의 낚싯대 / 슬며시 어루만진
다 / 보름달이'[15]와도 동일한 방식이다.

가족 비디오에서 또 다른 판단 기준은 브뤼헐의 그림이다. 언덕 위에
서 파노라마식으로 펼쳐지는 눈 덮인 풍경과 같은 〈눈 속의 사냥꾼들〉

의 테마들은 지구에 대한 궁극적인 시각적 인상으로 제시되며 생명력을 얻는다. 이 그림은 영화 뒷부분에서 가족 비디오와의 연계성이 분명해지면서 더욱더 결정적인 역할을 한다. 하리는 우주 정거장의 도서관에서 이 그림의 복제품을 가만히 들여다보다가 가족 비디오의 장면들을 떠올린다. 이 부분은 영화 내러티브상으로도 중요한데, 크리스가 하리를 혼자 내버려두어도 그녀가 야만스럽고 흉포하게 굴지 않는 최초의 순간이기 때문이다. 하리는 조용히 담배를 피울 뿐, 전처럼 그녀의 '희생자—남편'을 악착같이 쫓아가려는 통제 불능의 충동에 빠지지 않는다.

〈눈 속의 사냥꾼들〉은 추정컨대 특정 월이나 계절을 그린 여섯 작품으로 구성된 〈월별The Months〉 연작에 속한 작품으로, 연작 중 다섯 편이 현존한다. 우주 정거장의 도서관에는 이 다섯 작품의 복제품이 나란히 걸려 있다. 공간을 통해 묘사하는 계절의 시간적 흐름이 이 작품들과 가족 비디오를 하나로 이어준다. 카메라는 세심하게 그림을 훑어가면서, 느린 트래킹 숏으로 그림의 몇몇 부분을 면밀히 살핀다. 촬영 방식이 〈안드레이 루블료프〉의 결말 시퀀스와 유사하다. 카메라는 〈눈 속의 사냥꾼들〉의 전체상을 비추지 않고, 오로지 단편적으로 일부만 비춘다. 이렇게 또 다른 허구적 시—공간을 탐사하던 이 그림 여행의 종착점은 짧은 가족 비디오 장면의 '인용'이다. 하리는 브뤼헐의 그림과 눈 덮인 언덕에 서 있는 아이 크리스의 이미지를 연결시킨다. 그리고 두 장면은 명백한 시각적 유사함이 있다.

브뤼헐의 그림은, 크리스의 단편적 잠재의식에서 퍼 올린 주관적 인식에 지나지 않던 하리가 스스로 인간화되는 계기를 제공한다. 솔라리스가 만들어 낸 하리는 처음 도착할 때만 해도 자신의 사진조차 알아보지 못한다. 그저 '뭔가 잊어버렸다는 느낌이 들어요.'라고 말할 뿐이다.

하지만 종국에는 인간성의 본질이 물질적 구성 너머에 있음을 입증하며, 예술을 이해하고 스스로 느끼고 결국 남편을 위해 자신을 희생하는 능력을 개발함으로써 자신의 개별적 정체성을 재획득한다. 이 시퀀스의 클라이맥스는 그녀와 브뤼헐의 그림 간의 '교감'이다. 하리는 그림을 통해 실제 존재의 영역에 진입함으로써 인간의 목소리, 물 떨어지는 소리, 새가 울고 개가 짖는 소리 등 지구의 진짜 소리를 듣기 시작한다. 이러한 소리-기억은 하이데거적인 의미에서 결정적인데, 진실은 이미 그곳에 있는 것을 상기하는 행위란 점에 기억의 속성이 있기 때문이다. 하리는 지구의 시간과 공간에 들어서고, 그 결과 자신의 외계적 속성과 입장을 버리게 된다.

이러한 상상의 나래에 이어 타르코프스키의 전작에서 가장 인상적인 공중 부양 장면 중 하나인 비행이 이어진다. 크리스와 그의 아내는 놀라운 무중력 상태를 경험하고, 카메라는 나뭇가지 모양의 촛대와 정거장 도서관의 책이 날아가며 실내가 변해 가는 모습을 느긋하게 지켜본다. 이 공중 부양 시퀀스에는 〈눈 속의 사냥꾼들〉의 이미지와 크리스의 가족 비디오 장면이 사이사이에 끼어든다. 이로서 무중력 상태라는 신비로운 경험이 지구의 이미지, 즉 브뤼헐의 네덜란드 풍경과 타르코프스키의 러시아 겨울 장면[그림 3-3]을 통해 매끄럽게 희석된다. 복잡한 시-공간이 어우러진 이 영상 모음은 솔라리스의 표면을 비추는 오랜 영상에서 절정에 달하고, 결국 이 불가사의한 외계의 물질이 시퀀스를 마감한다.

몽환적인 공간

〈솔라리스〉에서 시-공간의 선형성과 안정성은 외재적인 문학 작품을 통해서도 상당 부분 변형된다. 미겔 데 세르반테스Miguel de Cervantes의 고전 『돈키호테Don Quixote』는 도서관 장면에서 두드러지게 등장하여, 타르코프스키의 전작 중 가장 길게 인용되는 산문이 된다. 이 작품은 또한 영화 밖의 보이스 오버가 아니라 디제시스적으로 제시되어, 영화 속 인물이 책을 소리 내어 읽는 매우 드문 인용 장면 중 하나이다. 인용된 구절에서는 꿈과 현실을 대조한 후, 이를 무상성의 개념, 나아가 궁극적인 끝인 '죽음'과 연계시킨다. 이러한 담론의 변화에는 심오한 의미가 함축되어 있다.

『돈키호테』는 이 구절이 인용된 에피소드에만 나오는 것이 아니다. 이 책은 카메라의 꾸준한 관심을 받으며 영화 전반에서 여러 번 재등장하

[그림 3-3] 〈솔라리스〉 도서관 장면

고, 지구의 모티프와도 뚜렷한 연관성을 가진다. 뜻밖에도 이 책은 크리스가 아직 지구의 고향집에 있을 때부터 등장한다. 탁자 위에 펼쳐져 있는 이 책에는 흙이 묻어 있고, 그 위에 열쇠고리가 놓여 있다. 또 크리스가 우주 정거장의 도서관에서 인용문을 소리 내어 읽고 난 후에도 등장하는데, 이번에는 식물 표본이 책 위에 놓여 있다. 그리고 무중력 상태에서도 이 책은 다시 카메라 앞을 스쳐간다. 이때는 슬로모션으로 날아가기 때문에 관객의 눈길을 끌지 않을 수 없다. 마지막으로는 영화의 막바지에 이르러 역시 도서관에서 나타나는데, 이번에는 스노우가 말린 식물을 손에 들고 이 책 쪽으로 상체를 기울이고 있다.

이 모든 에피소드에서 이 책은 지구의 매개물로 출현한다. 흙과 마른 식물이 그 지구로부터의 기원을 상징하고, 책의 등장 자체가 강조되기 때문이다. 이 책은 곧바로 관객의 눈에 띄도록 카메라 시야에 포착될 때마다 매번 같은 페이지가 펼쳐져 있고, 거기에는 귀스타브 도레^{Gustave} ^{Doré}의 고전적인 판화가 실려 있다. 이 삽화는 책의 정체성을 드러내고, 이 책이 아무렇게나 선택된 것이 아님을 알려준다. 이 세르반테스의 텍스트는 지구의 전령 중 하나로, 공간적 양면성의 논쟁에서 한 치도 자유롭지 못하다. 사실 (유형물로서) 이 책 자체에 이데올로기적 무게 중심이 있어 보이지는 않는다. 지구의 흙에 덮여 있다가도, 솔라리스 궤도가 무중력 상태에 접어들자 우주선 내부를 떠다니는 것이다. 『돈키호테』는 인류 문화유산의 보고라 할 정거장 도서관에 있는 다른 작품들처럼 중요하고, 누구나 쉽게 알아볼 수 있는 지구의 소산이다. 세르반테스의 소설, 소크라테스의 흉상, 브뤼헐의 그림이 모두 솔라리스와 지구를 연계시키고, 더 나아가 과학적 담론과 예술을 연계시킨다.

이 위대한 스페인 소설의 계속되는 등장은 연관된 일련의 담론을 이

끌어 낸다. 이 담론은 영화 전반에 스며들어 영화의 다양한 의미론적, 미학적 관심사와 혼합되어 〈솔라리스〉의 분석적 독법에 새로운 층위를 추가한다. 돈키호테라는 인물의 '불건전한' 상상력과 17세기 초 스페인 현실 간의 갈등이 세르반테스가 명시적으로 내세우는 첫 번째 주제로서, 이는 우주 비행사들이 솔라리스에서 직면하는 딜레마, 즉 유령이라는 현상과도 밀접한 관계가 있다. 영화에서 유령의 등장은 처음에는 광기의 조짐으로 치부되지만, 우주 비행사들은 점차 그 유령처럼 보이는 것이 자신들의 현실임을 확신하게 된다. 소설에서는 정반대의 상황이 벌어져, 주인공은 의식을 되찾고 환상을 버리는 방향으로 나아간다.

솔라리스 행성의 유령이 공상 과학 장르의 정형화된 패턴에 따르거나 괴물의 형태로 등장하지 않는다는 점은 강조할 필요가 있다. 흉물스러움이 남아 있다고 해도, 완전히 인간을 닮은 형체 속에 감춰져 있다. 유령은 솔라리스 바다에 의해 '희생자' 주위를 끊임없이 맴돌도록 프로그램된 상태로, 희생자에게 이들의 등장은 도저히 견디기 힘든 일이 된다. 게다가 각 인물의 양심이 각자의 유령을 창조해 낸다. 이 유령의 개별성이 중요한 것은, 본래 도덕적 문제가 초연하게 객관적으로 해결될 수 없고 특정한 대상을 필요로 하기 때문이다. 이 솔라리스의 창조물은 사람을 죽이거나 폭력을 행사하지 않는다. 그들의 잔인함은 그들의 존재 자체에 있고, 꿈-현실의 이항 대립을 무너뜨리는 데 있다.

세르반테스의 소설과 타르코프스키의 영화에서는 서로 비교해 볼 만한 현실과 상상 간의 경계의 소멸이 일어난다. 현실의 실체와 상상 속의 실체를 구분하지 못하는 상태는 영화 〈솔라리스〉와 『돈키호테』의 두 여성 인물, 즉 하리와 둘시네아Dulcinea에서 최고조에 달한다. 두 여인은 존재론적으로 기묘한 위상을 지닌다. 이들의 존재가 전적으로 남자 파트

너들의 정신 상태에 좌우되기 때문이다. 하리만큼이나 둘시네아도 남자들의 꿈같은 주관주의가 그 존재의 본질이다. 돈키호테는 그의 모순된 말에 따르면 한 번도 자신의 애인을 본 적이 없고, '전해지는 말만 듣고 사랑에 빠졌다.'[16] 사실 두 사람의 눈이 마주친 적은 없었지만 그는 둘시네아를 '거의' 세 번 보았다. 이러한 모순은 돈키호테의 다음과 같은 주장으로 해소된다. '어찌 되었든 결론적으로 말해서 나는 내가 말한 모든 것이 하나도 틀림없이 다 그렇다고 생각하니까, 그녀의 아름다움이며 지체 높음을 내가 원하는 대로 내 상상 속에 그리고 있지.'[17] 이 모험을 찾아다니는 기사는 상상을 통해 현실이 다소 앞뒤가 맞지 않게 나타날 수 있다고 주장하는데, 바로 이것이 솔라리스의 과학자들이 처한 상황이고, 단지 유일한 차이가 있다면 상상보다는 그들의 양심이 주된 역할을 담당한다는 것뿐이다.

한편 하리로 보자면, 그녀는 솔라리스 바다에서 크리스의 현실로 보낸 유령이고, 크리스의 죄책감의 산물이며, 불안정한 중성미자의 합성물에 지나지 않는다. 프로이트의 주장에 따르면, 하리는 기괴한 존재이다. 그녀는 사랑스런 아내의 이미지에 걸맞게 친숙한heimlich 동시에, 죽은 자의 재생된 복제물답게 낯설다unheimlich. 기괴한 자의 행동 방식에 대한 프로이트의 묘사는 하리에게 정확하게 맞아 떨어진다. '두려운 낯섦의 감정은 환상과 현실의 경계가 사라진다거나, 이제까지 공상적인 것으로 여겨졌던 것이 눈앞에 나타날 때 흔히 쉽게 발생한다.'[18] 게다가 하리는 환각적인 또는 비현실적인 기의(시니피에)를 만들어 내는, 실지로 손에 만져지는 기표(시니피앙)이다. 어떤 의미로 그것은 '수퍼 카피, 즉 원본보다 더 뛰어난 복사본'인 것이다.[19]

렘이 그린 하리가 스노우, 사토리우스와 한마디도 주고받지 않고 대체로 지극히 수동적인 태도로 일관하는 데 반해, 타르코프스키의 하리는 놀랍게도 비행사들과 토론을 벌인다. 영화에서는 이 외계의 존재가 인간이 되어가는 반면, 소설에서는 그 타자성을 계속 유지하는 것이다. 타르코프스키가 단순한 복제물simulacrum(원본이 부재하는 복제물─옮긴이)에 불과한 하리에 담론을 집중시킴으로써 죄책감에 시달리는 상상 속의 순전히 내면화된 '인간' 현실에 주목하는 반면, 렘은 외계의 현상을 겉으로 표출하고 그에 대한 해결책을 제시하는 데 주력한다. 감독에게는 비행사들의 양심이 만들어 낸 유령인 '방문자'가 곧 행위를 내면화하는 수단이 되는데, 그들의 본질이 대개 비인간화된 공상 과학의 객관적 담론과 달리 항상 주관적이기 때문이다. 꿈이나 환각은 결코 객관적이지 않다. 몸소 겪어내야만 하는 것이고, 크리스는 이를 하리와 함께 겪어 나간다.

영화에서 인용된『돈키호테』의 구절은 꿈─현실의 문제를 단지 암시적으로만 건드린다. 이 영화에서 가장 활력적인 장면 중 하나에서 스노우는 크리스에게 세르반테스의 소설을 건네고 소리 내어 읽어 달라고 부탁한다. 렘의 소설에는 등장하지 않고 타르코프스키가 순전히 지어 낸 이 낭독 장면은 우주 정거장의 도서관을 배경으로 이루어진다. 이 도서관은 기묘한 구석이 있어 창문이 없고, 그래서 우주 비행사들이 바다의 강력한 시선을 피할 수 있는 곳이다. 크리스는『돈키호테』2권 68장에서 산초가 주인과 대화하는 구절을 낭독한다.

제가 아는 것은요, 제가 잠자는 동안은 두려움도 희망도 수고로움도 영광도 없다는 겁니다. 모든 인간의 생각들을 덮은 잠이라는 장막을 발명한 자여, 복 받을지어다. (잠은…) 목동이나 바보나 식자나 다 똑같이 똑같은 저울과 무게로 달아서 무엇이든 살 수 있는 일반 공통 화폐니까요. 제가 들은 바에 따르면 잠은 한 가지 나쁜 점이 있다는데, 그건 잠이 죽음과 닮았다는 거랍니다. 죽은 자와 잠든 자는 거의 차이가 없어 보인다나요.[20]

이 대목에서 스노우가 끼어들어 이렇게 인용을 마무리 짓는다. "'산초, 난 한 번도 자네 말을 지금처럼 그렇게 아름답고 고상하게 들어본 적이 없네.' [돈키호테가 말했다].'[21] 산초는 수많은 이항 대립이 포함된 현실에 대한 우리의 이해는 견고해 보이지만, 실은 불안정하고 우리가 자는 동안 더욱 느슨해져 이러한 대립이 없는 영역으로 전환된다고 주장한다. 잠자는 사람의 정신은 '다른' 공간으로 진입하여, '나는 생각하지 않는 곳에서 존재하고 존재하지 않는 곳에서 생각한다.'[22]는 자크 라캉Jaques Lacan의 말을 실현하는 것이다. 그 후 산초는 갑자기 잠을 죽음에 비교하여 그의 놀랄 만큼 유려한 담론을 인생무상의 개념으로 이끌어 가는데, 이 개념은 인간이 시간을 경험하는 능력, 즉 '살아갈' 능력을 상실할 때 정점에 이른다.

앞에서 말했듯이 꿈은 타르코프스키가 이 소설을 읽어 내는 중요한 방편이지만, '고작' '죽음과 닮은' 잠에서 무엇을 알아낼 수 있을까? 스노우가 크리스에게 하필 이 구절을 읽어달라고 부탁한 까닭은 무엇일까? 이 인공두뇌 학자는 흐트러진 몰골로 도서관에 들어온다. 그는 취해 있고 한쪽 소매가 뜯긴 상태지만, 무엇보다 정신적으로 고갈되어 마치 잠을 박탈당한 사람처럼 보인다. 이 구절을 읽기 전에, 스노우는 소리친다. '그들은 밤에 오지. 하지만 인간은 밤에 잠을 자야해. 그게 우리의 문제요. 인간은 잠이라는 축복을 잃은 거요!' 그는 잠들기를 두려워하는 듯 보이는데, 희생자가 자는 동안 유령들이 물질로 합성되기 때문이다. 어쩌면 이 점에서 『돈키호테』 구절의 디제시스적 인용이 정당화될지도 모르겠다. 스노우는 잠을 자는 동안 자신의 죄책감이 유령을 빚어내기 때문에 잠을 두려워하고 거부하는 것이다.

스노우는 계속해서 소리친다. '우리는 우주를 정복할 야망이 없어요. 그저 우주의 경계선까지 지구를 확장하려 할 뿐. 우리는 다른 세계와 무엇을 해야 할지도 모르오. 우리는… 자신을 들여다볼 거울이 필요하지.' 이 말은 꿈-현실의 대립에서 솔라리스-지구의 대립으로 주제를 전환시키는 결정적 역할을 한다. 스노우는 인간의 인간 중심적인 입장이 궁극적인 타자와의 의미 있는 접촉 가능성을 원천적으로 차단하므로, 이 외계 공간의 탐사는 완전히 무익한 일이라고 본다. 나아가 그는 '인간에겐 인간이 필요해!'라고 주장한 후 뜻밖에도 기바리언의 이야기를 꺼낸다. 여기에서 중요한 것은 문에 '인간'이라고 써 붙였던 기바리언이 죽었다는 사실이다. 결국 잠과 죽음, 솔라리스와 지구가 모두 한 데 불려와 모이게 된다. 꿈이 죽음과 비슷하다는 사실이 스노우의 혼란한 정신을 사로잡는다. 잠과 죽음 모두 인간사의 불가피한 일부인 것이다.

스노우가 가급적 깨어 있으려고 사투를 벌이는 동안, 크리스는 잠에 빠져들고, 이제 그의 꿈과 환각이 영화를 지배한다. 잠들기를 거부하여 하리의 부활을 막아보려는 생각이 전혀 없는 그는 자신의 죄의식과 화해한 듯 보인다. 한편 잠, 정확히는 잠에 들지 못하는 것은 하리의 실존에도 중요한 측면이 있다. 하리는 '난 자는 법을 몰라요. 자는 것 같지만 자는 게 아니에요. 내 안에서 발생하는 것이 아니라 먼 곳에서 발생하죠.'라고 고백하고, 크리스는 '그것도 일종의 잠이야.'라고 대답하는 것이다. 꿈과 잠은 인간 삶의 본질적인 구성 요소이다. 하리는 점차 잠자는 법을 배우고, 그 결과 점점 인간화되어간다.

산초가 (잠을 통해) 인생의 일반적인 이분법적 속성을 화해시키듯이,

크리스는 이성적인 과학과 비과학적인 도덕 사이의 갈등을 실제 인간의 복제물인 하리와의 접촉을 통해 해결해간다. 그는 '하지만 그게 무슨 소용이오? 내게는 당신이 이 세상의 모든 과학적 사실보다 더 소중하다면 말이오.'라고 말하며 그녀에게 무조건적인 사랑을 표한다. 이 유령-여인은 궁극적으로 인식론과 윤리학 사이의 갈등의 화신이다. 크리스는 자면서 끝없이 꿈을 꾸다가 모종의 해결점에 이른다. '되찾은 아내'가 그를 '되찾은 공간'[23]으로 이끈 것이다. 그는 말 그대로 아내와 함께 잠을 자며 친밀감을 회복하지만, 그가 모르페우스의 영역에 빠져드는 절정의 순간은 영화 끝부분의 섬망譫妄 장면이다.

이 환각적 상태로의 진입은 다시 한 번 비정상적인 공간의 표현으로 이루어진다. 하리의 자살 시도 후, 부부는 침대에 누워 화해한다. 그 후 불안하게 땀을 흘리며 하리의 숄 옆에서 혼자 잠을 자는 크리스의 숏이 이어진다. 카메라는 한쪽 옆으로 이동하여 잠을 자는 남자를 자세히 비춘 후 줌 아웃하여 숄 대신 하리가 누워 있는 침대 모습을 비춤으로써 주의 깊은 관객을 놀라게 한다. 카메라의 끊임없는 이동을 통해 표현된 이 일탈적인 환영은 주인공이 점차 환각적인 시-공간에 접어들고 있음을 시사한다. 크리스는 잠에서 깨어 우주 정거장의 원형 복도를 배회한다. 스노우를 만나 솔라리스의 들끓는 해수면을 응시하며 다소 난해한 독백을 내뱉다가 동료와 아내에게 이끌려 방으로 되돌아온다. 이 이동은 복도 조명기구의 눈부신 섬광에 시각적으로 '방해'를 받는다.

눈부신 한줄기 빛이 크리스를 아주 잠깐 동안 지구로 되돌려 놓는다. 몇 초 동안 카메라는 지구에 있는 주인공의 고향집 실내를 훑는다. 이 회전 숏은 오렌지색 필터로 촬영되어 집이 낯선 빛으로 보이는 점이 기묘하다. 그 후 우주 정거장으로 돌아오지만, 크리스 방의 실내가 변했다.

벽과 천장, 바닥이 모두 거울로 만들어져서 주인공의 침대가 무한개의 이미지로 나타난다. 이처럼 크리스의 이미지가 무한히 복제되면서, 주인공의 유일성은 깨지고 만다.[24] 다음 숏에서는 실내가 온통 비닐 벽으로 또 한 번 변화되고, 하리가 의식이 혼미한 크리스에게 다가간다. 이 여인은 카메라를 바라보고, 또 다시 한줄기 빛이 컷의 역할을 대신한다.

이어지는 환영은 환각의 절정에 해당한다. 여기에서 하리는 더욱더 기괴한 존재로 등장한다. 여러 개로 분화하는 것이다. 유령의 유일성이 깨지자, 이제 여섯 명의 하리가 방안을 거닐며 서 있거나 앉아 있다. 츠베탕 토도로프Tzvetan Todorov는 환상 문학 장르의 기본 테마 중에 '인격의 복수성[과] 주관과 객관의 경계 붕괴'[25]가 있다고 주장한다. 크리스의 환영에서는 여섯 명의 하리가 실제 인격의 복수성을 구현하고, 이들의 비인간적인 속성이 주관과 객관의 경계를 허문다.

여기에서 더 중요한 것은 유령 중 하나와 똑같은 나이트가운을 입은 크리스의 어머니가 여섯 명의 하리와 함께 병치된다는 사실이다. 이 여러 개의 유령 장면에 이어지는 에피소드는 관객을 다시 고향집으로 데려간다. 크리스는 침대에서 일어나 지구로 돌아왔음을 발견한다. 그는 집에 있다. 편안한 가족의 공간이다. 집의 모티프와 어머니–아내의 이미지는 타르코프스키의 다음 영화 〈거울〉을 지배하게 될 일종의 전조이다. 그러나 〈거울〉의 초현실주의는 〈솔라리스〉의 공상 과학적인 설정과 대비를 이룬다. 〈솔라리스〉의 주인공은 집으로 '귀환하여' 고인이 된 어머니와 접촉하는데, 이 행위는 비록 상상에 지나지 않더라도 여전히 치유력이 있다. 그는 비닐로 싸인 물건들로 가득한 방이 있는 집에서 어머니를 '만나고', 그가 솔라리스에서 들고 온 커다란 여행 가방도 탁자 위에 놓여 있다. 푸른색 모노크롬의 화면이 이곳에 아무도 살지 않는다는 사실과 외계성을 강조한다. 연령상의 명백한 불일치가 눈에 띄지만(어머니가 너무 젊다), 두 사람의 다정함만은 분명 모자 사이다. 어머니가 아들의 더러운 팔을 씻겨 주고 머리에 부드럽게 키스하자, 크리스는 울음을 터뜨린다.

감정적인 폭발로 지구와 솔라리스의 경계가 지워지면서, 두 행성은 현실적인 동시에 환각적인 상태로 절충된다. 들뢰즈에 따르면, 공간의 영역에서 시간의 영역으로 비약하는 '불연속적인 바로크 주름'의 예술가-창작자들은 '현존을 가장하는 것이 환각이 아니라, 환각적인 것이 바로 현존이라는 점'을 잘 알고 있었다.[26] 크리스에게 이분법은 유효하지 않다. 대립하는 두 가지가 외계 행성에서, 혹은 외계 행성에 의해 타협을 이루었기 때문이다. 지구에서 영감을 얻은 환각은 현존을 가장하는 반면, 솔라리스의 현존은 실제로 환각적이다. 현실에서나 꿈에서나 주관적 영역과 객관적 영역을 분간하기 힘든 것이다.

이 때 브뤼헐의 〈눈 속의 사냥꾼들〉이 또 다시 영화에 등장하는데, 이번에는 솔라리스의 정거장이 아니라 지구의 고향집에서 반쯤 비닐로 싸인 채로 텔레비전 화면 위에 붙어 있다. 크리스의 어머니는 조용히 이 그림을 응시한다. 그림이 '본래 기능을 하지 못하고' 버려진 상태가 그 인공적인 상태를 드러낸다. 그림은 단지 특정 공간, 즉 네덜란드 마을의 재현에 불과한 것이다. 그러나 바로 이 인공성 때문에 감독은 서로 어긋나 보이는 솔라리스와 지구의 두 공간과 현실을 연결 짓는 데 이 그림을 사용한다. 오로지 예술, 나아가 상상력과 심지어 환각만이 솔라리스의 현재와 지구의 먼 과거 기억의 갈등을 해소할 수 있다는 의미일 것이다. 결국 타르코프스키에게 진실은 엄격한 과학적 담론의 경계 밖의, 예술적(인공적) 영역에 존재하는 것이다.

몇 마디 일상적인 대화 끝에 어머니는 크리스의 팔이 지저분한 것을 발견한다. 그녀는 대야와 수건, 물주전자를 가져와 그의 팔을 씻긴다. 이 모성애 넘치는 행동을 마친 뒤 그녀는 문구멍의 어둠 속으로 사라지고, 카메라가 이 암흑에서 다시 등장할 때 관객은 이미 우주 정거장의 크리스 방에 돌아와 있다. 이로서 어울리지 않는 두 공간이 서로 분리될 수 없는 전체로 통합된다. 크리스의 어머니가 손을 씻을 때 디제시스로 들어온 물소리는 그녀가 나가는 동안에도 계속되다가 우주 정거장의 주인공 방에서까지 들려온다. 크리스의 방에도 물소리가 들릴 만한 디제시스적 이유는 있다. 그의 침대 옆으로 물이 끓고 있는 두 개의 유리 주전자가 보인다. 또 크리스는 섬망 상태에서 깨어난 후에도 환각-꿈 시퀀스에서 어머니가 사용했던 수건과 물주전자가 안락의자 위에 놓여 있는 것을 본다. 이렇게 유형물과 자연 요소를 방편 삼아 인물들이 꿈의 문턱을 밟는 것이다.

이 생생한 환각에서 돌아온 주인공은 새로워진 인물로 등장한다. 그는 하리가 더 이상 존재하지 않는다는 것을 알게 된다. 하리는 자발적인 소멸 과정을 통해 두 번째 자살을 시도했다. '죽지 않는 유령과도 같은 자신의 존재를 스스로 소멸시킨 영웅적인 행위이다.'[27] 솔라리스에서 실패했다가 성공하는 자살은 지구에서 벌어졌던 실제 사건을 모방한다. 하리와 크리스는 지구에서 실패한 결혼을 만회할 새로운 기회를 부여받은 것이고, 하리는 새로운 연민과 사랑의 기준을 세워 이 상황을 벗어난다. 그녀는 두 번째로 자신을 '죽임'으로써 그녀의 견딜 수 없는 현존으로부터 전 남편을 구제한다. 솔라리스 바다의 환각적인 힘이 빚어 낸 유령도 크리스의 환영-환각 직후에 갑자기 사라진다. 감독이 꿈-환각 시퀀스에 깔리던 거슬리는 소리와 필터의 사용을 중단하기 때문에, 이러한 변화가 확연히 느껴진다. 솔라리스의 두 개의 태양 중 하나는 심지어 지구의 빛을 닮았다. 그러나 크리스는 깨어났을 때 꿈 시퀀스에서 어머니가 사용하던 수건과 물주전자를 발견하고, 다소 혼란을 느낀다. 여기에서도 전복의 기제가 작용하여, 환영 속의 물건이 현실로 물화되는 반면, 하리의 유령은 현실을 떠난다. 또 크리스는 그의 대뇌 촬영도를 솔라리스 바다에 보낸 후 유령이 생겨나기를 멈추고 대신 표면에 섬들이 생기기 시작했다는 말을 듣는다. 솔라리스가 이제 지구 자체를 복제하면서, 섬들의 고체성은 유령의 방문이 끝났다는 신호가 된다.

귀환

영화 결말부의 최면에 걸린 듯한 에피소드는 크리스의 '두 번째' 귀환을 그린다. 주인공 크리스가 이번에는 아버지를 만난다. 둘의 재회 역시 고향집에서 물리적인 접촉을 통해 이루어진다. 부자는 현관 계단에서 서로 얼싸 안는다. 그러나 이 피날레에 앞서 솔라리스의 궤도를 도는 우주 정거장에서 스노우와의 두 번의 만남이 이루어진다. 크리스는 도서관에 앉아 하리의 숄을 바라보면서 하리의 유령을 통한 바다와의 상상적 접촉의 가치에 대해 이야기한다. 그는 또 타르코프스키의 이후 영화에서 두드러진 특징이 된 길고 '교화적인' 독백을 늘어놓고, 그 동안 화면은 솔라리스 바다의 이미지로 채워진다. 주인공은 집만 한 장소가 없다는 사실을 깨닫는다. 영화에서 인물들이 주고받는 마지막 말은 스노우와 크리스 간의 짧은 대화이다. 스노우가 '내 생각엔, 당신은 지구로 돌아갈 때가 된 것 같소, 크리스'라고 말하자 크리스는 '그런가요?'라고 대답한다.

떠나기 직전의 지구 밖에서의 '마지막' 이미지는 흙이 담긴 금속 상자인데, 여기에서 식물이 자라고 있다. 이 단순한 상징적 이미지가 관객을 지구로 돌려보낸다. 영화는 시작했던 곳에서 끝나고, 냇가에 떠 있는 수초를 통해 크리스가 집으로 돌아왔음을 알 수 있다. 그런데 집 주변의 공간은 풍경이 변하여 마치 버려진 곳처럼 보인다. 게다가 연못은 성에로 뒤덮여 있고, 나무에는 이파리가 없으며, 초목도 거의 없다. 이 공간의 변화는 시간의 흐름을 드러낸다. 크리스는 늦여름에 집을 떠나 늦가을에 '돌아온' 것이다.

영화의 마지막 에피소드는 또 한 번 타르코프스키가 렘의 공상 과학적 세계를 얼마나 축소시켰는지를 보여준다. 감독은 놀라운 시-공간적 전치를 도입한다. 소설의 도입부가 영화의 첫 시퀀스와 현저히 달랐듯이, 렘의『솔라리스』의 마지막 구절도 타르코프스키의 마지막 영상과는 전혀 다르다. 원작의 끝부분에서는 바다에 닿으려고 애쓰는 크리스의 모습을 묘사한다.

> 나는 바다를 향해 좀 더 가까이 다가섰다. 다음 번 파도가 밀려올 때, 나는 가만히 손을 내밀어 보았다. 이미 한 세기 전부터 관찰된 바 있는 현상이 내 눈 앞에서 재현 되었다. 파도는 잠시 멈칫하는가 싶더니, 내가 내민 손을 동그랗게 감싸는 것이었다. 그러면서도 파도는 내 손을 건드리지 않았다. 파도와 내 손 사이에는 얇은 공기의 막이 서로의 접촉을 차단하고 있었다. 내가 천천히 손을 들어 올리면 파도 역시 똑같이 올라와 초록색 그림자가 비치는 반투명의 주머니 속에 내 손을 가둬놓는 것이었다. [⋯] 파도의 본체는 물가에서 꼼짝도 하지 않고 머물러 있었고, 그 모습은 마치 어떤 실험이 끝나기를 얌전히 기다리고 있는 이상한 짐승 같은 느낌을 주었다.[28]

본질적으로 촉각적인 성질이 결여된 이 바다와 인간 간의 가짜 접촉은 행성을 이해하고 의미 있는 접촉을 시도하려는 솔라리스트들의 헛된 노력에 대한 마지막 은유로 해석될 수 있다. 이 접촉은 어떠한 융합의 가능성도 부인하므로 단순히 표면상의 모습에 지나지 않는다. 인간의 정신은 솔라리스를 손으로 만질 수 있을 만큼 잘 이해하는 단계에 이르지 못한다. 이 행성은 뒤로 물러나 인간의 움직임을 모방함으로써 물리적 상호 작용을 거부한다. 이 장면에서 담론의 중요성은 단순히 접촉의 표면적인 성격에 있다. 인간의 정신은 끝내 바다와 접촉에 성공하지 못하는 것이다.

타르코프스키의 영화적 해석은 이 담론의 중요성을 내면의 영역으로 옮겨 놓는다. 감독은 시간과 공간의 통일성이 철저히 고수되는 렘의 마지막 구절을 명백히 알레고리적인 방식으로 비튼다. 영화에서는 접촉, 더 정확히 표현하자면 접촉의 복제물이 형성된다. 크리스는 지구 속의 그가 사랑하는 곳으로 돌아오지만, 그 지구는 솔라리스 바다의 '물'위에 떠 있다. 이 장면은 영화의 오프닝 시퀀스를 상기시키고, 특히 영화의 첫 화면, 즉 냇물에 부유하던 수초를 연상시킨다. 이 장면으로 타르코프스키는 또 한 번 바다와 지구를 대비시키고, 물의 유동성이 두 행성의 공통적인 특징으로 부각된다. 이 섬은 크리스가 자신의 뿌리를 되찾기 위해 돌아가고 싶은 지구의 고향집에 대한 환영이다. 그는 안에서 아버지가 쌓인 책을 정리하는 고향집을 물끄러미 바라본다. 언뜻 보기에 일상적인 이 장면에도 기괴한 요소가 포함되어 있다. 집안에서 뜨거운 물이 쏟아지는데, 그 물을 맞는 사람은 전혀 개의치 않는 것이다. 이로서 완전무결성이 사라지는 이 집은 감독의 다른 영화들의 반쯤 허물어져가는 건물들과 같은 계보에 속한다. 시각적으로 렘브란트Rembrandt의 〈탕자의 귀향Return of the Prodigal Son〉을 연상시키는 방식으로, 크리스는 아버지 앞에 무릎을 꿇고, 비록 환각적—상상적 방식이기는 하지만, 마침내 아버지와 고향 행성 전체와 재회한다[그림 3-4].[29]

이로서 렘의 마지막 은유의 의도가 외면적인 접촉의 불가능성에서 내면적인 접촉의 실현으로 바뀐다. 렘의 소설에서 완전히 분리된 두 개의 정신, 즉 우주 비행사와 바다의 정신은 타르코프스키의 영화에서 바다가 복제해 낸 크리스의 정신적 이미지와 대조를 이룬다. 〈솔라리스〉의 마지막 장면이 관객을 당황시키는 것은, 이 환영의 '창조자'를 식별하기가 불가능하기 때문이다. 그 주체는 크리스일 수도 있고 바다일 수도 있다. 크리스가 아버지와의 재회를 꿈꾸는 것인지, 혹은 바다가 이 귀향의

[그림 3-4] 〈솔라리스〉 결말부

복제물을 만들어 낸 것인지는 끝내 밝혀지지 않는다. 솔라리스 행성은 시간을 초월한 사건의 발생을 허용할 뿐 아니라 공간의 초월성도 환영한다. 결말의 에피소드는 시간과 공간을 모두 초월하는 사건이다. 이로서 피날레가 우화의 영역으로 넘어간다. 크리스의 지구로의 귀환은 지구의 이미지로 시작했던 영화를 마무리 짓는다. 주인공이 외계의 실체, 솔라리스 행성을 통해 본래 영역으로 귀환하는 것은 순수하게 상징적인 행위이다. 인간이 환영적인 현상과의 실질적인 접촉을 통해 인간 내면의 자아에 도달한 것이다.

타르코프스키는 일기에서 인간의 정신과 외계의 지력 사이의 접촉 불가능한 가능성을 한층 더 파고드는 의미로, 정교한 모닥불의 이미지를 구상한다.[30] 이 구절에서는 모닥불을 세 가지 모습으로 묘사하는데 (크리스가 지구에서 서류를 불태우고 영화의 시작 부분에 등장하는) 현실의 모닥불과, (크리스가 섬망 상태에서 꿈을 꿀 때 그의 열이 나는 몸 상태에서 비롯된) 환각의 모닥불과, 마지막에 솔라리스가 만들어 낸 모닥불이 그것이다. 이 외계 행성이 만들어 낸 모닥불은 차갑고, 거기에 던져 넣은 물건은 타지 않는다. 행성은 단지 현상의 외관만 복제할 뿐 그 성질은 모방하지 않기 때문이다. 솔라리스가 만든 모닥불은 그 자체가 공간적으로 비정상적이라, 실질의 영역에도 환각의 영역에도 속하지 않는다. 하리 또는 부모와의 접촉과 마찬가지로 모닥불 역시 크리스가 지구의 물질적 속성을 재고하는 계기가 된다.

＊＊＊

장 보드리야르Jean Baudrillard는 그의 포스트모더니티에 대한 고전적인 찬가에서 '우주공간의 정복은 지구상의 참조물의 상실을 향한 돌이킬 수 없는 문턱이다.'라고 주장한다.[31] 그러나 타르코프스키는 보드리야르의 관점을 뒤집는다. 그는 영화에서 지구상의 참조물을 복원함으로써 공상 과학 장르—우주 공간의 정복을 가장 순수한 형태로 포착하는 장르—의 너무도 막강한 존재감을 지워버리려 한다. 그러나 이미 우주 공간의 먼 거리를 경험한 터라 이 참조물의 체계는 달라져 있다. 단순한 귀환이 아니라 〈솔라리스〉의 끝부분에서 강렬히 묘사된 대로 귀환에 대한 꿈을 꾸게 되는 것이다. 감독은 양립할 수 없는 것을 화해시키고자 시도한다. 그는 공상 과학적인 장르를 인간화하고 실제와 환각 사이의 엄격한 경계를 허물고자 필사적으로 노력한다.

솔라리스의 공상적인 공간에 지구의 친숙한 이미지를 침윤시키는 것은 상징적인 왜곡이다. 이로서 타르코프스키는 과학적인 탐구를 영혼의 여정으로 전환하여 의미론적 지향점을 재설정한다. 그가 공언했다시피 '내게 중요한 것은 우주에서 지구를 보는 관점이다.'[32] 솔라리스의 우주 비행사들은 안정적이고 일상적인 의식 상태에서 죄책감이 빚어 낸 이미지에 지배당하는 자각 상태로 바뀐다. 그들이 마주치는 유령은 비록 외계 행성이 만들어 낸 것이긴 해도 괴물 같은 외계인이 아니라 너무나 친숙한 지구인의 모습으로 등장한다. 뿐만 아니라 솔라리스 정거장에서 임무를 수행하는 동안에도 크리스의 꿈과 환각의 주제는 늘 지구에 있는 그의 고향집이다. 비록 그 소중한 공간이 자꾸만 낯선 조명하에서 기괴한 장소로 등장하긴 하지만 말이다.

렘의 『솔라리스』의 일관되고 선형적인 내러티브 구조는 타르코프스키의 영화에서 해체된 듯한 내러티브의 단편들을 통해 왜곡된다. 이 단편들은 모두 (소설에서는 외부에서 보듯이 관찰하는) 행동을 순전히 내면적인 담론으로 바꾸는 데 주력한다. 소설 텍스트에 흐르던 인식론적 의문은 영화에서 윤리적 판단이라는 프리즘을 통해 자기 인식을 되찾는 탐색으로 탈바꿈한다. 내러티브 흐름이 내면화되면서 공간보다 더 주관적인 개념인 시간이 영화를 지배하게 된다. (지구에서 찍은 가족 비디오 등의) 기억, 꿈, 환각은 모두 주관적이고 양면적인 시간적 현실의 특성을 나타내고, 이것들이 외계의 표면에서 물리적 형체를 얻는다. 그러나 이 시간적 전치는 공간적 혼돈으로 이어진다. 더 이상 솔라리스의 우주 정거장만이 유일한 공간적 배경이 아니다. 현실의 지구와 가상의 공간들, 즉 크리스가 부모를 '만나는' 공간들이 대안적 장소로 등장한다. 또 크리스의 뇌파도encephalogram가 바다로 보내진 후에는 바다 표면에 섬까지 등장하기 시작한다. 솔라리스 행성이 이제 지구의 형태까지 만들어내기 시작하면서, '육지'의 등장으로 그 풍경은 더욱더 친숙해진다. 이처럼 공간(솔라리스 정거장이란 장소는 끊임없이 지구의 이미지와 혼합된다)과 시간(내러티브의 현재 시간은 끊임없이 과거의 기억, 영원한 꿈, 환각과 혼재된다)의 경직성을 극복하려는 미학적 전략은 〈거울〉에서 한층 더 발전하여, 거의 인간 현존의 시-공간적 측면에만 매달리게 된다.

4장

<거울>의 기억

우리 인생길의 한 가운데
나는 어두운 숲 속에서 나 자신을 발견했네.
– 단테 「신곡: 지옥편」 도입부

:: :: :: ::

〈거울Zerkalo〉(1975)은 소련에서 제작된 가장 대담하고 영향력 있는 영화 기획 중 하나이다. 감독의 다른 여섯 편의 영화와 달리, 〈거울〉은 단일한 내러티브 구조로 통일되지 않은 이질적인 시-공간적 체계들로 구성된다. 그래서 지나친 단순화의 위험이 있기는 하지만, 이 영화를 죽어 가는 사람의 일련의 회상으로 이루어진 복잡한 대위법적 연주로 정의하기도 한다. 영화에서는 어린 시절의 기억과 현재 삶의 장면이 꿈과 뒤섞이고, 다큐멘터리 연대기를 통해 역사적 과거로의 '동기가 없는' 비약까지 일어난다. 그 결과 이 영화의 내러티브는 선형적으로 읽어 내기가 아예 불가능해지고, 디제시스는 전통적인 스토리텔링의 관습을 넘어서게 된다. 이 모든 특징으로 인해 〈거울〉은 알랭 레네Alain Resnais의 〈지난해 마리앙바드에서L'année dernière à Marienbad〉(1961), 페데리코 펠리니Federico Fellini의 〈팔과 이분의 일 8¹/₂〉(1963), 잉마르 베리만Ingmar Bergman의 〈페르소나Persona〉(1966)와 함께 매우 실험적인 영화의 범주로 분류된다. 네 작품은 표준적인 시-공간을 근본적으로 해체한다는 공통점이 있다.

공간적 전치와 시간적 변칙은 〈거울〉의 독특한 스타일을 규정짓는 특징들이다. 이러한 요소가 영화의 반사면을 지배한다. 영화의 전체적인 복잡성과 그 미학적인 의미는 주로 감독이 내러티브 구조에 접근하는 방식에서 비롯된다. 한 가족의 3대에 걸친 삶의 다양한 에피소드가 언뜻 무관해 보이는 역사적 사건들과 혼합되는 것이다. 그 결과, 분기하는 시-공간적 체계들이 비교적 동질적이면서도 복잡한 내러티브 구조를 만든다. 몇몇 인물을 같은 배우가 연기하는 점도 혼란을 더한다. 마가리타 테레코바Margarita Terekhova가 마리아/어머니와 나탈리아/아내 역할을 맡고, 이그나트 다닐체프Ignat Daniltsev는 알렉세이/아이 때의 화자와 알렉세이의 아들 이그나트의 역할을 한다. 이러한 복수 정체성이 영화의 내러티브 전반에 깨진 거울 조각처럼 흩어져 있다. 인물들의 행동은 연대기적인 순차적 발생의 원칙에 따르지 않는다. 이들의 정체성이 계속 바뀌고 모호하다 보니, 결국 시간과 공간 개념 자체가 영화의 주인공이 된다.

이 영화는 형식적인 실험 뿐 아니라 다른 작품을 비틀어 반영하는 문화적 인용까지 풍성하게 녹아 있어 한층 더 복잡하게 보인다. 바흐, 조반니 바티스타 페르골레시Giovanni Battista Pergolesi, 헨리 퍼셀Henry Purcell이 영화의 사운드트랙을 지배하는가 하면, 레오나르도 다빈치Leonardo da Vinci의 그림과 브뤼헐에게서 영감을 받은 풍경 장면이 영화 전반에 등장한다. 또 다양하게 선별된 문학 작품의 인용과 언급도 빼곡히 들어차 있다. 아르제니 타르코프스키의 시 네 편과 단테Dante의 「신곡: 지옥편Inferno」 첫 구절은 시간과 공간의 개념에 대한 확실한 성찰을 제시한다. 이 시들에서는 시간과 공간의 범주들이 지배적인 테마 역할을 하면서, 영화의 전반적인 담론과 활발하게 상호 작용한다.

영화는 화자의 아들인 이그나트Ignat의 등장으로 시작되는데, 그는 텔레비전 채널을 돌리다가 어느 심리학자가 심하게 말을 더듬는 청년을 치료하는 다큐멘터리 프로그램을 시청한다. 등장인물은 다소 전형적인 소련의 의사와 과학 기술 전문학교 학생으로, 카메라 앞에서 거의 기적에 가까운 치유 장면을 재연한다. 처음에 이 청년은 한 단어도 분명하게 말하지 못한다. 그의 말더듬증은 보고 있기 괴로울 정도이고, 의사는 그를 치료하기 위해 최면술을 이용한다. 마침내 그녀가 치료 행위를 마치자, 청년은 큰 소리로 또박또박 말할 수 있게 된다. 그는 '나는 말할 수 있다'라며 의사소통 능력을 입증하고, 이로서 본격적인 영화의 담론이 전개되기 시작한다.

여기에서 두 사람의 만남을 촬영한 방식은 눈여겨 볼만하다. 아주 밝은 스포트라이트와 배경에 비친 마이크의 그림자는 이 사실이 상상이 아닌 현실의 영역에 속한다는 사실을 알려준다. 기계적인 제작 과정이 드러나는 것이다. 심리학자, 그녀의 환자, 치료 행위는 모두 현실이지만, 이 전체 에피소드는 연출된 것이다. 이것은 카메라 앞에서 재연되는 것이고, 제작진은 이러한 재연의 흔적을 숨기려고 하지 않는다. 현실과 그 예술적 모방 사이 어딘가에 자리 잡은 그 어중간한 위치는 감독이 〈거울〉에서 택한 전반적인 미학적 접근 방식을 예고한다. 영화에서는 실제 자전적인 요소, 기록 영화 장면, 가족들의 등장에 시적인 추상성이 어우러진다. 허구와 다큐멘터리 사이의 경계선이 점점 지워지고, 이러한 변화 과정이 이 영화의 주요한 특징이 된다.

〈거울〉 속의 거울

〈거울〉의 '자전적인' 성격은 거울에 비친 자신의 모습을 바라보는 행위에 비견될 수 있다. 작가의 거울에 비친 '상reflection'은 과거와 주변 세계에 대한 정신적 '성찰reflection'을 촉발한다. 성찰이란 당연히 '어떤 주제를 돌아보거나 생각을 가다듬는 행위, 명상, 심오하거나 진지한 고찰'(OED)을 의미한다. 거울을 들여다보는 행위는 작가의 아득한 기억을 자극하는데, 이 기억은 과거에 목격했거나 살았던 다양한 공간들과 밀접히 연관된 다양한 시간의 파편을 통해 떠오른다.

마르셀 프루스트Marcel Proust는 결정적인 회상의 순간인 그 유명한 마들렌 에피소드를 이렇게 묘사했다. '선량한 사람들과 그들의 조촐한 집들과 성당, 콩브레 전체와 그 근방, 그러한 모든 것이 형태를 갖추고 뿌리를 내려, 마을과 정원과 더불어 나의 찻잔에서 나왔다.'[1] 특정한 시간에 대한 기억의 은총은 공간적 수단을 통해 나타난다. 잃어버린 시간을 찾아가는 이 여정에서 공간은 특히 더 중요한 범주인데, 바슐라르에 따르면 추억은 '더 잘 공간화 되어 있으면, 그만큼 더 단단히 뿌리박아, 변함없이 있게 되는 것'[2]이기 때문이다. '기념, 회상, 상기하는 행동이나 과정과 연관된 감각'(OED)으로 정의되는 '기억'이란 단어는 이미 정신적 공간에서 시간에 집어삼킨 대상, 사람, 경험의 특정한 집합을 전제로 한다. 따라서 기억이란 현실과 꿈의 영역 사이 어딘가에 머문다. 기억하는 것은 실제 과거의 환영을 떠올리는 것이고, 이러한 경계적인 특성이 영화 전반에 울려 퍼지고 있다.

〈거울〉을 이토록 유명한 영화로 만든 것은 이러한 명시적인 시-공간적 불연속성이다. 타르코프스키의 다른 영화들이 내러티브와 무관해 보이는 '혼란스러운' 시퀀스를 일부 포함한다면, 〈거울〉은 전적으로 그러한 시퀀스만으로 점철된다. 시-공간적 비약이 이루어질 만한 주된 내러티브 자체가 없다. 영화는 과거, 현재, 미래의 사건을 구분하지 않고, 나아가 현실, 꿈, 기억을 재현하는 시퀀스까지 한 데 뒤섞는다. 1982년에 〈거울〉을 완성하고 몇 년 후에, 타르코프스키는 헤르만 헤세Hermann Hesse의 소설 『데미안Demian: Die Geschichte von Emil Sinclairs Jugend』의 첫 페이지에서 이 영화를 위한 제사를 발견했다. '나의 이야기는 유쾌하지 않고 꾸며 낸 이야기들처럼 달콤하지도 못하다. 자기 자신을 더 이상 속이고 싶지 않은 모든 인간들의 삶처럼, 내 이야기도 어리석고 혼란스러운 맛, 광기와 꿈의 맛을 풍긴다.'[3] 조화로운 내러티브의 결여와 혼란스런 요소들의 등장이야말로 정확히 〈거울〉을 특징짓는다. 그러나 감독에 따르면 영화의 반사면reflecting surface은 비록 분열되고 파편화된 듯 보일지라도 여전히 전체의 이미지를 제시한다. 왜냐하면,

> 영화는 일반적으로 여러 종류의 흐트러진 파편들을 하나의 통합된 전체로 모으는 작업이다. 모자이크가 다양한 색감과 질감의 개별적인 조각들로 이루어지듯이, 영화 또한 숏으로 구성된다. 전체 맥락에서 떼어 낸/분리한 각 조각은 그 자체만으로는 아무런 의미가 없을 수도 있다. 조각들은 오로지 전체로서 존재하기 때문이다.[4]

타르코프스키가 공격적이고 이성적인 몽타주보다 화면 내 시간이 흐르는 방식-'흘러가는 시간적 압박감'[5]-에서 드러나는 듯 부드럽게 편집된 끊임없는 롱테이크를 선호했다는 사실을 보면, 그가 영화 체험의 전체성을 강조했음을 알 수 있다. 일관성이 없는 단위 화면들은 오로지 영화 속 시간의 주된 흐름에 합류할 때에만 완전한 미학적 체험으로 발전한다. 따라서 반사면은 필연적으로 완전무결하다. 거울은 하나의 상징이자 사물로서 영화 속에서 통합된 전체로서의 완전한 면모를 드러낸다. 거울은 〈거울〉의 시-공간 여행을 쉽게 만들어주는 수단이 되고, 다양한 시-공간적 전치는 상이한 종류의 반사면들을 통해 이루어진다.

이 영화에서 거울의 은유는 아무리 강조해도 부족할 만큼 중요하다.

하나의 물체로서 거울은 인간의 눈으로 인식되는 것처럼 강제적인 공간적 동질성을 극복할 수 있는 가장 공감 가는 미학적 장치 중 하나이다. 거울은 자연스럽게 공간적 범주를 전치시키는 수단이다. 아무리 있는 그대로 비춰도 최소한 좌-우의 축이 역전되기 때문에, 거울에 비친 대상은 항상 왜곡되어 나타난다. 또 거울을 바라보는 시점(예를 들어 카메라나 눈의 시점)은 불가피하게 거울에 비친 상을 기울어진 상태로 보게 되어, 그 결과 포착된 이미지는 본래의 대상을 왜곡되게 표현할 수밖에 없다. 거울의 효과는 소설에서 더욱 막강해져서, 거울은 흔히 공간적 범주를 바꾸고 대안적 세계를 드러내는 수단(예를 들어 알렉산드르 푸시킨Alexander Pushkin의 『죽은 공주와 일곱 기사 이야기The Tale of the Dead Princess and the Seven Knights』(1833)와 루이스 캐럴Lewis Carroll의 『거울 나라의 앨리스Through The Looking-Glass and What Alice Found There』(1871))이나 대안적 시간 체계를 표현하는 수단(예를 들어 안드레이 벨리Andrei Bely의 『귀환The Return: The Third Symphony』(1904))으로 사용된다.

또 거울과 영화 매체 사이의 뚜렷한 친연성도 좀처럼 무시하기 힘들다. 크리스티앙 메츠Christian Metz는 특정한 공간의 단편을 사각 테두리 속에서 보여준다는 점에서 거울을 영화의 숏에 비유한다.[6] 거울은 카메라와 마찬가지로 이미지를 복제하는 동시에, 불가피한 왜곡과 함께 그것을 투사한다. 피사체가 언제나 이미 현실인 동시에 허상이라는, 기계적 복제 과정의 존재론적인 본질이 거울과 카메라를 하나로 묶어준다. 푸코는 거울이 '내가 존재하지 않는 곳, 거울 표면 뒤에 가상적으로 열린 비실재적 공간에서 나 자신을 볼 수 있는 존재하지 않는 장소'[7]이기 때문에 비실재적인 동시에, '거울이 현실 속에 존재하면서, 내가 차지하는 위치에 대한 일종의 반작용을 일으키기'[8] 때문에 실재적이라고 주장한다. 실제로 영화 매체나 사진에서와 마찬가지로, 거울의 반사면도 현실과 허구(현실의 왜곡 또는 모사)의 경계선으로 존재한다.

나아가 〈거울〉에서는 거울과 거기에 비친 상이 시–공간적 '안정 장치'의 역할을 하는 예가 없다. 반대로 시–공간적 개념을 전치시키고 방향 감각을 상실시키며 교란시킨다. 물론 이 영화에서도 거울이 자기도취를 위한 관습적인 장치로 등장하거나 여성 인물이 거울에 눈길을 던지는 모습으로 포착되기도 한다. 그러나 비추는 표면의 존재에 대한 영화적 성찰과 거울의 자유로운 활용이 〈거울〉을 영화 촬영의 존재론을 다루는 대담한 영화 기획으로 발전시킨다.

이 영화에서는 다양한 질감으로 다양한 유형의 상을 만들어 내는 여러 가지 거울이 등장한다. 맨 첫 화면에서는 이그나트가 텔레비전의 텅 빈 화면을 호기심 어린 눈으로 바라보는데, 그 뿌연 화면 위로 방이 비친다. 물질적 사물로서 거울에 대한 민감도는 점점 더 확대되다가 작가가 사망하는 장면(그의 사망은 새를 놓아주는 상징적인 행동으로 표현된다)의 거울들이 달린 벽에서 최고조에 달한다. 적어도 11개의 상이한 크기와 디자인의 거울들이 순수하게 미적인 사물로서, 즉 방의 장식품으로 벽에 걸려 있는 것이다. 이 거울들은 상을 비추는 본연의 기능을 다하지 못하는 듯하다. 작가–화자는 더 이상 살아있지 않고, 그와 함께 그가 거울에 비친 자신의 상을 바라볼 가능성도 사라지고 만다. 11개의 거울은 이제 그의 상을 비추지 못하고 '텅 빈 채' 남게 된다. 이 시퀀스를 더욱 문제시되게 하는 것은 이 시퀀스에서 침대에 누워 있는 사람이 타르코프스키 본인이기 때문이다. 비록 감독의 영화 속 등장을 명확히 보여주는 숏은 편집 과정에서 잘려 나갔지만, 실제 작가의 이러한 존재–부재는 이 영화를 어쩔 수 없이 자서전의 영역으로 편입시킨다.[9]

그러나 이 영화에는 거울과 그 상을 활용하는 또 다른, 더욱 혁신적인 방식이 있다. 일부 장면에서는 거울의 표면이 수정같이 맑지 않아서, 거울에 비치는 상이 마치 윌리엄 셰익스피어William Shakespeare 소네트 62번의 '늙고 찌들어 상처 나고 / 멍들고 갈라진'[10] 모습처럼 흐릿하거나 왜곡되어 있다. 물과 먼지, 빛의 굴절이 반영 과정의 선형성을 약화시키고, 인물들은 어쩔 수 없이 약간 뒤틀린 형태의 자기 모습과 대면해야 한다. 또 다른 장면에서는, 카메라가 화면 내에서 (거울에 비친 이미지 대신 거울의 표면을 비추거나 사방이 테두리로 경계 지워진 거울을 보여줌으로써) 거울의 존재를 드러내지만, 그 다음에는 (카메라가 거울 표면에서 거울에 비친 이미지로 초점을 옮기거나 줌 인하여 거울의 테두리를 '감추어' 버림으로써) 거울에 비친 상이 화면을 지배하기 시작하면서 더 이상 거울의 상이 아니라 촬영 중인 현실의 단면으로 나타난다. 이로서 이미지는 상과 현실이 합쳐진 상태로 나타나, 그 공간적 좌표를 분간하기가 어려워진다[그림 4-1].

마지막으로, 영화 끝부분의 한 장면에서는 아예 카메라가 거울의 역할을 한다. 이 에피소드는 어머니의 내적인 긴장을 드러내는데, 그녀가 부유한 의사의 집에서 갑자기 뛰쳐나오기 직전에 일어난다. 이 에피소드는 단일한 시퀀스 숏으로 촬영되고, 관객과 카메라의 시점이 거울 표면의 취급을 받는다. 첫 번째 이미지는 의사의 아내가 귀걸이를 걸어보면서 카메라를 마치 거울 보듯이 똑바로 바라보는 장면이다. 그런 다음 카메라는 오른쪽으로 이동하여 어머니를 비추는데, 그녀는 무언가로 인해 고통을 받고 있으면서도 자신의 '상'을 매우 무심하게 바라본다. 어머니 뒤에서 다시 의사의 아내가 등장하여 포커스를 벗어난 상태로 카메라에 다가오다가 카메라의 시야 밖으로 완전히 사라진다. 그 후 카메라는 관객에게 몇 초 동안 초점이 없고 어두운 화면을 보여주다가 애처롭게 한

쪽 옆을 바라보는 이그나트의 이미지로 옮겨가는데, 이 화면 전환은 포
커스의 변화를 통해 이루어진다. 이 지극히 복잡하고 뛰어나게 조율된

[그림 4-1] 〈거울〉 다양한 거울

미장센에서 카메라는 어디에나 편재하는 거울의 역할을 할당 받는다.

〈거울〉에 반영된 이미지는 결코 그것이 비추는 현실에 충실한 법이 없다. 이 이미지들은 거의 예외 없이 특정 사물이나 사람의 왜곡된 환영이다. 이러한 전치의 과정은 여러 대안적 공간과 시간—유년기, 영화 제작과 동시에 흘러가는 시간 등—을 제시하려는 전반적인 미학적 전략의 일환이다. 다양한 상—다양한 정체성—과 그 포착되지 않으려는 속성이야말로 자아의 복수성이 무엇보다 중시되는 자서전이란 장르의 고유한 특성이라 하겠다. '맹목적으로 숭배되는 것은 텍스트에서 실물로 옮겨질 수 있는 자아의 안정적인 거울-이미지가 아니라 자서전 작가가 기억, 추측, 기록 등을 "처리하는" 동안 생겨나는 자아의 풍요로운 자취, 징표, 징후이다.'[11]

타르코프스키의 〈거울〉이 단순히 거울에 비친 공간이 아닌 결정화된 공간을 탐색한다는 들뢰즈의 주장은 매우 생산적인 분석적 관점을 제시한다. 이 주장은 '모든 예술적 작업은 기억에 의존하여, 그 기억을 결정화하는 수단이다.'[12]라는 감독 자신의 말과도 놀라우리만치 일치한다. 납작한 평면의 반사면과 달리, 결정체는 3차원적 공간 전체로 뻗어나가는 복잡한 내부 패턴 때문에 다수의 반사상을 만들어 낸다.

> 〈거울〉은, 만약 우리가 비가시적인 두 성인(그의 어머니, 그의 아내)과 거울의 이미지를 관련시킨다면 두 개의 면을 가질, 그러나 가시적인 두 커플(어머니와 그였던 아이, 아내와 그의 아이)과 관련시킨다면 네 개의 면을 갖게 될 회전하는 결정체를 구성해 낸다. 이 결정체는 마치 불투명한 환경에 질문하는(러시아란 무엇인가, 러시아란 무엇인가…?) 자동 유도탄두처럼 자기 자신의 주위를 공전한다.[13]

들뢰즈가 사용한 비유는 결정체의 물질적이면서도 신화적인 특징을 영화의 담론에 끌어들인다는 점에서 주효하다. 허구 속의 결정체는 다수의 반사상(공간)을 제시할 뿐 아니라 상이한 시간적 체계(시간)도 나타낼 수 있다. 결정체는 결국 다면적인 시–공간적 미로인 셈이다.

타르코프스키의 영화는 궁극적으로 공간적 영토에서 시간적 영역으로의 도약이라고 주장할 수 있을 것이다. 그러나 이 시간으로의 도약은 오직 공간의 해체를 통해서만 가능하다.

〈거울〉에서는 다양한 기록 영화의 활용, 인물의 분신, 꿈이나 추억 시퀀스의 도입 등이 모두 끊임없는 장소의 전환에 기여한다. 그에 따른 공간적 불안정성은 시간을 해방시키고 시간적으로 비선형적인 환영을 빚어낸다. 이제 시간은 눈에 보이고 거의 손에 만져질 듯한 실체가 된다. 타르코프스키가 〈거울〉 속 화자의 아파트를 묘사했던 대로, '이것은 시간 그 자체가 살았던 집이다.'[14] 공간적 좌표가 변형되고 심지어 완전히 사라진다는 것은 시간이 물질적 실체가 되어 관객이 시간의 공간화된 흐름, 그 경과를 마주할 수 있다는 뜻이다.

이 영화 속 시간의 역할에 대한 견지에서, 소련의 유명한 영화감독 그리고리 추크라이Grigori Chukhrai가 〈거울〉에 대해 남긴 언급은 매우 흥미롭다. 이 영화의 최초 편집본을 논의하던 소련 국가영화위원회Goskino의 공식 회의에서, 추크라이는 다음과 같은 의견을 피력했다. '타르코프스키의 이 영화는 실패작이다. 그는 시간과 자신에 대한 이야기를 하고 싶어 한다. 그는 우리에게 자신에 대해 말하는 데는 성공했을지 몰라도, 시간에 대한 이야기에는 실패했다.'[15] 추크라이는 타르코프스키의 나르시시즘을 비난한다. 〈거울〉이 감독의 자기 자신의 이미지에 대한 집착을 반영할 뿐, 역사적 시간 속에서 인간의 경험을 탐색하는 측면에서는 전혀 제시하는 바가 없다는 것이다. 역설적이게도 〈거울〉은 시간이란 주제를 직접적으로 파고드는 영화이다. 타르코프스키에게 시간은 개념적이고 추상적인 실체이고, 그는 주로 개인적인 시간 체계와 사회 역사적인 시간 체계의 공간들을 결합하고 교란시켜 고전적인 내러티브의 인과 관계를 약화시키는 방식으로 시간을 표현한다. 사건은 더 이상 연이어 발생하는 일들이 아니라 표류하는 시간의 추상적인 덩어리로 제시된다.

〈거울〉에서 시간적, 공간적 불안정을 조성하는 과정에서 문학의 역할은 지대하다. 어떻게 보면, 이 영화 자체가 문학 작품에서 시작된 셈이다. 1970년에 타르코프스키는 몇 편의 에피소드로 구성된 단편 소설을 출간했다.[16] 유년기의 기억을 바탕으로 한 이 이야기는 결국 〈거울〉의 문학적 전신이 되었고, 영화의 주축을 이루게 되었다. 나아가 이 영화의 미학적 구조에서도 여러 문학 작품의 인용은 중요한 의미를 띤다. 문학적 상호텍스트intertext란 정의상 그 자체가 다른 시간과 공간에서 빌려온 실체이다. 우선 그 작품이 특정한 물리적 공간을 차지하고 그 안에서 또 다른 공간적 위치를 참조하기 때문이고, 두 번째로, 그 텍스트가 속한 역사적 시대나 텍스트에서 제시하는 개념적 시간 등 그 작품만의 고유한 시간적 특징을 갖기 때문이다. 〈거울〉에서는 상당한 양의 문학 작품을 인용하여 그 시-공간적 '야심'을 드높인다. 또 시에 담긴 시간과 공간에 대한 고찰과 그 개념적 모델을 통해, 감독은 기존 영화의 고전적인 내러티브 표현 방식을 탈피한다. 이 영화에서 인용된 시들은 명백히 비디제시스적이고, 그러면서도 대위법적인 방식으로 내러티브의 다양한 요소들과 함께 긴밀한 상호 작용을 한다.

실체가 없는 목소리

영화 속에서 네 편의 시를 낭독하는 아르제니 타르코프스키의 목소리
는 그 미학적 구조에서 복잡한 역할을 한다. 이 보이스 오버는 화면 속
의 이미지와 겹치지도 않고 특정 인물과 연결되지도 않는다. 영화 내러
티브를 구성하는 대표적 방식이 영상과 음향의 동기화인 만큼, 〈거울〉
의 통일되지 않은 목소리와 이미지는 영화의 서사적 불연속성을 한층
더 강화한다. 영화의 프레임 밖에서 들려오는 목소리는 환영적인 현상
이다. 이것은 '들리는 목소리는 보이는 육신에서 나온다.'라는 도식에 따
라 현실 같은 재현을 기대하는 관객에게 부응하지 못한다. 아르제니 타
르코프스키의 목소리는 영화 속 공간에 보이는 실체와 결부되지 않으므
로 딱히 머물 곳이 없다. 이 보이스오버는 보이는 육체에 부여된 시—공
간적 한계를 초월하는 것이다. 그러나 그에 따른 비동기성, 즉 실체 없
는 목소리가 〈거울〉의 인식적 통일성을 깨뜨리지는 않는다. 메리 앤 도
앤Mary Ann Doane의 표현대로, 그 주체가 '영화 속의 육신에서 영화라는
육신으로' 바뀌기 때문이다.[17]

더군다나 〈거울〉에서 시를 읽는 목소리는 아무렇게나 선택된 것이 아
니다. 그것은 감독의 아버지이자 시를 쓴 시인의 목소리이다. 육신이 부
재하는 아버지의 현존하는 목소리는 불가피하게 정신 분석학적 해석을
부른다. 라캉의 상상계와 상징계의 상호 작용(그리고 배경에 있는 도달 불
가능한 실재계) 개념은 〈거울〉에서 쉽게 찾아볼 수 있다.[18] 부재하는 아
버지의 보이스오버(상상계)는 영화 속 언어(상징계)의 궁극적인 근원이
다. 언어를 통해 이행되는 분리가 자신에게 이르는 수단이 된다.

좀 더 일반적으로, 아르제니 타르코프스키가 직접 낭독하는 그의 시
는 〈거울〉 전체의 미학적 전략의 일환이다. 인간 조건에 대한 일반적 성

찰을 제시하기 위해 추상적인 자서전을 만드는 것이다. 예술가들은 '경험적 사실을 예술 작품으로'[19] 승화한다. 〈거울〉의 자전적-고백적 특징은 원래 자신의 어머니 마리아 니콜라예브나Maria Nikolaevna를 인터뷰하면서 그 과정을 몰래 영화로 촬영하려 했던 타르코프스키의 당초 기획에 따른 것이다(그래서 이 영화는 제작 초기 단계에 아예 〈고백Confession〉이나 '영화 질문서'라고 불렸다). 결국 이 아이디어는 실현되지 않았지만, 그녀는 여전히 이 영화에 자기 자신으로 출연한다. 아울러 아르제니와 안드레이 타르코프스키가 거울 옆에서 찍은 몇몇 사진을 포함해서 레프 고르눙Lev Gornung이 찍은 이 가족의 사진은 이 영화의 수많은 미장센에 영향을 주었고 영화에 시각적 영감을 제공했다.[20] 이처럼 〈거울〉의 제작 과정에서는 각 단계마다 현실의 측면이 기본 틀을 제시했다.

문학 작품의 참조에 대해서는 다소 진부한 감은 있어도 프루스트의 기념비적인 『잃어버린 시간을 찾아서』가 〈거울〉의 담론에 미친 영향을 짚고 넘어갈 필요가 있다. 타르코프스키는 자서전을 주체, 자아, 저자와 같은 견고한 개념을 해체하는 텍스트 생산 행위로 본다는 점에서 이 프랑스 작가를 추종하는 듯하다. 나아가 감독은 자서전이 기존 장르의 경직성을 극복할 수 있는 창조적 행위라고 여긴다. 타르코프스키가 영화를 찍고 약 10년 뒤에 〈거울〉의 시나리오를 고쳐 썼다는 사실은 '끝없는 전주곡'[21]으로 남아야 할 자전적 작업의 특성을 재확인시킨다.

이 영화의 자전적 색채는 아르제니 타르코프스키의 청각적 등장으로 인해 불가피하게 강화된다. 시를 낭독하는 아버지, 배우로 출연하는 어머니[22], 거의 꼼짝 않는 타르코프스키 자신의 몸, 이 모든 것이 강력한 미학적 진술을 이룬다. 실제 가족 관계와 개인적인 불안감과 더불어, 현실이 영화라는 허구적 공간에 침투하는 것이다. 유사하게, 인용된 시는

시인 아르제니 타르코프스키가 실제 사랑하는 사람들에게 말을 걸지만,
이들은 일반적인 송신자–수신자 패턴에 따르지 않는다. 서로 오가는 낭
만적인 메시지는 미학적 진술이 된다. 〈거울〉에 나온 첫 번째 시 '첫 만
남'은 영화에서 매우 초반부에, 11분 째에, 첫 번째 에피소드가 끝나갈
때 등장한다. 이렇게 일찌감치 시를 도입함으로써 앞으로 영화를 지배
할 언어 형태를 설정하게 된다. 공공연하게 비디제시스적인 시는 역사
적 사건에 지배당하는 개인의 운명에 대한 관념적인 예술적 성찰을 불
러일으킨다.

'첫 만남'

우리 만남의 매순간이

계시의 순간으로 기념되었다

전 우주에서 홀로 우리에게 비쳐졌던 그녀

당신은 노래하는 새의 날개보다 더 용감하고 가벼웠다

당신은 환희처럼 계단을 미끄러져 내려가

초원을 가로질러 달렸고

촉촉이 젖은 라일락을 지나서

나를 거울 저편 당신의 왕국으로 받아들였다

밤의 어둠 속에서

나는 은총을 받았다

제단의 문이 활짝 열리고 어둠 속에서 빛이 보였다

벌거벗은 몸이 내 곁에 천천히 미끄러지듯 내리고

잠에서 깨어나 나는 '신의 축복을'하고 말했지만

이 축복이 주제넘은 것임을 나는 안다

당신은 잠이 들고 하늘의 푸르름으로 당신의 눈을 만지려고

라일락은 식탁에서 당신을 향해 가지를 뻗어 내렸다

푸르름에 스친 당신의 두 눈은 고요했고

당신의 손은 따뜻했다

강물은 수정 빛으로 물결치며 흐르고

산들은 연기를 토하고 바다는 희미하게 빛났다

당신은 수정으로 만든 지구를

손에 들고 옥좌에서 잠을 잤다

하느님께 맹세코 당신은 나의 전부였다

당신은 잠에서 깨어났고

인간의 언어는 변했다

어제까지 희미하고 잠잠하던 소리가

이제는 낭랑하게 울렸다

그리고 '당신'이란 말은 새로운 의미를 드러내고

'당신'은 이제 '왕'을 의미했다

우리 사이에 고요한 물결이

마치 교대로 보초를 서듯 흐를 때

세상과 그 안의 모든 것이 모습을 바꾼다

심지어 '대야'처럼 사소한 것들조차 변해 버렸다

우리들은 어디로 가는지도 모른 채 흘러갔다

기적으로 세워진 커다란 도시들은

마치 신기루처럼 우리 앞에 펼쳐졌다

향기로운 박하풀이 우리들 발밑에 놓여 있었고

머리 위에는 새들이 우리를 따르고

물고기들은 강을 거슬러 올라가고

우리 눈앞에 하늘이 열렸다

운명이 우리 발자국에 그림자를 드리우고

면도칼을 휘두르는 미치광이처럼 쫓아올 때[23]

　이 시는 일종의 관문 역할을 하며, 관객을 〈거울〉의 가상적 세계로 이끈다. 작가-감독의 개인적인 자서전을 제시하여 관객 자신의 인간 조건을 비추겠다는 이 영화의 포부는 이 시의 텍스트에서 분명히 드러난다. 시작 부분의 관능적인 만남이 운명에 대한 고통스러운 예감으로 변하면서, 개인적이고 서정적인 메시지가 형이상학적 영역에 도달하는 것이다. 이 시에서는 거울이 명시적으로 언급된다. 거울은 '당신은/ […] 가로질러/ […] 당신의 왕국/거울 저편의'라는 부분에서 나오고, '강물은 수정 빛으로 물결치며 흐르고/ 산들은 연기를 토하고 바다는 희미하게 빛났다/ 당신은 수정으로 만든 지구를/ 손에 들고,…'에서는 수정이 등장한다. 거울과 수정[결정체]는 이미 지적한 바와 같이 이 영화의 담론에서 가장 중요한 두 가지 인공물이다. 인용된 구절에서는 시간을 전치시켜 대안적인 시간 체계를 제시하는 그들의 능력이 적절히 구사된다. 거울은 인간이 거주하는 대안적 공간을 비추고, 수정은 그 자체의 강,

산, 바다로 구성된 별개의 소우주를 제시한다.

이 시의 남자 화자가 서정적인 메시지를 전달하기 전에, 남편을 기다리는 여자의 이미지를 통해 부재의 테마가 부각된다. 기다림은 허사로 돌아가고 남편은 오지 않는다. 그러나 아나톨리 솔로니친Anatoly Solonitsyn이 연기한 낯선 사람과의 기묘하고 다소 어수선한 만남이 이루어진다. 이 우연한 만남은 집 주변의 들판에서 벌어지는 비정상적인 사건이다. 여기에 자연스럽지 않은 바람이 불면서 시의 세계로 전환될 토대가 마련된다. 남편은 오지 않고 시인(현실에서도 그는 결코 돌아오지 않았던 남편이다)이 시를 읊기 시작하자, 여자는 집으로 들어가 다시 아이들과 하나가 된다.

시와 함께 등장하는 가정의 소박한 일상생활을 보여주는 시퀀스는 시의 텍스트를 통해 이루어진 형이상학적 비약과 대조를 이룬다. 시 속의 연인은 시인을 그녀의 '거울 저편 당신의 왕국으로' 이끌지만, 영화의 여자 주인공(버림받은 연인, 어머니)은 카메라와 관객을 그녀의 일상적 왕국, 즉 집으로 이끈다. 시에 나오는 연인들의 성적인 만남은, 놀고먹는 가장 평범한 행동을 하는 아이들의 이미지와 대비된다. 그 후 카메라가 물끄러미 어머니를 지켜보는 동안 시에서는 두 단계의 변화가 일어난다. 일상적인 단어의 언어적 변화(특히 '당신'에서 '왕'으로)와 평범한 사물(대야 등)의 변형이 그것이다. 이러한 변모는 경이로운 지평(그것이 우리를, 알지 못하는 어디론가 이끌었소)을 열어 새로운 신기루 같은 우주가 등장하게 만든다. 연인은 이 우주를 탐사하지만, 그러는 동안에도 '마치 손에 면도칼을 든 미치광이' 같은 운명에 쫓기고 있다.

'첫 만남'은 본래 디제시스적으로 인용하려던 시로, 어머니 역할을 하는 테레코바가 공책을 펼치고 이 시를 낭독할 계획이었다.[24] 이 착상의 흔적은 완성된 영화에서도 찾아볼 수 있다. 이 여배우는 공책을 펼친 채로 창 옆에 앉아 있다가 시 낭독이 끝나면 공책을 덮어 옆으로 치워 놓는다. 하지만 정작 시는 영화의 디제시스에 등장하지 않는다. 좀 더 극단적이고 추상적인 형식으로 인용하는 편이 낫다는 판단 때문이었다. 결국 시는 화면의 영상과 분리된 별개의 청각적 이미지, 즉 보이스오버로 도입된다. 이 실체가 없는 목소리는 화면 속 상황에서 절대적 외로움에 빠진 어머니를 위로한다. 비록 공간화된 목소리가 아니라서 '청점聽點의 단일성과 안정성'[25]을 보장하지는 못하지만, 여전히 모종의 위안을 주는 존재이다.

시와 함께 흐르던 영상 시퀀스는 집에서 창문 밖을 바라보는 어머니의 숏으로 끝난다. 집안에서 내다보는 풍경에는 여름비가 내리는 작은 빈터에 벤치가 있고, 그 위에 소소한 물건들이 놓여 있다. 리버스 숏으로는 마치 밖에서 내리는 비에 호응하듯 조용히 울고 있는 여인이 비춰진다. 카메라는 아름답게 빛을 받은 그녀의 얼굴 위에 잠시 동안 머문다. 이 숏은 이 시퀀스의 절정으로, 공허감과 상실감을 효과적으로 표현하여 헛된 기다림의 고통을 전달하고 극적인 아우라를 조성한다. 이 집은 어머니와 어린 자식들의 유일한 은신처이자, 이제 감독은 돌아갈 수 없는 장소이다.

이 집은 이 에피소드뿐 아니라 영화 전반에서 결정적인 역할을 하는데, '집은 몽상을 지켜주고, 몽상하는 이를 보호해주며, 우리들로 하여금 평화롭게 꿈꾸게'[26] 해주기 때문이다. 타르코프스키의 가족이 살았던 실제 주택을 바탕으로 특수 제작된 이 집은 현실과 허구의 경계선상에 서 있다. 그야말로 현실적 실체의 모사물인 것이다. 영화 속에 등장하는 장소는 기억을 머금고 있다. 다시 말해 공간이 시간을 담고 있다. 소로Thoreau의 숲 속이 그의 영혼에 각인된 장소이듯이, 타르코프스키의 추억도 그의 영혼 속에 자리 잡고 있다. 감독의 말대로, '인간에게 시간은 주관적이고 정신적인 영역이므로 간단히 자취 없이 사라질 수 없다. 우리가 살아 온 시간은 바로 그 시간 속에 놓인 경험으로서 우리의 영혼 속에 굳건히 자리 잡고 있는 것이다.'[27] 이렇게 감독의 과거 살았던 곳에 대한 기억은 그의 가장 내밀한 영화에서 물화된다. 다시 한 번 시간이 공간적 형태를 부여받는 것이다.

시 낭독에 이은 에피소드에서는 타르코프스키가 즐겨 사용하는 물과 불의 조합이 등장한다. 어머니는 고함 소리와 개 짖는 소리를 듣고 무슨 일이 벌어졌는지 확인하러 밖으로 나간다. 아이들에게 근처에서 불이 났다고 말하자 아이들도 밖으로 뛰쳐나간다. 카메라는 계속 집 안에 남아 탁자를 주시하는데, 그때 갑자기 석유램프의 유리 부분이 탁자에서 떨어진다. 가만히 놓여 있던 램프가 커다란 뻐꾸기시계 소리와 함께 떨어지므로, 이것은 일상적이면서도 다소 이상한 사건이다. 카메라는 옆으로 이동하여 불구경하는 두 아이의 거울에 비친 상을 비춘다. '늙고 찌들은' 거울은 이 세심하게 짜인 미장센을 드러내기에 앞서 일순간 초점이 맞지 않는다. 그 후 카메라는 이웃집 소년인 클란카Klanka를 발견하고 그를 따라 밖으로 나간다. 헛간인지 집인지 모를 목조 건물이 화염에 휩싸여 있고, 건물 주인과 이웃들이 이 파괴의 현장에 사로잡혀 비를 맞고 우두커니 서 있다. 나무가 불타오르는 소리와 주변의 물기로 가득한 이 이미지는 타르코프스키의 마지막 영화 〈희생Sacrifice〉의 피날레 장면을 예고한다.

화재 장면이 끝나면 곧바로 침대에 누워 있는 어린 아이 상태의 화자가 등장한다. 소년은 한밤중에 잠에서 깨어나 앉아서, 어떤 소리에 유심히 귀를 기울인다. 이 컬러 장면 다음에는 세피아 톤의 슬로모션으로 찍은 바람에 흔들리는 숲의 이미지가 이어진다. 이 영화에서 여러 번 반복되는 집, 숲, 바람의 조합은 타르코프스키가 영화 제작 강의에서 학생들에게 소개한 바 있고 〈거울〉의 시나리오에도 적어 놓았던 본인의 꿈을 상기시킨다.

> 나는 놀라우리만치 똑같은 꿈을 되풀이해서 꾼다. 마치 기억이 가장 중요한 것을 잊지 말라고 나를 놓아주지 않는 듯하다. 때로 이 꿈은 근 20년 가까이 가본 적도 없지만 한때 가슴 벅차게 사랑했던 그 공간들을 다시 가보고 싶게 만든다.
>
> 나는 자브라즈Zavrazhe를 걸어가는 꿈을 꾼다. 자작나무 숲을 지나고, 금방이라도 무너질 듯이 버려진 목욕탕을 지나고, 현관에 서면 집단 농장의 부서진 계량기와 찢어진 석회 봉투, 군데군데 떨어져 나간 회반죽이 보이는 작고 낡은 교회를 지난다. 높다란 자작나무들 사이에는 2층짜리 목조 건물이 보인다. 내가 태어나고 할아버지가 […] 40년 전쯤 빳빳하게 풀 먹인 식탁보 위로 나를 받아내던 건물. 이 꿈은 너무나도 정확하고 실감나서 현실보다 더 진짜 같다.[28]

'현실보다 더 진짜 같은' 이 꿈은 영화에서 현실-꿈이라는 이분법을 해체하는 데도 기여한다. 현실과 꿈에 구분을 두지 않는 영화 화면은 과거 사건을 재현하는 장이 된다. 덕분에 감독은 소중히 간직해 온 유년기의 장소로 되돌아가게 된다. 집과 나무는 이 귀환을 가능하게 만드는 결정적인 요인들이다. 바슐라르는 저서 『공간의 시학The Poetics of Space』에서 이러한 집의 개념을 짚어낸다. 그에게 이 가족의 공간은 곧 안락함의 원천이다.

더할 수 없이 깊은 몽상 속에서 우리들이 태어난 집을 꿈꿀 때, 우리들은 물질적 낙원의 그 원초적인 따뜻함, 그 잘 중화된 물질에 참여하게 된다. 보호되는 존재들이 살고 있는 것은 바로 그러한 분위기 속에서인 것이다. 우리는 집의 모성母性에 대해 다시 이야기하게 될 것이다.[29]

그러나 타르코프스키에게 〈거울〉에서 재구축된 집은 단지 소중한 가족의 공간에 그치지 않는다. 첫 번째 꿈에 나오는 이 집은 점점 기괴한 곳으로 변해간다. 세피아 톤의 숲 이미지에서 돌아와 보면 이제 침대 위의 소년은 모노크롬 상태로 바뀌어 있고, 이러한 색의 변화는 곧 현실의 변화를 의미한다. 소년은 '아빠'라고 중얼대며 침대에서 일어난다. 그때 옆방에서 허공을 가로질러 날아가는 셔츠가 보이더니 머리감는 어머니를 옆에서 돕는 아버지의 모습이 등장한다. 여자는 긴 머리를 물에 적신 채 세숫대야에 몸을 구부리고 있고, 물 떨어지는 소리가 마치 빈 공간에 울려 퍼지듯 사운드트랙 전체를 압도한다. 그녀는 얼굴을 드러내지 않은 채 일어나고, 기이한 잡음이 들리면서 카메라가 줌 아웃하여 세숫대야도 아버지도 사라진 방안을 비춘다. 이제 방 자체가 목조 가옥이 아닌 아파트의 일부로 변해 있다. 고개를 숙인 어머니는 젖은 머리로 얼굴을 가린 채 혼자 서 있다. 일대 변화를 겪은 이 방은 더 이상 가족이 살 수 있는 평범한 방이 아니다. 벽에서 물줄기가 흘러내리고 천정에서 젖은 회반죽이 뜯어져 물이 차오른 바닥으로 떨어지는데 옆에서는 가스난로가 불타고 있다. 물과 불이라는 상반된 자연 요소가 다시 한 번 만나는 것이다.

어머니는 이제 머리를 뒤로 쓸어 넘기며 카메라 앞을 지나간다. 어머니의 움직임 뒤로 보이는 벽은 여전히 물줄기로 덮여 있지만, 어두운 회벽과 벽돌 등 재질이 다르다. 카메라는 서두르지 않고 이 광경을 지켜보며, 어머니, 젖은 거울에 비친 그녀의 상, 어두운 벽, 다시 어머니의 순으로 따라간다. 이 트래킹 숏은 인물의 유일성을 깨뜨리는데, 이것은 타르코프스키의 영화에서 반복되는 특유의 스타일 중 하나이다. 그러나 이 시퀀스의 독특함은 두 명이 다시 분화되는 다음 화면에 있다. 어머니는 카메라를 마치 거울처럼 똑바로 바라보고 카메라는 그녀를 지나쳐 거울을 비춘다. 이어지는 컷은 거울에 비친 그녀의 (감독의 실제 어머니가 연기한) 나이든 모습을 보여주고, 그 주위는 종잡을 수 없는 각종 반사상과 굴절상으로 둘러싸여 있다. 물줄기와 난로 불이 여전히 상에 나타나 방금 전과 동일한 장소임을 시사한다. 공간적 비정상성이 시간의 흐름을 드러내고, 여인은 나이든 자기 자신과 조우한다. 나이든 어머니는 거울의 표면을 쓰다듬고, 그녀의 손은 희미한 거울 표면에 비친 자신의 상과 포개진다[그림 4-2]. 꿈 에피소드는 불 앞에 놓인 손을 비추는 컬러 숏으로 마무리된다.

이 대단히 추상적이고 다소 혼란스러운 도입부 이후, 영화는 내러티브상 가장 관습적인 에피소드를 이어간다. 시 '첫 만남'의 등장과 이어지는 꿈 시퀀스를 지배하던 다양한 테마가 일상적이고 정상적인 상황, 즉 인쇄소를 배경으로 다시 펼쳐진다. 영화의 나머지 부분과 달리, 이 에피소드는 이해할 수 있는 선형적인 줄거리를 따른다. 여기에서는 스탈린의 대 숙청 기간에 벌어진 사건을 보여준다. 어머니는 매우 중요한 정부 출판물의 교정을 보다가 용서받지 못할 실수를 저지른 것 같다는 생각에 사로잡힌다. 고통스러운 죽음이나 다를 바 없는 체포의 위협이 상존하던 시대에 이러한 의심은 어머니를 거의 견디기 힘든 지경까지 몰아간다. 결국 그녀는 세찬 비를 맞으며 황급히 인쇄소로 달려가 교정지에 실수가 있었는가와 더불어 자신의 운명을 확인한다. 그녀의 젖은 머리 위로 〈거울〉에 등장하는 가장 짧고도 추상적인 시를 읊는 아르제니 타

[그림 4-2] 〈거울〉 꿈

르코프스키의 보이스오버가 들려온다.

아르제니 타르코프스키가 시를 낭독하는 동안 화면에서는 인쇄소의 긴 복도를 걷는 여주인공의 트래킹 숏이 이어진다. 그녀는 막 자신의 치명적인 실수 여부를 확인한 참이지만, 관객은 아직까지 그 결과를 알지 못한다. 시는 다음과 같다.

어제 아침부터 당신을 기다렸네

사람들은 오지 않을 거라고 했지만

날씨가 얼마나 좋았는지 기억하는지..

화창한 주말의 날씨!

난 외투도 없이 걸었어요

오늘 드디어 당신은 여기 왔건만

오늘은 부슬비에 음울한 날씨

비가 내리고, 날이 저물고,

빗방울은 차가운 나뭇가지를 따라 떨어지는데

형언할 수 없는,

차마 손수건으로 닦아낼 수도 없이…

시와 함께 흐르는 영상 시퀀스는 완벽히 동질적이다. 그저 복도를 걷는 어머니를 비출 뿐이다. 그 결과 영화 속 시간과 공간이 통합되고 이미지를 명확히 이해할 수 있게 된다. 여배우가 관객을 향해 다가오는 동안 카메라는 뒤로 계속 물러선다. 그러나 거의 느끼기 힘든 이 시퀀스의 슬로모션과 시를 낭독하는 보이스오버는 이 장면을 다시 일상성에서 끄집어내어 신화 또는 우화의 영역으로 돌려버린다. 슬로모션과 보이스오버는 분명 실생활에서 경험할 수 없는 순전히 예술적이고 인공적인 장치이기 때문이다. 두 요소는 상식적인 세계관을 바꾸어 놓는 일반적인 예술의 역할에 충실한 것이다.

아울러 규칙적인 약강약 3보격[30]에 약강격이 이어지는 러시아어 시의 간결한 어조가 이 단조로운 영상 시퀀스와 유기적인 조화를 이룬다는 점도 주목해야 한다. 이 시퀀스의 꾸밈없는 이미지는 시의 각 행을 흡수하여 시어 하나하나를 의미심장하게 만든다. 또 '어제 아침부터 당신을 기다렸네…'의 명백한 순박함은 잠재적인 텍스트의 정교한 언어의 설전에 의해 떠받쳐지고 있다.

이 시는 실제 교정 실수가 있었는지 아닌지 불분명한 상태에서 등장한다. 시의 메시지는 이러한 불확실성을 불식시키는 동시에 강화한다. 교정 실수(일상적 현실)의 존재/부재에서 비롯된 이 에피소드의 극적 긴장이 시를 통해 갑자기 다른 층위(연인의 존재/부재)로 바뀌는 것이다. 두 세계(시와 영화의 세계)에서 모두 비가 온다. '형언할 수 없는, 차마 손수건으로 닦아낼 수도 없이…'라는 시구는 여주인공이 인쇄 공장에 달려갈 때 쏟아지는 폭우와 공명하고, 그녀의 젖은 머리는 그 증거가 된다. 이 시의 간결하면서도 복잡한 시적 세계는 인쇄소 에피소드의 절제된 영화적 설정과 대비된다. 울음은 이미지와 언어에 모두 등장하지만, 그 연유는 시에서도 영화에서도 충분히 밝혀지지 않고, 오히려 이 불확실성이 별개의 영화와 시를 유기적으로 연결하는 요소가 된다.

시의 텍스트와 인쇄소 에피소드의 상호 작용은 현대 영화가 감각−운동 도식의 붕괴를 암시한다는 들뢰즈의 주장에 대한 사례가 될 만하다.

말은 더 이상 이미지와 내러티브의 접점이 되지 못한다. 이 시는 작용과 반작용의 영역 어디에도 속하지 않고, 디제시스적 상호 작용의 범위 너머에 존재한다. 그 결과 〈거울〉은 동시대 내러티브 영화에서는 전례가 없는 방식으로 시어를 영화적 장치로 재구성한다. 이 영화는 시의 텍스트를 완전히 디제시스에서 전유하는 상투적인 인용 방식에서 벗어난다. 아르제니 타르코프스키의 시는 어디에서인지 모르게 불쑥 나타나고, 보이스오버는 명시적인 실체가 없다. 낭독되는 텍스트는 시각적 심상과 결합하여 새로운 깊이와 힘을 획득한다.

시 낭독이 끝나면 어머니는 직장 동료이자 가까운 친구인 옐리자베타 파블로브나Elizaveta Pavlovna와 만난다. 사실 인쇄소 에피소드 전체가 그녀에 대한 기억 때문에 영화 내러티브에 포함된 디제시스적 동기를 부여받는다. 두 사람의 예상치 못한 신경질적인 충돌은 오히려 정서적 돌파구의 역할을 한다. 이로서 그때까지 치명적 실수의 존재/부재로 인해 축적된 긴장이 해소되는 것이다. 좀처럼 이해하기 힘든 이 에피소드는 두 여자 간의 미묘한 관계를 드러내는 동시에 감춘다. 어머니는 샤워실에 들어가 문을 잠금으로써 이 싸움을 종결짓는다. 일시적으로 물 공급이 끊겨 샤워를 못하게 되자, 그녀는 혼자 피식피식 웃다가 이내 울음을 터뜨린다. 이렇게 일상적인 행위지만 조금은 비정상적으로 표현된 씻는 모티프가 영화에 두 번째로 등장한다. 이번의 씻는 장면은 갑자기 중단된 후 짧고 극적인 인과 관계가 없는 시골 풍경 컷으로 이어진다. 불붙은 메밀밭을 멀리서 찍은 광경이다. 다른 공간으로의 이 짧은 비약을 통해 어머니와 아이들이 이웃집에서 훨훨 타던 불을 지켜보던 오프닝 시퀀스와 이 에피소드가 연결된다. 이 컷은 또 완전히 다른 시—공간인 1970년대의 모스크바 아파트로 넘어가는 막간의 역할도 한다.

연대기의 비연대기적인 연대표

현재의 화자가 등장하는 첫 번째 이미지에는 같은 여배우 마가리타 테레코바가 전처인 나탈리아Natalia 역으로 등장한다. 이 여인이 거울에 비친 자신의 모습을 뚫어지게 바라보는 동안 그녀의 이혼한 전 남편은 그녀가 자기 어머니를 닮았다고 말한다. 이 말을 계기로 내러티브는 다시 또 다른 시간과 공간으로 비약하여, 잠시 동안 숲으로 둘러싸인 고향집의 일상적인 광경이 펼쳐진다. 두 사람이 대화를 주고받는 내내 남자의 모습은 등장하지 않는다. 그는 이 영화의 또 다른 보이지 않는 목소리이지만, 그의 역할은 시를 낭독하는 아르제니 타르코프스키와는 달리 평범하다. 그는 그저 전처와 말다툼을 할 뿐이다. 이 대화 상대의 시각적 부재로 인해 나탈리아는 화면 밖을 쳐다보거나 거울과 창문에 비친 자신의 상을 바라보며 대화를 이어간다. 그녀와 화자의 시선은 영화 화면 속에서 만나는 법이 없고, 거의 대부분 여자의 '상'이 '실체가 없는' 목소리와 이야기를 나눈다. 따라서 두 사람 사이에는 상호 작용이 없다. 대화는 그저 그들 존재의 흔적을 통해 지속될 뿐이다.

이 만남은 다양한 시―공간적 체계가 가장 빈번하게 교차되는 스페인 사람들과의 에피소드로 발전한다. 둘의 대화가 끝날 때쯤 스페인어로 말하는 목소리가 들리자, 화자는 나탈리아에게 옆방에 가서 '그'를 좀 말려 달라고 부탁한다. 그 방에서는 중년의 스페인 남자가 열정적으로 팔로모 리나레스Palomo Linares를 회상하며 흉내를 내는데, 정신없이 빨려드는 그의 이야기에 앞서 이 유명한 투우사의 투우 장면이 다큐멘터리 화면으로 잠시 등장한다. 이 스페인인과 그의 대식구―공산주의자 집안의 아이들로 스페인 내전 중에 조국을 떠나 소련으로 피난 온 사람들―는 손님이거나 공동 주택에 사는 이웃이다. 무슨 사연이 있든 간에, 이 전쟁 피해자들은 이곳에 살며 화자와 한 공간을 공유한다. 이 아파트는 그들 역시 유년기의 특정한 기억을 떠올리게 만든다. 그 먼 시간과 공간의 기억은 전쟁으로 파괴된 스페인에서 부모와 자식 간의 가슴 아픈 이별을 보여주는 다큐멘터리 자료와 플라멩코 음악 소리를 통해 되살아난다.

열차가 출발하는 장면으로 '스페인인의 유년기' 자료가 끝나고 소련 성층권 기구stratosphere balloon—좀 더 작은 기구에 올라탄 병사들이 끌어올리는 거대하고 느린 기구—의 비행 장면이 이어진다. 이 매혹적인 비행 시퀀스는 사운드트랙인 페르골레시의 '스타바트 마테르Stabat Mater(성모애가—옮긴이)'를 통해 한층 더 정서적으로 고양된다. 타르코프스키는 이렇게 기술적 진보라는 현대적 담론과 종교 음악이라는 고전적 전통을 융합시킨다. 기구가 높은 하늘로 사라지자, 다음으로 1937년에 63시간의 북극 횡단 비행을 마치고 무사히 모스크바로 돌아온 소련 조종사 발레리 츠칼로프Valery Chkalov의 다큐멘터리 자료가 이어진다. 공중에 흩날리는 수천 장의 전단이 이 조종사의 놀라운 위업을 축하하며 감상적인 분위기를 자아낸다. 이처럼 다양한 연대기와 개인적 추억을 조각보처럼 이어붙이면서, 감독은 체계적인 공공의 시—공간과 경험에 의거한 개인적 시—공간 사이의 부조화와 충돌을 탐색한다. 그 후 레오나르도 다빈치의 예술적 업적을 기념하는 모노그래프를 넘기고 있는 이그나트가 등장하여 다큐멘터리 여행이 끝나고 다시 현재 시점의 아파트로 되돌아온다. 이 책은 오랫동안 카메라의 시선을 잡아끈다. 이 장면은 나중에 같은 소년이, 이제 사춘기 시절의 화자가 되어 레오나르도의 다른 그림을 주의 깊게 바라보다가 〈지네브라 데 벤치의 초상Portrait of Ginevra de' Benci〉의 클로즈업으로 이어지는 장면에서 되풀이된다.[31]

이 에피소드는 나탈리아가 서둘러 떠나려다가 바닥에 가방을 떨어뜨려 지체되는 장면으로 계속된다. 소년은 어머니를 도와 아파트 바닥에 떨어진 잡동사니를 가방에 주워 담는다. 이 일상적인 장면에서도 약간 이상한 두 가지 일이 일어난다. 이그나트는 바닥에 놓인 무언가를 건드렸다가 정전기를 느끼고, 그 후 순간적인 데자뷰déjà-vu를 경험한다. 그는 비록 혼잣말로 이 아파트에 처음 왔다고 하지만, 프루스트의 마들렌의 자취는 그에게 바로 이 장소에서 동전을 줍는 바로 이 순간을 이미 겪은 적이 있음을 일깨운다. 어머니는 아들에게 공상은 그만두라고 말하고 마침내 집을 나선다. 카메라가 복도 옆에 붙은 빈 방을 한 바퀴 훑은 다음 이그나트에게 돌아오자, 그는 문을 닫으러 어머니를 뒤따라 나간다. 두 사람이 몇 마디를 주고받은 후(어머니는 소년에게 마리아 니콜라예브나, 즉 이그나트의 할머니이자 타르코프스키의 진짜 어머니가 찾아오면 돌아가지 못하게 하라고 당부한다) 소년은 홀로 남겨진다.

두 사람의 만남은 단일한 회전 이동으로 진행되는데, 그 연속적인 이동은 참으로 타르코프스키다운 방식으로 공간적 비정상성과 더불어 시간적 결과를 초래한다. 방금 전까지 비어있던 방에서 어떤 소리를 듣고 깜짝 놀라 뒤돌아본 소년은, 이제 그곳에서 탁자에 앉아 있는 중년의 여인과 차 시중을 드는 늙은 하녀를 발견한다. 이 정체모를 여성-방문자는 당당한 주인처럼 행세하며 이그나트를 방안으로 초대한다. 그녀의 태도와 모습은 그녀가 다른 시대, 아마도 19세기의 사람임을 말해준다. 그녀는 혁명 전에 이 집에 살았고 이제는 유령이 되어 돌아온 전 주인으로, 이는 공간적 방식으로 표현된 시간의 압축으로 해석할 수 있다. 그녀의 등장은 '시간 그 자체가 사는' 공간이라는 아파트의 위상을 재확인시킨다.[32]

이 방문자는 이그나트에게 어느 공책에 적힌 구절을 읽어달라고 부탁하면서 시간이 많지 않다고 경고한다. 소년은 장 자크 루소Jean–Jacques Rousseau의 『학문과 예술에 대하여Discourse on the Arts and Sciences』의 짧은 인용문을 읽는데 그 구절이 아니라는 소리를 듣고, 이번에는 알렉산드르 푸시킨이 1936년 10월 19일에 표트르 차다예프Peter Chaadaev에게 보낸 편지의 긴 발췌문을 소리 내어 읽는다. 노골적으로 친 슬라브적이지만 아이러니하게도 본래 프랑스어로 쓰인 이 담화는 여자가 재미삼아 읽는 글이다. 이 발췌문은 특별히 미학적 가치가 있어 보이지는 않고, 그 수사학적 힘이 미학적 가치를 능가한다는 점에서 차라리 담론적인 의의가 더 강할 것이다. 그러나 편지 자체의 의미는 직설적이더라도, 시-공간적 범주를 다루는 모든 문학 작품의 직접 인용에 내재된 복잡한 담론과는 연관성이 있을 수 있다. 푸시킨은 역사, 즉 '과거(시간)에 대한 공식적 기록'(OED)을 이야기하며, 러시아가 기독교 세계를 구한 '공간'이라고 단언한다. 이 위대한 러시아 시인에 따르면, 몽골인은 감히 러시아인을 넘어서지 못했다는 것이다.

그러나 여기에서 이그나트와 여성-방문자의 대화 내용은 부차적인 의미를 띨 뿐, 정작 중요한 것은 유령이라는 그녀의 위상이다. 감독은 그녀의 갑작스러운 등장을 다음과 같이 묘사한다.

그들은 이 집과 이곳에 사는 남자, 즉 작가의 모종의 문화적 뿌리이다. 그리고 그의 아들 역시 어떤 면에서는 이 분위기, 이 뿌리의 영향력 하에 있다. […] 이것은 그저 셰익스피어의 『햄릿Hamlet』에서와 같이 끊어진 시간의 가닥들을 한 데 엮어가는 여인일 뿐이다.[33]

감독의 말에서 분명히 드러나듯이, '이음매에서 어긋나버린' 시간은 공간의 유령을 통해 제자리를 찾게 된다.

이 에피소드는 처음 시작할 때처럼, 역시 갑작스럽고 예상치 못한 방식으로 끝을 맺는다. 이그나트가 편지의 발췌문을 다 읽고 나자 밖에서 벨소리가 들린다. 여성-방문자는 그에게 누가 왔는지 나가보라고 시킨다. 소년이 문을 열지만 놀랍게도 밖에 서 있는 자신의 할머니를 알아보지 못하고, 할머니 역시 손자를 알아보지 못한다. 할머니는 집을 잘못 찾아온 것 같다며 떠나버린다. 이 장면의 내러티브적 좌표가 더욱 복잡해지고 아예 엉켜버리는 까닭은 앞선 시퀀스에 등장했던 작은 세부 묘사 때문이다. 이그나트가 푸시킨의 편지를 읽는 동안, 등 뒤로 그의 할머니, 즉 감독의 실제 어머니인 마리아 니콜라예브나의 사진이 보이는 것이다. 사진은 감독 어머니의 실제 출연과 마찬가지로 궁극적인 현실을 표상하고, 두 요소 모두 〈거울〉의 미학적 영역으로 진입한다(영화의 후반부에서 나탈리아는 촬영장에서 마리아 니콜라예브나와 함께 찍은 여러 장의 사진들을 넘겨보는데, 두 사람은 서로 닮아 보인다). 이 에피소드에서는 실제-허구와 현실-환각의 쌍들이 서로 교차한다. 약간 당황하여 방으로 돌아온 이그나트는 방안에 아무도 없는 것을 발견하고 진심으로 깜짝 놀란다. 현재와 과거 사이의 이음매 역할을 하던 시간의 가닥이 또다시 공간적 형태로, 즉 탁자에 서려있던 찻잔의 김이 서서히 사라지는 모습으로 표현된다.

그때 아버지에게서 걸려온 전화가 소년을 '깨운다'. 아버지는 아들 나이 때 입술에 상처가 난 빨강 머리 소녀와 사랑에 빠졌던 이야기를 들려준다. 실체가 없는 목소리, 이번에는 전화 수화기를 통해 들리는 이 목소리가 영화의 내러티브를 전후의 소련으로 옮겨간다. 이야기에 나온 소녀의 이미지가 등장한 후 레닌그라드 포위 때 살아남은 고아 아사피예프Asafiev의 발사 연습 에피소드가 이어진다. 이 아이는 말 그대로 방향 감각을 상실한, 전쟁의 궁극적인 희생자이다. 소년은 군사 명령 체계에 도전하고 군사 용어 배우기를 거부한다. 그는 '뒤로 돌아'(러시아어 'krugom'은 말 그대로 '180도 회전'을 의미한다)라는 명령을 360도 회전으로 해석한다. 또 톨로프 넬슨Tollof Nelson의 지적대로 이 에피소드 전후의 전쟁 연대기도 내러티브상 그와 연관된 듯 보인다. '방향 감각을 잃고 혼란에 빠진 [아사피예프의] 반항적인 눈을 통해, 관객은 수류탄 장난, 시바쉬Sivash호 횡단, 제2차 세계대전 종결 등 별개의 묵시록적 전쟁 시퀀스 3개를 연속적으로 받아들이게 된다.'[34]

'수류탄 장난'은 아사피예프가 군사 교관에게 혼난 뒤 가방에서 가짜 수류탄을 꺼내는 에피소드이다. 아이들이 수류탄을 잡고 무심결에 안전핀을 뽑는다. 그러자 소년이 '수류탄'을 들고 계단을 굴러 내려가 멀리 던져 버린다. 교관은 재빨리 아이들에게 도망가라고 외치며 수류탄에 몸을 던진다. 그때 그의 모자와 플라스틱 가리개가 벗겨져, 머리뼈가 없어 맥박이 뛰는 상처 부위가 드러난다. 전쟁 중에 포탄에 맞은 상처가 틀림없다. 카메라가 잠시 멈추어 교관의 머리를 클로즈업하고, 심장 박동 소리가 점점 커지면서, 관객은 완전히 무방비 상태로 드러난 맥박 뛰는 생살과 마주하게 된다. 그는 수류탄이 가짜라는 사실을 깨닫고 일어나 아사피예프를 부드럽게 나무란다. 그가 탈진 상태로 다시 주저앉자, 잠시 동안 입술 부은 빨강 머리 소녀의 화면이 다시 등장한다. 실제 타르코프스키의 의붓딸인 이 소녀의 클로즈업에 이어 시바쉬호를 건너는 다큐멘터리 장면과 한 편의 시가 어우러지는, 이 영화에서 가장 잊지 못할 시퀀스가 시작된다.

〈거울〉에서 '삶, 삶'이란 시의 연출 장면은 아마 아르제니 타르코프스키의 시와 안드레이 타르코프스키의 영화적 기법이 가장 눈부신 조화를 이루는 장면일 것이다. 영화의 디제시스라는 허구적 공간에 '현실의' 두 작품, 즉 감독의 아버지가 지은 시와 익명의 사진사가 찍은 제2차 세계 대전 다큐멘터리 장면이 담기게 된다. 이 다큐멘터리는 악천후 속에서 시바쉬호를 건너가는 소련군의 초인적인 노력을 기록한 자료로, 이 우크라이나의 호수는 극심한 악취 때문에 '썩은 바다Rotten Sea'라고 불린다.

이 시퀀스에서 언어와 이미지는 다양한 의미론적 가능성을 제시하는 대단히 밀도 높은 예술적 질감을 빚어낸다. 텍스트와 영상 자료의 상호 작용도 매우 활발하다. 시가 등장하기 전에 약 2분 동안 시바쉬호를 건너는 장면이 앞서 등장한다. 자연에 맞서 싸우는 병사들의 이미지에 처음에는 자연스러운 물 첨벙거리는 소리가 깔리더니 점차 불안감을 조성하는 북소리가 끼어든다. 그 후 아르제니 타르코프스키의 목소리로 다음 시의 낭송이 시작된다.

'삶, 삶'

1
나는 예감을 믿지 않는다
나쁜 징조도 겁내지 않는다
비방이나 독약으로부터 도망치지 않겠다
세상에 죽음이란 없다
우린 모두 불멸의 존재 모든 게 죽지 않는다
열일곱 살이든, 일흔 살이든 죽음을 겁낼 것 없다
오직 빛, 실재가 있을 뿐 어둠은 없다

이 세상에 죽음은 없다

이미 우리 모두 해변에 와 있다

불멸이 물고기 떼처럼 몰려 올 때

그물을 끌어올리는 사람들 중에 내가 있었다

2

집에서 살면서, 그 집이 버티게 하라

나는 내가 좋아하는 시대를 불러내서

그곳에서 나의 가정을 꾸미리라

그리하여 당신의 아내와 아이들이

나와 같은 식탁에 앉게 되고

증조할아버지와 손자들도 함께 할 것이다

일어날 일이 지금 일어나고 있다

내가 손을 들면 오색 빛이 너와 함께 머물리라

지나간 나날들을 갱도의 버팀목처럼

내 어깨로 떠받쳤고 땅을 측량하듯 시간을 쟀고

우랄 산맥을 지나듯 시간 속을 걸었다

3

나는 내게 맞는 세기를 선택했고

우리는 먼지 나는 초원을 가로질러 남쪽으로 향했다

안개 피어오르는 키 큰 잡초 속에서

메뚜기는 뛰고 더듬이로 편자를 만지고

수도승처럼 예언을 하며 나에게 파멸을 경고했다

나는 내 운명을 내 안장에 묶었고 지금도 어린 소년처럼

미래가 등자에 서 있는 것을 본다

내 피가 한 세기에서 다음 세기로

흐르는 것만으로도 불멸이라 할 수 있지

항상 따뜻하고 아늑한 구석을 위해서라면

내 삶을 자진해서 바치리

나는 덧없는 인생의 바늘귀에 실처럼 꿰어서

온 세상에 옮겨질 수 있으리

내 피가 이 시대에서 저 시대로 흐르도록 하는

나의 불멸에, 나는 행복하다

하지만 삶의 바늘이

실로서 나를 여러 세상으로 이끌지 않는다면

항상 따뜻한 보금자리를 위해

나는 기꺼이 내 생명을 바치리라

　화면 속 다큐멘터리가 시바쉬호라는 끝없이 펼쳐진 공간을 헤치고 나아가는 병사들을 비추는 동안, 시의 텍스트는 문자 상 그리고 은유적인 감각 모두에서 이동의 개념이 주조를 이룬다. '삶, 삶'의 몇 행은 공간에서 공간으로, 하나의 국면에서 다른 국면으로의 이동을 묘사한다.[35] 이렇게 시에 내포된 다양한 암시들이 이 영상을, 비예술적인 노골성과 다큐멘터리 특유의 직설 화법에서 구한다. 덕분에 화면에 등장하는 사람들은 단지 호수를 건넌다는, 실체가 분명한 장벽과 맞서는 중이라기보

다 형이상학적 자장 안에 진입하여 이동하는 것으로 보인다.

시바쉬의 드넓은 호수는 시간의 저수지, 즉 헤라클레이토스의 강이 된다. 관습적인 비유에서 시간은 실제로 우리가 밟고 지나갈 수 있는 동적이거나 정적인 사물로 표현된다. 이 경우에 물은 매우 이상적인 상징인데, 흐르고 있든, 정지해 있든 언제나 자연스러워 보이기 때문이다. 이 시에 나오는 가장 인상적인 시간의 비유 역시 직접적으로 액체성의 실체를 다룬다. '이미 우리 모두 해변에 와 있다/ 불멸이 물고기 떼처럼 몰려올 때/ 그물을 끌어 올리는 사람들 중에 내가 있었다'와 '내 피가 한 세기에서 다음 세기로 흐르는 것만으로도/ 불멸이라 할 수 있지' 이 두 구절의 힘은 불멸, 결국 영원을 '소유'하려는 시도에 있다. 물고기 떼처럼 무리지어 몰려오는 불멸은 시인의 그물에 걸리고, 그의 피는 이 시대에서 저 시대로 흘러 영원의 영역에 도달한다.

이 시퀀스에서는 병사들의 최종 목적지, 즉 시바쉬호의 반대쪽 제방이 보이지 않는다는 사실이 모호함을 더하면서 이 에피소드를 열린 결말로 남겨둔다. 이제 군대가 호수를 건너는 것은 영원히 계속되어야 할 저주받은 숙명적 행위가 된다. 흑백 자료라는 점도 이들이 끝내 목적지에 도달하지 못하리라는 하나의 암시가 된다. 여기에서 보여주는 것은 그저 '목적 없는' 이동이다. 이 에피소드는 내러티브적 정보를 제공하려는 의지가 없다. 대부분의 관객이 이 다큐멘터리의 역사적 배경을 알지 못하고, 왜, 언제, 어디에서 건넜는지, 심지어 결국 건너는 데 성공했는지조차 알지 못하기 때문이다. 그리하여 인간의 고통은 추상적인 범주에서, 특정 사건의 결과가 아니라 일반적인 인간 조건으로 그려지게 된다.

모호한 공간의 역할은 '삶, 삶'의 2연 마지막 행에서 더욱 잘 드러난다. 여기에서는 시간이 주요한 범주로 물화되면서도 여전히 공간과의 상관관계를 유지한다. 시간이 측쇄로 측정되고 우랄산맥을 가로지르듯 지나오는 것이다. 통일되고 안정적인 공간 개념의 해체를 한층 가속화하는 것은 역시 아르제니 타르코프스키의 보이스오버이다. 시인의 낭독은 또다시 실체가 없는 목소리로 등장하여, 동질적인 디제시스적 공간 밖에서 들려온다. 이 목소리가 영화에 대한 관객의 인식을 바꿀 수 있는 것은 국지화되거나 영화 속의 특정 인물과 결부되지 않기 때문이다. 보다 추상적인 범주에 속하는 시간은 공간의 명시적인 시계를 벗어나고자 안간힘을 쓴다.

이 시-공간적 긴장에서 다큐멘터리 장면의 역할은 결정적이다. 다큐멘터리의 대표적 특징 중 하나는 기억이란 개념과의 연관성이다. 다큐멘터리는 연출된 삶이 아닌 '실제의' 삶을 제시하므로, 객관적인 기억이라고 볼 수 있다. 〈거울〉은 사회적 기억과 개인적 기억의 영역을 '교란'시켜 과거(역사)와 현재 사이의 관계를 탐색하려는 시도이다. 다큐멘터리 영상과 내러티브 에피소드를 대비시켜 사회적 영역과 개인적 영역 사이의 엄격한 경계를 제거한다. 그 결과 관객은 역사적 변화가 개인적인 인간사의 배경이 되는지, 혹은 그 반대인지를 확신하지 못한다.

이 영화에 사용된 다큐멘터리 영상은 분명히 실제 자료다. 화질에 흠이 있지만, 그것을 개선하거나 원상회복하려는 노력도 없었다. 이 영상의 질감은 촬영 과정에서 겪었던 과거와 열악한 조건에 대한 증언이다. 따라서 이 자료의 역사적 의미가 영화 내러티브에서 중요한 역할을 한다. 다큐멘터리 이미지는 현재 시점에 해당하는 영화의 순수하게 허구적인 부분에도 어느 정도 진실성을 부여한다. 또 〈거울〉에 삽입된 다큐멘터리는 말 그대로 시간과 공간의 인용이다. 다큐멘터리 장면은 그 자체가 허구의 디제시스적 영역에 속하지 않고, 현실과 직접적으로 상관 있는 별개의 시-공간적 체계를 표현한다. 현실 세계에서 실제 벌어졌던 사건들을 보여주는 것이다.

이러한 '실제' 부분이 영화의 구조 속에 삽입되면, 그 부분의 이질적인 성격이 확연히 눈에 띈다. 이것은 타르코프스키가 자신의 장편 영화에서 허구 장면을 다큐멘터리 자료처럼 찍는다는 주장으로 확장될 수도 있다. 다큐멘터리적인 접근법은 뜻밖에도 '우연한 만남, 우연한 일치, 예기치 못했던 신비로운 연결'[36]의 가능성을 창출한다. 그러므로 감독은 자연을 모방함으로써가 아니라 이미 자연에 존재하면서 선천적으로 창조적인 것을 지시함으로써 예술적 영역에 도달하는, 특정한 모방 이전의 상태를 주장한다. 관객은, 지젝의 말을 빌리자면, '현실 자체를 하나의 허구로 경험하도록'[37] 초대받는다. 그 결과 다큐멘터리와 허구 장면 사이의 구분이 깨어진다. 나아가 자서전적 시간과 역사적 시간의 선형적 가닥들이 서로 엮이어, 특정한 '실제' 공간에 대한 꿈과 환영으로 이루어진 조각들은 그 후에 이어붙이는 데 사용된다.

'삶, 삶' 시퀀스의 마지막 이미지는 관객을 다시 '실제' 역사에 관한 다큐멘터리에서 영화 속 디제시스의 가상 세계로 되돌려 놓는다. 화면 속에 표면적으로는 브뤼헐에게서 영감을 받은 풍경들이 펼쳐진다. 원경에서 움직이는 인물들까지 신중히 흩어지도록 배치한 언덕배기 풍경으로, 이미 약간 다른 모습으로 〈솔라리스〉에 등장했던 바 있다. 아사피예프가 카메라로 다가오는데, 조용히 눈물을 흘리며 휘파람을 불고 있다. 눈물이 그렁그렁한 그의 눈은 목격자의 눈이다. 몸에 비해 너무 작은 옷을 입은 이 외로운 아이는 전쟁의 기억과 환영의 최종적인 운반자이다. 그 후 베를린 함락과 원자 폭탄 폭발을 다룬 다큐멘터리 자료가 다시 한 번 내러티브의 흐름을 파괴한다. 이 역사적 기록은 제2차 세계대전의 종식과 그 폭력적인 피날레, 즉 히로시마와 나가사키의 폭탄 투하 장면을 동시에 보여준다. 이어서 내러티브는 다시 브뤼헐의 풍경으로 돌아가, 슬로모션 화면으로 참새가 소년에게 날아와 그의 모자에 앉는 이례적인 사건을 보여준다[그림 4-3]. 아사피예프가 손으로 새를 잡자, 내러티브가 다시 다큐멘터리 자료로 바뀌며 중단된다. 결국 문화 혁명과 다만스키 섬Damansky Island(중국 이름은 전바오섬)을 둘러싼 1969년의 중·소간 국경 분쟁 사건을 찍은 장면이 에피소드를 마무리한다. 무력 충돌의 역사는 베를린 함락으로 끝나지 않고, 아사피예프의 기억은 미래의 분쟁에 대한 예감으로 뻗어 나가는 것이다.

숲

영화의 나머지 3분의 1에서는 다큐멘터리 화면이 등장하지 않지만, 내러티브의 흐름은 여전히 매우 불안정하다. 〈거울〉의 마지막 부분은 다양한 시—공간적 이동과 일탈이 지배한다. 배우들의 정체성 분열과 그보다 더 심한 현실적 측면, 즉 감독 자신과 그의 어머니, 아내, 의붓딸의 직접적인 영화 속 등장이 관객을 더욱 혼란에 빠뜨린다. 화자와 그의 이혼한 전 처 나탈리아의 만남은 영화 전반부에 나왔던 두 사람의 만남을 그대로 되비춘다. 남자의 존재는 여전히 실체가 없는 목소리로 표현되고, 여자는 방을 돌아다니며, 그녀의 얼굴을 비추는 다양한 상들이 화면을 압도한다. 둘의 대화가 끝나면 역시 집에 대한 추억과 숲이 등장하는 꿈 시퀀스가 이어진다. 게다가 영화 끝 부분에서는 선형적인 내러티브의 인쇄소 에피소드와 대칭을 이루는 시퀀스가 나온다. 부유한 의사 아내에게 귀걸이를 팔려는 어머니의 노력을 보여주는 이 시퀀스는 〈거울〉에서 마지막으로 '일관성 있는' 부분이다.

의사의 부유한 가정은 앞에서 언급한 대로 카메라 자체가 거울로 변하는 장면을 비롯하여 다양한 반사와 굴절의 상호 작용에 필요한 공간

[그림 4-3] 〈거울〉 '삶, 삶'시퀀스

을 제공한다. 귀걸이를 팔아 자식들에게 먹일 것을 구하려는 어머니의 상처받기 쉬운 이미지와 의사 부인의 당당하고 집안 가꾸기에 열심인 모습이 극명한 대조를 이룬다. 두 세계의 화해 불가능성은 수탉을 잡는 장면에서 최고조에 달한다. 의사 부인은 어머니에게 떠나기 전에 저녁 식사 때 먹을 닭을 잡아달라고 부탁한다. 이러한 일을 전혀 해 본적 없어 보이는 어머니는 마지못해 승낙한다. 도축 행위는 화면 밖에서 벌어지지만, 옆에 있던 의사 부인의 얼굴에 그 흔적, 즉 날아다니는 닭털을 남긴다. 카메라는 옆으로 이동하여 아래쪽에서 조명을 받아 섬뜩해 보이는 어머니의 얼굴을 잠시 비춘다. 그녀 뒤의 벽면에서 물이 흘러내리며 공간적 비정상성이 나타나, 다음에 이어질 시-공간적 비약을 예고한다. 어머니는 이 슬로모션 클로즈업 장면에서 카메라를 똑바로 노려보고, 감독은 또 다시 숏/리버스 숏 기법을 변형하여 서로 어긋난 두 개의 시-공간을 연결시킨다. 어머니의 시선은 그녀의 '침대' 옆에 반쯤 벗고 서 있는 전 남편의 시선으로 응답을 받는다. 이렇게 현실의 영역으로서 컬러로 촬영된 의사의 집과 흑백의 꿈속의 방이 하나로 이어진다.

　시선을 받은 남자는 여자가 누워 있는 침대 옆에 서 있는 듯하다. 그때 카메라가 줌 아웃하여 어머니가 실은 침대 위의 허공에 떠 있고, 머리는 마치 보이지 않는 어딘가에 누워있는 듯한 모양새로 흐트러져 있음이 밝혀진다. 그녀의 전 남편은 갑자기 종적을 감추고, 그녀는 어두운 방에 들어 올려 진 채 홀로 남겨진다. 이 방은 영화 도입부의 첫 번째 꿈에서 등장했던 곳과 동일한 공간이다. 이 비현실적인 공중 부양, 속세의 잔혹한 삶을 벗어나려는 필사적인 시도에 화면을 가로질러 날아가는 비둘기가 함께 등장한다. 이 표현주의적 장면은 명백한 환영이다. 어머니의 보이스오버로, 그녀가 상태가 좋지 않을 때만 남편을 '본다'는 사실이 전달된다. 현실로의 복귀는 매우 급작스럽게 이루어진다. 이제 사춘기 소년이 된 화자와 어머니가 문을 열고 의사 집을 나선다. 전시에 어울리지 않게 부를 과시하는 모습을 참을 수 없었던 어머니는 귀걸이를 팔지 않고 집으로 돌아가기로 결심한다.

그 집을 나설 때 〈거울〉에서 인용된 아르제니 타르코프스키의 마지막 시 '에우리디케Eurydice'가 등장한다. 시는 이 영화에서 시-공간적 전치의 또 다른 텍스트적 동인이다. 어머니는 아들 알렉세이Alexei와 함께 춥고 습한 작은 강둑을 따라 걷는다. 다른 시와 마찬가지로 역시 실체가 없는 아르제니 타르코프스키의 목소리로 시 낭독이 시작된다.

'에우리디케'

사람이 가진 것은 하나
외로운 껍데기
영혼이 보기에
육신은 누추한 것
사람들이 잘 알 듯
커다란 동전 같은 귀와 눈이 박혀 있네
터지고 갈라진 살갗이
뼈다귀와 허리를 덮고 있네

그러니 각막을 통해
푸른 창공으로 날아가라
얼음처럼 차가운 저 위 수레바퀴살

새 같은 수레가 나는 곳으로

네 육신의 감옥의 쇠고랑 소리에

귀 기울여 보라

숲과 옥수수 밭이 버석거리고

일곱 바다가 소리친다

몸 없는 영혼은 죄스럽네

옷 안 입은 몸처럼

무늬도 행동도

계산도 산문도 없다

그것은 불공평한 수수께끼

누가 무모하게 돌아오리

춤추는 이 없는 저 광장에서

그가 춤을 추었을 때

네 영혼은 딴 색깔의 옷을 입은

다른 것을 꿈꾸네

그것은 불타며 다시

두려움에서 희망으로 바뀌고

그림자 없는 불처럼

그것은 땅을 헤매네

식탁에 놓아둔 라일락

한 묶음 잊지 못하여

아이야, 날아라

불쌍한 에우리디케를 애도하지 말고

막대기로 너의 구리 굴렁쇠를

온 세상으로 굴려라

발자국마다 즐겁고 퉁명스럽게

지구가 대답하는 소리가

얼핏 얼핏 네 귀에 들릴 때까지

그 고양된 어조에도 불구하고, 이 시의 주제는 죽음이다. 시인은 추상적인 방식으로 반드시 죽어야 할 운명에 대해 이야기한다. '에우리디케'에서 죽음은 특정인의 삶에서 나타나는 비극적인 사건이 아니라 추상적인 범주로 표현된다. 또 영혼은 지상의 껍데기라는 한계를 벗어나기 위해 분투하는 듯하다. 영혼은 천상의 영역에 가 닿고자 애쓴다. 시인은 계속해서 실체가 없는 영혼의 상태와 그 이후의 변화/탈바꿈에 대해 묘사한다. 시는 에우리디케의 애도를 멈추고 계속 살아가는 '아이'를 언급하며 끝난다.

이 시에서 신화 속 인물인 에우리디케의 역할은 그다지 분명하지 않다. 그녀는 단지 애도의 대상이자, 버려진 육신의 껍데기로 치부된다. 또 오르페우스의 잃어버린 사랑 이야기를 둘러싼 담론도 이 텍스트에서는 크게 두드러지지 않는다. 죽음을 극복하는 예술의 힘(오르페우스의 음악은 냉혈한 하데스, 즉 지하 세계의 신마저 감동시켰다)이나 불신과 조바심의 개념(오르페우스는 이승으로 돌아오는 동안 에우리디케를 돌아보지 말라는 하데스의 조건을 지키지 못했다)도 다뤄지지 않는다. 대신 '에우리디케'는 엇갈리는 인상을 준다. 이 시는 삶과 죽음을 동시에 찬양하고 애도한다.

이 중간적이고 다소 모순적인 상태는 이 시퀀스의 이미지를 통해 더욱더 강화된다. 알렉세이와 강둑을 따라 걷는 어머니의 숏—명확하고 선형적인 서사 라인이 살아있던 이전 시퀀스의 잔영—이 계속 이어지다가 숲으로 둘러싸인 집의 추상적이고도 불가사의한 이미지로 넘어간다[그림 4-4].

숲과 집의 일부는 세피아 톤으로 촬영된다. 앞선 이미지의 컬러 화면에서 단색으로의 변화는 극단적인 미학적 결과를 초래한다. 일상적인 색채감이 결여되자 꿈의 함의가 도입되는 것이다. 게다가 이미지들은 확연히 인식할 수 있는 슬로모션으로 진행된다. 속도가 늦춰진 이동 장면은 관객에게 화면 속 이미지에 깊이 빠져들어 현실을 낯설고 상이한 각도에서 바라보도록 권유한다. 이 숲과 집은 단숨에 관객을 환영의 영역으로 데려가고, 그 시간적 성격은 감독이 기억하는 과거인지 아니면 재현된 현재의 꿈인지 불확실한 상태로 남는다.

이 시를 보완하는 세 개의 에피소드(강둑, 숲, 집)는 관습적인 내러티브 기법을 통해 서로 연결되지 않는다. 또 단일한 서사 라인을 일관된 영상으로 표현하지도 않는다. 여기에는 논리적 연관성이 결여되어 있고 플롯의 전개에서 동기를 부여받지도 않는다. 이것은 영화 속 화면에 유년기의 숭고한 영역을 재현하려는 타르코프스키의 시도이다. 숭고함이란 일상적 경험을 넘어서는 무엇인가로, 게오르크 빌헬름 프리드리히 헤겔Georg Wilhelm Friedrich Hegel은 '현상의 영역에서 그 표상으로 적합한 사물을 찾지 않고 무한한 것을 표현하려는 시도'[38]라고 정의했다. '에우리디케'와 함께 등장하는 영상 시퀀스는 이 '도달 불가능한' 혹은 무한한 차원에 다다르고자 하고, 그 결과 적절히 표현될 수 없는 것을 표현해야 하는 악순환을 극복하기 위해 자유로운 기법을 도입할 수밖에 없다. 헤겔은 이렇게 말을 잇는다. '무한한 것은 형태가 없는 보이지 않는 의미로서 전체적으로 뒤얽힌 대상성으로부터 벗어나 내적으로 만들어지기 때문에, 바로 그 무한성으로 인해 말로 표현될 수도 없고 어떤 유한성에

[그림 4-4] 〈거울〉 숲으로 둘러싸인 집

의해 표현되는 일에서도 초월해 있다.'[39]

타르코프스키는 이렇게 말로 표현할 수 없는 것을 표현하고자 노력하며, 시-공간을 엄격히 제한하는 선형적인 내러티브와 안정적인 인물 구축 등의 '유한한' 범주를 파괴함으로써, 유년 시절로 불가능한 회귀를 시도한다. 그 결과는 프랭크 커모드Frank Kermode의 표현에 따르면 '밝은 혼돈의 느낌'[40]으로, 관객은 화면에 제시되는 공간에 서사적 정보가 안정적으로 담겨 있으리라는 기대를 버리고, 대신 감독의 잃어버린 유년기에 대한 인상을 전하기 위한 특수하고 추상적인 이미지와 마주하게 된다.

또 이질적인 내러티브 단위를 조합하여 만들어 낸 결과가 플래시백이나 회상의 논리에 따르지 않는다는 점도 강조되어야 한다. 타르코프스키의 영화 언어는 엄격한 연대순에 따르면서 오로지 이전의 현재에 대해서만 회상이나 플래시백/회상을 사용하는, 사후적 장치의 '함정'에 빠지길 거부한다. 대신 그는 훨씬 더 복잡한 시-공간적 구조를 다루며, 공간적으로 제한된 과거-현재-미래의 역사적 시간 순서를 벗어난다. 〈거울〉에서 택한 미학적 전략은 '별개의 기간, 또는 여러 층위의 기간이 공존하여, 하나의 사건이 여러 층위에 속할 수 있고, 과거의 평면들이 발생순서와 다르게 공존할 수도 있다.'[41]는 들뢰즈의 말을 이루어 낸다. 결국 시간은 다양하게 뒤섞인 평면들 위에서 어긋나고 또 발견된다.

타르코프스키의 시간의 개념에 대한 집착은 공간적 한계를 극복하려는 시도로서, 〈거울〉을 이루는 두 가지 테마, 즉 유년기와 죽음의 테마를 통해 특히 부각된다. '에우리디케' 에피소드에는 두 가지가 모두 존재한다. 시의 텍스트가 죽음의 개념을 이야기하는 동안, 영상 시퀀스는 유년기의 추억을 보여준다. 이미 과거가 되어 버려 더 이상 돌아갈 수 없는 유년기와 아직 경험해 볼 수 없는 미래의 죽음. 감독은 현재로서는 둘 다 불가능한 공동空洞 상태에 놓인 자신을 발견하고, 어쩌면 이것이 바로 그가 내러티브의 관습을 뛰어넘게 만드는 원동력일지도 모른다. 영화는 플롯 구성단위의 일관성과 선형성에 구애받지 않고 전후(과거-현재)를 오가는 이동으로 구성된다.

또 유년기와 죽음은 둘 다 지극히 자전적인 테마이다. 유년기의 회상은 단순히 먼 과거에 대한 중립적인 추억이 아니라, 현재 순간에도 결정적 국면에 이를 때마다 항상 되돌아보는 지점이고 죽음은 타르코프스키가 〈거울〉에서 궁극적으로 파고들려는 주제로 보인다. 앞서 말했듯이 '에우리디케'의 비유들은 피할 수 없는 죽음을 주요 모티프로 삼는다. 더구나 한 에피소드에서는 임종을 앞둔 작가-화자가 등장한다. 이 장면은 시간적 위치가 대단히 모호하여 영화의 현재 시점(1970년대의 소련)에 일어나고 있는 사건인지 어느 먼 과거의 일인지조차 불분명하다. 주인공은 의사 한 사람과 두 여인, 즉 앞선 에피소드의 19세기에서 온 사람들로 보이던 신비로운 방문객과 그 하녀에 둘러싸여 있고 방의 실내에는 어떠한 시간적 지표도 없다. 따라서 여기에 묘사된 죽음은 순전히 상징적이고 양식화된 사건이 된다. 자유로워진 새의 행위는 ('그러니 각막을 통해/ 푸른 창공으로 날아가라/ 얼음처럼 차가운 저 위 수레바퀴살/ 새 같은 수레가 나는 곳으로'라는 시구를 되풀이하며) 주인공의 죽음을 알리는 우화적인 방법이지만, 내러티브의 연대기 속에서 이 사건의 위치를 밝혀내기에는 여전히 역부족이다.

죽음과 자서전은 보통 자연스럽게 연결된다. 예를 들어, 필리프 르준 Philippe Lejeune은 자화상self-portrait의 죽음의 측면을 가리키는 새로운 용어로 'self-mortrait(자사상自死像-옮긴이)'[42]이라는 조어가 필요하다는 급진적 주장을 제기한다. 또 에우제니오 몬탈레Eugenio Montale의 마지막 시집에 바친 헌정 수필에서 정교한 필치로 '죽음이란 테마는 언제나 자화상을 만들어 낸다.'[43]고 역설한 조지프 브로드스키Joseph Brodsky 역시 같은 입장을 공유한다. 이 러시아 시인은 한발 더 나아가 아리스토텔레스의 미메시스('예술이 삶을 모방한다.')가 '예술이 죽음을 "모방한다."'로 바뀌어야 한다고 주장한다. 다시 말해 '예술이 스스로의 덧없음을 깨닫고 가급적 가장 긴 버전의 시간을 품으려 한다.'[44]는 것이다. 자전적인 상은 이제 삶과 죽음뿐 아니라 현실과 예술의 각축장인 셈이다.

'죽음' 하면 가장 먼저 떠오르는 것은 자신의 죽을 운명, 즉 시간이 정해진 운명이다. 따라서 삶의 유한성으로 생각이 비약하는 것은 모든 자전적 노력의 불가피한 전제 조건이다. 자서전이란 '상이한 종류의 담론, 즉 역사, 에세이, 심리, 이데올로기, 사실, 서정시, 연구, 추측이 뒤섞인 다성 음악'[45]이라는 주장에, 이 모든 담론이 죽음의 프리즘을 통해 인식된다고 덧붙일 수도 있을 것이다. 자신의 삶을 텍스트로 바꾸는 행위의 의미는 죽음을 면할 수 없는 운명에 대한 집착에서 비롯된다. 모든 것을 소멸시키는 동시에 생성시키는 불가항력의 시간에 대한 필사의 도전인 것이다.

〈거울〉은 역사적 시간의 흐름에 굴복하는 모든 인간과 세대 간의 시-공간적 유대 관계를 탐색하는, 영상으로 쓴 자서전이다. 아르제니 타르코프스키의 시들은 이 탐색의 적극적인 동인이다. 시의 테마와 영화 속에서 시가 등장하는 방식(결코 단순한 예시가 아닌)으로 말미암아, 시간은 전면에 나서 공간의 개념을 벗어나려는 필사적이고도 헛된 시도를 벌이게 된다. '영혼이 보기에/ 육신은 누추한 것'이라는 '에우리디케'의 한 행처럼 말이다. 이러한 시간에 대한 집착은 비단 감독의 취향과 미학적 전략뿐 아니라 영화 내용 자체의 특징에서 비롯된다고 볼 수도 있을 것이다. 추억, 자서전, 역사, 필멸 등은 전부 공간을 희생시켜 시간을 주된 범주로 삼아야 할 필요가 있는 주제들이다. 모두 과거와 상상의 세계라는 불가능한 영역으로의 비약을 꿈꾸기 때문이다. 타르코프스키는 이 비약을 실현시키는 밀도 높은 모티프로서 숲의 이미지를 반복적으로 사용한다. 〈거울〉에서 숲은 과거의 시간과 비현실을 의미하는 장소이다.

숲의 압도적인 존재감은 영상의 측면에만 국한되지 않는다. 인쇄소 시퀀스에서는 역시 죽음이란 테마를 통해 자서전의 개념에 접근하는 단테의 『신곡Divine Comedy』이 인상적으로 모습을 드러낸다. 어머니의 친구 옐리자베타 파블로브가 어머니와 다투고 나서 잠시 후에 「신곡: 지옥편」의 도입부를 낭독하는 것이다. 이 인용은 매우 짧고 (〈솔라리스〉에서 디제시스적으로 인용된 세르반테스의 구절과 같이) 줄거리와 무관하며 (〈스토커〉에서 요한 계시록Revelation의 인용문과는 달리) 추상적인 영상과 대응되지 못한다. 옐리자베타 파블로브는 어머니가 샤워실로 들어간 후 걸어서 일터로 되돌아간다. 그녀는 즐겁게 팔짝 뛰는 행동으로 미루어 뭔가 분명히 기뻐하는 모습으로 카메라에서 멀어지는데, 이 때 열정적으로 다음 구절을 낭송한다.

우리 인생길의 한가운데

나는 어두운 숲 속에서 나 자신을 발견했네

[올바른 길을 잃어버렸기에]

Земную жизнь пройдя до половины

Я заблудилась в сумрачном лесу,

[Утратив правый путь во тьме долины.]

Nel mezzo del cammin di nostra vita

mi ritrovai per una selva oscura

[ché la diritta via era smarrita.][46]

단테의 『신곡』의 첫 행은 두 가지 시작을 알린다. 지옥, 연옥, 천국을 오가는 여행의 시작과 시 전체의 시작이다. 그러나 이 도입부의 명징한 단순함과 진솔함은 눈속임에 불과하다. 시인은 첫 문장부터 자신의 미학적 전략을 시사한다. 작가인 '나'와 개별적 인간의 가치를 강조하는 것, 그리고 시인의 육성이 몸체, 즉 움직이는 육신을 얻는 것이다.

앞에 인용된 러시아어 번역에서는 이상한 오역이 눈에 띄는데, 이것이 의미상 중요한 결과를 초래한다. 여러 고전 작품을 번역하고 『신곡』 번역으로 스탈린상Stalin Prize을 수상한 미하일 로진스키Mikhail Lozinsky는 명사 '인생'을 수식하는 소유 대명사 '우리의nostra'를 빼고 번역했다. 이탈리아어 원문에서 이 단어의 중요성은 결코 간과해서는 안 된다. 단테는 분명 '우리의' 삶을 이야기한다. 시인은 비록 숲 속에 혼자 서 있지만, 그럼에도 여전히 다른 사람들과 같은 시간대를 공유하며 살고 있는 것이다. 소유 대명사의 탈을 쓴, 이 시의 첫 번째 형용사 '우리의'는 알레고리적으로 사적 영역과 공적 영역의 결합에 성공한다. 이러한 경계의 붕괴야말로 타르코프스키가 바라마지않던 것이리라. 감독은 이 영화에서 개인적 회상을 통해 인류 공통의 정신적 딜레마에 호소하려는 중이니 말이다. 뿐만 아니라, 〈거울〉에 삽입된 구절에서는 'ritrovai'의 러시아어 번역이 바뀌어 있다. 로진스키는 이 단어를 약간 부정확한 'ochutilsia'

로 번역했지만(『신곡』의 영어판에서도 똑같이 이 단어를 '나 자신을 발견했다' 로 번역한다), 타르코프스키는 이것을 'zabludilas'(나 자신을 잃어버렸다) 로 바꾸었다. 단어의 여성형이야 낭독하는 주체가 옐리자베타 파블로브 라는 이유로 설명할 수 있지만, 'ochutilsia' 대신 'zabludilas'을 사용한 것은 쉽게 정당화하기 힘들다. 중립적인 '나 자신을 발견했다'가 '나 자 신을 잃어버렸다'로 바뀌면서, 타르코프스키의 이탈리아 텍스트 번역은 부정적인 뉘앙스를 띄게 된 것이다.

「신곡: 지옥편」의 구절과 함께 나오는 영상 시퀀스는 비교적 단순하 다. 복도를 걸어가며 시를 암송하는 옐리자베타 파블로브는 완전하고 명료한 이미지를 제시한다. 이 에피소드의 유일하게 중요한 특징이라 면, 거의 감지하기 힘든 슬로모션이다. 이러한 특징은 이 장면에서 일상 생활의 조야함과 평이함을 걷어내며, 장면에 대한 관객의 인식을 변화 시킨다. 옐리자베타 파블로브의 느려진 속도의 걸음은 단테의 시와 결 합하여 부인할 수 없는 수수께끼 같은 인상을 자아낸다.

걸으며 시를 읊는 여자의 영상은 논증적인 의미에서도 주목할 만하 다. 사람이 걷는 그 단조로운 리듬의 영상은 음보와 운율을 엄격히 준수 하며 리듬을 중시하는 시와 유기적으로 맞물리는 느낌을 준다. 실제로 〈거울〉의 모든 시는 에피소드 중 인물이 이동하는 장면과 함께 등장한 다. '첫 만남'에서는 어머니가 관객에게서 물러나 카메라를 이끌고 집으 로 들어가는가 하면 '어제 나는 아침부터 당신을 기다렸네…'에서는 그 녀가 관객을 향해 다가온다. '삶, 삶'은 시바쉬호를 건너려는 소련 병사 들을 비추고, '에우리디케'는 작은 강둑을 따라 거니는 어머니와 알렉세 이의 이미지로 시작하여 아이가 집으로 들어가면서 끝난다. 단테의 에 피소드도 예외가 아니다. 더군다나 단테의 시와 인간의 걸음 간의 관계를 조명한 만델슈탐의 견지에서 보자면, 옐리자베타 파블로브의 걸음은 텍스트와 더 큰 연관성이 있다. 이 러시아 시인이 보기에 「신곡: 지옥편」과 「신곡: 연옥편」에서는 '인간의 걸음걸이, 걸음의 보폭과 리듬, 발소리와 발자국을 찬미한다. 호흡과 연결되고 생각으로 가득한 발걸음을, 단테는 시작詩作의 출발점으로 이해했다.'[47]

비록 짧은 감이 있고 다소 '오류'가 보이기는 해도, 영화에서 단테의 시구가 등장하는 데는 깊은 의미가 있다. 그 인용문이 〈거울〉의 전반적인 의미론적 지향점과 일맥상통하기 때문이다. 이 영화와 단테의 시는 중심인물과 이야기의 화자가 일치한다는 점에서 유사한 내러티브 기법을 택한다. 또 역사라는 거대한 내러티브와 정신적인 영역에 명백히 주관적인 방식으로 접근한다. 『신곡』은 단테의 공적인 기억과 사적인 추억에 지배를 받는 온갖 환영들의 보고이다. 이 시에서는 회상의 개념이 무엇보다 중요한데, 단테가 세상을 떠난 친구, 선생님, 지인들을 다시 떠올리고 있기 때문이다. 독일의 문학 연구가 에리히 아우어바흐Erich Au-erbach는 단테가 인간에 대한 인식 방법을 획기적으로 바꾸었다고 주장한다. 이 시인이 전설적이고 도덕적으로 관념적인 입장(윤리적 방식)에서 벗어나 각자의 역사적 현실과 현재 남아 있는 기억에 구속을 받는 살아 있는 개인(구체적 개인)이란 인간상을 제시했다는 것이다.[48]

그러나 여기에서는 『신곡』의 도입부가 당시 단테가 처했던 위기를 보여준다는 점이 아마도 더 중요할 것이다. 〈거울〉의 미학적 전략에도 영향을 미쳤다고 볼 수 있는 그 개인적인 상황 말이다. 단테는 42세에 『신곡』(1307년경)을 쓰기 시작했고, 타르코프스키는 42세에 〈거울〉을 완성했다. 인생의 중반기에 접어든 두 사람은 과거를 다시 불러내 자신이 추구하는 정신적 이상향의 이미지와 한 데 뒤섞어보고 싶다는 충동을 느껐던 것 같다. 두 예술가는 스스로를 역사화 함으로써 각자의 자전적 기획을 완수해 낸다. 두 작품 모두, 역사가 빚어 낸 개인의 삶 같은 시간적 흐름이 주된 미학적 범주가 된다. 타르코프스키의 시간에 대한 선입관은 시에 나타난 자전적인 태도와 불멸에 대한 거듭되는 언급에서 분명히 드러난다. 『신곡』에서도 역시 시간은 객관적으로 정확한(일례로, 그의 여행은 정확히 7일이 소요된다) 동시에 관념적인 무한성을 추구한다('나는 인간 세상에서 하느님 세상으로, 시간에서 영원으로 왔으니'[49]).

시간에 대한 선입관은 「신곡: 지옥편」의 첫 구절에서도 명확히 나타나는데, 이 시에서는 주로 공간적 범주에 대한 명시적인 언급과 결합되어 있을 때가 많다. '우리 인생길의 한가운데'(시간) 다음에 바로 '나는 어두운 숲 속에서 나 자신을 발견했다'(공간)가 따라 나오는 식이다. 흔히 '인간의 진실에 대한 인식을 흐리고, 올바른 길을 찾지 못하게 막는 사회적 영향력'[50]을 상징한다는 숲은 『신곡』에서 가장 인상적인 알레고리 중 하나이다. 시인은 스스로 인간 존재의 타락한 세계에 둘러싸여 있음을 발견하고, 이는 곧 정신적인 혼란 상태를 의미한다.

단테의 구절은, 〈거울〉에서 타르코프스키의 어린 시절 집을 둘러싼 숲의 이미지가 반복되는 점으로 보아, 관련이 있어 보인다. 숲 시퀀스는 느린 속도의 세피아 톤 영상으로 몇 번이나 등장한다. 감독은 이 장면에서 바람에 조용히 흔들리는 수풀의 움직임을 강조하여, 관객은 마치 꿈결에 그 장면 속을 거니는 듯한 인상을 받게 된다. 이 산책은 언제나 집 근처에서 끝나버리고, 영화 끝 부분에 이르러서야('에우리디케' 시퀀스에서) 아이는 비로소 집으로 들어간다. 숲과 집의 이미지가 감독 개인과 깊이 연관되어 있다는 점은 그의 일기와 발언에서 분명해진다. 영화 속의 집은 이그나치예보(Ignatievo) 마을 근처에 실제 타르코프스키가 어린 시절을 보낸 집과 동일한 장소에 지어졌고, 따라서 기억의 시간적 측면을 공간적 방식으로 구현해 낸 셈이 된다. 이러한 시-공간의 전환이 자연스러운 것은, 기억을 떠올리는 과정이 으레 친숙했던 장소, 즉 과거 존재의 지도를 재구축하는 작업을 수반하기 때문이다.

본래 시나리오에서는 숲이라는 장소가 텍스트 상에 명시적으로 등장하여, 더욱 중요한 역할을 부여 받았었다. 영화에 등장하는 첫 시가 '첫 만남'이 아니라 아르제니 타르코프스키의 다른 시 '이그나치예보 숲Ig-natievo Forest'이었던 것이다. 결국 〈거울〉의 숲은 이 언어적 표현을 잃은 대신, 신비로운 이미지로 거듭해서 등장한다.

숲은 전치가 일어나는 경계적인 공간으로서, 영화의 첫 번째 시 '첫 만남' 이전과 마지막 시 '에우리디케'의 뒤에 나오는 결정적 시퀀스들에도 등장한다. 카메라가 '숨어 있는' 빽빽한 나무들의 숲은 인물이 점점 관객에게서 멀어져가다 사라지는, 사방이 탁 트인 들판과 대조를 이룬다. 이 숲-들판의 이미지는 영화의 시작과 끝에 위치하여 마치 〈거울〉의 반사면을 지탱하는 액자 같은 역할을 한다. 그러나 두 에피소드는 그 의미상의 지향점에서 차이가 있다. 각기 다른 종류의 시-공간의 상호작용을 표현하는 것이다.

'첫 만남' 이전 시퀀스에서는 공간적으로 비정상적인 현상이 벌어진다. 아나톨리 솔로니친이 연기하는 의사는 어머니에게 지분거리다가 실패하고 떠나면서 숲으로 둘러싸인 들판을 가로질러 걸어간다. 느닷없이 세찬 바람이 불자, 그는 들판 한가운데 멈춰서 뒤를 돌아보며 어머니와 시선을 마주친다. 이렇게 바람이 분 뒤에 더욱 거센 바람이 또 한 차례 분다. 촬영 당시 헬리콥터로 일으켰을 가능성이 큰 이 바람은 자연스러운 현상처럼 보이지 않아, 인물의 행위를 극적으로 부각시키고, 일상생활의 현장을 불가사의한 영역으로 바꾼다. 공간이 그 자체로 신비로운 면모를 드러내는 셈이다.

'에우리디케' 이후의 시퀀스에서는, 아르제니 타르코프스키가 '에우리디케'를 낭독한 후 (유사한 촬영 기법으로 찍힌) 같은 들판이 다시 등장한다. 이번에는 공간의 비정상성이 명백한 시간적 함의를 갖는다. 어머니는 앞서 오프닝 에피소드에 등장했던 어린 아이들에게 둘러싸여 있다. 그러나 이제 그녀는 타르코프스키의 어머니가 분한 늙은 여인으로 등장한다. 게다가, 테레코바가 연기한 젊은 어머니도 그 들판 저 편에 함께 보인다. 처음에 그녀는 남편과 들판에 누워서 아들과 딸 중 어느 쪽이 좋은지 이야기하다가, 다음 화면에서는 저 멀리에 서서 아이들, 즉 딸과 아들과 늙은 자기 자신을 바라본다[그림 4-5]. 인물들의 정체성을 모호하게 만들고 공존 불가능한 두 가지 시점을 단일한 공간에 병치함으로써, 이 에피소드는 그 즉시 시퀀스를 추상적인 우화의 영역으로 전환시킨다. 선형적인 시간 개념을 준수하며 일관된 서사 양식으로 표현해야 한다는 압박을 넘어서는 것이다.

숲의 중요성은 영화의 맨 마지막 이미지에서 또 한 번 강조된다. 카메라가 아이들을 데리고 들판으로 가는 늙은 어머니를 따라가다가 점점 뒤로 물러나면서 숲 속으로 깊숙이 들어온다. 이로서 혼란의 이미지였던 단테의 숲이 (문자 상으로나 비유적 의미로나) 다른 빛을 받으며 마지막으로 재등장한다. 이 풍경은 (밤이 아닌) 황혼녘에 촬영되었고, (슬로모션의 세피아 톤이 아닌) 일반적인 속도의 영상으로 표현된다. 이렇게 어떤 의미로는 숲의 알레고리가 현실이 된다. 말 그대로 물화되는 것이다.

[그림 4-5] 〈거울〉 결말부

<스토커>의 계시

우리가 아는 현실은 […] 그저
수많은 종류 중 하나에 불과하다.
– 카를로스 카스타네다

:: :: :: ::

인류 문명의, 폐허가 된 풍경을 탐사하는 영화 〈스토커Stalker〉(1979)
의 제작 과정은 한마디로 기술적 재앙이었다. 3개월간의 촬영 후 필름
현상 과정에서 문제가 생겨 그때까지 찍은 필름의 절반 이상을 못 쓰게
된 것이다. 제작상의 혼란은 이 영화의 드라마투르기에 심각한 영항을
미쳤고, 그 결과 〈스토커〉에는 적어도 아홉 개의 확연히 다른 시나리오
가 존재한다.[1] 이 모든 버전은 당대 소련의 컬트 SF소설작가였던 아르카
디와 보리스 스트루가츠키 형제Arkadi and Boris Strugatsky가 타르코프스키
의 철저한 감독 하에 쓴 것이다.[2] 초기 시나리오들은 이 형제의 원작소
설『길가의 피크닉Piknik na obochine』(1972)과 밀접한 관계가 있는 반면, 최
종 버전에서는 초반의 발상을 거의 찾아보기 힘들 정도이다. 스토커란
인물도 극적인 변천을 겪은 끝에 원작 소설의 냉소적인 방랑자에서 정
신적 진리를 추구하는 순종적인 인물로 바뀌어, 타르코프스키의 영화에
서 다소 정형화된 인물인 성스러운 바보에 가까워졌다.

돌이켜 보면, 감독이 〈스토커〉를 내러티브 흐름이 일관된 영화, 즉
시-공간적 비약이나 일탈이 전혀 없는 영화로 구상했다는 사실이 관객
입장에서 다소 의아하기도 하다. 타르코프스키는 저서에서 그러한 입장

을 포괄적으로 밝히고 있다.

　　이 작품에서 내게 무엇보다도 중요했던 것은 이 작품의 시나리오가 시간, 공
간, 사건의 3일치를 견지하고 있다는 점이다. 작품 〈거울〉의 경우, 기록 영화
의 자료화면, 꿈, 현실로 나타난 현상들, 희망, 예감, 그리고 회상 등과 같이
이 영화의 주인공으로 하여금 피할 수 없는 존재의 문제와 대면케 하는, 주인
공의 모든 혼란스런 주변 상황을 적절하게 편집하는 작업이 흥미롭게 여겨졌
던 반면, 〈스토커〉의 경우에는 개개의 몽타주 조각들 사이에 시간의 비약이
존재하기 않기를 원했다. 나는 시간과 그 흐름이 표현되기를 바랐으므로 하나
의 숏 내에서 시간의 흐름을 완료하고자 애썼다. 그럼으로써 숏의 편집이 사
건을 지속적으로 풀어나가는 것 외에는 아무런 기능이 없고, 예컨대 시간을
메우거나 자료를 선별하여 극적으로 조작하지 못하게 했다. 모든 것은 마치
내가 전체 작품을 단 하나의 숏으로 촬영한 것 같은 인상을 주어야만 했다.[3]

　　관객은 이러한 감독의 의도와 최종 결과물의 부합 여부에 대해 대단
히 회의적일 것이다. 〈스토커〉는 단 하나의 숏으로 촬영했다는 인상은
줄 수 있어도—타르코프스키는 편집을 피하기 위해 자신의 예술적 기
량을 총동원한다(그래서 161분짜리 영화가 142개의 숏으로 구성된다)—여전
히 주요 줄거리와는 별개의 시-공간적 층위에서 벌어지는 다양한 서사
적 일탈로 가득하다. 시간의 전치가 일어나는 것이다. 보리스 스트루가
츠키에 따르면, 타르코프스키가 '시간 루프time loop' 장면—'구역Zone에서
사라졌던 탱크들이 반파된 작은 다리를 줄지어 계속 건너가는 단조로운
반복 장면'[4]—을 삭제했다고 한다. 그럼에도 최종 편집본에서조차 시-
공간적 불안정은 여전히 두드러진다. 본질적으로 인간의 이성을 뛰어

넘는 함정을 비롯한 구역의 특성과 거의 정신 착란에 가깝게 거듭되는 스토커의 환영으로 인해, 내러티브가 아무리 '시간, 공간, 사건의 3일치' 원칙을 준수하더라도 선형적으로 전개되지 못하는 것이다. 대신 '시간과 그 흐름이 표현되기를 바라던' 감독은 실제로 그러한 시간의 경과를 드러내는 데 성공한다. 구역이라는 '비정상적인 공간'에 담긴 '시간의 현현'이야말로 이 영화의 지배적인 테마라 할 수 있다.

계시revelation란 '지식, 명령 등이 신이나 초자연적 방식을 통해 드러나거나 전해지는 것'(OED)으로 정의되며, 기독교적 의미에서 시-공간적 범주에 속한다. 계시에서는 환영의 경험이나 천상의 장소로 이동이 설명되고, 종말을 비롯한 미래의 사건이 묘사된다. 요한 계시록 또는 요한 묵시록은 신약 성경의 마지막 권으로, 〈스토커〉에서는 이 성경 텍스트에서 인용한 구절 하나가 유난히 눈길을 끈다. 이 성경 구절은 이 영화에서, 어쩌면 타르코프스키의 전작을 통틀어 가장 잊지 못할 장면 중 하나와 함께 등장한다. 감독은 요한 계시록에서 끊임없는 영감을 얻었다고 하고, 심지어 런던의 세인트 제임스 교회St James's Church에서 이 성경 텍스트를 읽은 자신의 경험에 대해 강연을 열기도 했다. 그 연설의 초반부에는 이러한 대목이 있다. '아마 요한 계시록은 지구에서 창조된 가장 시적인 텍스트일 겁니다. 이것은 본질적으로 하늘에서 인간에게 부여한 모든 율법을 표현한 하나의 현상입니다.'[5]

시간성의 묵시록적 종말과 지상 영역의 공간적 변형은 말년의 타르코프스키 영화의 주된 테마로 발전하여, 일각에서는 그의 마지막 세 작품, 즉 〈스토커〉, 〈향수〉, 〈희생〉을 묵시록 3부작으로 보기도 한다. 세 영화에서 모두 우리가 아는 세계의 종말이 등장하고, 말년에 이른 감독은 종말 의식에 사로잡힌 기색이 역력하다. 그의 저서 『시간 속의 조각』에서 시간이라는 주개념을 직접적으로 다룬 3장('봉인된 시간') 역시 표도르 도스토옙스키Fyodor Dostoevsky의 『악령The Possessed』을 인용하며 묵시록적인 암시로 시작한다는 점도 주목할 만하다.

> 스토브로긴 : "…묵시록에서 천사는 시간이란 더 이상 존재하지 않게 된다고 알고 있습니다."
>
> 키릴로프 : "알고 있습니다. 묵시록은 그 점을 아주 분명하게, 오해의 여지가 없도록 강조하고 있습니다. 만일 모든 인간들이 행복하다면 시간 또한 존재하지 않을 것입니다. 왜냐하면 행복한 사람들은 시간을 필요로 하지 않기 때문이죠. 매우 올바른 생각입니다."
>
> 스토브로긴 : "그렇다면 사람들은 시간을 어디다 처박아 두게 될까요?"
>
> 키릴로프 : "아무 곳에도 처박아 두지 않을 것입니다. 시간이란 결국 어떤 사물이 아니고 하나의 생각입니다. 시간은 인간의 지성 속에서 소멸되고 말 것입니다."[6]

타르코프스키의 영화에 주된 영향을 미친 두 문학적 원천, 요한 계시록과 도스토옙스키가 한계 상황에서 시간의 개념이 어떻게 변화할지를 예견하기 위해 상호 텍스트적 결합을 이루는 셈이다. 요한 계시록은 궁극적인 시간적 종말과 돌이킬 수 없는 공간적 변형을 이야기하고, 도스토옙스키의 가장 묵시록적인 작품 속의 자살 충동에 사로잡힌 두 인물은 그러한 입장을 재확인한다. 타르코프스키는 『악령』에서 '시간이란 더 이상 존재하지 않으리.'(요한 계시록 10장 6절)라는 사실을 진지하게 받아들인 후 고양되고 확신에 찬 상태로 영화 미학의 핵심은 시간이라고 설파한다. 이 역설적인 조합은 (불가능한 가능성으로서) '시간 속의 조각'이라는 모순된 개념으로 발전하는 감독의 예술관을 강조할 뿐 아니라 요한 계시록에서 묘사하는 일반적인 인간 조건, 즉 시간 속에서 삶이 끝날 시간을 기다려야 하는 역설적 상황을 환기시킨다.

구역Zone의 중력

영화는 지저분하고 어두컴컴한 술집의 고정된 흑백 화면 위로 오프닝 자막이 뜨면서 시작된다. 간간이 동양적인 모티프가 가미되어 묘하게 귓전에 맴도는 전자 음악이 화면과 함께 흘러나온다. 카메라는 3면이 울퉁불퉁한 벽과 얼룩덜룩한 바닥을 비추며 질식할 듯한 분위기를 자아낸다. 술집 안이 일종의 동굴처럼 변해 있다. 한쪽 구석에서 나른해 보이는 바텐더가 등장하고, 나중에 교수로 밝혀지는 키 큰 손님이 들어온다. 손님은 커피를 주문하고 일행인 스토커와 작가를 기다린다. 세 명은 여기서 모여 구역 탐사를 떠날 예정이다. 구역이란 인간의 이성과 논리가 통하지 않는 불가사의한 장소이자 프레드릭 제임슨Fredric Jameson의 표현을 빌리면 '실제 물리적 공간에 있는 일종의 마술적 굴락Gulag (소련의 강제 노동 수용소-옮긴이)'[7]이다. 오프닝 시퀀스에 등장하는 술집은 구역에 가깝다는 이유로 경계선 상의 장소가 된다. 인물들은 그 불가해한 공간으로 진입하기 전 이곳에 모였다가, 여행이 끝나면 다시 이곳으로 돌아온다.

술집의 고정 숏에 이어진 화면에는 대뜸 가상의 노벨상 수상자 인터뷰에서 인용한 구절이 뜨는데, 이것이 구역에 대한 기본 정보를 제공하기보다 오히려 관객을 어리둥절하게 만든다. '그것은 운석이었을까요? 아니면 우주 심연에 사는 외계인의 방문? 어느 쪽이든 조그만 우리나라가 신비의 탄생을 목도한 겁니다. - 구역Zone…' 이 텍스트를 막간 휴식

삼아 관객은 스토커의 아파트로 옮겨가는데, 이곳에서는 주인공과 가족들이 모두 한 침대에서 자고 있다. 카메라는 처음으로 이동 능력을 선보이며 방안으로 유유히 들어간다. 이 서두름 없는 진행에서 영화가 관객을 〈스토커〉의 기본 구조 속으로 이끈다는 것을 실감하게 된다. 카메라는 침대 옆 탁자 위에 놓인 잡다한 물건들을 하나씩 훑어가는데, 그 중 유리잔이 마침 지나가던 기차의 진동에 의해 저절로 움직인다. 영화 끝에서 염력念力이 발휘되는 장면의 복선인 셈이다. 그 후 카메라는 오른쪽에서 왼쪽으로, 그리고 다시 오른쪽으로 이동하며 누워 있는 사람들을 비춘다. 스토커의 침실 안에서는 〈이반의 어린 시절〉에서와 같은 물 떨어지는 소리가 계속 울리지만, 목조 바닥이나 회벽 등 아파트와 술집의 전체적인 구조에 있어서는 확실히 〈거울〉의 집을 모방한다. 또 잠시 후에 나오는 스토커 아내의 신경질적인 발작은 분명히 〈솔라리스〉에서 하리의 자살 기도와 그 후의 '부활'을 연상시킨다. 이렇게 영화는 시작한 지 몇 분 만에 감독의 전작들을 줄줄이 인용하면서 예술가로서 일관된 면모를 드러내지만, 그럼에도 불구하고 타르코프스키의 영화 언어는 〈스토커〉에서 새로운 변곡점을 발견한다.

머리를 바짝 깎은 남루한 옷차림의 40대 남자인 주인공은 아내와 딸을 깨우지 않고 몰래 아파트를 나서려는 참이다. 그가 소리를 내지 않고 침실문을 닫으려 애쓰는 동안 카메라는 어슴푸레하고 고르지 않은 빛으로 그의 목덜미를 정면으로 비춘다[그림 5-1]. 이러한 인물의 뒤통수 클로즈업은 전통적인 시노그라피Scenography(공간연출—옮긴이)에는 어긋나지만, 이 영화에서는 중요한 스타일적 장치로 발전한다. 카메라는 작가와 교수의 얼굴과 목덜미도 면밀히 탐색해 나간다. 명암이 고르지 않은 빛에 비춰지는 이들의 주름지고 대체로 지저분한 살갗은, 역시 카메라가 세

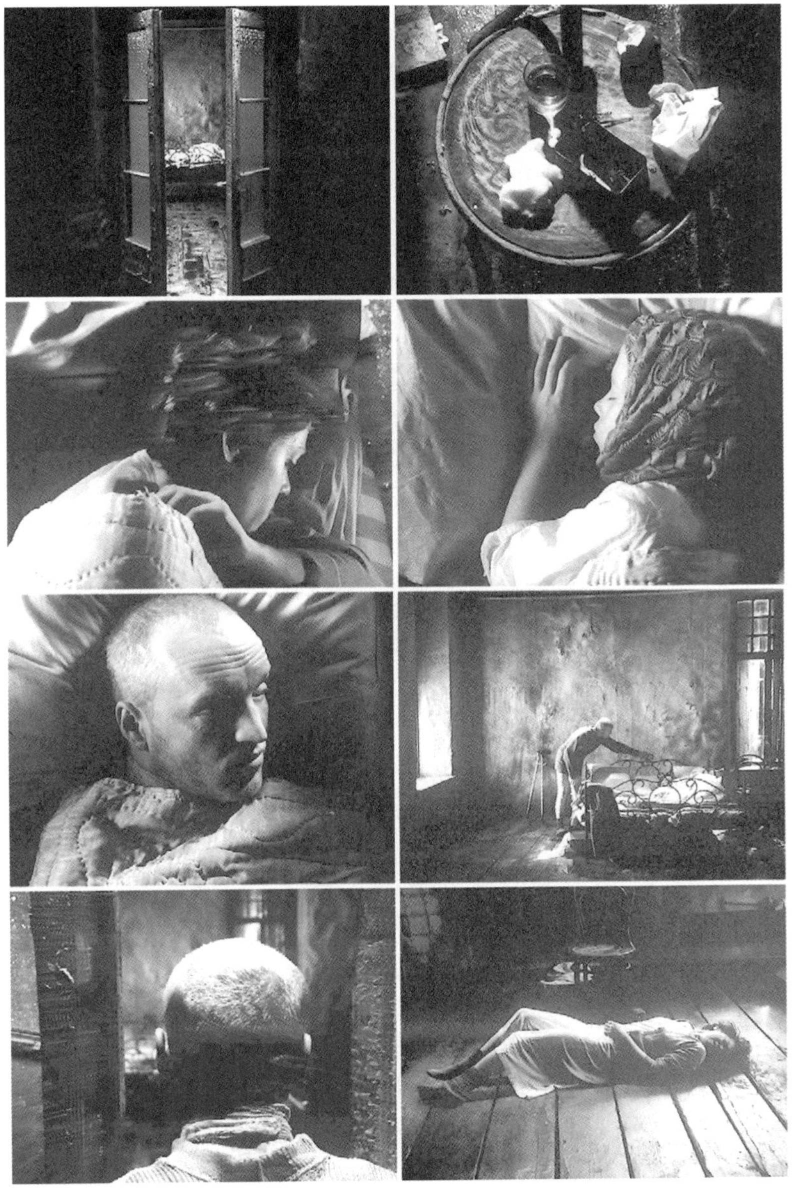

[그림 5-1] 〈스토커〉 도입부

심하게 흩어나가는 풍경의 미니어처나 다름없다. 〈스토커〉에서는 이처럼 돌출적인 클로즈업이 수시로 등장하고, 카메라는 눈에 보이지는 않아도 도처에 편재하는 관찰자로 변신한다. 끊임없이 주인공들 뒤에 따라붙어 그들의 목덜미 바로 아래에서 숨쉬는, 한층 강력해진 카메라의 존재감이 이 영화를 압도한다. '늘 주의 깊게 지켜보던' 타르코프스키의 롱테이크가 이제 인물들에 '잠입'하여 구체적인 감각을 전달하는 트래킹 숏으로 진화한 것이다.

스토커는 아내와의 감정적인 말다툼을 뒤로하고 마침내 집을 나선다. 그의 유일한 바람은 이 일상적인 현실에서 벗어나 구역, 군대가 철저히 감시하며 지키는 그 타자적 공간으로 들어가는 것이다. 스토커는 일행과 함께 작은 레일카를 타고 그 신성한 장소로 진입하고, 이 이동 장면에서 이 영화의 스토커적인 촬영 기법은 한층 더 집요해진다. 카메라의 꾸준한 움직임은 일련의 클로즈업 장면으로 명료해진다. 카메라는 인물의 등이나 반쯤 돌린 얼굴을 따라가고, 이들과 함께 미끄러지며 이들을 가까이에서 지켜본다. 세 사람은 아무 말 없이 숨죽인 채 일상적인 공간에서 특별한 구역으로의 이행을 체험한다. 이동하는 레일카의 단조롭던 소음은 점차 예두아르트 아르테메프Eduard Artemyev가 작곡한 몽환적인 일렉트로닉 사운드스케이프로 바뀌어간다.

이렇게 해서 스토커와 작가, 교수는 인간이 존재해서는 안 되는 공간에 불법으로 잠입한다. 평범한 현실에서 구역이라는 미지의 영역으로 진입하는 순간, 화면은 뜻밖에도 컬러로 전환된다. 세 인물을 태운 레일카가 멈춘 뒤 술집과 스토커 집의 황량하던 흑백 화면이 갑자기 구역의 화려한 총 천연색으로 바뀌면, 관객은 일말의 안도감을 느끼게 된다. 영화의 색채 연출법에 따르자면, 타자적 공간인 구역도 그렇게 생경한 곳은 아닌 것이다. 이곳은 산업 지대와 시골 사이의 어디쯤엔가 위치하는 중간적인 장소이다. 〈스토커〉에서는 목초지와 콘크리트가 만난다. 관객이 다 허물어져가는 공장 안에서 미니어처 풍경을 발견하는 구역 입구에서부터 자연과 인공물이 혼재한다. 중앙부의 거대한 웅덩이는 연못처럼 보이고, 키가 큰 풀과 잡초들은 저수지를 둘러싼 나무 같은 인상을 풍긴다. 이 풍경의 인위성은 물에 비친 열린 창문을 통해서야 밝혀진다. 자연이 건물 안에 '들어 있는' 것이다.[8]

구역의 물질성과 중력은 지극히 중요하다. 콘크리트 터널, 버려진 철길, 황폐한 공장과 사무실용 건물(이곳의 일부 전화와 조명은 여전히 가동된다)이 〈스토커〉의 공간을 구성한다. 구역과 그 주변은 분명히 척박하다. 혼탁하고 아마도 오염되었을 물과 각종 쓰레기로 땅이 더럽혀져 있다. 이 노후한 공간은 그 자체로 시간적 함의를 지닌다. 〈스토커〉에서는 시간의 경과가 쇠퇴 일로에 접어든 구역이라는 공간 자체로 표현된다. 이곳은 후기 산업 사회의 황무지이자 야생 식물의 서식지로서 썩어가는 수많은 인공물과 오염된 숲과 호수로 가득하다. 지젝이 보기에, 이 영화가 걸작인 이유는 바로 '영화의 짜임새가 주는 직접적인 물리적 충격'[9] 때문이고, 그 짜임새란 부패 상태를 드러낸다.

그러나 겉보기에 '척박한' 모습은 관찰자의 내면적 의식과 깊이 연관되어 있다. 구역은 솔라리스 행성과 마찬가지로 인물들의 내면 상태에 따라 변화하는 경이롭고 궁극적으로 '이질적인' 장소이다. 구역의 기원은 불분명하지만, 분명히 이곳은 모험심 강한 탐험가들을 끌어당기는 초자연적인 매력이 있다. 여기에는 비현실적인 장소인 비밀의 방wish-room이 있다. 비밀의 방이란 개념은 동화에 자주 등장하는 마법의 물건(마술 지팡이나 마법의 양탄자 등) 모티프에서 유래한 것이다. 마법의 물건은 우리가 인생에서 바라는 것들을 잔뜩 만들어내므로, 결국 신의 뜻에 복종하지 않고 모든 욕망을 단숨에 충족시켜줄 간편하고 신속한 방법을 꿈꾸는 인간을 상징한다. 스토커가 안내하는 교수와 작가도 이 욕망을 실현해 줄 장소에 도달하기 위해 여행에 나선 것이다.

비밀의 방이 위치한 허물어져가는 건물은 영화가 처음 시작된 장소에서 고작 100미터 떨어진 거리이지만, 이 비일상적인 공간에는 바로 접근할 수 있는 경로가 없어 그곳에 도착하기까지는 몇 시간이나 소요된다. 광활한 주변 공간은 논리적 이해의 범주를 벗어나는 무수한 죽음의 함정이 도사리고 있다. 스토커는 온갖 잔해들 틈 사이로 일행을 신중히 안내하지만, 단 한번 실수를 저지른다. 그러나 인물들이 함정에 빠지기 전에, 내러티브는 최초의 시−공간적 비약을 겪는다. 일관되고 다소 선형적이던 〈스토커〉의 이야기 진행은 흑백의 삽입 장면으로 중단된다. 아무런 예고 없이 갑자기 어두운 우물에 빠진 돌이 화면을 가득 채운다. 전체적인 전치가 일어나는 동안 스토커의 보이스오버도 시퀀스와 함께 등장하여 노자Laozi의 『도덕경』을 낭송한다. 그래서 그가 카메라 시야에 잡힌 들판을 묵묵히 걷는 동안, 관객은 그의 목소리를 듣게 된다. 타르코프스키는 영화 촬영에 적합한 물의 속성, 즉 물이 정지한 상태와 움직이는 상태를 탐색한다. 어둠이 지배하는 이 짧은 시퀀스에서는 어디선가 떨어진 돌이 물의 정적인 상태를 깨뜨리지만, 잠시 후 물은 다시 잠잠해지면서 어슴푸레한 은색 빛으로 반짝이던 본래의 고요한 상태로 되돌아간다. 약하고 부드러운 물이 거칠고 폭력적인 돌을 집어삼키는 것이다. 실제로 도덕경 78장에는 그러한 말이 나온다. '천하에 물보다 더 부드럽고 유약한 것이 없다. 그러나 강하고 굳은 것을 공격하는 데에는 물보다 나은 것도 없으니, 어떤 것도 물을 대신할 수 없다.'[10]

이 노장 사상에 입각한 우물 시퀀스가 끝나자마자 인물들은 아치가 있고 램프가 매달려 있는 파괴된 공장 건물로 구성된 '마른 터널'의 함정에 빠지고 만다. 이 기형적인 장소는 내부에 폭포가 있어 그 자체로 공간적인 비정상성을 내포한다. 물이 또다시 강하고 굳은 상대와 대적하는 구도로 등장하는 것이다. 거대하고 세찬 급류가 건물로 흘러들어 작은 '섬들'을 형성하는데, 그 중 하나는 지표면이 불타는 석탄(감독의 영화에서 반복되는 물과 불의 조합이다)으로 뒤덮여 있어 작가가 아연한 표정을 짓는다. 이 '마른 터널'은 결국 어디로도 이어지지 않는 폐쇄된 원형 회로로 밝혀진다. 스토커와 작가는 처음 출발했던 지점으로 돌아와 가방을 가지러 몰래 그곳에 와 있던 교수와 재회한다. 이 실수는 스토커를 비탄에 빠뜨리면서 영화의 분기점이 된다.

스토커에게 내린 계시

스토커는 단순히 구역의 여행 가이드가 아니다. 그는 정신적인 안내자이기도 하다. 성스러운 바보를 닮은 이 남자는 잠시도 설교를 멈추지 못하는데, 그의 독백은 대부분 명징한 종교적 메시지를 담고 있다. 그의 세계관은 노장 사상에 기반을 두지만, 그 온순한 비폭력주의 철학에는 환영적인 묵시록의 변형된 테마가 녹아 있다. 주인공은 누가복음Luke 24장 13-18절을 암송하고, 요한 계시록 6장 12-17절의 인용을 몸소 '체험'하는데, 상호 텍스트적인 두 인용구는 명백히 기독교의 진리를 밝힌다는 개념과 관련이 있다. 그러나 이 신약 성경 인용문에는 단지 담론적인 의미만 있는 것이 아니다. 사실 이 구절들의 신학적인 내용은 함께 등장하는 영상들에 가려 존재가 무색해진다. 감독이 택한 영화적 기법은 인용문의 메시지를 한층 복잡하고 풍성하게 만들어 그것을 뛰어 넘는다. 그 결과 관객에게 텍스트가 제시되는, 심지어 재현되는 방식은 다소 당혹스러운 영화 체험으로 남게 된다.[11]

요한 계시록 시퀀스는 영화가 반쯤 진행되었을 때, 물건들이 흩어진 얕은 연못이 갑자기 내러티브에 끼어들면서 시작된다. 연못의 물리적 위치도, 시간적 배치도 관객에게 제시되지 않으므로, 연못의 등장 자체가 시-공간적 전치를 나타낸다. 일관된 내러티브의 흐름은 인물들이 '마른 터널'을 빠져나와 쉬려고 자리를 잡자마자 깨지고 만다. 흑백과 컬러 화면이 교차되면서 시간적, 공간적 전치가 일어난다. 교수와 작가가 옥신각신하는 동안 스토커는 땅에 누워 있고, 그의 위치와 자세는 장면마다 달라진다. 한번은 '산'의 급류 옆의 바위에 엎드려 있다가, 다음에는 물에 잠긴 지대의 작은 '섬' 위에서 검은 독일산 목양견 옆에 누워 있다.

여기에서 개의 등장은 의미가 있다. 비록 개 짓는 소리는 인물들이 구역에 들어오면서부터 들리기 시작하여 비밀의 방을 찾아가는 도중에도 수시로 들리지만, 개가 영화 속에서 형체를 얻는 것은 이때가 처음이다. 구역의 길들여지지 않은 영혼인 검정개는 사람들에게 조심스럽게 접근하다가 스토커의 옆에 와서 복종하듯 납작 엎드린다. 그리고 요한 계시록의 이미지에 앞서 구역의 또 다른 신비로운 현상이 등장한다. 흩날리는 먼지를 동반한 습지대의 가벼운 회오리바람이다. 이 장면의 배경인 물결 모양의 기복이 있는 땅은 초현실적인 인상을 주지만 그 장소의 안정성은 서서히 약해진다.

화면 속에서 다양한 인공물과 자연 현상이 피사체로서 획득하는 물질적 존재감은 타르코프스키 영화 미학의 핵심이다. 그는 자연 현상을 통속적인 비유로 내돌리지 않는다. 이 감독의 상징주의에 대한 배격은 잘 알려진 사실이다. 비록 그러한 입장이 상징주의라는 용어에 대한 그의 오해와 혼란에서 연유하긴 하지만 말이다. 이 점은 그가 요한 계시록에 대한 논의 중에 상징과 이미지를 비교하는 대목에서 확인할 수 있다. 타르코프스키에 따르면, 상징은 항상 무언가를 의미하고, 문자 그대로 상징하는 반면, 이미지는 결코 충분히 규정되는 법이 없다. 이미지는 기표-기의의 선형적 관계 대신 무한한 가능성에 지배받기 때문이다.

> 요한 계시록을 해석하기란 불가능하다. 여기에는 상징이 없기 때문이다. 이것은 이미지이다. 다시 말해, 상징은 해석될 수 있지만 이미지는 그럴 수 없다. 상징은 판독이 가능하고, 더 정확히 말하자면 상징에서 특정한 의미나 특정한 원칙을 추출해낼 수는 있지만, 이미지를 이해할 수는 없다. 그저 경험하고 받아들일 수 있을 뿐이다. 이미지에는 무한한 종류의 분석적 대안이 존재한다. 이를테면 이미지는 세상이나 절대적이고 영구적인 존재와의 연관성을 무한 가짓수로 표현한다. 요한 계시록은 이 일련의 사슬에서 마지막 연결 고리이자, 이 책[성경]에서는 영적인 의미에서 인간의 영웅적인 행적을 완결 짓는 마지막 연결 고리이다.[12]

이 주장의 마지막 문장은 자가 당착에 빠지는 듯하다. 요한 계시록의 텍스트에서 결코 끝나지 않을 이미지가 유래됨과 동시에, 그 이미지가 결국 인류 역사를 종결짓는다고 주장하기 때문이다. 요한 계시록은 궁극적으로 확정된 진술이지만, 거기에는 무한한 해석의 가능성이 있다. 타르코프스키의 주장과 비슷하게 역설적인 상황이 〈스토커〉의 요한 계시록 시퀀스에서도 벌어진다. 이 장면에 표현된 '무상함'이 순수하게 '시간을 벗어나는 것'이 아니라 기존의 익숙한 세계의 선형성을 결정적으로 극복하는 것이다. 이 시퀀스는 이 영화의 비교적 일관된 시—공간적 흐름에서 유독 '튄다.' 연못 수면 위로 미끄러지는 카메라는 인간의 경험으로는 맛볼 수 없는 환상적인 움직임을 빚어내면서, 인류 문명의 잔해를 탐사한다. 요한 계시록에서 인용된 텍스트와 연못 속에 잠긴 물건, 작품, 물이나 진흙 같은 자연 요소가 전통적인 해석학 체계를 벗어나는 복잡한 상호 작용 속에서 융합된다. 관객에게 수면 아래의 피사체들은 마치 더 이상 의미를 나타내기에 지친 듯 보인다. 이것들은—더 이상 기의와 기표가 아닌 단일한 통합적 실체로서—기호의 총체성을 되살려내고, 단순히 시간의 경과를 증언한다.

이러한 의미론적 '피로'로 인해, 이 요한 계시록 시퀀스에서 제일 중요한 것은 인공물과 자연 요소의 의미가 아니라 그 질감이다. 제단화의 조각, 렘브란트의 동판화 〈세 그루 나무The Three Trees〉, 동전, 주사기, 기관단총, 코일스프링, 망가진 시계태엽 장치, 낱장의 달력 등 이 모든 것이 낯선 배경 속에서, 다시 말해 흙탕물 아래에서 등장한다[그림 5-2]. 이 중에서 달력과 시계태엽 장치는 사실상 공간적으로 포착된 시간의 덩어리라고 할 수 있다. 시간을 기록하는 도구들이 더 이상 작동하지 않고, 그저 공간에 흩어져 있는 것이다. 수면 아래 놓여 있음으로써, 모든 인공물은 실용적 가치를 상실한다. 여기에 등장하는 항목 중 실제 물과 관련된 것이라곤 어항뿐이지만, 이것 역시 낯선 모습으로 등장한다. 어항이 안정된 지반 위로 자유롭게 떠다니고 있는 것이다. 이 경우의 물은 천상—지상의 이분법을 극복하려는 시도로 해석될 수 있다. 물의 유동성이 사물을 포용하여 중력을 극복한다는 환상을 주는 반면, 진흙은 그것들이 여전히 지구의 영역에 속해 있음을 상기시킨다.

한편 이 시퀀스에는 순수한 지식의 산물도 포함된다. 데이비드 허버

[그림 5-2] 〈스토커〉 요한 계시록 장면

트 로렌스David Herbert Lawrence가 '상상될 수 없는 심상'을 담은 '신비로움으로 포장된 말잔치'[13]라고 불렀던 요한 계시록은 지극히 애매모호한 텍스트이다. 이 신약 성경의 마지막 권은 작가와 기원이 미상이거나 적어도 논란의 여지가 많은 텍스트이다. 이 인상적일 정도로 복잡한 환영의 목격자가 여전히 뚜렷하게 밝혀지지 않은 것이다. 그러나 신학자들의 주된 관심사는 요한 계시록의 저자가 아니라, 이 텍스트에 담긴 위협적인 이미지를 대하는 방법일 것이다. 그 이미지들을 판독하여 현실의 역사적 담론과 접목시키고자 노력할 것인가, 아니면 그저 비유적인 차원으로 이해하여 일부 기독교 교리를 조명할 잠재성이 있는 상징적인 말로 봐야할 것인가?

요한 계시록의 텍스트를 인류 역사의 특정 사건에 대입해보려는 다양한 시도는, 영화 〈스토커〉를, 향후 발생할 체르노빌 사태—'생태학적인 대재앙'[14]—에 대한 예언이나 타르코프스키의 스스로 죽을 날[15]에 대한 예측(이 시퀀스상의 '12월 28일'자 달력이 1986년 12월 29일에 사망한 타르코프스키 본인이 살아 있을 마지막 날을 기록한 것이라고 보는 주장)으로 해석하려는 일부 평론가들의 시도와 닮았다. 그러나 이러한 시도는 이 영화의 순수하게 심미적이고 독창적인 특징을 간과하고 있으므로, 근본적인 한계가 있다. 타르코프스키가 요한 계시록을 대하는 방식은 추상적인 관념과 예술적인 이미지 차원에서 이 신성한 텍스트와 다면적으로 상호작용하는 것이다. 그의 미학은 단일한 의미(그가 이해하는 용어의 개념에 따르자면 엄격한 상징주의)의 독재에 맞서 싸워 초상징주의의 영역에 도달하려는 시도이다. 그는 요한 계시록에 대해서도 역사나 종말에 대한 진실의 보고라기보다는 수많은 예술 작품에 영향을 미친 상상력의 보고로 보았을 것이다.

'계시'(revelation, 그리스어로 'apokalypsis')라는 단어는 요한 계시록과 동시대의 작품에서는 '신이나 신성한 비밀의 발현'[16]이란 의미로 사용된다. 그러나 정작 요한 계시록은 텍스트의 대단히 애매모호한 특성 때문에 궁극적이고 결정적으로 비밀을 드러내는 일은 끝내 보류된다. 요한 계시록의 장르는 모종의 지식을 드러내려 애쓰지만, 그 텍스트는 그것을 감추려 애쓰는 구조이다. 이 텍스트의 기상천외한 이미지와 비유는 숨은 메시지를 밝히기보다는 독자를 당황케 하기 십상이다. 그래서 마르틴 루터Martin Luther는 〈신약 성경에 부치는 서문Preface to the New Testament〉에서 독자들에게 '이 책을 읽고 이성과는 다른 눈으로 기독교 세계를 바라보는 법을 배우라'[17]고 조언했는지도 모른다.

〈스토커〉의 요한 계시록 시퀀스는 멀리, 어느 막연한 곳을 걱정스럽게 바라보는 스토커의 숏으로 시작한다. 이 컬러로 된 설정 숏에 이어, 카메라는 눈을 감은 그의 얼굴 위를 지나쳐 다양한 물건이 담겨 있는 얕은 연못 같은 곳의 수면 위를 훑어간다. 중단 없는 카메라 이동이 그 물에 잠긴 스토커의 손에서 끝이 남으로써, 주인공의 유일성은 무너진다. 이 시퀀스에서 그의 몸은 철저히 정지된 상태이다. 이로서 그의 몸은 움직임의 주체나 행동의 수단이 되기를 멈추고, 들뢰즈가 말한 '시간의 계시자révélateur'[18]가 된다.

이 롱테이크 장면은 세피아 톤으로 촬영하여, 관객이 흩어져 있는 물건들의 형태와 질감에 집중하게 만든다. 요한 계시록의 텍스트는 스토커의 아내가 낭독하는데, 처음 몇 초 동안은 속삭이듯 읽어 은밀한 느낌을 준다. 그러나 그 후에는 내레이션이 대단히 불안해져서, 중간에 한참 쉬다가 읽기도 하고 끝내는 신경증적인 웃음을 터트린다. 이 시퀀스의 비현실성은 사운드트랙으로 한층 더 부각되고, 물 떨어지는 소리와 새

우는 소리가 고요한 불안감을 조성한다. 신약 성경의 다음 구절이 낭송
되는 동안, 스토커는 사도 요한의 매우 불안정한 이미지를 상상한다.

> 큰 지진이 나며, 해가 머리털로 짠 천같이 검어지고 달은 피처럼 되었으며, 하
> 늘의 별들이 마치 무화과나무가 강한 바람에 흔들려 설익은 무화과가 떨어지
> 듯 땅에 떨어지며, 하늘은 두루마리같이 말려서 쓸려가고 모든 산과 섬도 각
> 기 제자리에서 이동했으니, 땅의 왕들과 위대한 자들과 부자들과 대장들과 힘
> 있는 자들과 모든 종과 모든 자유인이 각자 토굴과 산들의 바위틈에 숨어서,
> 산들과 바위들에게 말하기를 '우리 위에 떨어져서 보좌에 앉으신 분의 얼굴과
> 어린 양의 진노에서 우리를 숨기라. 이는 그분의 진노의 큰 날이 임하였음이
> 니 누가 감히 설 수 있으리요?' 하더라. (요한 계시록 6장 12-17절)

이 인용구의 핵심인 여섯 번째 봉인은 하벨베르크의 안젤름Anselm of
Havelberg이 주장하는 '적그리스도Antichrist의 시간과 세계의 종말'부터 프
란시스 랑베르Francis Lambert의 '복음의 부활'까지 여러 다양한 방식으로
해석된다.[19] 그러나 요한 계시록에 최후의 대재앙으로 표현되는 '비극적'
요소가 포함된다는 점은 누구도 부인하기 어렵다. 'apocalypse'란 단어는
더 이상 단순한 계시나 무언가를 드러낸다는 의미를 버렸다. 요한 계시
록이 이 단어에 '종말'이라는 강력한 의미를 부여했다. 대중적 담론에서
도 'apocalypse'는 역사의 종말을 뜻한다. 인용된 텍스트도 종말 의식이 지
배적이고, 영화 속에서도 연못에서 썩어가는 서구 문명의 잔해를 통해
그러한 의식이 한층 강화된다.

롱테이크 중에, 카메라는 반에이크Van Eyck의 겐트 제단화Ghent Altar-
piece(또는 〈어린 양에 대한 경배Adoration of the Mystic Lamb〉)의 상단 중심부,

즉 오른쪽에 성모 마리아를 두고 중앙에 앉은 하느님의 왼편에 위치한 세례 요한 부분을 비춘다. 연못 속의 다른 물건들과 달리, 이 제단화는 그 자체가 기호학적으로 복잡한 하나의 작은 세계를 이루고 있다. 이 그림과 전체 시퀀스의 관련성은 명백하다. 세례 요한은 최초로 회개의 세례를 전파한 사람으로서 기독교 입문의 상징인 동시에, 심판(형벌)의 예언자로 알려져 최후의 심판과 함께 종말의 상징이 되었다. 겐트 제단화에서는 그를 후자의 역할로 묘사한다(이 점은 그림에서 신의 옥좌가 놓인 연단의 끝에 새겨진 '오른손[성모 마리아]에는 괴로움 없는 기쁨을, 왼손[세례 요한]에는 두려움 없는 안전을'이라는 제사와도 맞아 떨어진다).[20]

그러나 그림에 내포된 수많은 의미에도 불구하고, 이 제단화는 지극히 비정상적인 상황에서 등장한다는 이유만으로 그 모든 상징의 차원을 넘어선다. 어찌되었든 이제는 물속에 잠겨 진흙과 동전에 뒤덮여 있는 것이다. 이것은 더 이상 기독교 의식에서 제 기능을 다하지 못하는 폐기된 이콘이다. 이 그림은 기독교 의미 체계에서 신중히 규정한 특정 의미론적 기능을 수행하던 제단화에서 일부 떨어져 나온 상태다. 이 텍스트는 영상으로 제시되지만, 의미를 전달하는 본연의 역할은 하지 못한다. 판독이 불가능해진 텍스트는 의미의 영역에서 질감의 영역으로 전환된다. 그 물질적인 존재감이 의미론적 잠재성보다 더 중요해지는 것이다. 이렇게 존재하면서도 부재하는 텍스트인 세례 요한의 이미지는 그것을 부각시키는 동시에 가리는 침전물과 함께 물 밑에 잠겨 있다. 그러므로 이 이콘은 이 영화 시퀀스에서 요한 계시록의 다층적 이미지가 된다. 그 예언은 드러나지만, 그 의미는 감춰지는 것이다.

이 (드러내면서 감추는) 애매모호함의 절정은 저자가 명시적으로 인간이 무엇인가를 저지당했다고 말하는 요한 계시록의 10장에서 찾아볼 수 있다. '그 일곱 천둥이 소리를 발할 때 내가 막 기록하려는데, 하늘에서 한 음성이 내게 들리며 말하기를 "일곱 천둥이 말한 것들을 봉인하고 기록하지 말라"고 하시더라.'(요한 계시록, 10장 4절) 타르코프스키의 요한 계시록에 대한 논의를 보면, 이 수수께끼 같은 구절이 그를 사로잡았음을 알 수 있다.

참으로 흥미롭다, 요한이 우리에게 숨긴 것은 무엇이었을까? 그리고 그는 왜 무언가를 숨겼다는 사실을 알렸을까? 이 기묘한 에피소드, 이 발언의 목적은 무엇일까? 이것이 천사와 세례 요한이 나눈 대화의 전부였을까? 인간이 알아서는 안 될 것은 대체 무엇이었을까? 어찌되었든, 인간이 알아야 할 것은 바로 요한 계시록의 의도이다. 혹시 안다는 것이 우리를 불행하게 만들기 때문일까? '지식은 슬픔을 키운다.'는 말도 있지 않은가? […] 이 세심한 배려는 모종의 믿기 힘든, 완전히 초인적인 관대함을 지녀, 그 앞에서 인간은 무방비 상태지만 보호 받는 아기가 된 느낌을 받는다. 이것은 영원한 존재를 욕되게 하기 위해서가 아니라 우리의 지식을 불완전하게 만들어 희망을 남기기 위한 행동이다. 인간의 무지 안에 희망이 있다. 무지는 고귀하다. 지식은 천박하다. 그래서 요한 계시록에 나타난 그러한 종류의 문제가 나에게는 두려움보다 희망을 주는 것이다.[21]

이 구절은 몇 가지 점에서 〈스토커〉에 나온 요한 계시록 시퀀스를 설명해준다. 모호한 이미지와 안정된 롱테이크를 택한 감독의 표현 전략은 완성을 지향하지 않는다. 대신 관객의 인식에 빈틈을 남겨, 타르코프스키의 용어를 빌리자면 '희망'을 전달한다. 직접, 바로 알려주기를 미루는 것이 요한 계시록의 핵심이자 이 시퀀스의 궁극적인 미학적 전략이다. 영화 중반부에서 갑자기 감독이 이 구절을 길게 인용하며 다양한 인공물을 시각적으로 나열하고 클라이맥스 없이 몽환적인 사운드트랙을 사용하는 것은 모두 구체적인 무언가를 언급하지 않고 말하기 위해서다. 자크 데리다Jacques Derrida의 말처럼, '아무것도 말해지지 않도록 말하는 것이 언제나 비밀을 지키는 최선의 기술'인 것이다.[22]

엠마오Emmaus로 가는 길

요한 계시록 에피소드는 곧바로 신약 성경의 또 다른 인용문인 누가복음의 엠마오 이야기로 이어진다. 요한 계시록 시퀀스가 타르코프스키의 전체작품 중에서 텍스트를 가장 정교한 영상으로 표현했다면, 누가복음 인용은 조금만 파고들면 대단히 복잡한 시선의 교환과 함께 명확한 의미의 텍스트로서 전달된다. 그러나 표면적으로는 인용문에서 몇가지 표현을 누락시켜 성경의 원전에서 벗어난다. 스토커는 요한 계시록을 체험한 짧은 잠에서 깨어나자마자 누가복음의 다음 구절을 중얼거린다.

> 그런데, 보라, 제자들 중 두 사람이 같은 날 [예루살렘에서] 육십 스타디온쯤 되는 [엠마오라 하는] 마을로 가면서, 일어났던 이런 모든 일에 관하여 이야기하더라. 그들이 서로 이야기하고 의논할 때에 [예수께서] 친히 가까이 다가오셔서 그들과 동행하시나, 그들의 눈은 가려져서 주를 알아보지 못하더라. 그때 [주께서] 그들에게 말씀하시기를 '너희들이 걸으면서 슬픔에 잠겨 서로 주고 받은 이 말들이 무엇을 말하는 것이냐?'고 하시니, 그 중 한 [클레오파라고 하는] 사람이….(누가복음 24장 13-18절)

이 인용문에는 예수와 그의 제자 중 한 사람(클레오파)의 이름이 누락되어 있다.[23] 또 지명(예루살렘, 엠마오)도 스토커는 똑똑히 발음하지 않고 속으로 '삼킨다.' 주인공의 의식이 혼미한 상태에서 이 구절을 속삭이자, 누가복음이라는 성전의 인용이 은밀한 비밀로 바뀐다. 이제 관객은 '누가, 어디로, 왜' 가고 있는지 알 수 없다.[24] 고유 명사가 텍스트에서 일종의 말소와 추방을 당하면서, 텍스트가 상당 부분 낯설어지는 것이다. 사실 고유 명사는 이 영화 전체에서 철저히 부재한다.[25] 스토커, 작가, 교수, 스토커의 아내, 멍키Monkey(스토커의 딸—옮긴이) 등 모두가 별칭으로 불린다. 이 사실은 어떤 면에서 사회적 관습에 대한 적대감의 표현으로 볼 수도 있다. 스토커의 비밀스러운 담론에서는 이름, 정의, 기록 등이 모두 제거된다. 그래서 관객도 본래 인용문의 출처를 명확히 알려주는 고유 명사가 사라지면서 텍스트가 의미의 엄격한 한계를 벗어났기 때문에, 유명한 성경 구절을 알아보지 못하고 인용문 속 두 제자의 운명을 되풀이한다. 그러나 구절의 출처를 알아 챈 관객은 은밀한 지식을 공유하게 된다. 이들은 인식의 실패에 관한 텍스트를 인식하는 데 성공한 것이다.

스토커는 텍스트를 읊조리는 동안에도 막연히 먼 어딘가를 뚫어지게 응시한다. 그는 분명히 다른 어딘가에 정신이 팔렸다. 이 구절은 그의 독백이자 심지어 기도가 된다. 주인공은 물과 축축한 땅에 둘러싸여 있고, 그의 시선에는 초점이 없다. 그러나 겨우 말을 입 밖으로 내는 전달의 애매함과 은밀함에도 불구하고, 이 말들은 그의 일행에게까지 가 닿는다. 허공을 향해 내뱉은 말이 본래 의도와 무관하게 그 수신인을 찾은 것이다. 이 모든 광경에 당황한 작가와 교수는 그저 멍하니 스토커를 쳐다볼 뿐이다. 그럼으로써 이번에는 그들이 진리의 현현을 눈앞에서 목도하고도 진실을 깨닫거나 이해하지 못한 성경 속의 두 제자 꼴이 된다. 이들은 정신적으로 충분히 깨어있지 않은 것이다. 마치 이 점을 확인하려는 듯, 스토커는 암송을 마친 후 동행을 바라보며 이렇게 묻는다. '당신들은 깨어 있는가?'라고.

누가복음의 인용문에 나타난 바대로, '알아보는' 능력은 정신적인 자질이다. 이것은 계시적인 경험을 목격하는 재능과 동일한 영역에 속한다. 일상적 현실에 대한 일종의 비정상적 인식인 것이다. 이렇게 보면, 타르코프스키가 인식 확장의 실천 방법을 소개하던 카를로스 카스타네다Carlos Castaneda에게 매료된 이유가 분명해진다. 감독이 생각하는 〈스토커〉의 구역은 '그저 우리가 사는 장소일 뿐이다. 우리는 자연스럽게 우리가 아는 세계를 충분히 잘 알고 있다고 생각하지만, 실은 그렇지 않다는 이야기를 하고 싶었을 뿐이다. 이러한 맥락에서 카를로스 카스타네다의 〈돈 후안의 가르침The Lessons from Don Juan〉은 대단히 흥미롭다.'[26] 또 〈스토커〉가 개봉된 1979년의 일기에 타르코프스키는 이러한 글을 남겼다. '카스타네다의 〈돈 후안의 가르침〉을 다시 읽다. 굉장한 책이다. 그리고 정말 맞는 말이다, 특히 이러한 점에서, 1. 이 세계는 우리에게 보이는 것과 전혀 다르다. 2. 특정 조건 하에서 이 세계는 충분히 달라질 수 있다.'[27] 페루 출신의 미국 인류학자이자 작가인 카스타네다는 그가 '비일상적인 현실nonordinary reality'[28]이라고 부르는 미지의 영역이 존재하고, 본래 이 영역이 진정한 현실이며 일상생활에 매몰된 인간이 경험하는 일상적 현실과는 본질적으로 다르다고 주장한다. 혹은 조금 더 극단적으로 '우리가 아는 현실은 […] 그저 수많은 종류 중 하나에 불과하다.'[29]라는 입장을 취하기도 한다. 그의 요지는 인간이 고양된 인식 상태에 이르는 능력을 개발함으로써 '비일상적인 현실'의 영역에 진입할

수 있다는 것이다.[30]

　누가복음 시퀀스는 실지로 어떤 현상을 새로운 견지에서 바라보고 인식하는 데 관한 이야기다. 세 인물은 각기 다른 현실에 살고 있는 듯하다. 작가와 교수의 이성적이고 회의적인 정신은 스토커의 환영을 믿지 못한다. 이 시퀀스는 스토커가 옆을 바라보는 장면으로 시작하지만, 그 후 작가와 교수의 몰이해적 시선이 끼어든다. 특히 작가와 교수가 촬영된 방식은 복잡한 시선의 엇갈림을 만들어 낸다. 카메라는 먼저 때 묻은 코트를 입고 눈을 감은 채 누운 교수의 모습을 비춘다. 그런 다음 그의 몸을 따라 옆으로 이동하여 역시 눈을 감은 채 교수의 배를 베고 누운 작가를 비춘다. 작가가 갑자기 눈을 뜨자 카메라는 잠시 그의 얼굴에 머물다가 다시 왔던 방향으로 되돌아가 역시 놀라서 스토커를 쳐다보는 교수를 비춘다. 이들이 마침내 성경의 말씀에 눈을 떴다는 의미일까?

　이 영화에서 잠입하듯 인물들을 따라다니던 카메라워크는 이 엠마오 시퀀스에서 극한에 달한다. 인물들은 디제시스적 움직임이 거의 또는 아예 없이 오랫동안 카메라 렌즈를 응시한다. 이러한 '상호 작용'을 통해 카메라는 불가사의한 공간에서 침입자들의 행보를 지켜보는 구역이 보낸 체화된 사자使者로 변신한다. 요한 계시록 시퀀스가 끝난 후 맨 첫 번째 시선부터 다소 비정상적으로 카메라를 의식하는 모습이 보인다. 스토커가 카메라 렌즈를 똑바로 쳐다본 후에 누가복음의 구절을 읊기 시작하는 것이다. 스토커는 땅에 누워 하늘을 조심스럽게 올려다보는데, 관객은 그 시선이 향하는 대상이 누구인지 모르기 때문에, 이 시선은 미장센에서 아무런 동기를 부여받지 못한다.

　타르코프스키는 이 엠마오 시퀀스의 뒤에 가서 또 한 번 숏/리버스 숏 기법의 관습을 깬다. 카메라가 스토커를 향하는 작가의 놀란 시선을 포착한 후에도, 감독은 선뜻 두 사람의 논리적 관계를 설정하길 미루는 것이다. 카메라는 즉각 스토커의 반응하는 시선으로 돌아가 별개의 두 공간 사이에 관계를 맺어주는 대신, 작가의 얼굴에 머물다가 옆으로 빠져 교수의 얼굴로 이동한다. 카메라의 관심은 명백히 신약 성경 구절을 암송하는 스토커를 바라보는 두 인물에게 집중된다. 두 사람은 카메라 렌즈를 직접 마주보아서 관객이 다시 한 번 카메라의 존재감을 인식하게 만든다. 결국 관객은 복잡한 시선의 상호 작용을 목격하면서, 보지 못하는 시선에 대한 텍스트를 듣게 되는 셈이다.

이보다 더 흥미로운 것은 비록 의도된 바는 아니겠지만 카메라가 시퀀스에 직접 등장한다는 사실이다. 카메라가 교수의 몸을 타고 이동할 때 코트 단추 중 하나는 촬영 기사가 든 카메라와 조명을 되비춘다[그림 5-3]. 이 작은 원형의 반사면이 촬영 현장의 제작진과 촬영 기기의 움직임을 포착하여 메타 영화적 구조로까지 진화하는 것이다.[31] 이 비현실적인 평면은 주어진 허구적 현실 속에서 자발적으로든 비자발적으로든 존재를 드러낸다. 반사하는 단추는 카메라 시야의 한계를 보완하고, 관객에게 카메라 렌즈 너머의 세상을 보여준다. 결국 반사면은 '자연에 거울을'[32] 들이대는 셈이고, 햄릿에 따르면 이것이야말로 모방 예술의 목적이다.

들뢰즈가 보기에 '영화의 유일한 의식은 우리 관객도 아니고 주인공도 아니다. 그것은 바로, 때로는 인간적이고 때로는 비인간적이거나 초인적인 카메라이다.'[33] 〈스토커〉의 확실히 초인적인 카메라는 반짝이는 단추의 반사적 속성을 이용하여, 영화의 디제시스상 예수가 클레오파와 일행에게 자신을 드러내는 엠마오 이야기가 진행될 때, 주의 깊은 관객에게 슬쩍 자신의 모습을 드러낸다. 카메라가 드러난, 혹은 노출된 상은

[그림 5-3] 〈스토커〉 엠마오 장면

트래킹 이동 중에 일단 단추가 카메라 시야를 벗어나면 즉각 사라지고
만다. 제작진이라는 '초월적인' 타자의 존재는 아주 잠시만 나타나는 것
이다.

공교롭게도 스토커가 '그러나 그들의 눈은 가려져서'라는 구절을 읊는
소리를 듣고 작가가 눈을 뜨기 직전에 잠시 카메라를 비추는 상이 등장
한다는 사실은 꽤나 의미심장하다. 이미 일부 고유 명사를 생략하여 텍
스트를 복잡하게 바꾼 바 있는 누가복음의 에피소드는, 이 의도적이거
나 비의도적인 시선 그리고 반사상을 통해, 또 다른 차원으로 격상된다.
이야기의 핵심 주체인 예수나 초월적인 타자는 잠시 모습을 드러내고는
완전히 사라진다. 신학적 해석에서는 이 엠마오의 만남 이야기가 불가
해한 이유로 스승을 알아보지 못하는 두 사람과는 무관하다고 본다. 그
보다는 성체의 빵을 나눠먹음으로써 무지의 베일을 벗어버린 방식에 대
한 이야기라는 것이다. '그가 그들과 함께 식사하러 앉으셨을 때에 빵을
가지고 축복하신 후, 떼어 그들에게 주시니, 그때 그들의 눈이 열려서
주를 알아보자…'(누가복음 24장 30-31절) 빵을 떼어주는 것은 부활 후 예
수의 존재를 실현하고 드러내는 행위이다. 그러나 놀라운 점은 그렇게
자신을 드러내자마자 예수가 '그들의 시야에서 사라진다.'(누가복음 24
장 31절)는 사실이다. 비밀스러운 신성은 오로지 잠시 동안만 드러날 뿐,
완전히 견고하고 영속적인 형체는 거부하는 것이다.

〈스토커〉의 작은 원형의 반사면은 여러 면에서, 특히 그 형태와 잠재
적 의미의 측면에서, 얀 반에이크Jan Van Eyck의 유명한 〈아놀피니 부부
의 초상The Arnolfini Portrait〉 속 볼록거울과 유사한다. 그림 속 부부 뒤에
는 거울이 있는데, 그 원형의 반사면에서 강렬한 광원 앞에 서 있는 화
가의 실루엣과 두 모델의 등이 비친다. 이 거울은 화가가 예술의 창작

과정을 그림에 반영하기 위해 의도적으로 이용한 것이다. 반에이크는 방의 내부를 모사하는 동시에, 그 모사를 수행하는 주체로서 자신의 상까지 모사한 것이다.[34]

〈스토커〉의 반사상 역시 말 그대로 촬영 주체와 과정 자체에 초점을 맞춘다. 단추는 보이지 않는 것을 보이게 만들어, 실제-허구의 경계를 무너뜨린다. 이것은 〈스토커〉 직전에 만들어진 영화 〈거울〉에서 시작된 담론의 연장선상에 있다. 〈거울〉에서는 이 같은 파격을 약간 다른 방식으로 끊임없이 시도한다. 거울의 반사상, 다큐멘터리 자료, 감독 본인과 실제 가족들의 출현 등이 모두 영화의 허구적 현실에 대한 관객의 인식을 흩뜨린다. 그 결과 야기되는 방향 감각의 혼란이 이러한 자기 반영의 명분이다. 보르헤스는 〈『돈키호테』에 어렴풋이 나타나는 마술성Partial Magic in the Quixote〉이란 글에서 액자 효과mise—en—abîme 현상을 논하며 이렇게 반문한다.

> 우리는 왜 지도가 또 다른 지도 속에 들어 있고, 천 하룻밤이 『천일야화』속에 들어 있다는 사실에 불안해하는가? 우리는 왜 돈키호테가 『돈키호테』의 독자가 되고, 햄릿이 『햄릿』의 관객이 된다는 사실에 불안해하는 것일까? 나는 분명 이유가 있다고 생각한다. 픽션에 등장하는 등장인물들이 독자나 관객이 될 수 있다면, 그러한 전복이야말로 또 다른 독자이거나 관객인 우리 자신을 허구의 존재로 만들어 버릴 수 있음을 암시하고 있기 때문이다.[35]

여행의 끝

요한 계시록과 엠마오 시퀀스는 내러티브 진행을 방해하고 구역에서 인물들의 여정을 중단시킨다. 엠마오에서의 계시와 반영에 이어 곧바로 ‘푸줏간’ 함정 터널의 입구가 나타난다. 작가가 제비뽑기로 뽑혀 앞장 서 나가자, 카메라는 그 뒤를 따르며 다시 한 번 그의 목덜미로 잠입한다. 몇 미터가 지난 후에야 카메라는 작가를 정면에서 마주보고 그의 지치고 지저분한 얼굴을 비춘다. 작가는 터널과 붙은, 물로 가득찬 방을 건너 이번에는 공장 같은 실내가 작은 모래 동산으로 뒤덮여 있는 건물로 들어간다. 작가가 넘지 말아야할 선을 넘어서자, 구역이 신비로운 방식으로 존재를 드러낸다. 스토커가 던진 밧줄이 떨어지는 모습이 슬로모션으로 잡히면서 눈부신 섬광이 번쩍하고, 새 두 마리가 날다가 그 중 한 마리가 중도에 사라진다. 작가는 웅덩이 바닥에 떨어진 채로 발견된다. 그는 일어나서 우물 비슷한 곳에 돌을 던져 넣고 다소 난해한 독백을 한다.

 ‘푸줏간’ 함정을 통과하는 데 앞장서며 고통을 겪은 작가에 대한 ‘보답’으로, 스토커는 ‘여름은 다 갔구나…’로 시작하는 시를 낭송한다. 이 영화는 〈거울〉에서 시작된, 아르제니 타르코프스키의 시와 영상 자료를 결합시키는 전통을 이어간다. 그러나 〈거울〉에서 보였던 이미지와 언어의 지극히 복잡한 상관성은 그 후속 작품인 〈스토커〉에서 사실상 사라진다. 이 영화에서는 시가 등장하는 명백한 디제시스적 동기가 부여되어, 시의 내용이나 화면 연출에 관한 과잉 해석의 여지가 없다. 주인공은 이 시를 자신의 스승의 동생이었던 예민한 청년이 썼다고 소개한다.

 타르코프스키는 이 시와 함께 관련 없는 추상적인 이미지를 도입하지 않는다. 시가 흐르는 동안 시간과 공간의 통일성도 깨지지 않는다. 스토커는 벽에 기댄 채 한 줄 한 줄 감정을 실어 읊어가고, 카메라는 그러한 그를 주의 깊게 지켜본다. 이 에피소드는 중간에 컷이 한 번도 없는 대신, 짧은 줌 이동과 조명의 변화를 통해 시퀀스의 정적인 특성을 극복한

다. 스토커는 시를 낭송하며 정서적 흥분의 순간을 경험한다. 그의 일행
이 마침내 구역에서 가장 힘든 함정을 빠져나온 것이다.

여름은 다 갔구나

있지 않았을지도 모르지

햇볕 속에 따스하건만

그래도 모자라네

얻을 수 있는 모든 것이

다섯 손가락 이파리처럼

내 손 안에 떨어졌건만

그래도 모자라네

악도 선도 헛되이

사라져 버리진 않았지

모든 게 밝게 불타오르건만

그래도 모자라네

인생이 방패처럼

날 보호해 주었지

행운이 나를 행복하게 했건만

그래도 모자라네

이파리는 타지 않고

가지도 부러지지 않았네

대낮이 유리처럼 빛나건만

그래도 모자라네

이 시는 '단순하고' 정교한 약약강 2보격으로, 각운을 최대한 정확히 일치시켜 운율학적 세련미를 피하고 있다. 또 내용면에서는 다층적인 실존적 불안과 퇴색해가는 가을 자연이란 테마가 정신적 불만과 교차하는 지점을 탐색한다. 이 모든 것이 아르제니 타르코프스키의 지배적인 이미지로 작용한다. 매연 4행마다 '그래도 모자라네.'라는 행이 반복되면서 뭔가 숨겨진 것, 물질적 형태는 띠지 않지만 그럼에도 불구하고 열렬히 기대하고 적극적으로 추구하는 것을 가리킨다. 이 시의 담론은 부정 신학의 전술과도 유사하여, 해당 현상을 확정적인 말로 묘사하기보다는 부정의 방식via negativa, 즉 그 현상에 대해 말해지지 않은 것의 관점으로 설명한다. 시인은 분명 원하면서도 이름을 댈 수는 없는, 혹은 그러고 싶지 않은 대상의 주위를 계속해서 맴돌 뿐이다.

역설적이게도 이 적극적으로 바라는 '무엇'의 부재가 곧 하나의 존재이자 핵심 개념으로 발전한다. 그것에 대한 수요와 염원은 비밀의 영역으로 빠져든다. 시인은 자신이 열망하고 절실히 필요로 하는 것을 지목할 수 없다. 그러므로 시에서 발설된 말들은 작가와 교수가 비밀의 방에 들어가기를 거부할 것임을 미리 암시한다. 이들은 스스로의 욕망을 알지 못하여 문턱을 넘기를 두려워한다. 대신 이들은 비밀의 방 옆의 공간에 머물고, 그동안 카메라도 문턱을 건너지 않은 채 밖에서 세 사람을 지켜본다. 이 경계선상의 공간에서는 안정된 지반이라는 정상성 역시 무너져, 목조 바닥의 균열된 틈새로 아래에서 첨벙거리는 물이 보인다.

건물 전체가 물에 떠 있는 것이다.

스토커와 구역의 상호 관계는 철저히 비이성적인 행위에 기반을 둔다. 그의 전전긍긍하며 갈피를 못 잡는 안내는 일행을 완전한 혼란으로 이끌 뿐이다. 이들의 굴곡진 정신의 성지 순례는 결국 아무런 실질적 성과 없이 막다른 곳에 이른다. 교수가 비밀의 방을 폭파시키려 할 때 갑작스레 서로 폭력을 휘두른 후, 이들은 방 입구에 조용히 앉아 한마디도 하지 않는다. 한편, 폭탄이 해체되자 카메라는 물이 흥건한 비밀의 방으로 깊숙이 들어간다. 결국 이 신성한 공간에 들어가는 유일한 '실체'는 카메라다. 이로서 카메라와 편재하는 구역의 동일시는 더욱 유력해진다. 카메라는 영화가 진행되는 내내 인물들을 스토킹하다가 그 불가사의한 공간이 다시 인간이 도달 불가능한 영역으로 남게 되자 원점으로 돌아가는 것이다. 이때부터 카메라와 관객은 비밀의 방 안에서 인물들을 관찰한다. 기진맥진한 스토커 일행을 둘러싼 침묵은 빛의 움직임과 갑자기 쏟아지는 폭우로 강조된다. 비가 건물 안으로 퍼붓는 셈이므로, 이 역시 상식을 벗어난다. 방에 고인 얕은 물에서는 잉어 두 마리가 시꺼먼 기름 막에 가려진 채 헤엄치고 있다. 모리스 조제프 라벨Maurice Joseph Ravel의 '볼레로Bolero'와 달리는 기차의 덜컹거리는 소리가 인물들의 일상적 공간으로의 귀환을 알린다.

구역으로 돌아가는 여정은 내러티브상 생략되어, 비밀의 방의 문턱 장면이 끝나면 바로 영화 도입부에 등장했던 어두운 술집 장면이 이어진다. 주인공의 아내와 딸이 남편이자 아빠를 만나기 위해 이곳으로 찾아온다. 작가와 교수가 스토커의 아내와 마주치는 술집 시퀀스에서 두 사람의 시선은 도입부와 동일한 듯해도 함의는 약간 다르다. 두 사람은 여인의 등장에 큰 충격을 받는다. 신비롭고 위험한 구역에서 돌아온 후에, 일상 속에서 벌어지는 비상한 헌신의 현장을 똑똑히 목격하는 것이다. 두 사람의 지치고 지저분한 얼굴에 전과 다른 유형의 당혹감이 떠오른다. 예의 무심하게 놀라서 쳐다보는 표정이 아니라 만남을 이해하고심지어 관계를 맺으려는 적극적인 시도이다.

다음에 이어지는, 스토커의 딸 멍키의 옆얼굴을 클로즈업한 컬러 화면은 갑작스러운 변화로 다가온다. 황금빛 머리 스카프를 두른 그녀의고요한 얼굴은 동방 정교회의 이콘에 나오는 마리아의 이미지와 밀접한관계를 갖는다. 이 장애가 있는 소녀는 스스로 걷고 있는 듯 보이지만,그 환상은 카메라가 줌 아웃하자 실상이 밝혀진다. 스토커가 멍키를 목마 태워 아내와 구역에서부터 따라온 개를 데리고 이들에게 익숙한, 황폐한 산업 지대의 풍경 속을 통과하고 있다. 가족이 아파트로 돌아오자,카메라는 다시 한 번 인물과의 자유로운 접촉을 준비한다. 탈진하고 충격에 빠진 스토커가 한 차례 감정을 폭발한 후 침대로 간다. 그 후 그의아내가 카메라 렌즈를 똑바로 바라보며 긴 독백을 시작한다. 인물이 카메라에 직접 말을 걺으로 해서 관객의 공간과 인물의 공간이 직접적으로 만나게 된다. 울퉁불퉁하고 축축한 벽에 둘러싸인 여인은 담배에 불을 붙이고 관객에게 사회적으로 버림받은 남편과 자신의 삶을 고백한다. 그녀는 감동적인 고백을 통해 이 영화의 담론을 종결짓는다.

그러나 영화의 대미를 장식하는 인물은 멍키이다. 이 소녀는 영화의결말 시퀀스에 홀로 등장하며 내내 우울한 모노크롬 상태이던 아파트가이제 총 천연색으로 바뀐다. 그리고 고요하게 책을 읽고 있는 소녀의 클로즈업은 관객을 진정시키는 효과가 있다. 카메라가 서서히 줌 아웃하면서, 소녀의 내면의 목소리가 표도르 츄세프Fedor Tiutchev의 '그대의 눈을 사랑하네, 친구여…'로 시작하는 짧은 시를 낭독한다. 감독은 이 영화 담론의 종착점에서 당황스러울 만큼 단순한 연애시를 끌어들인다. 이 비논리적인 선택은 그 자체로 수수께끼 또는 비밀이 된다. 이 시는 관객을 다시 혼란에 빠뜨린다. 이 시의 등장은 대체 무슨 의미인가?

당초 기획했던 〈스토커〉의 결말 에피소드가 최종 영화와는 극적으로 다르다는 점도 상황을 더욱 복잡하게 만든다. 초기 구상에서 멍키는 영화의 말없고 신비로운 아우라에 둘러싸인 사려 깊은 소녀와는 거리가 먼 제멋대로에 수다스러운 아이로 그려진다.

그리고 멍키는 생각나는 대로 종알대면서, 눈두덩에 감은 붕대 너머로 밖이라도 엿보려는 듯 마른 얼굴을 하늘로 치켜든다.

멍키: 또 페이스트리도 먹고 싶어, 시럽이 든 초콜릿 번이랑 훈제 장어도 먹고 싶고…아무튼 좋은 향기가 나는 건 다 좋아, 꽃이랑 멋진 향수랑…버섯 스프도 냄새가 좋지… 만지면 바스락 바스락 소리가 나는 실크 드레스도 좋고, 그렇지만 내가 제일 갖고 싶은 건 모피 머플러야, [부드럽고] 따뜻하고 푹신하면서도 매끈하고….

전동 기차의 덜컹거리는 소리가 들려오고 점점 커지더니 마침내 그녀의 목소리까지 삼켜버린다.[36]

시나리오 속의 멍키는 온갖 물건에 집착하면서, 원하는 것들을 풍부한 표현과 함께 열거한다. 소원을 들어주는 마법의 물건 모티프가 반복되는 것이다. 이 아이는 향기나 질감 등 물건의 물질적 속성까지 속속들이 묘사한다. 그러다가 전동기차 소음에 그녀의 혼잣말은 묻히고 만다. 이러한 이미지는 끝까지 신비에 싸인 주인공으로 등장하는 영화 속 멍키와는 극적으로 다르다. 영화 속의 이 조용한 소녀는 그다지 나이에 맞지 않는 시를 읽으며 그 아름다움을 음미한다. 쉴 새 없이 수다를 떨어대는 흔적이라곤 어디에도 없고, 오히려 초월적인 신비의 아우라에 휩싸여 있다. 영화 속 에피소드가 끝날 때도 기차가 도착하지만, 이번에 기차가 집어삼키는 소리라곤 완벽한 정적뿐이다.

멍키는 첫 번째 숏에서 마치 이콘의 인물처럼 등장한다. 관객에게 그녀의 옆얼굴만 보이는 것이다. 이 말없는 소녀는 이 시퀀스에서 비로소 목소리를 얻고, 그 때문에 단순해 보이는 시구의 위력이 한층 더 커진다. 소녀는 속으로 시를 읽지만, 그 소리는 크게 울려 퍼진다. 이 보이스 오버를 통해 관객은 시 내용을 엿듣고 멍키의 고립된 세계에 동참할 수 있게 된다.

당신의 눈을 사랑하오, 그대여
그 움직임은 열정적이고도 밝으니
그대가 갑자기 나를 바라보면
하늘에서 번개라도 내려치듯
끝에서 끝까지 모든 것을 빨아들이고 마네

내가 숭배하는 것이 하나 더 있지
그대의 눈이 내려다 볼 때
사랑의 영감에 타오르는 불길
그대의 속눈썹이 깜박일 때
그 음울한 욕망의 부름이여

츄세프는 대비對比의 시인으로, 변덕, 무정형, 유동, 소멸 등의 위협을 탐색하는 데 주력했다. 〈스토커〉에 인용된 시 역시 예외가 아니다. 1연에서는 전체의 개념을 다루며 인식적인 시선이 등장하지만, 2연에서는 열정이라는 내적 혼돈에서 비롯된 일종의 분열을 이야기한다. 시의 관점에도 상당한 변화가 생겨, 1연의 중립적인 입장은 2연에서 뚜렷이 주관적이고 서정적인 공감 상태로 바뀐다. 츄세프는 인식과 열정을 대비시켜, 그에게 육욕은 언제나 카오스chaos와 같은 완전히 비합리적인 상태와 연결된다.

그러나 '당신의 눈을 사랑하오, 그대여…'에서 전해지는 욕정은 이 시를 아이가 낭독한다는 사실로 인해 한풀 꺾인다. 성에 관심 없고 무심한 멍키는 연애시를 전달하기에 적임자가 아니다. 그러다가 영화 막바지에 이 소녀가 염력을 드러내는 순간, 시의 파토스pathos는 더욱더 줄어든다. 수수께끼 같은 시 낭송에 못지않게 불가사의한 염력 발휘가 이어지는 것이다. 소녀는 오로지 시선만으로 탁자 위의 물건들, 즉 차가 담긴 유리잔, 달걀껍질이 담긴 병, 그리고 결국 마룻바닥으로 떨어지는 비어 있는 긴 잔을 하나씩 앞으로 밀어낸다[그림 5-4]. 참으로 오묘하고 은유로 가득한 영상 시퀀스는 비교적 직설적인 내용의 시와 서로 대조를 이룬다. 멍키의 초자연적인 눈은 '그 움직임이 열정적이고도 밝은' 츄세프의, '음울한 욕망'이 깃든 내리깐 눈도 모두 단숨에 초월해 버린다.

신비감은 이 시퀀스에서 극에 달한다. 소녀는 다른 세계에 사는 것처럼 보인다. 소녀의 고요한 초연함은 공중을 떠도는 솜털과 김이 피어오르는 찻잔을 통해 시각적으로 한층 강조된다. 부드럽게 떠다니는 솜털이 운동감을 부여하지만, 전체 이미지는 대단히 정적인 상태이다. 소녀의 초자연적인 재능은 구역과 직접적으로 연관된다고 볼 수도 있다. 그녀의 장애도 스토커라는 아버지의 직업에서 비롯된 것이니 말이다. 물

[그림 5-4] 〈스토커〉 결말부

건을 움직이고 물리적 법칙을 초월하는 이 기이한 능력은 인식이나 욕망의 힘과는 근본적으로 다르다. 멍키의 꿰뚫어 보는 듯한 시선은 이 영화의 궁극적인 불가사의가 된다. 타르코프스키는 멍키의 눈에 카메라를, 그리하여 관객의 시선마저 집중시킴으로써, 인용된 시의 의미론적 방향성을 뒤튼다. 언어 예술은 도저히 이 시선을 당해낼 재간이 없는 것이다.

＊＊＊

타르코프스키는 1974년 12월 29일에 당시로선 앞으로 나올 영화 〈스토커〉에 관해 매우 흥미로운 기록을 남긴다. 어떤 의미에서는, 이 영화가 앞서 인용한 시−공간적 일탈이나 비약이 전무한 일관된 내러티브 흐름을 갖는다던 입장과도 부합한다. 그는 〈스토커〉가 '완벽하게 조화로운 형식, 즉 반쯤 선험적이고 부조리하며 절대적인 종교적 행위에 비견될 만한, 중단되지 않고 흘러가는 섬세한 사건'[37]이 될 것이라 생각한다. 그러므로 감독에게는 심원하여 이해하기 힘든 종교적 행위(이를 표현하는 위의 세 형용사는 서로 완전히 모순된다)가 내러티브의 조화로운 형식과 '균형'을 이룬다. 타르코프스키는 두 가지, 즉 혼란스러운 종교적 경험과 영화의 서사적 연속성을 병치하는 것이다.

〈스토커〉의 전체 담론에서 매우 중요한 이 일기는 흥미롭게도 다음과 같은 고전 문학 작품의 언급으로 끝을 맺는다. '사뮈엘 베케트Samuel Beckett의 『몰로이Molloy』. 삶의 의미를 이해하고자 (적극적으로) 모색하는 인간의 삶에 대한 묘사.'[38] 『몰로이』는 두 가지 모색에 대한 이야기이다. 어머니 집을 찾는 부랑자(몰로이)의 모색과 그를 뒤쫓는 위선적인 탐정

모랑Moron의 모색이다. 두 인물은 불안하고 심지어 신경증적인 독백으로 자신의 실패한 모색에 대해 이야기한다. 이들은 의심할 여지없이 분명한 목표를 가지고 숲과 들판을 배회하지만, 각자의 목표를 달성하는 데는 실패한다. 독자는 궁극적인 실패에서 절정에 달하는 이들의 몰락 과정을 목격하게 된다.

이 소설의 전체적인 순환 구조는 모종의 유예된 형이상학적 결말을 암시하기도 한다. 『몰로이』는 추방, 점진적 몰락, 귀향, 잠재적 변신으로 이어지는 기본적인 패턴을 따른다. 마찬가지로 타르코프스키의 영화도 스토커가 가족과 재회하여 집으로 돌아가는 시퀀스를 통해, 관객에게 어렴풋이나마 분명한 희망의 여지를 남겨둔다. 이 영화의 주인공도 몰로이와 모랑처럼 구역의 '숲'을 배회하며 소원을 실현해주는 특정한 장소로 일행을 안내한다. 이들은 결국 목적지에 도착하지만, 아무도 그곳에 들어가지 않는다. 대신 아무런 실질적 성과도 없이, 명실상부한 여행의 출발점인 술집으로 돌아온다.

이들의 귀환은 스토커의 아파트-술집-구역-술집-아파트로 이어지는 영화의 순환 구조를 드러낸다. 이러한 원형 구조는 완벽히 조화롭고 지속적인 형체를 이루어, 관객에게 실제로 '전체 작품을 단 하나의 숏으로 촬영한 듯한'[39] 인상을 준다. 그러나 뚜렷한 결말이 없는 공간에서 벌어지는 비선형적인 방황에는 여전히 동기가 불분명한 시-공간적 비약이 끼어든다. 이렇게 이야기 흐름을 방해하는 내러티브의 불연속성—어두운 우물에 떨어진 돌이나 기울어진 얕은 연못에 잠긴 물건들의 트래킹 숏—에는 명백히 종교적인 메시지가 담겨 있다. 그러나 노자의 『도덕경』과 요한 계시록을 인용하는 이 시퀀스들은 양면적인 성격을 띠는, 수사학적으로 복잡한 장면들이다. 두 텍스트는 대립되는 요소의 상호 의

존성을 인식하고, 그것을 완전히 초탈하고자 한다. 도교의 도道는 상극을 아우르며 이율배반으로 나타나고, 요한 계시록은 진실을 밝히기를 미루고 그것을 감추는 모호한 형상을 통해 반대로 정신적 깨달음을 전한다. 〈스토커〉에서도 이와 유사한 시도가 미학적 전략의 요체를 이룬다. 이 영화는 '시간, 공간, 사건의 3일치'[40]를 준수하는 듯 보여도 실제로는 지상의 모든 영역을 초월하고자 노력하며, 마지막의 염력 장면은 그 자체로 초월적인 행위라 할 수 있다.

6장

<향수>의 회상

향수란 과거의 시간에 대한 그리움과는 다르다.
향수란 헛되이 흘러가버린 시간의 공간에 대한 그리움이다.
– 안드레이 타르코프스키

:: :: :: ::

타르코프스키가 러시아 밖에서 촬영한 첫 번째 영화 〈향수Nostal-ghia〉(1983)는 이질감foreignness의 개념과 고국을 떠나 살아가는 고통을 직접적으로 다룬 작품이다. 영화 자체가 시간적, 공간적 전치에 대한 탐색인 셈이다.[1] 이 영화의 주제는 이민을 떠난 후 서방 세계에서 소외감을 느꼈을 감독의 개인사와 연관을 지어 논의될 때가 많다. 그러나 이 영화는 분명 단순히 감독의 문화적 혼란과 사적인 불안을 투영하는 수준을 넘어선다. 〈거울〉에서처럼 〈향수〉에서도 현실-허구의 융합은 영화의 담론을 한결 풍성하게 만든다. 이 영화는 향수, 즉 '친숙한 환경에 대한 감상적이고 지독한 그리움'(OED)에 대한 탐구로 시작하여, '번역'이란 모티프를 통해 이질감과 동질감의 보편적인 대조로 발전한다.

타르코프스키의 분신으로 볼 수 있는 주인공 안드레이 고르차코프An-drei Gorchakov는 이탈리아를 방문 중인 러시아 시인이다. 그는 18세기에 음악을 공부하러 볼로냐Bologna로 유학 온 농노 출신 러시아 음악가의 전기를 쓰고 있다. 이 작곡가의 실존 모델은 막심 베레좁스키Maxim Berezovsky로, 그는 이탈리아 체류 중에 러시아를 몹시 그리워했으나 상트페테르부르크로 돌아오자마자 우울증에 걸려 1777년에 자살한 것으로 알려졌다.

이 영화의 주인공은 베레좁스키와는 운명이 다르다. 고향으로 돌아가지 않고도 외국과의 접촉으로 결국 죽음에 이른다. 고르차코프는 권태에 빠져 이탈리아 주변 환경과 관계를 맺거나 이성적인 행동을 하지 못하고, 그래서 역설적으로 고국에 돌아가지도 못한다. 그의 고향에 대한 갈망, 그 추상적인 결핍 상태는 현재의 위치에서 벗어나 위안이 될 만한 상상 속의 장소를 찾으려는 절박하고 사적이며 구체적인 욕구로 발전한다.

향수라는 현상은 고국과의 재회에 대한 일종의 열망이다. 상상 속 장소의 전체성을 확보하려는 필사적인 노력이다. 이것은 현재 처한 환경에서 겪는 소외감에서 비롯된다. 향수라는 감정은 이상화된 고향과 당면한 낯선 현실 간의 간극에서 생겨난다. 또 향수는, 감독이 『시간 속의 조각』[2]에서 주장하듯이, 바깥세상뿐 아니라 자기 자신으로부터도 소외된 상태이다. 이상화된 가상공간의 삶으로 도피함으로써 스스로 현재의 인식으로부터 멀어지는 행위다. 이 모든 의미에서의 향수가 〈향수〉에 스며있다.

타르코프스키가 1979년에 토니노 게라Tonino Guerra와 함께 떠난 이탈리아 여행에서 영감을 얻은 이 영화는 역설적으로, 또는 적절하게도 그의 고향 러시아를 나타내는 흐릿한 모노크롬 화면으로 시작된다. 이 화면에 등장하는 집은 미아스노에Miasnoe 마을에 있는 타르코프스키의 집과 비슷하다. 지대가 고르지 않고 언덕이 많은 중부 러시아의 풍광이 관객의 눈앞에 펼쳐진다. 거기에 각기 홀로 서 있는 형체들이 끼어든다. 주인공의 가족, 독일 셰퍼드, 말 등이다. 이 고요하고 우울한 고국 풍경은 오프닝 자막 화면인 동시에 향후 펼쳐질 주인공의 외국 여행에 대한 서막 구실을 한다. 크레디트가 계속 올라가다 어느 한 순간 화면이 정지되며, 그 부동성 때문에 모국을 찍은 일종의 스냅숏이 된다. 이후 영화가 진행되는 동안에도 러시아의 인상적인 이미지들은 수시로 이탈리아의 장소에 침범하여 그 장소에 생길 법했던 안정감을 무너뜨린다. 이렇듯 서로 멀고 완전히 다른 두 공간을 접목하려는 필사적인 시도는 영화 초반 몇 초 만에 충분히 달성된다.

안개 낀 러시아 시퀀스는 그 후 안개 낀 토스카나Tuscany의 이미지로 전환된다. 고르차코프와 통역인 유제니아Eugenia가 피에로 델라 프란체스카Piero della Francesca의 〈출산의 성모Madonna del Parto〉를 보기 위해 이곳을 여행 중이다. 희뿌연 안개의 장막이 두 장소를 하나로 묶고, 영화 끝에서 생생하게 표현될 두 곳의 비현실적인 융합의 전조로 작용한다. 실제 이 장면에서 유제니아는 고르차코프에게 토스카나의 빛이 모스크바의 황혼을 떠올린다고 말한다. 이처럼 영화는 두 공간(러시아와 이탈리아)의 유사성과 직접적인 비교, 그리고 두 개의 다른 언어를 구사하는 두 중심인물의 말다툼으로 막을 연다. 고르차코프는 차에서 내려 그림이 소장된 교회로 가기를 거부한다. 그는 소외감에서 비롯된 짜증이 극에 달해 외국에서 맛보아야 할 미적 호사를 누리지 못한다. '이탈리아에 대한 공간감'[3]을 거부하는 것이다.

고르차코프는 수시로 먼 시간과 공간을 꿈꾸며 몽상에 빠진다. 그 결과 러시아의 기억이 그를 전치시킨다. 주인공의 끊임없이 거듭되는 다른 공간으로의 비약은 내러티브 흐름을 불안하게 만들고, 더 중요하게는 두 공간과 두 언어를 하나로 합칠 수 없다는 고통스러운 자각을 일깨운다. 유제니아의 교회 방문이 〈출산의 성모Madonna del Parto〉의 클로즈업으로 끝난 직후에, 관객은 러시아의 고향 집에서 약간의 거리를 두고 혼자 서 있는 고르차코프를 마주하게 된다. 레이스 커튼과 유리잔이 흙으로 덮여 있는 땅에서, 크고 하얀 깃털을 줍는 그의 모습이 모노크롬의

슬로모션 장면으로 비춰진다. 커튼은 뒤에 도메니코Domenico의 집에서
등장하고, 유리잔은 고르차코프의 아내에 대한 기억과 연관된다[그림 6-1].
현재 주인공의 상상 속 현실에는 예전의 현재와 아직 도래하지 않은 미
래가 잠입해 있는 것이다. 고르차코프는 집 쪽으로 고개를 돌려, 그가

[그림 6-1] 〈향수〉 도입부

주운 깃털의 임자인 천사가 천천히 집 입구로 다가가는 모습을 본다. 다음 컷에서는 내러티브가 다시 '평상의' 현실로 복귀한다.

그러나 영화 도입부에서와 같은 고르차코프의 러시아에 대한 회상은 단순히 과거에만 멈춰있지 않는다. 그것은 현재의 현실보다 더 현실적이다. 그는 모스크바 아파트의 열쇠를 외투 주머니에 넣고 다니며 끊임없이 만지작거린다. 마치 그 열쇠로 여는 문이 수천마일 떨어진 곳에 있다는 사실을 지우려는 듯이. 주인공은 공간적 전치 뿐 아니라 명백히 시간 속에서도 길을 잃고 있다. 그는 아침과 오후를 혼동하고, 대낮에 잠이 든다. 언제나 시간을 아는 사람은 유제니아 뿐이다. 반복되는 회상은 고르차코프가 현재의 시간적, 공간적 좌표를 정확히 규정하도록 내버려두지 않는다. 동시에 '회상recollection'이란 단어는 '기억할 무언가를 상기하는 행위'(OED)로서, 시간과 공간에 흩어져 있는 사물과 사람을 한 데 모으고 다시 모은다는 어감이 강하다. 그래서 고르차코프의 러시아에 대한 회상은 단순히 기억에 그치지 않고, 자신의 조국을 되찾고 이탈리아어를 러시아어로 번역하려는 노력을 포함한다. 고르차코프의 향수가 그를 회상하게 만드는 것이다.[4]

향수의 번역

이 영화의 이탈리아어판 및 해외판 제목이 일상적인 단어 'Nostalgia'를 변형한 'Nostalghia'라는 사실은 이 영화의 중심적 담론인 번역의 불가능한 가능성을 조명한다. 'h'는 묵음이지만 앞의 'g'를 경화시켜, 'g'가 (이탈리아어어나 영어의)[dʒ(i)ə] 대신 [gi:jæ]로 발음되어 '러시아어'나 다소 희랍어처럼 들리게 된다. 타르코프스키가 영화 제목으로 'h'가 추가된 'Nostalghia'를 고집한 결과, 이 단어가 러시아식 발음을 요구하게 된 것

이다. 이는 외국어를 러시아어화하려는 폭력에 가까운 시도이자 의식적으로 유토피아적인 기획이다.[5]

이 영화에서 고르차코프가 맨 처음 하는 말—'Parla italiano, per favore(이탈리아어로 말해요)'—역시 다소 공격적인 표현이다. 고르차코프는, 그의 모국어로 말함으로써 그와 친근한 유대감을 형성하려는 유제니아의 노력을 좌절시킨다. 그녀는 사과하고, 그녀의 러시아어가 그의 이탈리아어보다 훨씬 유창하지만 그 후로 계속 고르차코프와 이탈리아어로 대화한다. 이렇게 '이국의' 대화 상대가 자신의 모국어로 말하는 소리조차 듣기 불편해하는 모습은, 주인공이 외국인이나 외국 문물이 자신의 향수에 끼어드는 것을 꺼린다는 초반의 암시이다. 그는 이탈리아의 주변 환경으로부터 완전히 동떨어진 채 점점 완전한 번역 불가능성에 대한 생각을 굳혀간다. 주위 공간과 관계를 맺거나 토스카나의 풍경에 스스로 동화되지 못하는 그는 결국 다른 장소, 즉 머나먼 러시아를 그리워하는 쪽을 택한다.

관념적 범주로서의 번역은 모국어 대 외국어라는 확고한 대립 쌍에 기반을 두고, 타르코프스키는 영화의 여러 철학적, 미학적 층위에서 번역의 기능을 상세히 파고든다. 〈향수〉에서는 남성과 여성, 꿈/환영과 현재의 현실, 러시아와 이탈리아, 정상과 광기, 삶과 죽음 같은 이항 대립이 인물의 분신 현상과 함께 영화 도처에 편재한다. 이들이 나타나는 방식은 번역을 통해 접점을 찾으려 애쓰는 두 외국어의 충돌과 닮았다. 고르차코프는 고통스러운 언어적, 형이상학적 이분법이 없는 장소를 갈구하고, 비록 비극적인 방식으로나마 그 목표를 이루는 듯하다. 목숨을 건 '과업'을 통해서 말이다.

이 영화에서 완전한 전체라는 불가능성에 대한 동경을 표현하는 주요 모티프는 '번역'이다. 번역은 정의상 거의 근사치에 도달하면서도, 일각의 관점에 따르면, 반드시 실패할 수밖에 없는 행위이다.[6] 번역이라는 개념은 텍스트에 견고한 의미가 있어 그것을 발견하여 다른 언어로 옮길 수 있다는 가정에서 출발하지만, 언어로 옮길 때에도 다양한 선택지 사이에서 타협이 불가피하다. 통역은 단어 하나하나를 동의어로 처리한다. 그러므로 로만 야콥슨Roman Jakobson에 따르면, '동의어는 완전한 등치를 이루지는 않기'[7] 때문에 번역은 불가피하게 실패할 운명에 처한다. 언어 단위 간의 완벽한 대응이란 이뤄질 수 없으므로, 번역은 끊임없이 차이를 조율하는 과정이다. 번역은 두 개의 상이한 코드로 된 두 개의 동일한 메시지를 포함한다. 야콥슨의 지적대로, '불완전 등치는 언어의 근본적인 문제'[8]이다. 모순 어법처럼 보이는 '불완전 등치'야말로 번역 연구의 중점적 관심사이고, 이 역설을 해결하기 위해 다양한 논의가 전개되어 왔다.

발터 벤야민Walter Benjamin은 좀 더 추상적이고 시적인 각도에서 이 문제에 접근한다. 그의 의견으로는, 번역이란 '역사적 고찰을 떠난 두 언어 간의 관련성'[9]이 타자성과 차이를 통해 구축되는 영역이다. 번역은 하나의 외국어를 다른 외국어로 바꿈으로써 '궁극적으로 언어들 간의 주요 상호 관계를 표현하는 목적에 이바지한다.'[10] 번역은 단순히 흉내 내기에 그칠 것이 아니라 '애정을 기울여 상세하게 원작이 지니고 있는 의미의 양식을 담아야 한다. 그로써 여러 조각들이 한 그릇을 이루는 [깨진] 부분인 것처럼 원작과 번역 모두 보다 더 큰 언어의 조각들로서 인식될 수 있게 되는 것이다.'[11] 이 '한 그릇을 이루는 깨진 부분'이란, 완전성을 암시하지 않으면서 어느 정도의 전체성을 의미하기에 꽤나 적절한 비유이다. 고르차코프의 상황도 이 비유에 부합한다. 이탈리아와 러시아라는 두 양립할 수 없는 공간으로 지형적 전체성을 이루려하기 때문이다.

타르코프스키의 영화는 야콥슨과 벤야민이 설파한 번역의 이론적 모순을 강조한다. 주인공 고르차코프가 생각하는 번역 불가능성의 골자는 본질적인 미완의 상태, 즉 무한한 과업이다. 그리하여 〈향수〉는 직접 인용한 문학 작품이라곤 아르제니 타르코프스키의 시 두 편뿐임에도 불구하고, 이 감독의 전작 중 가장 문학적인 영화가 된다. 영화에서 주로 번역이란 개념, 특히 문학 번역을 다루기 때문이다. 또 아르제니 타르코프스키의 러시아어 원시와 이탈리아어 번역시 각각 한 편이 고르차코프의 번역 불가능성에 대한 혼란스런 담론을 예시한다. 번역, 더 정확히는 번역 불가능성이 이 영화의 주요 쟁점이 되는 것이다.

남녀 주인공의 긴장 관계는 단지 이성 간의 기 싸움의 결과가 아니라, 번역의 모티프에서 기인하는 바도 크다. 고르차코프는 전문 통역가인 유제니아가 서로 다른 문화적 전통에 속한 예술적 작품이나 인간의 감정을 통역할 수 있다는 망상에 빠져 있다고 믿는다. 아이러니하게도 그는 각운을 맞춘 이탈리아어 경구 'Tradutore, traditore'(번역자는 반역자, 'A translator is a traitor')[12]를 신봉한다. 그러나 고르차코프는 번역 불가능성에 대한 불안을 유제니아와 나눌 수 없다. 그녀의 직업적 존재 이유가 통역이기 때문이다. 그와 대조적으로 유제니아는 번역의 가능성을 철저히 믿는다. 그녀는 이탈리아어로 번역된 아르제니 타르코프스키의 시집을 들고 다니고, 한번은 이렇게 주장하기도 한다. '나는 그냥 통역만 하는 게 아니에요. […] 때로는 고객의 부족한 표현까지 더 낫게 바꾼다고요!' 유제니아는 고르차코프의 강한 억양에 짜증을 내는데, 특정 억양이 없는 두 문화의 융합이 가능하다고 믿기 때문인 듯하다. 호텔 로비에서 벌어지는 다음 장면이 두 사람의 의견 차이를 극명히 보여준다.

'무엇을 읽는 거요?' 고르차코프가 뜻밖의 질문을 던진다.

'타르코프스키…아르제니 타르코프스키의 시집이요.' 유제니아가 현장에서 붙잡힌 범인처럼 깜짝 놀라는 기색을 보인다.

'러시아어로?'

'아뇨, 번역본이에요…. 번역이 아주 좋아요….'

'당장 버려요.'

'왜요…? 시를 번역한 분도 굉장히 훌륭한 시인이에요….' 그녀가 애써 변명하듯 말한다.

'시를 번역하는 건 불가능하오…. 예술이란 다 번역이 불가능해….'

'시를 번역할 수 없다는 말에는 동의하지만…. 그럼 음악은요? 예를 들어 음악도 그럴까요?

고르차코프가 러시아 노래를 부른다.

'무슨 노래에요?' 유제니아가 노래를 이해하지 못하고 묻는다.

'러시아 노래요.'

'그렇군요…. 하지만 우리가 어떻게 톨스토이, 푸시킨을 알았겠어요. 어떻게 러시아를 조금이라도 이해할 수 있었겠어요, 만약….' 유제니아가 따지듯 말한다.

고르차코프가 그녀의 말을 끊는다. '하지만 당신들은 러시아에 대해 아무것도 모르오.'

'그리고 단테, 페트라르카, 마키아벨리두요? 그래서 러시아인은 이탈리아를 모르는군요!'

'물론이요.' 고르차코프가 맥없이 동의한다. '우리가 어떻게 서로를 알 수 있겠소?'

'그러면 우리가 어떻게 해야 할까요, 서로를 더 잘 알기 위해선?

'경계를 무너뜨려야지.'

'무슨 경계요?'

'국경 말이오….'[13]

고르차코프는 여기에서 공간적 구분을 거론하며, 그것을 제거하면 번역의 트라우마를 극복할 수 있다고 주장한다. 당연히 유토피아적인 발상이지만, 국경을 완전히 철폐하면 공간이 하나의 동질적 실체가 되어 서로 다른 문화의 번역이라는 문제가 해소되리라는 것이 그의 생각이다. 경계가 있는 공간과 경계가 없는 공간 사이의 대립은 〈향수〉에서 가장 중요한 번역 관련 테마 중 하나이다. 사실상 번역이 일종의 공간의 이동으로 해석되고, 이 해석은 단어의 정의 중 하나와도 일치한다. 'translation'이란 '전이, 어느 한 사람이나 장소, 상태에서 다른 쪽으로의 이동 또는 수송'(OED)을 의미하기도 한다. 고르차코프의 주장에 이어, 그가 방금 생각했던 국경이 사라진 상태가 등장한다. 관객은 갑자기 러시아에 있는 그의 아내가 유리잔을 닦는 이미지를 보게 된다. 이 장면 전환은 명백한 디제시스적 동기가 없고, 카메라는 몇 초 후에 유제니아의 클로즈업으로 다시 관객을 '정상적' 현실로 돌려보내어, 두 여자 간의 연관성을 암시한다. 빠르게 이어지는 클로즈업 화면은 주인공이 집과 가족에게서 자신을 갈라놓는 시—공간적 경계를 초월한 상태임을 시사한다. 비록 정신적으로나마 사랑하는 대상과 현재의 소외감 및 향수 사이의 경계를 허문 것이다.

잠시 후에 감독은 또 한 번 숏/리버스 숏 기법을 사용하여 시—공간의 선형성을 극복한다. 호텔 로비 에피소드의 끝에서, 고르차코프는 카메라로 다가와 렌즈를 정면으로 응시한다. 주인공의 이 숏에 대응되는 응답(리버스 숏—옮긴이)은 다른 시간과 공간에 위치한다. 그의 시선이 의도한 화면 밖의 수신인은 아득한 시간에 먼 러시아에 사는 아내였던 것이다. 그의 아내는 '뒤를' 돌아보고 미소 짓고는 고개를 돌린다. 물 떨어지는 소리가 들리고, 모노크롬의 슬로모션 화면으로 관객을 향해 달려오는 두 아이와 개가 보인다. 소녀는 개를 데리고 물건을 던져 물어오게 하는 놀이를 하면서 큰 웅덩이에 막대기를 던진다. 갑자기 호텔 직원과 유제니아의 목소리가 사운드트랙에 끼어든다. 이 불가능한 융합, 과거의 이미지와 현재의 목소리의 융합을 통해 다시 한 번 러시아와 이탈리아가 단일한 비현실적인 장소로 결합된다. 개의 물 첨벙거리는 소리가 크게 들리며 관객을 완전히 호텔로 되돌린다. 이렇게 주인공의 상상 속에서 국경이 또 한 차례 무너진다.

경계 없는 세계를 꿈꾸는 고르차코프는 인류가 단일한 언어로 통합되었던 도시 바빌론Babylon을 동경하는 듯하다. 그는 또 신이 개입한 이후, 바빌론이 불가지 영역의 도달 불가능성과 번역에 내려진 저주의 상징이 된 것도 알고 있다. 번역이 가능하고 사실상 필수적이기까지 한 상태로의 전락 또는 강등은, 구약 성경에 의하면 '탑 꼭대기가 하늘에 닿도록 하여'(창세기Genesis 11장 4절) 바벨탑이라는 상부 구조물superstructure을 지으려던, 무산된 시도의 결과였다. 이 이야기의 중심은 공간적 충돌이고, 이것은 공통 언어로 인해 촉발된다. '보라, 백성이 하나요. 그들 모두가 한 언어를 가졌기에 이런 일을 시작하였으니'(창세기 11장 6절). 신은 인간이 그 이상 오를 수 없는 특정한 공간적 한계를 부여한다. 공간상 그 위에 놓인 모든 것은 필연적으로 인간의 이성과 지식의 수준을 넘어선다. 신이 내린 저주는 언어의 혼란과 분산이다. '주께서 그들을 그곳에서 온 지면에다 "멀리" 흩으시니, 그들이 도성을 짓는 것을 그쳤더라.'(창세기 11장 8절, 강조는 저자).

'멀리abroad'란 킹제임스 버전 성경에서 '흩으시니scatter'라는 동사와 관련된 핵심어로, 이 구절에서는 '뿔뿔이 흩어진' 상태를 뜻한다. 그러나 현대 어법상 'abroad'는 '자기 나라 밖의 모든 지역'(OED)을 의미할 때가 많다. 'abroad'란 말은 고르차코프의 소원한 상태에 정확히 들어맞는다. 그는 현재의 주변 환경(언어, 사람, 풍경)과 절연된 채, 두 가지 의미('뿔뿔이 흩어져' 있고 자기 나라의 밖에 있다)에서 '멀리' 있는 셈이다. 언어와 장소가 소외의 매개로 작용하고, 어떻게든 인물의 내적 갈망과 외부 환경의 불일치를 해소하는 것이 이 영화의 미학적 전략이다.

데리다는 〈바벨탑Des Tours de Babel〉[14]이라는 논문에서 바벨 이야기의 언어적, 공간적 측면을 탐색하는데, 그 측면이 〈향수〉와 상당히 일맥상통한다. 이 비평가는 오늘날 '바벨Babel'이라는 고유 명사가 어느 한 가지만을 지칭하는지 반문하며 시작한다. 고유 명사는 정의상 엄밀히 지정되고, 정확하며, 올바르고, 문자 그대로로서, 비유적이거나 번역 가능하지 않다. 또 무조건 유일무이한 것을 지시한다. 구약 성경 이야기는 고유하고 철저히 유일무이한 이름을 찾으려는 투쟁의 전형적 사례이다.

> '스스로 이름 만들기'를 추구하고 동시에 만국 공통어와 단일 계보를 세우기 위해 노력할 때 셈족은 세상에 근거를 대려 했다. 그리고 이 근거는 동시에 식민적인 폭력(그렇게 함으로써 그들이 그들의 관용 표현을 보편화시킬 수 있었기 때문에)과 평화로운 인간 공동체의 투명성을 의미할 수 있다. 바꾸어 말해, 신이 당신의 이름을 강요하고 반대할 때, 그는 이성적인 투명성을 단절했을 뿐만 아니라 식민적인 폭력이나 언어적인 제국주의 역시도 차단시켰다. 신은 그들이 번역되도록 했고 그들을 필요하든 불가능하든 번역의 법에 종속시켰다….[15]

고르차코프는 이러한 신의 저주를 정확히 아는 듯하다. 하나로 통합된 전체성과 문화적 제국주의라는 불가능성에 대한 동경이 그의 끊임없는 불안의 원천이자 때 이른 죽음의 원인 중 하나일 것이다. 고르차코프는 지배적인 분리주의 이데올로기에 저항하려다 죽음을 맞이한다. 그의 과업은 완수하기 불가능하지만 반드시 필요하고, 인간의 정신력이 중대 위기에 처할 때 수행되어야 하는 것이다.

몇몇 에피소드에서 고르차코프는, 번역을 두 언어가 '더 큰 언어의 조각들로서'[16] 근본적 분리 상태를 넘어서려는 시도라고 보았던 베냐민과 같은 방식으로 언어적 분열을 극복하려 노력한다. 영화 후반부에서 고르차코프는 안젤라Angela라는 이탈리아 소녀에게 러시아어로 농담을 하고, 소녀는 당연히 알아듣지 못한다. 이 짧은 에피소드는 두 편의 시 낭독, 즉 고르차코프의 러시아어 시 낭독과 도메니코의 이탈리아어 시 낭독 사이에 일어난다는 점에서 중요하다. 이 소득 없는 의사소통 행위(소녀가 전혀 이해하지 못하므로)가 러시아어와 이탈리아어의 경계선상에 놓이는 것이다. 영화 시나리오에서는 이 장면의 결말을 이렇게 묘사한다. '고르차코프는 신이 나서 껄껄 웃는다. "하지만 너는 당연히 무슨 말인지 이해 못하겠지…", 그러고 나서 서툰 이탈리어로 말을 잇는다. "네 이름이 뭐니?"'[17] 이 경우 전달하려는 정보보다 의사소통 자체가 더 중요하다.

마찬가지로 도메니코에게도 고르차코프의 형편없는 이탈리아어는 그를 이해하는 데 아무런 장애가 되지 않는다. 두 남자는 유제니아—양쪽 언어에 능통한 중재자—가 둘만 남기고 떠난 후에야 직접 말을 섞기 시작하여, 언어적, 정신적 미로 속으로 빠져든다. 고르차코프와 도메니코의 상호 작용은 실패한 동시에 성공한 의사소통 행위이다. 고르차코프는 분명 짧은 이탈리아어 어휘력 때문에 약간의 곤란을 겪지만, 그럼에도 불구하고 도메니코를 이해한다. 둘이 처음 만났을 때, 그가 이해하지 못한 단어는 오로지 하나 뿐이었다. 그 단어가 fede('신앙')라는 사실이 의미심장하다. 유제니아는 고르차코프에게 그 의미를 통역해주고, 도메니코는 나중에 그 진짜 의미를 몸소 가르쳐준다.

그러나 고르차코프는 보통 언어의 번역에는 그다지 집착하지 않는다. 그가 관심 있는 것은 번역의 가능성과 그와 관련된 '경험'이다. 경험, 또는 윌러드 반 올만 콰인Willard van Orman Quine이 말하는 '경험적 의미'[18]는 같은 언어를 사용하지 않는 사람들을 하나로 통합한다. 콰인은 '경험적 의미란 우리가 온갖 자극적인 요소들로 치장한 담화에서 그 장황함을 벗겨냈을 때 남아 있는 것이다. 또 우리 언어의 문장과 그것을 빈틈없이 번역한 전혀 다른 언어의 문장이 공통적으로 갖는 것이다.'[19]라고 주장한다. 그리하여 고르차코프는 도메니코에게 정신적 불안감을 이야기하는 데 성공한다. 달리 표현하자면, 그는 자신의 경험적 지식을 도메니코가 접근하여 이해할 수 있는 '언어'로 번역하는 데 성공한다.

오직 한 번, 두 사람 사이에 오해가 발생하는 듯 보인다. 도메니코가 고르차코프에게 '세상을 구하라'는 임무를 부여하자, 고르차코프는 'va bene'라고 대답하고 몇 번 더 반복한다. 이 말은 이탈리아어로 '좋아요all right'라는 의미로, 분명 동의를 뜻하는 관용적 표현이다. 그러나 도메니코는 이 말에 버럭 화를 내며, 'va male!'('전부 다 잘못 됐어')라고 응수한다. 이 광인이 언어를 반사시키자, 즉 뒤집어 돌려주자, 습관적인 표현 '좋아요all right'가 인간 조건에 대한 긍정적 입장 표명이 되는 것이다. '전부 다 잘못 됐다'는 인식은 나중에 두 사람을 이어주는 가교 역할을 하며, 불을 통한 자기희생 행위를 서로 되비추게 만들 것이다. 그러나 고르차코프는 이 극적인 결말에 이르기까지 수없이 꿈속의 영역에 빠져들면서, 다양한 꿈과 환영을 통해 영혼의 이상향, 특정한 지형적 전체성에 도달하고자 사력을 다한다.

꿈속의 전치

〈향수〉는 그 시간적 배경이 감독이 살아가는 시간과 완전히 일치하는 타르코프스키의 첫 번째 기획이다. 현재의 시간이 영화의 주제이자 소재를 이룬다. 사실 이 작품은 오로지 시간 또는 시간의 흐름에 관한 몇 개의 에피소드만으로 영화를 만들고 싶다던 감독의 생각을 부분적으로나마 실천에 옮긴 것이다.[20] 호텔 장면 중 하나는 순수하게 시간의 경과를 재현한다. 고르차코프는 호텔방에 처음 들어갔을 때, 불을 켰다 끄고 눕는다. 두 개의 창문으로 자연광이 방 안에 들어온다. 이 공간에는 사건은 고사하고 움직임조차 거의 없다. 그저 비 소리의 변화와 빛의 움직임이 관객에게 시간이 흐르고 있음을 알려준다. 이 매혹적인 시퀀스는 공간적 비정상성, 즉 도메니코의 개가 욕실에서 나와 고르차코프 옆에 눕는 장면으로 중단된다.

고르차코프의 호텔방 장면과 같은, 감독의 전매특허라 할 사색적인 롱테이크에서는 유독 감독의 현재 순간에 대한 예민한 촉수가 빛을 발하지만, 감독이 말년에 쓴 일기를 보면 이와 다소 모순되는 언급이 눈에 띈다. '현재는 존재하지 않는다. 오직 과거와 미래가 있을 뿐이다. 사실 과거와 미래란 시간 상태에 대한 하나의 암호로서, 인간은 오로지 의지 표명과 행동을 통해서만 이 암호에 접속하여, 미래가 과거를 내버려 두고 그것을 뚫고 나오게 만든다.'[21] 타르코프스키 영화의 전반적인 시—공간적 불안정성을 정당화하는 이러한 입장은, 〈향수〉의 주어진 현실과 무정형의 과거 및 미래 사이의 모호한 상호 작용도 해명해준다. 도메니코의 대사처럼, '현실 속에도 없고 상상 속에도 없다면, 나는 대체 어디에 있는 걸까?' 실제 이 영화에서는 상상, 나아가 과거의 기억과 시간을 초월한 꿈이 끊임없이 현재로 침투한다.

〈향수〉에서는 비현실적인 분신의 등장과 꿈 시퀀스, 그리고 끝없이 바뀌는 시간과 장소가 내러티브의 통일성을 약화시킨다. 비현실성이 극대화되는 지점은 사람과 무생물이 비정상적인 상태로 등장하는 등 일상생활의 관습적인 소재들이 왜곡되는 경우다. 예를 들어, 분신의 등장은 인간 유일성의 위안이 되는 개념을 파기한다. 유일성이 사라지면, 인간의 정체성과 육체성 모두 기괴한 성질을 띠게 된다. 한 발 더 나아가, 분신은 고약한 형태의 '이상적인' 번역이라고 볼 수 있다. 비록 보기에 거북스럽기는 해도, 원본에서 아무 것도 상실하지 않은 완벽한 복제본인 것이다.

이 영화에서는 인물의 분신이 등장하는 두 장면을 주목할 만하다. 첫 번째 장면은 도메니코의 집에서, 언뜻 보기에는 꿈같은 기괴한 효과를 도입할 의도가 전혀 없어 보이는 미장센에서 이루어진다. 고르차코프가 거울 옆의 벽에 기대어 누군가를 쳐다본다. 트래킹 숏을 통해 그 누군가가 또 다른 고르차코프임이 밝혀진다. 이 장면에는 온통 향수를 불러일으키는 분위기로 가득하다. 주인공은 '이미 산산조각이 나 있는 상태'인 것이다.[22] 그러나 이 공간적인 전치에 앞서 시간적인 비약이 등장한다. 고르차코프가 도메니코의 집에 들어서자마자 어떤 방 하나를 채우고 있는 미니어처 풍경을 발견한다. 이 광경의 비현실성은 갑작스러운 흑백화면 전환을 통해 강조된다. 주인공은 강이 굽이굽이 돌아 흐르고 군데군데 전봇대가 서 있는 언덕진 풍경을 바라본다. 먼 러시아를 상기시키는 풍경이다. 이 조형물의 인공성은 처음부터 밝혀진다. 카메라가 우선 경사진 바닥, 창문, 찢어진 레이스 커튼이 있는 방 전체를 비춘 다음에야 줌 인하여 이 미니어처 풍경을 이루는 재료, 즉 이끼, 물, 작은 막대기 등을 보여주기 때문이다. 타르코프스키에게는 이 '소우주'의 유한한 공간이 영원, 즉 시간을 반영한다.[23]

　분신이 등장하는 두 번째 장면은 명백히 꿈결 같은, 혹은 회상에서 영감을 받은 세피아 톤의 시퀀스 숏이다. 고르차코프는 유제니아와 다툰 끝에 코피를 흘리며 호텔 복도의 소파에 누워 있다. 모노크롬으로의 전환이 다른 시-공간으로의 비약을 알린다. 주인공은 침대에서 일어나는 러시아의 아내를 상상한다. 그녀는 집 밖으로 나가 다른 가족, 즉 두 아이와 친정어머니 일행에 낀다. 네 사람은 시골집 근처의 안개 낀 풍경 속에 흩어진 채, 전지전능한 외부 관찰자 같은 트래킹 카메라에 주시 당한다. 두 장면 모두 끊이지 않는 트래킹 숏을 통해 불가능한 현실이 표현된다. 인물들이 두 개의 양립 불가능한 공간에 동시에 등장하는 식이다[그림 6-2]. 카메라가 다시 호텔방의 고르차코프에게 돌아갈 때 그의 이름을 부르는 아내 목소리가 들린다. 상상 속의 평면이 현실의 영역으로 침투하는 셈이다.[24]

　〈향수〉의 꿈에서는 그 반대의 경우, 즉 실제 영역이 가상의 평면으로 침투하는 경우도 발생한다. 그러나 이때는 관객이 인물의 분신 대신 그 못지않게 혼란스러운 치환 현상에 직면하게 된다. 첫 번째 꿈에서 고르차코프는 아내와 유제니아의 '화해'를 상상한다. 두 여인이 서로 만난 적도 없을 터이지만, 고르차코프의 불안한 마음은 두 사람을 한 데 모이게 한다. 이 에피소드는 두 개의 다른 언어와 서로 멀리 떨어진 장소, 즉 러시아와 이탈리아를 화해시킨다. 이 꿈 시퀀스에서도 시간과 장소는 안정적이지 않고, 오히려 그 엄격성과 안정성이 완화된다. 서로 멀리 떨어져 있고, 또 닮지도 않은 실체들이 비현실적이고 인위적인 방식으로 결합하는 것이다. 여자들은 서로에게 놀라울 정도의 다정함을 표현하며, 거의 동성애적 관계로 치닫는다. 두 사람의 포옹에 이은 다음 숏에서는 유제니아가 잠자는 고르차코프 위에 올라타고 있고, 그녀의 더러운 손이 침대 시트를 움켜쥔다. 다음 장면에서 그의 아내가 울고 있는 유제니

[그림 6-2] 〈향수〉 분신

아를 위로하는 걸 보면, 주인공의 성적 욕망이 완전히 치환된 장면이다. 이 꿈은 놀랍게도 이제 임신한 아내가 차지하고 있는 침대를 고르차코 프가 떠나는 장면으로 끝이 난다.

두 번째 꿈은 비현실적일 뿐 아니라 불안하기까지 한 치환을 제시한 다. 이번에는 고르차코프가 자갈이 깔린 좁은 이탈리아 거리에서 자신 을 발견하는 환영이 등장한다. 그는 혼자 있고, 도메니코가 주장한 대재 앙이 벌써 일어났는지, 주변에는 파괴의 흔적이 즐비하다. 고르차코프 는 거울이 달린, 버려진 옷장을 발견하고 그 문을 열면서 거울을 들여다 본다. 그러나 거울에 비치는 상은 그가 아니라 도메니코의 모습이다. 이 에피소드가 더욱 혼란스러운 것은, 도메니코가 고르차코프처럼 보인다 는 점 때문이다. 그는 고르차코프와 같은 외투와 스카프를 걸쳤고, 그의 얼굴은 고르차코프처럼 말끔히 면도를 한 상태다.[25]

분신과 치환은 시간과 공간에 관한 모든 고정된 개념을 허문다. 고르 차코프는 현재의 시-공간적 맥락(이탈리아) 안에 남아 있을 수 없으므로 이처럼 다른 시-공간적 체계(상상 속의 러시아 또는 공상적인, 실재하지 않 는 공간)로 끝없는 비약을 시도하게 된다. 이 비약은 기존의 유일성과 동 질성의 개념과는 충돌을 일으키지만, 상상 속의 공간은 이러한 비선형 적 시-공간의 본질을 수용할 수 있다. 고르차코프는 낯선 땅 위에 있다 는 견디기 힘든 사실을, 시-공간적 자기 위치의 안정성을 무너뜨림으로 써 극복하는 것이다.

(불)가능한 번역

분신과 치환은 또한 번역의 본질적 특성이기도 하다. 기괴함, 즉 친 근하면서도 참을 수 없이 낯설다는 이 개념은 정의상 친숙하면서도 이

국적인 개념을 다루는 번역이 만들어 내는 타자성과도 유사하다. 이러한 의미에서 아르제니 타르코프스키의 두 편의 시 역시 분신의 영역에 포함시킬 수 있다. 영화 속에서 이 시들을 읊는 사람이 고르차코프와 도메니코라는 사실은 결코 우연이 아니다. 시를 낭송하는 상황이나, 시 한 편이 러시아어시의 이탈리아어 번역시란 사실은 시의 본 내용을 압도할 정도로 중요한 요인이다.

아르제니 타르코프스키의 시 '내 어린 시절에…'('Ia v detstve zabolel…')와 '눈이 침침해진다. 나의 힘은…'('Si oscura la vista-la mia forza/ Merknet zrenie-sila moia…')는 중반부 이후부터 영화의 내러티브에 두드러지게 개입한다. 첫 번째 시는 고르차코프가 물에 잠긴 교회로 향하는 길에 시작하여 그 안에 들어가서까지 낭송된다. 주인공은 풀이 하늘거리는 수정처럼 맑은 물을 헤쳐 가며 걷는다. 그는 분명 취해 있고, 거의 얼이 나간 상태에서 시를 중얼거린다. 그의 낭송은 그다지 능숙하지 않고, 외부 관객도 전혀 의식하지 않는다. 그 와중에 관객은 다음과 같은 시를 엿듣는다.

> 내 어린 시절에
>
> 두려움과 굶주림으로 앓아누웠었지
>
> 난 메마른 입술을 물어뜯고, 또 핥았지
>
> 그 차갑고 짠 맛을 기억해 냈다
>
> 걷고, 또 걷고 − 계속 걷는다
>
> 현관 계단에 앉아 몸을 녹이고
>
> 쥐들이 마법의 피리 소리를 따라 강물로 들어가듯
>
> 계단에 앉아 몸을 녹이지만, 열병 속으로 잦아든다

그때 어머니가 서서 손짓을 하신다

마치 곁에 계신 것처럼, 그러나 다가갈 수는 없다

내가 거의 다가가면 – 어머니는 일곱 발자국 뒤에 서 계신다

어머니는 손짓하신다 내가 다가가면

어머니는 다시 일곱 발자국 뒤에서 손짓하신다

덥다

난 단추를 풀고 누웠다

어디선가 나팔 소리가 울려 퍼졌고

햇볕은 눈부시게 내 눈꺼풀을 따라 흘렀으며, 말들은 달렸다

어머니는 다리 위로 날아다니며 내게 손짓하신다

그리고 날아가 버리셨다

지금 난 꿈을 꾼다

사과나무 아래에 하얀 병원

목까지 덮어 씌워진 하얀 시트,

하얀 의사는 나를 바라보고,

발치에 하얀 간호사가 서서

날개로 나를 어루만진다 그렇게 남겨졌다

어머니는 다시 오셔서 내게 손짓하셨다

그리고 날아가 버리셨다…

이 시의 주인공, 추정컨대 작은 소년의 시–공간적 위치는 극도로 불안정하다. 대단히 충동적이고 비현실적인 방식으로 이동과 정지 상태가

뒤섞인다. 예를 들어 다음의 다섯 행은 이동-정지-이동-정지라는 네 가지 연속적인 상태의 주인공을 묘사한다. '걷고, 또 걷고 - 계속 걷는다/ 현관 계단에 앉아 몸을 녹이고/ 쥐들이 마법의 피리 소리를 따라 강물로 들어가듯/ 계단에 앉아 몸을 녹이지만 열병 속으로 잦아든다' 이러한 변동성은 더 심한 불안정성으로 이어져, 주인공은 마침내 환각과 꿈의 영역에 진입한다. '그때 어머니가 서서 손짓을 하신다/ 마치 곁에 계신 것처럼, 그러나 다가갈 수는 없다' 또는 '지금 난 꿈을 꾼다/ 사과나무 아래에 하얀 병원'. 이 시의 모든 시-공간적 좌표는 주관적이고 변덕스럽다. 이러한 유동성을 통해, 시는 존재와 부재의 이미지에 지배당하는 혼미한 꿈을 표현하는 듯하다. 시의 화자는 현재의 현실과 상상의 세계를 연계시킨다. 어쩌면 시-공간적 환각 상태를 이야기하는 이 시가 이탈리아에서 고르차코프가 느끼는 혼란을 더 가중시키는지도 모른다. 또 이 시는 손짓하고는 사라져버리는 어머니를 향한 그리움을 노래한다. 시는 끝내 한 줌의 위안도 없이 '그리고 날아가 버리셨다…'로 끝을 맺는다. 편안하고 소중한 대상과의 재회 불가능성은 고르차코프의 현 상황과 자연스럽게 연결될 수 있는 이 시의 또 다른 모티프다.

이러한 주제상의 관련성 외에도, 이 시는 영화의 번역 담론에서 중요한 일익을 담당한다. 아르제니 타르코프스키의 이름은 영화의 앞부분에서 등장한 유제니아의 번역 시집을 통해 관객에게 이미 친숙하다. 같은 책을 이제는 고르차코프가 움켜쥐고, 침수된 교회로 들고 간다. 이 때 주인공은 이 시의 러시아어 원시를 혼잣말로 암송한다. 이 번역 불가능성의 주창자는 본래 시를 쓴 원어로 시를 낭독함으로써, 자기 확인의 과정을 거친다. 이 시퀀스에서 고르차코프는 책을 펼치지 않고, 관객에게 이 책이 '억압한' 원어의 시구를 들려준다. 그의 의도는 명백히 적대적이고, 교회 안의 물과 불은 이 책이 물질적으로 위험에 처해 있음을 암시하는 듯하다. 이 시퀀스는 국적이 예술 창작의 결정적 요인이라는 타르코프스키의 주장을 복잡하게 되풀이하고 있다.[26] 그러나 타르코프스키의 1978년 일기[27]에도 적혀 있는 '시인을 알고자 하는 이는 시인의 나라로 가야 한다(Wer den Dichter will verstehen, Muß in Dichters Lande gehen)'라는 괴테의 잠언은 〈향수〉에서 굴절을 겪게 된다. 러시아인 고르차코프가 러시아어 시를 읊으면서 범상치 않은 이탈리아의 장소, 즉 물에 잠긴 교회를 거닐고 있는 것이다.

번역 불가능성이라는 주장은 이 시의 낭송이 끝나고 몇 분 뒤에 더 큰 위협을 받게 된다. 고르차코프가 이탈리아에서 유일하게 정신적으로 교감했던 인물인 도메니코가 재등장하는 것이다. 그러나 이 인물은 존재감과 상실감을 동시에 획득한다. 도메니코의 목소리는 들리지만, 그의 물질적 육체는 시퀀스에 나타나지 않는다. 그의 보이스오버는 디제시스적 동기가 없어, 내레이션의 선형성과 일관성을 떨어뜨린다. 이 광인은 아르제니 타르코프스키의 또 다른 시 '눈이 침침해진다. 나의 힘은…'의 구절 외에는 한 마디도 하지 않는다. 번역을 문학적 현상으로 보지 않는다는 타르코프스키의 완고한 개인적 신념에도 불구하고, 이 시는 이탈리아어로 번역되어 등장한다.

눈이 침침해진다. 나의 힘은

신비한 두 개의 돌화살 같다.

고향 집의 먼 천둥소리

나의 청각을 혼란시킨다.

탄력 있는 근육은 늘어져

밭을 가는 늙은 소와 같고,

벌써 밤은 깊어

내 어깨의 날개는 빛을 잃었구나.

나는 축제를 태운 불꽃

새벽이면 나의 타버린 재를 거두어 다오.

그러면 이 시가 너에게 말해주리

언제 울고 언제 사랑할지,

마지막 기쁨은 언제 나누고

편안히 눈 감을지.

그리고 어느 집 지붕 위에 쉬며

약속처럼 사후의 불꽃을 태울지.

두 시는 주제―소재 면에서 매우 다르다. 환각적인 '내 어린 시절에…'와 향수 어린 '눈이 침침해진다. 나의 힘은…'는 상당한 차이가 있다. 그러나 공중 부양의 개념이 두 시를 연결시킨다. 첫 번째 시에서 순간 날아가 버리는 어머니와 '날개로 어루만지는' 간호사는 두 번째 시에서 시인의 어깨 뒤에서 광채를 잃어가는 두 날개와 서로 균형을 이룬다. 더 중요한 것은 두 시 모두 안젤라라는 이탈리아 소녀가 교회 안에 있을 때 낭송된다는 사실이다. 그 소녀는 〈향수〉에 등장하는 세 번째 '천사'이다. 이전의 두 천사는 시작 부분에서 고르차코프의 러시아 집 옆에서 보았던 사람 크기의 천사와 물에 잠긴 교회 입구 앞에서 보이는 침수된 대리석 천사 상(천사의 손이 들어 올려진 모양으로 보아, 성수태고지 축일의 조각상일 가능성이 높다)이다.

두 번째 시가 등장하는 영상 시퀀스의 구성은 전반적으로 첫 번째 시와 유사하다. 역시 침수된 교회에서, 고르차코프가 피운 모닥불 옆이 낭송의 주 무대이다. 그러나 영화에서 이 시가 나올 때는 앞의 시퀀스와 다른 몇 가지 변화도 따른다. 우선, 시의 낭독자가 고르차코프가 아니라 이탈리어가 모국어인 도메니코다. 이 광인은 디제시스적 동기 없이 등장하고, 보이스오버도 어디에선지 모르게 불쑥 들려온다. 두 번째는 낭송이 끝날 때쯤 화형식auto—da—fé이 뒤따라, 번역 시집이 불타오르는 것이다. 기이하게도 이 책은 이 에피소드를 통틀어 이 때 유일하게, 하필이면 파괴되는 시점에 처음 펼쳐진다. 이 영상 시퀀스는 보이스오버와 충돌하는 듯 느껴진다. 도메니코의 낭송으로 번역의 유효성이 재확인되는 동안, 고르차코프는 아무 말 없이 책을 불태우며 그 물질적 존재 자체를 불가능하게 만드는 것이다.

두 번째 시는 과거에 대한 향수를 담고 있다. 늙어가는 과정이, 무생물인 '신비한 두 개의 돌화살'부터 살아 있는 '밭을 가는 늙은 소'까지, 다양한 비유를 통해 변주된다. 이러한 신체 기능에 대한 비유는 결국 '벌써 밤이 깊어/내 어깨의 두 날개도 빛을 잃었구나'라는 시인의 주장으로 이어진다. 예술가의 초상에 대한 이상화는 2연의 첫 행 '나는 축제를 태운 양초.'에서도 계속된다. 이 행은 안드레이 타르코프스키가 가장 좋아하는 구절로, 일종의 정신적 서약에 가깝다. 마지막 행 '약속처럼 사후의 불꽃을 태울지'에서는 인생의 최후에 다다랐다는 의식이 지배하며 절정에 달한다. 또 이 구절은 실제로 이 시의 말을 담은 책이 불타는 모습을 통해 시각적으로도 제시된다.

2연의 첫 행과 마지막 행은 시 낭독이 끝난 후 이어지는, 〈향수〉에서 가장 잊을 수 없는 시퀀스 중 하나와 연결시킬 수 있다. 바로 고르차코프가 바뇨 비뇨니Bagno Vignoni의 연못 안에서 촛불을 들고 걷는 장면이다. 이 시퀀스는 9분여에 걸친 롱테이크로 촬영된다. 고르차코프는 연못의 한 쪽 끝에서 다른 쪽 끝까지 촛불을 꺼뜨리지 않고 옮김으로써, 도메니코가 부탁했던 과업을 완수한다. 이 러시아인이 임무를 완수하면 세상이 구원받게 된다. 연못을 공간적으로 횡단하면, 인류에게 미래(시간)가 주어지는 것이다. 이 우스꽝스런 과업이 영적인 추구가 된다. 고르차코프는 이 임무를 수행하는 동안 마치 마지막 순간까지 타오르다 꺼지고 마는 촛불처럼 스스로를 활활 불태운다(그도 도메니코의 본보기대로 죽고 만다). 연못이라는 공간의 횡단이 주인공의 시간적 최후에 이르러 절정에 달하는 것이다. 그러나 그의 자기희생은 헛되지 않고, 이로서 그는 사후에 타오르는 말word을 찬미하는 두 번째 시의 마지막 행을 몸소 실천에 옮기게 된다.

비극적인 결말에 이르기 전에, 고르차코프의 시간 인식은 한층 고양된다. 그에게 부여된 과업은 시간의 영역으로 들어가 '인간의 전 생애를 처음부터 끝까지, 탄생부터 마지막 죽는 그 순간까지 한 숏에, 아무런 편집 없이 보여주는' 것이다.[28] 주인공이 거니는 연못은 더 이상 물로 차 있지 않다. 순수한 시간으로 가득하다. 시간의 은유인 물이 증발하면서, 그 자리에 현실 속에서 거의 손에 잡힐 듯한 실체로 나타나게 된 것이다. 아울러 시간의 진행을 알리는 지표는 공간적이다. 타오르는 촛불은 기류 때문에 두 번이나 꺼지면서, 고르차코프의 시간이 전진하고 있음을 알리는 잣대 역할을 한다. 시간의 경과가 시간이 담긴 빈 연못이란 공간에서 모습을 드러내는 것이다.

고르차코프는 연못의 끝이자 자기 인생의 끝에 말 한 마디 없이 도착한다. 이와 달리, 도메니코는 분신자살에 앞서 카피톨리노 언덕Capitoline

Hill 위의 캄피돌리오 광장Piazza del Campidoglio에 있는 마르쿠스 아우렐리우스의 기마상 위에서 길고 거창한 일장 연설을 한다. 이 광인은 광장에 흩어져 있는 청중에게, 대부분 연설에 관심 없는 정신 병원 환자들처럼 보이는 그들에게, 자연에 귀 기울이는 능력, '하찮은 벌레 우는 소리'를 듣는 능력을 회복해야 한다고 촉구한다. 그는 더욱 참되고 정신적인 삶을 주창한다. '우리는 생명이 시작된 곳으로 돌아가야만 해, 물이 더럽혀지지 않은 그곳으로.' 그의 터무니없고 다소 과장된 죽음 역시 '눈이 침침해진다. 나의 힘…'의 몇 행과 명백히 공명한다. '새벽이면 나의 타버린 재를 거두어 다오/ 그러면 이 시가 너에게 말해주리/ 언제 울고, 언제 사랑할지,/ 마지막 기쁨은 언제 나누고,/ 편안히 눈 감을지'. 도메니코는 실제로 마음 편히 죽고, 이 시는 두 인물, 즉 우울한 러시아인과 이탈리아 광인의 정신적인 서약으로 발전한다.

바빌로니아의 폐허

두 편의 시 낭독은 영화가 그때까지 탐색해 온 향수라는 모티프와 번역 불가능성에 대한 불안에 일종의 종지부를 찍는다. 시가 낭독되는 환경 자체도 의미 있다. 고르차코프는 폐허가 되어 물이 차오른 교회로 가는 길에 '내 어린 시절에…'를 읊는 반면, 도메니코는 교회 안에서 '눈이 침침해진다. 나의 힘…'의 이탈리아어 번역시를 낭송한다. 교회 건물 자체가 번역의 불가능한 가능성, 또는 가능한 불가능성을 상징하는 셈이다. 이 교회는 지붕이 새어(타르코프스키의 다른 영화에서도 등장하는 모티프) 물이 넘치고 사람이 살 수 없게 된, 결함 있는 건축물이다. 이로서 인간을 자연 요소로부터 보호하는 은신처라는 건물의 개념이 깨지고, 실내–실외로 구분하는 이분법이 해체된다.

<향수>에서 관객은, 하미드 나피시Hamid Naficy의 표현을 빌리자면, '물과 시간이 서서히 물질적 세계를 부패시키고, 풍화시켜, 구조물에서 폐허로, 문명에서 자연으로 변화시키는 작용'[29]을 목격한다. 영화 기획 단계에서 본래 건축가로 설정되었던 고르차코프는 폐허를 탐색하고, 도메니코는 그 안에 거주한다. 폐허가 된 건물은 쇠퇴의 상징인 동시에 미래의 부활 가능성을 품고 있다. 그러므로 두 시가 낭송되는 이 교회도 우리에게 쇠퇴와 부활이라는 명백히 신학적인 내러티브를 제시한다. 어떠한 의미에서, 이 교회는 돔 꼭대기에 거대한 원형 구멍 오쿨루스Oculus('거대한 눈')가 있는 로마의 판테온에서 정한 관습에 따른다. 판테온은 오쿨루스가 항상 열려 있어, 비가 실내로 들어와 바닥에 떨어졌다가 다양한 배수 시설로 흘러 내려가는 구조이다. 오쿨루스는 또한 건물 내부에 오로지 자연 광만을 받아들인다. 이렇게 이 로마 교회와 <향수>의 폐허가 된 교회는 양쪽 다 자연 현상에 노출되어 있어, 지상과 천상의 층이 서로 접하게 만든다.[30]

그러나 판테온과 달리, 침수된 교회나 이 영화 속의 다른 건물(예를 들어 도메니코의 집과 맨 끝에 등장하는 산 갈가노 수도원San Galgano Abbey의 폐허)은 더 이상 본연의 기능을 수행하지 못한다. 기도 장소나 거처를 제공하지 못하는 것이다. 신화적인 색채로 표현되는 이 건물들의 결함은 곧 번역의 결점으로 환원된다. <향수>의 불완전한 건물들에서는, 건축의 실패가 언어의 실패로 이어지는 것이다. 이 이중의 실패의 대표적인 사례가 바로 바벨탑 현상이다. 고대 건축가들은 자신들의 기획이 궁극적인 통합의 장소, 즉 전체를 아우르는 단일한 탑으로 실현되기를 바랐다. 그러나 이 구조물이 완성도 되기 전에 붕괴되면서 이들의 희망은 수포로 돌아갔다. "'바벨탑'은 언어들의 환원 불가능한 다양성만을 형상화

하는 것이 아니다. 그것은 계발, 건축적 구성, 건축술의 체계와 비슷하여 무엇인가를 완성하고 충만케 하고 이행하는 것의 불완전함과 불가능성을 보여준다.'[31]

타르코프스키의 건물들은 데리다가 말하는 '구조의 불완전성'을 구현한다. 이 건물들은 자연의 기상 현상에 고스란히 노출된 채, 그 거주자와 방문자를 감싸는 동시에 드러내는 불완전한 상태로 남을 운명이다. 그러나 이 건물들의 '결함'은 인물들에게 문제가 되지 않는다. 오히려 고르차코프는 폐허가 된 교회에서, 신성한 숭배의 자취를 보유하고 있지만 그럼에도 불구하고 신도들에게 버림받은 이곳에서, 은둔처를 찾는 듯하다. 반면 도메니코는 마을에서 '세상의 끝'이라 불리는 자신의 거주지에 만족한다. 집 안에 칸막이벽이 부족하긴 하지만, 그는 벽에 붙어 있지 않은 문들을 '활용'하여 나름대로 여전히 주거 관습에 따른다. 마치 그의 분신인 〈이반의 어린 시절〉에 나오는 노인처럼 말이다. 실제로 그는, 사실상 존재하지 않는 가정 내에서 일상적인 행동 습관을 유지한다. 이렇게 불완전한 건물이라는 반복되는 모티프는 정신적으로나 물질적으로나 가정을 되찾고 싶다는 인물들의 염원을 반영한다[그림 6-3].

도메니코와 고르차코프는 외견상 두 가지에 집착한다. 폐허가 된 건물의 활용, 그리고 의사소통(번역)의 필요성과 동시에 불가능성에 대한 추구이다. 두 가지 모두 실패할 운명에 처해 있다. 〈향수〉에 등장하는 고대 건축물의 황폐하고 기형적인 상태는 번역의 궁극적인 불가능성을 의미한다. 기형의 건물은 완전히 이상적인 집이나 다른 구조물의 외형을 불완전하게 갖추고 있을 뿐이다. 영화 중반부에 등장하는 도메니코의 집과 침수된 교회, 결말부의 산 갈가노 수도원은 모두 인류에게 보호막이 되어주는 일종의 은신처라는 건물의 개념에 어긋난다. 지붕이 다

무너졌거나 아예 존재하지 않는 식의 결함은 이 건물들의 은폐 혹은 은신 가능성을 저하시킨다. 오히려 이 건물들은 개방성을 이용해 천상의 영역과 직접적으로 연결된다. 마찬가지로 번역도 서로 이질적인 언어체계의 긴장을 드러낼 뿐 양자 간의 완전한 조화란 불가능하고, 그저 희

[그림 6-3] 〈향수〉 결함 있는 건물

망 사항으로 남을 뿐이다. 뿐만 아니라 번역의 바벨탑은 결코 구축될 수 없다. 데리다에 따르면 '번역은 몰락, 즉 몰락이라 불리는 그러한 형태의 기억 또는 추모에 전념한다. 어쩌면 몰락이란 번역의 소명이자 날 때부터 감수해야 할 운명인 것'이라는 의미다.[32]

토스카나 산 갈가노의 시토회Cistercian 수도원—'뼈대만 남은 기억, 그 순전히 우울한 존재'[33]—의 디제시스적 중요성은 이 영화 담론에서 번역과 구조적 통합의 불가능성이라는 모티프가 차지하는 비중을 부각시킨다. 번역이란 총체적 시간을 동경하는 공간의 불완전성이다. 벤냐민의 깨진 그릇과 데리다의 바벨탑의 폐허, 그리고 〈향수〉의 수도원은 모두 시간의 전체성과 통일성을 갈망한다. 폐허가 된 이 고딕 건물은 고르차코프가 침수된 교회에서 꾸는 꿈속에 처음 등장한다. 주인공은 그 안을 배회하고, 거기에 유제니아와 도메니코가 각각 천사와 신이 되어 주고받는 대화가 보이스오버로 깔린다. '주여, 왜 그를 긍휼히 여기지 않으시나요? 그에게 뭐라고 말 좀 해주세요…'라고 천사가 말하자 신이 대답한다. '그가 내 목소리를 들으면 무슨 일이 벌어질지 상상할 수 있겠느냐?'

꿈속에서 산 갈가노 수도원—본연의 기능을 상실한 수도원—은 명백히 미화되고, 가로막힌 것이 없는 탁 트인 상태로 등장한다. 그 내부는 비었다. '벽, 아치, 기둥, 그리고 유리가 몽땅 사라진 창틀이 촘촘한 레이스처럼 얽힌 채로 남아 있다. 단단히 다져졌던 흙바닥은 다시 원래의 초목으로 뒤덮였다. 이 푸른 바닥을 딛고 잿빛 건물이 토스카나의 하늘로 쭉 뻗어 오른다.'[34] 시토회 수도원의 웅장하고도 황량한 뼈대는 사진이 기막히게 잘 받는다. 카메라가 그 그림 같은 통로를 비추자, 드문드문 보이는 장식과 절제된 고딕 양식 사이로 숨이 멎을 것 같은 전망이 펼쳐진다.

그러나 이 수도원의 가장 인상적인 이미지는 영화의 결말 시퀀스에 등장한다. 〈향수〉의 시-공간적 비약은 정신적 고통의 발로로서, 이 다른 시-공간에 대한 그리움은 맨 끝에 가서야 해소된다. 고르차코프의 마음속에서 이탈리아는 그 완결된 공간 내에서는 절대 도달할 수 없는 아득한 목적지다. 러시아의 환영이 이탈리아의 현재에 끊임없이 출몰한다. 두 공간은 다소 문학적인 피날레에서 지극히 비현실적인 시-공간적 실체를 이루며 결합된다. 영화는 죽은 주인공과 그의 조국 러시아가 이탈리아의 풍경을 통하여 불가능한 재회를 이루는 이 장면에서 절정에 달한다. 반목하던 두 공간이 비록 사후지만, 추상적인 시간 속에서 마침내 하나로 융합되는 것이다.[35] 건물의 망령들, 즉 폐허가 된 교회와 러시아 농가의 모형이 이미 죽은 고르차코프의 유령을 맞이한다.

결말 시퀀스의 첫 화면은 마치 러시아의 시골 풍경 같은 느낌을 풍긴다. 고르차코프의 고향이란 장소는 그의 모국어와 전반적인 가치 체계와 직접적으로 연관된다. 따라서 이 시골 농가는 단지 친숙하고 소중한 공간 그 이상이다. 중세 이탈리아 수도원 안에 안치된 이 러시아 농가의 이미지는 번역을 통한 의사소통의 성공적 실패, 또는 실패한 성공을 상징한다. 주인공이 이탈리아의 풍경과 관계를 맺으려면 반드시 조국과의 재회가 선행되어야 하는 것이다. 콰인Quine은 '의미에 대한 대부분의 말에는 모국어에 대한 암묵적인 참조가 필요하다. 진리에 대한 대부분의 말이 각자의 세계관에 대한 암묵적인 참조가 필요한 것과 마찬가지다.'[36]라고 역설한다. 이미 친숙한 물건과 장소에 대한 참조가 외부 세계와의 상호 작용에 필수적이라는 의미이다.

그럼에도 불구하고, 고르차코프의 집 이미지에는 이미 비현실성의 조짐이 보인다. 웅덩이에 산 갈가노 수도원의 동쪽 끝 벽에 있는 두 줄의 세 개짜리 아치형 창문 중 한 줄이 비치기 때문이다. 위치상 원래는 하늘이 비쳐야 할 웅덩이이므로, 이 광경은 농가 주변 환경이 뭔가 예사롭지 않다는 암시를 준다. 정교하게 제작된 환상이 이 반사상을 통해 폭로되는 셈이다. 카메라는 점점 줌 아웃하며 수도원의 양 측벽과 동쪽 끝벽을 비춘다. 본래 시토회 전통에서는, 동쪽 끝이 하나는 작고 하나는 큰 오쿨루스 아래 세 개짜리 창문 두 줄이 붙어있는 정사각형이다. 영화 속의 동쪽 벽은 고르차코프의 고향집을 향해 있으면서 그 집의 배경이 된다.

번역이 마치 '풍성한 주름이 잡힌 왕의 옷'[37]과 같다는 벤냐민의 비유는 그 공간적 구조 때문에 이 시퀀스에 아주 적절히 들어맞는다. 이 말은 번역의 언어가 새로 획득된 콘텐츠에는 늘 부적합하고 고압적이며 생경하기 때문에 '번역에 지장을 주는'[38] 괴리를 유발한다는 뜻이다. 마찬가지로 시토회 수도원 역시 풍성한 주름 이상으로 이 러시아 농가를 에워싸고 있다. 카메라가 줌 아웃하는 동안 이 수도원은 집을 완전히 잡아먹을 듯이 보인다. 인공성과 극도의 양식화가 이 마지막 시퀀스의 주된 특징이라 할 수 있겠다.

이 영화의 클라이맥스이자 피날레는 러시아 풍경을 이탈리아 교회로 번역하는 것, 혹은 그 반대이다. 이러한 견지에서 그리스어 'nostos'의 이중적 의미는 자못 흥미를 끈다. 이 단어는 귀향 또는 집으로 가는 여정(예를 들어 오디세우스와 다른 그리스 영웅들의 트로이 전쟁에서의 귀환)을 뜻하는 동시에, 보다 일반적으로는 문학 작품의 결말(OED)을 의미한다. ('algia'가 '고통'이므로) 결국 'nostalgia'는 집을 향한 고통스러운 그리움을 뜻하지만, 영화 〈향수〉의 궁극적인 결말은 (고통보다 더한) 치명적인 귀향인 셈이다.

끝으로, 하나의 연속적인 롱테이크로 촬영된 마지막 시퀀스는 피에르 파올로 파솔리니Pier Paolo Pasolini의 죽음의 프리즘을 통해 본 롱테이크 논의와 맥을 같이 한다. 이 이탈리아 감독에게, 영화란 '끝없는 롱테이크다. 우리가 (인생이 끝날 때 함께 끝나는 롱테이크를) 보고 느낄 수 있는 한, 그것이 우리가 감각하는 현실이다.'[39] 죽음이 모호하고 무한한 현재의 시간을 명확하고 유한한 과거로 바꾸어 인간의 인생을 완성한다면, 롱테이크는 '죽음이 인생에서 이루는 바를 […] 영화의 내용에서 성취한다.'[40] 죽음은 언제나 영화의 컷에 이미 존재한다. 〈향수〉의 마지막 롱테이크는 주인공의 삶을 일순간 더 연장시켜 영화를 끝맺는 마지막 컷으로 멋지게 완성시킨다[그림 6-4].

****

〈향수〉에서는 바벨탑의 구조적 통합 불가능성이 계속 문제가 된다. 궁극적으로 단일하고 지배적인 건물을 짓는 데 실패한 이 구약 성경 이야기는 번역에 내려진 저주에서 절정에 이른다. 그 결과 번역은 늘 차이와 다양성을 조율하는 영역이면서도 결코 만족스러운 결과에 도달할 수 없게 된 것이다. 고르차코프는 문화의 번역 불가능성에 대한 자신의 이데올로기적, 미학적 신념을 공공연히 밝힌다. 그와 통역 유제니아의 실패로 돌아간 낭만적 관계는 그와 현지의 광인 도메니코의 만남과 극적 대조를 이룬다. 두 이질적인 문화 간 접촉 불가능한 가능성은 두 남자 사이에서 쉽게 실현되어, 아르제니 타르코프스키의 시 두 편을, 한 편은 고르차코프가 러시아어로, 다른 한 편은 도메니코가 번역된 이탈리아어로 읊는 장면에서 정점에 달한다.

두 인물 간의 만남은 바바라 존슨Barbara Johnson이 묘사했던 대로 모국어와 거듭해서 친해지는 과정을 보여준다. '외국어를 통해 우리는 모국어와 애증이 얽힌 친밀감을 재확인한다. 우리는 모국어의 통사론적 관절과 의미론적 살을 뜯어내면서 우리에게 필요한 단어가 없다고 화를

[그림 6-4] 〈향수〉 결말부

낸다.'⁴¹ 일단 언어적 친밀감을 회복하자, 도메니코와 고르차코프는 둘을 하나로 묶어주는 신비로운 유대감을 인식하게 되고, 이는 결국 목숨을 건 자기 희생에서 극대화된다. 자기 파괴 충동은 언어를 통해서만 전달되는 게 아니다. 도메니코가 사는 장소와 고르차코프가 매혹되는 장소들 또한 붕괴의 담론을 시사한다. 인물들은 바벨탑의 유적에 추가될 법한 폐허가 된 건물을 차지하거나 찾아다닌다. 이 건물들의 불완전성은 기념비적인 완공에 이르지 못한 이들의 실패를 말해준다.

동시에, 기형적인 교회와 도메니코의 집은 단순히 구조적 통합의 불가능성을 상징하는 데 그치지 않는다. 이 폐허들은 카메라를 통해 미적 가치를 부여받고, 그 존재감으로 영화의 질감을 형성한다. 그리하여 〈향수〉는 스스로 불가능성을 잘 아는, 통합에 대한 아름다운 동경이 된다. 폐허가 된 건물이란 늘 이미 소멸하여 고통스럽게 부재하는 대상에 대한 감상적인 향수를 상징한다. 열망하는 대상이나 공간은 언제나 사라지고 만다. 타르코프스키에 의하면, 향수란 '과거의 시간에 대한 그리움과는 다르다. 향수란 헛되이 흘러가버린 시간의 공간에 대한 그리움이다.'⁴² 고르차코프의 향수는 정신적인 동시에 유형적인 실체로 진화한다. 시간적인 공간이 되는 것이다.

이 모든 의미론적 가능성이 영화의 마지막 시퀀스에서 뒤섞인다. 최종적인 사후의 상상의, 심지어는 거짓인 고르차코프의 귀향은 마침내 그의 향수를 마무리 짓고(그는 자신과 고국 간에 강요된 거리를 극복한다), 영화 〈향수〉도 끝난다. 시토회 교회의 너른 공간에 자리 잡은 고르차코프의 러시아 고향집 이미지는 결국 영화에 내재한 이분법을 화해시키려는 필사적 노력에 따른, 다양하고 상충되는 개념과 현상들의 오버랩인 것이다.

<희생>의 망상

당신께 저의 모든 것을 바치겠습니다.
주여, 모든 것을 이전의 상태로…
오늘 아침이나 어제의 상태로만 되돌려 주소서.
- 영화 〈희생〉 중에서

:: :: :: ::

종말론적 모티프는 타르코프스키의 마지막 영화 〈희생Offret: Sacrifica-
tio〉(1986)에서 다시 등장한다. 이제 종말론은 주된 테마일 뿐 아니라, 명
백한 디제시스적 기능까지 부여받는다. 핵전쟁의 대재앙이 이 영화의
클라이맥스라 할 수 있는 주인공의 '제물 헌납'을 부추기는 것이다. 종말
론적인 꿈과 환영에 시달리는 알렉산더Alexander는 〈향수〉의 도메니코와
정확한 판박이이다(두 인물 모두 얼랜드 조셉슨Erland Josephson이 연기했다).
폭력적인 행위로 세상을 '구하고', 대단히 소중한 것(자신의 목숨이나 가
장 아끼는 재산)을 불태워 없애는 것이 두 인물의 공통점이다.[1] 그러나 두
영화의 전체적 담론에는 상당한 차이가 있다. 고르차코프는 친숙한 조
국 땅과 집을 그리워하지만, 알렉산더는 인간의 주거 관습을 격렬히 거
부한다.

이 영화는 요한 세바스찬 바흐의 마태 수난곡St Matthew Passion 중 아
리아 '주여, 저를 불쌍히 여기소서Erbarme Dich'와 레오나르도 다빈치의
〈동방 박사의 경배Adoration of the Magi〉 위로 오프닝 자막이 오르면서 막
을 연다. 카메라는 아기 예수에게 유향 선물을 바치는 동방 박사에게 머
물다가 위로 이동하며 예수와 그를 둘러싼 사람들, 이들 머리 위의 호랑

가시나무를 비춘다. 아리아가 잦아들자 갈매기 울음소리가 들리고, 그림에서 야외 장면으로 전환된다. 알렉산더가 '꼬마'라고 불리는 아들 고센Gossen과 함께 바닷가에서 죽은 나무를 심고 있다. 이 부질없어 보이는 행동에 알렉산더의 장황한 독백이 곁들여진다. 알렉산더는 아들에게 (이 아이는 최근 편도선 수술을 받아 일시적으로 말을 못한다) 순종을 시험받느라 죽은 나무에 열매가 열릴 때까지 매일같이 물을 줘야 했던 어느 수도사의 교훈적인 일화를 들려준다.[2] 장면 전체가 한 번의 연속적인 카메라 이동으로 촬영된다. 두 사람은 곧 마을의 우편배달부 오토Otto를 만나고, 카메라는 인물들을 계속 따라간다.

우편배달부는 생일 축하 전보를 전하고, 둘의 일상적인 안부 인사는 이내 철학적 성향이 짙은 다소 현학적인 대화로 변한다. 뜻밖에도 오토는 알렉산더에게 신을 믿느냐고 묻고 나서, 동경하고 무엇인가를 기다리기만 하는 그를 나무란다. 이 막연하고 추상적인 비난은 이 영화의 담론에서 매우 중요하여, 영화를 이끌어가는 주된 디제시스적 동인으로 발전한다. 니체Nietzche의 인용으로 뒤범벅된 오토의 열변은 알렉산더를 크게 당황시킨다. 그러나 관객은 이 순간 이들이 종교적인 아우라를 풍기는 인물임을 감지한다. '태초에 말씀이 있었다.'는 요한복음John의 인용도 그러한 느낌을 더하고, 영화의 이중 제목 〈Offret: Sacrificatio〉도 명료하게 기독교적 의미의 제물 바치기를 의미한다.

오토가 자전거를 타고 떠나자 알렉산더와 아들은 작은 숲으로 들어가지만, 이들의 호젓한 산책은 또 다시 방해를 받는다. 아델라이데Adelaide와 빅터Victor, 즉 알렉산더의 아내와 친구가 차를 타고 와서 몇 마디 나누고는 역시 떠난다. 그 후 주인공과 아들은 '대화'를 이어간다. 갑자기 어디선가 소떼 모으는 소리(스칸디나비아의 전통 음악인 '쿨닝kulning')가 들리는데, 구슬픈 성가 비슷한 이 기괴한 소리는 뭔가 이상한 사건을 예고하는 강력한 전조이다. 과연 몇 초 후, 알렉산더가 현재 가족이 사는 집을 처음 발견한 이야기를 하는 동안 아들은 기어서 아버지 곁을 떠난다. 이 집은 영화 속에서 인간이 살기에 이상적인 장소로 등장하지만, 곧 종말이 다가오리라는 시—공간적 환영에 의해 그 이상성은 무너지고 만다. 알렉산더는 긴 독백을 마친 뒤 아들이 사라진 것을 발견하고 몹시 놀란다. 그때 갑자기 아들이 아버지 등 위로 달려들고, 아버지는 반사적으로 그를 뿌리친다. 알렉산더는 뒤로 돌아 코피 흘리는 아들을 보고, 아들에게 폭력을 행사했다는 사실을 깨닫고 실신한다.

〈희생〉에서 최초의 시—공간적 비약은 주인공이 땅에 쓰러진 직후에 일어난다. 알렉산더가 의식을 잃고 다른 시—공간 체계로 접어든 것이다. 이어지는 흑백 시퀀스에서는 카메라가 천천히 내려가면서, 양 끝에 계단이 있고 바닥은 쓰레기와 잿더미로 뒤덮인, 어느 건물들의 안마당을 비춘다. 그 후 여전히 높은 곳에서 노면을 따라 평행하게 미끄러지며 그 비현실적이고 초월적인 움직임을 이어간다. 카메라는 일부가 떨어져 나간 전복된 차, 망가진 의자, 신문, 다양한 상자, 옷가지 등을 차례로 비추는데, 이 모든 것은 물이 흥건한 거리에 흩어져 있다. 물 흐르는 소리와 끊어질 듯 이어지는 소떼 모으는 소리가 사운드트랙을 압도한다. 갑자기 부자연스럽게 공중에 떠 있는 유리 단壇이 카메라 시야에 들어온다. 유리 표면에는 두 가지 시각적 평면, 즉 주변 건물과 하늘을 비추는 반사상과 쓰레기 더미 바닥의 모습이 중첩되어 관객에게 혼란을 준다. 또 유리에 묻은 핏자국은 이것이 아마도 아브라함과 이삭의 이야기를 암시하는, 제물을 바치는 제단임을 시사한다[그림 7-1].

이 갑작스러운 종말론적 환영—전조는 내러티브를 전치시킨다. 시—공간적 비약의 환각적 상태는 알렉산더가 앞으로도 쭉 현실적 실체와 단순한 심상 또는 환상을 구분하지 못할 것을 예고한다. 이러한 '망상'적인 생각이 그의 정신 상태를 이루고 〈희생〉의 전체적 담론을 지배한다. 망상illusion은 '외관에 속거나 현혹된 상태 또는 그러한 사실', '현실을 비현실적인 것의 탓으로 돌리는 정신 상태, 잘못된 이해나 생각, 기만, 착각,

[그림 7-1] 〈희생〉 최초의 종말론적 환영

공상'(OED)이라는 정의대로, 영화 전체에서 그 다면적인 의미를 드러낸다. 알렉산더는 현실과 망상의 영역으로 분열되어 있고, 양쪽을 끊임없이 오가는 그의 불안정한 상태는 비극적 결과를 초래하고 만다. 이러한 표면적 현실과 대안적 현실의 융합이 〈희생〉의 가장 중요한 테마이다.

'내 끝에 내 시작이 있다'

〈희생〉에서 망상-현실의 혼란은 무엇보다 핵전쟁이 실제 벌어졌는가의 불확실성으로 표현된다. 이 질문에 대한 답은 끝없이 유보된다. 관객은 끝내 전쟁이 일어났는지 아니면 주인공의 상상의 산물인지 확신하지 못한다. 영화 속에서는 상충되는 단서들이 발견되고, 결말에 이르러서도 확실한 해명이 없다. 답을 제시할만한 결정적 요소는 항상 결락된다. 〈스토커〉에서 다룬 종말론의 신학적 개념 자체도 대단히 역설적이다. 이것은 현실이나 미래의 종말을 규정하기 위한 일련의 생생하고도 비현실적인 이미지로 구성된다. 또 대재앙이 일상적 세계에 초래하는 종말은 또 다른, 한층 고양된 현실의 시작점이 될 예정이다.

〈희생〉에서는 현실과 망상이 결합하듯, 종말의 비애와 시작의 전망이 뒤섞인다. 타르코프스키의 영감의 원천이었던 요한 계시록의 종말론적 결말은 항상 부활의 약속을 품고 있다. 종말이 결코 최종적인 결말이나 폭력적인 폐기가 아니라, 보통은 낡고 쓸모없는 질서를 타파하여 새 질서를 낳는 것이다. 더 나은 질서를 되찾기 위한 파괴 행위라는 제물의 개념 자체에도 이와 동일한 양면성이 존재한다. 제물은 결코 단순한 폐기(예를 들어, 생명 말살 자체가 목적인 동물의 살육)가 아니라 언제나 (신에게 복종한다는 등의) 확증인 것이다.

시작-끝의 동시적 발생은 영화의 여러 층위에서 등장한다. 일례로,

영화에서 가장 두드러진 시각적 상호 텍스트성 인용인 〈동방 박사의 경배〉는 영화를 시작하는 이미지로서 이 점을 잘 보여준다. 이 그림의 복제품은 영화에서 총 여섯 번 나오고, 줄거리 상 가장 결정적인 순간에는 전면에 등장한다. 예를 들어, 텔레비전 방송에서 핵전쟁의 시작을 알리는 동안, 알렉산더는 이 그림을 보며 생각에 잠긴다. 그 직후에 오토는 언제나 레오나르도가 무서웠다고 말한다. 알렉산더는 무슨 일이 벌어지는지 확인하러 아래층에 내려갔다가, 가족과 친구들이 조용히 탁자 주변에 둘러앉아 깜빡이는 텔레비전 화면을 주시하는 모습을 본다. 국가 지도자의 비통하게 들리는 음성은 극적으로 잠시 멈추었다가 이 '승자도 패자도 없을' 전쟁의 시작을 선포하고, 그 후 텔레비전 잡음으로 연설이 끊기더니 화면이 꺼지고 만다.

〈동방 박사의 경배〉의 불길한 등장은 우울하게 귓전에 맴도는 쿨닝과 샤쿠하치Shakuhachi (입을 대고 부는 일본의 관악기로, 매우 명상적이고 신비로운 음색을 낸다)가 지배적인 사운드트랙을 통해 강조된다. 영화에서 〈동방 박사의 경배〉가 등장할 때면 둘 중 한 가지 사운드가 따라 나오다가, 알렉산더의 꿈에서 이 그림의 등장을 알릴 때는 불안감을 고조시키는 하나의 사운드로 합쳐진다. 그러나 쿨닝은 소들을 불러 모으는 기능 때문에 〈희생〉의 종말론적 담론에서 특히 중요하다. 주인공은 뭔가 알 수 없는 행동에 대한 쿨닝의 부름에 시달린다. 몇몇 운명적인 순간에, 쿨닝이 청각적 지평에 끼어들어 인물의 행동을 부추기는 것이다. 이것은 타르코프스키가 음향 효과를 이용하는 전형적인 방식으로, 음향이 대개 이미지를 보조하는 데 그치지 않고, 종종 이미지와 어긋나거나 충돌하여 혼란을 유발하는 효과를 낳는다. 안드레아 트루핀Andrea Truppin의 주장대로, '애매모호한 음악을 사용하여, 디제시스를 믿으려는 결코 끝나지 않을 투쟁 속으로 관객을 몰아넣는 것이다. 이는 영화 속 인물이 스스로 신념을 갖기 위해 벌이는 투쟁과 매한가지다.'[3]

레오나르도의 미완성 제단화 역시 일관성 없는 사운드트랙과 마찬가지로 관객을 혼란에 빠뜨린다. 이 그림은 구도의 중앙에 아기 예수를 안은 동정녀 마리아가 앉아 있고, 정체를 알 수 없는 많은 사람들이 그 주위를 둘러싸고 있다(예컨대 마리아의 남편 요셉이 어디 있는지도 불분명하다). 전경에는 베들레헴의 별Star Of Bethlehem을 따라 동방에서 여행하던 세 왕이 아기 예수에게 신성한 경배를 올리기 위해 무릎을 꿇고 있다. 배경에 보이는 궁전의 잔해는 낡은 문물의 폐허를 딛고 새로운 질서를 창조한다는 뜻이고, 말을 타고 격렬한 전쟁을 벌이는 인물은 그리스도가 도래하기 이전 세계의 혼란상을 상징한다.

마틴 켐프Martin Kemp는 레오나르도가 '그리스도의 물리적 지상 강림을 가장 깊이 있는 차원의 불안'으로 묘사했다고 강조한다.[4] 실제 영화에서도 이 그림은 '불길한' 테마로 등장하고, 일례로 오토는 그림에서 두려운 힘이 느껴진다고 토로한다. 어두운 갈색이 지배적인 그림의 색채 조합 역시 불길한 아우라의 조성에 일조하는데, 그러한 특징은 무엇보다 이 작품이 미완성 작이기 때문일 것이다. 〈동방 박사의 경배〉는 가뜩이나 이해하기 힘든 인물들의 상호 관계를 더욱 더 알 수 없게 만든다. 오토와 알렉산더는 이 무생물의 대상 앞에서 부자연스러울 정도로 겁에 질려 움츠러든다. 영화 끝부분에서, 가족과 지인들이 기괴하고 비정상적인 상태로 나오는 알렉산더의 불안한 꿈에서도, 이 작품은 예상치 못한 순간에, 아무런 디제시스적 동기 없이 재등장한다. 전반적으로, 레오나르도의 작품은 이 영화에서 가장 불가사의한 인용으로, 인물들을 심히 방해하는 동시에 흥분시킨다.

불안의 요인 중 하나는 그림 중앙의 서사적 구심점일 것이다. 영화의 오프닝에서 비춰지는, 한 왕이 바치는 제물 말이다. 그는 성찬의 상징인 유향 선물을 바치고, 아기 예수는 그것을 기꺼이 받아든다. 이 행위는 주어진 운명의 수락을 상징한다. (경배의 뜻에서 전달된) 첫 시작점이 최종 결말, 즉 그리스도의 수난을 암시하는 것이다. 따라서 이 제단화는 이미 미래의 죽음에 대한 애도의 기미가 서린 탄생의 축하를 표현한다.

레오나르도의 그림을 비추는 오프닝 시퀀스는 이 작품의 본질적 의미가 〈희생〉의 담론에서 핵심적인 역할을 한다는 명백한 증거이다. 카메라는 오로지 그림에서 묘사된 두 가지 물건에만 관심을 기울인다. 맨 첫 프레임에 등장하는 왕이 바치는 유향과 시퀀스를 종결짓는 호랑가시나무이다. 카메라는 위로 올라가면서, 아기 예수와 번민하는 늙은 남자, 두 명의 여자(한 명은 손으로 하늘을 가리킨다)와 말 탄 사람을 지나 나무의 꼭대기에서 멈춘다. 덕분에 관객은 위를 향해 천천히 수직 이동하면서, 이 나무의 뿌리부터 꼭대기까지 가장 복잡한 세부 묘사를 살펴볼 수 있다. 전체 시퀀스가 일종의 영화의 서막이지만, 이 도입부 시퀀스에는 이미 결말의 자취가 담겨 있다.

이러한 시간적 요소(현재의 그리스도 경배와 미래의 그의 수난)의 융합은 우연이 아니라, 실제 레오나르도 다빈치의 회화론의 정수를 구현한 것이다. 바실리 주보브Vasily Zubov에 따르면, '회화에는 다양한 순간이 동시에 담겨 있어서, 인생의 흐름에서 어느 한 순간만 낚아채지 않는다.'[5] 나아가 이 미술사가는 '동시성'의 미학이 레오나르도 회화의 특징이라고 주장한다. '"동시성"이란 […] 시간의 흐름 속에서 잡아챈 실존의 한 순간이 아니라 그 "이전"과 "이후"를 상정한다. 시간이란 살아서 흘러가는 인생을 이해하는 한 형태라고 보는 것이다.'[6] 따라서 〈동방 박사의 경배

〉에 나타난 현재와 미래 시제의 융합은 개별적인 해석의 문제가 아니라 레오나르도의 전반적 미학관의 일부로 보아야 한다. 이러한 존재론적 양가성은 이 영화의 전체 미학적 전략에서도 가장 중요하다. 〈희생〉에는 세대 간의 연속성에 대한 의식이 스며있다. 아버지(과거와 현재)와 아들(미래)의 관계가 대재앙, 즉 시-공간의 궁극적인 종말을 배경으로 펼쳐지는 것이다.

그림 오른편에, 마리아 위에 서 있는 나무의 두드러진 존재감은 이 작품에서 그리스도의 수난을 암시하는 또 다른 복선이다. 호랑나무가시는 비교적 정확한 상징적 의미를 띠는데, '예수의 십자가를 이 나무로 만들었다는 전설, 혹은 좀 더 일반적으로 크리스마스나 공현 대축일마다 낭송되는 이사야의 유명한 예언 "이 새의 줄기에서 한 싹이 나며 그 뿌리들에서 한 가지가 자랄 것이다"라는 구절'을 암시할 수 있기 때문이다.[7] 또 이 두 가지 가설은 모순적인 탄생-죽음의 쌍으로 결합될 수도 있다. 삶의 자라나는 가지와 죽음의 십자가가 서로 균형을 이루며, 예수의 구원 사상으로 통합되는 것이다. 레오나르도의 죽음과 삶의 나무, 〈희생〉의 도입부에서 비춰지는 이 '인위적인' 이미지는 결말에서 진정한 대응물을 발견한다. 바로 알렉산더와 아들이 바닷가에 심었던 죽은 나무, 그러나 이제는 소생 가능성을 분명히 내비치는 그 나무다.[8]

이미 끝을 품은 시작이라는 이 영화의 중심 테마는, 절대적인 태초의 신화를 다루면서 이 영화의 시작과 끝에서 인상적으로 인용되는 '태초에 말씀이 있었다.'(요한복음 1장 1절)라는 성경 구절에서 언어로 표명된다. 이전 영화에서 인용된 성경 구절들, 예를 들어 (〈스토커〉의) 요한 계시록과 (〈안드레이 루블료프〉의) 전도서는 종말과 무의미 등의 '부정적인' 개념을 담고 있다. 반면 요한복음의 이 긍정적이고 확고한 인용구는 천지 창조의 개념을 찬미하고 구원의 약속을 전달한다.

요한복음의 첫 행은 이 영화의 다층적 의미로 통하는 주된 의미론적 관문이다. 감독의 일기를 보면, 〈희생〉의 최초 구상에도 이 인용구가 들어있음을 확인할 수 있다. 타르코프스키는 1979년 2월 12일 일기에 토니노 게라와 함께 향후의 영화에 대해 논의한 내용을 기록했다.

작가, 정신세계가 대단히 심오하고, 죽음을 준비하며, 성공과 그에 수반되는 호들갑을 경멸하는 정직하고 도덕적이며, 고독한 남자가 어느 날 거울을 보고 자기 얼굴에서 끔찍한 병의 징후를 발견한다. 나병이다. 그는 언젠가 이 병의 증상이 분명히 발현되리라 예상하며 1년을 기다린다. 그리고 1년이 지나던 날, 의사 혹은 전문가에게 뜻밖에 병이 치유되었다는 소식을 듣는다. 그는 집으로 돌아온다. 사방이 먼지로 덮였다.

곰팡내 나는 종이 묶음이 있어, 그가 무언가를 쓰려고 하자 연필이 바로 종이에 구멍을 낸다. '신경 쓰지 말자!' 그는 쉰 목소리로 말한다. '신경 쓰지 말자!' 그는 거울에 비친 살아 있는 자신에 대고 소리 내어 반복하면서, 정말 살아 있음을 재확인한다. 그러나 그는 텅 비어 있다. 마치 막 나비가 빠져나간 번데기처럼.

그러고 나서 그는 가장 큰 죄악은 교만임을 깨닫는다. 그는 한때 위대한 정신적 경지에 도달했다고 자부했지만, 지금의 그는 아무것도 아니다. 병마를 통해 죽음을 깨닫고 나자, 그는 완전히 파멸했다. 그는 성경을 펼쳐 읽는다.

'주 하느님께서 땅으로부터 들의 여러 짐승과 공중의 여러 새를 지으시고, 아담이 어떻게 그들을 부르는가 보시려고 그들을 아담에게로 데려오시니….'

이 구절에서 〈희생〉의 흔적을 쉽게 발견할 수 있다. '작가', '정신세계가 대단히 심오한 사람'은 저명한 미학 교수이자 문학 평론가, 전직 유명 배우인 알렉산더라는 인물이 된다. 이 구절은 또한 여러 수정 초안 중 하나인 〈마녀The Witch〉[10]라는 작품과도 맥이 닿아 있다. 일기의 묘사와 스트루가츠키 형제가 최근 출간한 시나리오 초안에 따르면[11], 〈마녀〉의 주인공은 치명적인 병(암)을 앓고 있다. 그는 특정 마녀와 동침을 하면 병이 나을 수 있다는 소리를 듣는다. 결국 그는 마녀를 만나는 대가로 사랑하는 가족이 있는 집을 떠나는 등 아끼던 모든 것을 포기한다. 이 모든 구성 요소들로 미루어, 1979년의 일기가 1986년에 완성된 영화 〈희생〉으로 발전했고, 요한복음의 첫 문장이 감독의 영화 구상 내내 따라다녔음을 알 수 있다.

이 신약 성경 구절은 알렉산더와 아들, 오토가 나오는 맨 첫 장면에 등장한다.[12] 출발하려던 우편배달부는 꼬마가 덤불에 묶어놓은 올가미 밧줄에 자전거가 걸린다. 오토는 괴상하고 과장되게 놀라는 시늉을 한 후 소년에게 밧줄을 다시 던져준다. 꼬마는 그것을 집어 들고 아버지에게 달려가면서 뭔가 이해하기 힘든 말을 중얼거린다. 그러자 알렉산더가 말한다. '너 뭐라고 하는 거니? "태초에 말씀이 있었다."라고 하는데 너는 침묵하는구나. 꼭 작은 물고기처럼.' 아버지는 아들이 의미 있고 창조적인 말씀은 고사하고, 아무런 말 한마디 할 수 없음을 강조한다.

이 영화에서 '말'의 반의어인 '침묵'은 과다한 말과 필요한 행동 사이의 중간 단계에 해당한다. 요한복음 1장 1절의 인용구는 침묵에 관한 다양한 대사에 녹아 있다. 위의 장면에는 고센의 명백한 침묵과 말 못하는 아들에 대한 알렉산더의 언급 외에도, 침묵과 말에 관한 짧은 대화가 나온다. 가족 모두의 친구이자 아이를 수술한 의사 빅터가 등장해서 고센에게 처음 묻는 질문은 그의 침묵에 대해서다. '말을 못하니까 힘들지? 하지만 너에게는 좋은 일이란다. 사람들과 어울리는 건 부담스럽지. 누구나 참을 수 있는 일이 아니란다.'[13] 빅터는 이 생각을 진전시켜 이번에는 알렉산더에게 묻는다. '간디가 일주일 중 하루는 절대로 말을 하지 않았다는 거 아는가? 그게 그의 철칙이었지…아마 사람들에게 지쳤던 게지.' 마지막 예로 영화 후반부의 절박한 희생 행위에서는, 알렉산더가 스스로를 침묵의 삶에 가둠으로써 아들과 다른 가족을 포기한다.

알렉산더는 본질적으로 경제적 거래와 다름없는 제물 바치는 행위의 관습적 방식에 따른다. (상상 속의) 핵전쟁이 터지자, 그는 신에게 모든 것을 재앙 이전의 상태로 되돌려달라고 간청하면서, 만약 이 소망이 실현된다면, 집, 가족, 이성 등 자신이 가진 모든 것을 제물로 바치겠다고 약속한다. '당신께 저의 모든 것을 바치겠습니다.' 더욱 중요한 것은 알렉산더가 말을 완전히 포기하겠다고 약속하는 대목이다. '평생 침묵을 지키며 어느 누구와도 말하지 않겠습니다. 저는 저를 삶에 결속시키는 모든 것을 포기하겠습니다…' 결국 그는 인간의 말하는 능력, 즉 말을 만들어 내는 능력을 바침으로써 생명을 창조하는 신의 말씀이 재현되길 바라는 것이다.

성경에 이은 문학 작품의 인용에서도, 타르코프스키가 구두상의 창조적인 말과 문서상의 일상적인 말의 이항 대립에 기초한 담론에 크게 의존하고 있음을 확인할 수 있다. 영화에 인용된 햄릿의 대사 '말, 말, 말[w]ords, words, words'[14]은 말을 세속적이고 표리부동한 의사소통 수단으로 보는 가장 유명한 언급 중 하나이다.[15] 폴로니우스Polonius가 무엇을 읽느냐고 묻자, 햄릿은 '추상적인' 말이 아니라 '적혀 있는'(인쇄된) 말을 읽는다고 대답하는데, 문맥상 이 말은 지적인 가치의 저하를 표현하는 듯하다. 햄릿의 눈이 응시하는 책에 쓰인 말들은 요한복음 첫 구절의 말씀과 같은 신성하고 창조적인 잠재력이 없다. 이 말들은 워낙 다양해서 신약 성경의 유일무이한 태초의 말씀과는 크게 구별된다.

'사느냐 죽느냐'의 독백에서 절정에 달하는 햄릿의 자기 성찰적인 추론은 결국 모든 행동이 무의미하게 끝날 운명이라는 결론에 도달한다. 따라서 그의 우유부단함이 작품 전체를 압도하게 된다. 햄릿은 자신의 말에 함몰되어 필요한 행동을 실행하지 않고 미룬다. 불행인지 다행인지 그의 망설임은 말의 기능과 언어 전반에 대해 대단히 정치한 일련의 발언을 쏟아 내는 결과를 낳았다. 그의 '말, 말, 말', 즉 쓰이거나 인쇄된 수많은 말들은 일탈적 형태의 침묵을 이루어, 의미 있는 그 어떤 것도 나타내지 못한다.

〈희생〉의 알렉산더는 정반대 방식으로 정신적 딜레마를 해결한다. 햄릿과 달리, 그는 스스로를 침묵에 가두고 상황이 '요청할' 때면 즉각 행동에 나선다. 행동은 알렉산더가 태초의 말씀에 다가가는 수단이다. 그가 핵전쟁의 발발 소식을 듣고 처음 한 말은 그의 결단을 잘 보여준다. '나는 평생 이 순간을 기다려왔어. 내 전 생애는 이것에 대한 오랜 기다림이었지!' 이 말은 영화 도입부에서 오토가 하는 말과 공명한다. '우리는 모두⋯ 무언가를 기다리고 있지요.' 두 사람의 각오는 어느 정도 드러나지만, 알렉산더의 '이것에 대한 기다림'과 오토의 '무언가를 기다린다'는 말은 모호하기 짝이 없다. 이 인물들이 지시 대명사 '이것'과 불특정하고 막연한 '무언가'를 통해 의미하는 바는 대체 무엇일까?[16]

'이것'

알렉산더는 태초의 존재(신성하고 창조적인 말씀)가 재현되길 절실히
바라지만, 현실과 망상, 더 일반적으로는 존재하는 것과 그렇지 않은 것
을 구분하지 못한다. 전체 내러티브의 불확실성은 영화 전반에 흩어져
있는 여러 불가해한 사건들을 통해 표현된다. 예를 들어, 인물들이 핵전
쟁 소식을 듣기 직전에 몇몇 이상한 대사가 튀어나오고 사소하지만 불
길한 사건이 일어난다. 알렉산더 가족이 사는 섬 위로 전투기가 날아오
자, 집안에서는 일대 혼란이 일어난다. 유리잔이 떨리기 시작하고, 우유
병이 떨어져 박살나며, 줄리아Julia와 마르타Marta는 다소 과장된 몸짓으
로 이 유리창에서 저 유리창으로 뛰어다닌다. 이렇게 불안이 고조된 상
황에, 카메라는 집밖, 즉 고틀란드Gotland 섬의 공터로 나가는 알렉산더
를 발견한다. 이 장면은 그레이-블루 필터로 촬영되어, 실내의 따뜻한
색감과는 현저히 다르다. 주인공은 밖에서 심히 거슬리는 인공물을 발
견한다. 집을 정확히 본뜬 소축척 모형으로, 심지어 원본의 주변 입지까
지 복제한 것이다.

클로드 레비스트로스Claude Lévi-Strauss는 미니어처가 '미술 작품의 보
편적 유형'[17]이라고 주장한다. 시각적, 조형적 변형에는 반드시 대상의
특정 평면에 대한 왜곡이 뒤따르므로, 규모의 축소 그 자체가 미적 요소
의 창출 과정이란 것이다. 나아가 '양적인 변화로 인해 대상의 상동homo-
logue에 대한 우리의 힘은 증대되고 다양해지며, 이를 통해 그 대상을 움
켜잡고 평가하며 한눈에 파악할 수 있게 된다.'[18] 그러나 〈희생〉에 나오
는 미니어처 집은 정반대의 역할을 한다. 긍정적인 인식적-심미적 효과
를 전하는 대신, 인물을 철저히 충격에 빠뜨리는 것이다. 이 등장은 '가
치들은 미니어처 속으로 빨려 들어가고, 미니어처는 인간을 꿈꾸게 한

다.'[19]는 바슐라르의 주장을 상기시킨다. 알렉산더가 미니어처 집과 마주치는 시점은 대단히 중요한데, 그때부터 현실과 망상의 구분이 흐려지기 때문이다. 심지어 이때부터 주인공이 꿈을 꾸기 시작한다고 주장할 수도 있다.

알렉산더는 주의 깊게 모형을 살펴보다가 고개를 들어 부자연스럽게 『맥베스Macbeth』의 3막 4장에 나오는 구절을 영어 원문으로 읊조린다. 'Which of you have done this…the Lords(대체 누가 이것을 했습니까…주여?)'[20] 알렉산더는 곧 제물로 바치게 될 집의 축소 모형에 완전히 충격을 받아, 이것이 실물인지 단순한 환영인지 판단하지 못한다. 이처럼 이 인용문은 〈희생〉에서 현실과 비현실 영역을 구분하는 중요한 문턱의 구실을 한다. 이 『맥베스』의 인용에서 한 가지 짚고 넘어갈 점은 (시나리오 작업에도 참여했던) 감독이 저지른 듯 보이는 실수이다. 감독은 원작에서 지문에 해당하는 '영주들the Lords'을 영화에서는 '대체 누가 이것을 했습니까…주여?'라며 대사에 직접 포함시킨다. 인용된 문장은 본래 맥베스가 연회 테이블에서 이 왕위 찬탈자의 자리를 차지하고 앉은 뱅쿠오Banquo의 유령을 보고 던지는 질문이다. '영주들'이란 연극의 본문에 속하지 않고, 맥베스의 물음에 '무엇 말씀이십니까, 폐하?'라고 대답하는 다음 화자(영주들)를 지시할 뿐이다. 셰익스피어의 텍스트에 적힌 '영주들'은 전적으로 문서 텍스트에 속한다. 연극이 상연되는 동안 말하거나 들리지 않는 지문을 구성하는 것이다. 따라서 '영주들'이라는 문서상의 존재는 구두상의 부재를 통해 저절로 실현되어야만 한다.

이 유감스러운 실수를 차치하자면, 이 인용문이 제기하는 주된 논점은 맥베스가 묻는 '이것'이 무슨 의미이고, 나아가 알렉산더가 『맥베스』의 구절까지 인용해가며 말하려는 '이것'은 과연 무슨 의미냐는 것이다.

한 셰익스피어 주석자는 『맥베스』의 이 구절에 대해 두 가지 해석이 가능하다고 주장한다. '맥베스는 (누군가가 뱅쿠오인 척하는) 짓궂은 장난이라고 여겼거나, 또는 뱅쿠오를 유령으로 만든 것이 누구냐고 묻고 있는 것이다.'[21] 그러나 어느 쪽도 그다지 설득력 있지 않아, '이것'의 본질은 여전히 모호하다. '이것'이란 기괴하고 예상치 못한 광경(『맥베스』의 뱅쿠오 유령과 〈희생〉의 집 모형)에 주인공들이 겁에 질린 반응을 보이게 되는, 뭔가 형언하기 어렵고 불가사의한 지시 대상인 것이다.

『맥베스』는 초자연적인 현상에 집착하며, 유령과 마녀가 내러티브의 진행에 극적 영향을 미치는 능동적 주체가 되지만, 알렉산더는 이 셰익스피어의 희곡을 자신의 삶에 끼어들기 시작한 기괴한 요소들의 보고로 활용하는 듯하다. 인용된 구절은 이 연극에서 가장 섬뜩한 순간 중 하나로, 영화에도 맥베스란 인물의 공포와 불안을 이입시킨다. 알렉산더는 곧 파괴되어 제물로 바쳐질 집의 복제품과 맞닥뜨린 후에, 고집 센 전사이자 운명의 희생양인 맥베스에게 일종의 동류의식을 느낀다. 이 에피소드 직전에 전투기가 섬 위로 날기 시작했다는 사실이 다가올 대재앙과 집 즉, 가족의 행복의 상징이자 재앙과 맞바꿀 미래의 제물 간의 느슨한 내러티브적 연계성을 부여한다.

셰익스피어가 의도했던 유령이 진짜였는지 아니면 환각일 뿐이었는지를 확신할 수 없다 보니, 연극에서는 양 극점을 명확히 구분하지 않는 결론에 다다른다. 실제 현상이든 정신적 혼란이든, 그로 인해 격렬해진 상상이 바로 이 연극의 중심 모티프다. 그래서 해럴드 블룸Harold Bloom은 이 작품을 '상상력이 빚어 낸 참극'[22]이라고 평한다. 끝과 시작의 공존이라는 〈희생〉의 중심 테마 역시 현실과 망상을 모호하게 표현하는 내러티브를 통해 심화된다. 핵전쟁과 그 후의 '마녀' 방문이 실제 일어난 일인가의 주된 의문은 끝내 명확히 해소되지 않는다. '이것'이라는 지시 대상의 막연한 의미 역시 동일한 불확실성의 범주로 남는다.

최후의 위기인 핵전쟁의 대재앙을 알렉산더는 행동을 개시할 시점으로 해석한다. 이것은 영화에서 가장 중요한 디제시스적 지점으로, 제물을 바치는 동기가 된다. 그러나 관객 입장에서는 핵전쟁의 존재/부재가 내러티브적 불안으로 발전하여, 더는 꿈과 현실을, 또는 실제와 주인공의 정신 착란에서 비롯된 망상을 구분하지 못한다. '실제의' 선형적인 연속 사건으로 환원하기가 불가능해지는 것이다.[23] 맥베스와 알렉산더는 둘 다 미치기 일보 직전이거나 이미 정신 이상의 상태로 접어들었고, 실제 사건으로 부풀려진 환영적인 환각과 꿈은 그들을 각자 자신만의 파국으로 몰고 간다. 현실과 망상을 구분하지 못하는 이들의 상태가 『맥베스』와 〈희생〉의 플롯에는 절대적으로 중요하다. 두 작품에서 잠의 역할이 지극히 두드러지고 모호하게 제시되는 것도 결코 우연이 아니다.

알렉산더는 신과 협정을 맺은 후—'당신께 저의 모든 것을 바치겠습니다. 사랑하는 가족을 포기하겠습니다. 집도, 사랑하는 아들도 버리겠습니다. 평생 침묵을 지키며 어느 누구와도 말하지 않겠습니다. […] 주여, 모든 것을 이전의 상태로… 오늘 아침이나 어제의 상태로만 되돌려 주소서.'—소파까지 네발로 기어가 완전히 망연자실한 상태로 눕는다. 소떼 모으는 소리가 어지러운 꿈과 함께 등장한다. 알렉산더가 깨어났을 때는, 눈 밝은 관객에겐 놀랍게도, 소파의 모양이 바뀌어 있다. 이제 소파는 흰색 천으로 덮여 있고 흰색 베개가 놓여 있다. 자신이 얼마나 오래 잤는지 모르는 알렉산더는 소파가 바뀐 사실도 알아차리지 못한다. 시간의 경과가 공간적 수단으로 표현되어, 소파의 흰색 시트와 베개는 시간적 일탈을 의미한다. 이처럼 〈희생〉의 주인공은 스스로 시-공간적 전치를 통해 관습적인 시간과 공간의 묵시록적 종말에 대처한다.

시간의 혼란은 세 명의 '기이한' 자매가 등장하는 『맥베스』 도입부의 핵심이기도 하다. 프랭크 커모드Frank Kermode는 뱅쿠오와 맥베스가 세 늙은 여인과 만나는 이 장면이 '시간이 교차될 때, 즉 연속적인 과거와 미래에 대한 일반적 인식이 또 다른 시간적 질서로 바뀌는 순간의, 시간을 초월한 극도의 고통에 대한 상징'이라고 주장한다.[24] 맥베스는 기괴한 장소인 황야를 배회하다가 어긋난 시간을 경험한다. 셰익스피어의 주인공이 세 마녀와 뱅쿠오 유령의 탈을 쓴 초자연과 직면하는 동안, 알렉산더 역시 기묘한 현상이자 거의 환영이나 유령에 가까운 미니어처 집과 마주치지만, 이 모형은 금방 정체가 밝혀져 모든 신비주의도 사라지고 만다. 그의 아들과 오토가 알렉산더를 위해 만든 선물이라는 것이다. 그러나 알렉산더가 집 밖에서 우연히 만나 이 설명을 듣게 되는 사람이 마리아Maria란 점이 대단히 중요하다. 신비한 현상의 수집가를 자처하는 오토에 따르면, 그녀는 지역의 '마녀'이기 때문이다.[25]

마리아라는 인물은 유럽 전역에서 마녀 사냥을 부추겼던 정형화된 이미지에 부합한다. 가난과 고립은 마녀를 식별하는 데 사용되는 일반적 징표이다. 가족이나 공동 사회의 지원을 받지 않는 늙은 여인은 전형적인 '마녀'였다. 마리아는 아이슬란드 출신에 미혼으로 초라하게 생활하는(그녀는 마을 중심가를 벗어나 반쯤 허물어진 건물에 산다) 철저한 타자이므로, 완벽한 '마녀'에 해당한다. 영화에서는 암울한 핵 참사와 마리아라는 '악마적' 인물을 느슨히 연계시켜, 양자의 연관성을 명시적으로 드러낸다. 전투기로 표현된 다가올 대재앙에 관한 에피소드를 '마녀'가 등장하는 장면들로 둘러싼 것이다. 전투기 공격의 전조인 유리잔 부딪히는 소리는 실내 장면이 나타나기 전부터 영화의 사운드트랙에 끼어들어, 집으로 걸어가는 마리아의 이미지와 겹쳐진다. 결국 마리아가 화면에 홀로 등장하는 동안 파국이 시작되는 셈이다. 이 '마녀'는 대재앙을 알리는 전령인 동시에 미래의 구속자redeemer이다. 그녀의 이율배반적 성격은 분기와 일탈로 점철된 이 영화의 자기 모순적 본질과 맥을 같이 한다.

알렉산더와 오토는 핵 참사에서 세계를 구할 유일한 방도가 마리아와 결정적인 접촉, 즉 정사라고 믿는다. 알렉산더는 마리아와 동침하고(둘 다 공중에 뜬 상태로 나타난다), 두 사람이 맺는 관계는 마법에 대한 지배적인 고정 관념에 부합한다. 가장 유명하고 악명 높은 마술 지침서 『마녀들의 망치Malleus Maleficarum』(1487)를 쓴 도미니크회 저자들은 '성교 행위를 통해 마법이 전파되고 그 세력이 늘어난다.'[26]고 주장했다. 이들은 성교를 근본적인 악의 근원으로 간주했다. 그러나 타르코프스키는 결과적으로 마녀와의 정사 기능을 역전시켜, 그의 주인공은 악을 퍼뜨리지 않고 오히려 '세상을 구한다.'[27] 〈희생〉에서는 현실과 꿈의 경계가 불분명하듯이, 마녀의 역할 역시 시종일관 모호하다. 그리하여 전통적으로 사악한 세력에 속하던 마녀가 세상의 구원자가 된다.

〈희생〉에는 담론의 양면성—현실과 망상의 결합, 이미 끝을 내포한 시작, 세상을 '구하는' 불길한 마녀 등—에 상응하는 시각적 장치가 있다. 영화 곳곳에 반 반사 유리 표면의 다양한 이미지가 퍼져, 관객에게 두 가지 평면, 즉 유리 뒤의 평면과 유리에 비친 평면을 동시에 보여준다. 알렉산더의 첫 번째 종말론적 환영에 등장하는 혈흔이 남아 있는 유리 단에는 땅바닥과 하늘이 겹쳐진다. 레오나르도의 〈동방 박사의 경배〉 복제품 액자 유리에는 항상 실내와 실외의 나무가 동시에 비치며, 알렉산더가 그 너머로 오토와 대화를 나누는 2층 방 창유리에도 양쪽의 시각적 평면이 중첩된다[그림 7-2]. 이 유리들은 모두 실체의 유일성을 파괴

한다. 감독은 빛을 전달하는 동시에 반사시키는 유리의 이중적 기능을
십분 활용한다. 반반씩 비친 상들이 신비롭게 결합된 모습은 현실과 망
상을 구분하지 못하는 알렉산더에 대한 시각적 은유로 보이기도 한다.
각각의 평면을 구분해내기란 불가능하므로, 융합된 상태의 이미지들,
나아가 현실들에 대처해야 하는 것이다.

[그림 7-2] 〈희생〉 마리아와의 만남과 반사상

실체 없는 대재앙

일기에 따르면, 타르코프스키는 1982년 9월 5일에 이미 〈희생〉의 구조를 구상했다. 감독은 일기에서 이 영화를 6개 부분으로 구분한다.

1. 산책.

2. 전쟁 선포.

3. 기도. 서약. 신과의 대화(독백).

4. 돌아온 세상/전쟁 없는 아침.

5. 화재. (그가 자기 집을 불태운다.)

6. 병원. (내가 이성을 잃었단 말인가?) 전쟁은 실제로 일어났는가?[28]

맨 처음부터, 타르코프스키는 〈희생〉의 사건 순서를 양가적으로 배치하고, 모순적인 디제시스적 요소에 의거한 내러티브를 의도했다. 사실상 이 양면성이 영화의 핵심이며, 전쟁의 시작 여부에 대한 주인공의 불확실성에서 결말은 절정에 이른다. 현실과 환각은 단일한 스토리 라인으로 합쳐진다. 완성된 영화에서 색채 코드상의 구분은 있지만(꿈은 흑백으로, 현실은 천연색으로), 음향 코드는 그 패턴에 따르지 않는다. 소떼 모으는 소리는, 다양한 인물들의 장면이 빠르게 교차하는 두 번의 명확한 꿈 시퀀스에서도 들리지만, 평상시의 현실에도 수시로 침투한다. 오토와 알렉산더는 일상생활 중에도 반복적으로 이 소리를 듣는다. 게다가 미니어처 집이나 비현실적으로 변신하는 소파 등 비정상적인 공간의 등장은 눈에 보이는 것이 늘 현실은 아니라는 점을 의미한다. 알렉산더는 불확정적인 공간에 살고 있다.

타르코프스키는 동질적인 시간과 공간의 선형적 진행을 허물기 위해 다소 관습적인 꿈 모티프를 사용한다. 꿈은 〈이반의 어린 시절〉에서 핵심적인 구성 요소로서 현실과 극명한 대척점에 서 있었지만, 〈희생〉에서는 질적으로 다른 차원에 도달한다. 덧없는 꿈은 더 이상 안정적인 현실과 대비되지 않는다. 현실도 덧없기는 마찬가지이기 때문이다. 〈희생〉의 디제시스적 현실은 감독의 전작들과 비교하여 상당한 변화를 보인다. 영화의 내러티브가 현실−망상의 단순한 이분법을 거부하고, 더욱 다양한 맥락을 구성하는 것이다.

명백한 첫 번째 꿈 시퀀스는 알렉산더가 핵전쟁의 발발 소식을 듣고 신에게 구원을 달라고 간절히 기도한 뒤 잠든 시점에서 시작된다. 마음을 어지럽히며 울려 퍼지는 소떼 모으는 소리가 곧장 따라나와 꿈의 영역에 진입했음을 나타낸다. 꿈에는 아들의 방에서 옷을 벗으며 빅터를 부르는 (의붓)딸이 등장한다. 이 젊은 아가씨가 한쪽 구석으로 가자, 방 반대편의 대형 거울이 그녀의 모습을 비춘다. 카메라는 따뜻한 색감의 아늑한 방안에서 흑백의 복도, 아마도 같은 집의 복도로 이동한다. 이번에는 집의 실내가 변형되어, 지붕이 새고 바닥 곳곳에 웅덩이가 파인 낡아빠진 상태로 비춰진다. 복도에 서 있던 알렉산더가 뒤돌아 뛰어나간다.

다음 시퀀스에서는 유리창 없이 창문만 하나 있는 다른 집의 어두운 1층 방 안에 주인공이 있다. 집과 주변 지역의 황폐한 상태로 미루어, 아마도 핵전쟁이 끝난 뒤로 추측된다. 알렉산더는 방 한가운데 앉아 밖을 내다본다. 카메라는 그의 시선을 따라 밖으로 이동하여 더러운 눈 위를 걷고 있는 그의 분신을 비춘다. 다시 한 번 카메라의 연속적인 움직임을 통해 인물의 유일성이 깨진다. 남자는 몸을 구부려 눈과 흙을 뚫고 나온 어느 자재 종류에 부착된 전선을 잡아당긴다. 몇 초 후에는 패닝 숏이 거의 감지하기 힘든 슬로모션으로 황량한 눈밭에서 나무와 건물에 둘러싸인 그를 포착한다.

이 시점에서 감독의 전작을 인용하여 순수하게 시각적으로 표현된 대재앙의 모티프가 등장한다. 〈희생〉에서 파괴된 집에 다가가는 트래킹 숏은 〈스토커〉의 유명한 연못 시퀀스를 모방한 것이다. 두 시퀀스 모두 초토화된 인간의 주거지를 보여주고, 관객에게 불안감을 조성한다. 이동 카메라는 관찰 표면과 거의 직각을 유지한 채, 〈스토커〉의 얕은 연못 아래 놓인 다양한 '버려진' 물건들과 〈희생〉에서 흙과 눈으로 뒤덮인 동전 그릇과 자재 파편들을 세심히 훑어나간다. 그러나 〈희생〉에서 카메라의 이 관조적인 움직임은 갑자기 고센의 발이 시야에 잡히면서 중단되고 만다. 소년은 눈 덮인 땅에 맨발로 서 있다. 알렉산더는 그의 이름을 부르지만, 소년은 달아난다. 갑자기 세찬 바람이 불어 땅 위의 눈과 서리가 '휘몰아치기' 시작한다. 카메라는 서서히 렌즈를 들어 올려 벽으로 막힌 입구에 붙은 여닫이문을 비추고, 이 건물의 출입 방법은 알 길이 없다. 벽으로 막힌 입구의 이미지에 날아가는 전투기 소리가 들린다. 이 허깨비 같은 환상은 알렉산더가 잠에서 깨어나면서 끝이 나고, 그 후 마리아와의 동침을 통해 세상을 구원할 가능성을 이야기하는 오토와의 만남이 이어진다.

자전거를 타고 마리아에게 향하던 알렉산더는 웅덩이에 빠지고 소떼 모으는 소리를 들은 뒤 집으로 돌아가기로 결심한다. 그러나 잠시 망설인 끝에 다시 뒤로 돌아, 가던 길을 계속 간다. 이 순간 카메라는 옆으로 이동하여 버려진 자동차를 비추는데, 한쪽 차 문이 열려 있고, 그 틈으로 하얀 시트가 삐져나와 있다. 이 예상치 못한 기이한 환영은 현실—망상의 경계를 흐리는 현상이다. 앞서 알렉산더가 꿈을 꾼 후 '똑같이' 하얀 시트와 베개가 등장했으니, 이 시트는 소파의 변형과 관련이 있을까? 하얀 시트는 그 순백색 표면에 무엇이든 투사할 수 있으니, 이 영화의 불확정성의 궁극적 '장소'가 될 수 있을까? 샛길로 빠진 카메라 트래킹이 이렇게 관객의 주의를 끌지만, 알렉산더는 시트 따윈 안중에도 없다. 그는 계속 달려 금방이라도 무너질 듯 낡은 건물에 도착한 뒤 마리아의 거처로 들어간다. 이 여인은 예상치 못한 너무 늦은 방문에 당황하면서도 그를 맞이하여 그의 더러운 손을 씻겨준다. 마리아가 사용하는 주전자와 대야가 〈솔라리스〉에서 크리스의 환각적인 지구 방문 때 그의 어머니가 사용하던 물건과 거의 동일한 점이 눈에 띈다.

이러한 전작 인용에 이어, 시간이 결정적 역할을 하는 한 편의 우화 같은 이야기가 펼쳐진다. 알렉산더는 마리아에게, 방치되어 제멋대로 자란 어머니네 정원 이야기를 들려준다. 주인공은 정원을 손질하기로 마음먹고, 2주 동안 그곳에서 풀을 베고 잡초를 뽑고 가지치기를 했다. 하지만 결과는 전혀 예상 밖이었다. 자연적인 시간의 흐름에 간섭하여, 자연적인 아름다움을 훼손한 것이다. 알렉산더는 시간의 경과를 방해한 결과 추한 광경을 목도하고 만다. 그 때 시계가 울리며 이야기가 끊긴다. 남자는 일어나서 '시간이 없다'고 말한다. 핵전쟁의 대재앙, 즉 관습적인 시−공간의 궁극적 종말에 대한 두려움이 주인공을 행동으로 이끈다. 그는 자살하겠다고 위협하여 마리아의 관심을 끌고 동정심을 산다. 전투기가 다시 섬 위로 날기 시작하여 유리가 진동하고, 두 사람은 공중을 맴돌며 사랑을 나눈다. 알렉산더는 흐느끼기 시작하고, 소떼 부르는 소리가 또 다른 '부름'인 샤쿠하치 소리와 뒤섞여 사운드트랙을 압도한다.

'마녀'와의 성적인 결합 이후, 알렉산더는 두 번째의 종말론적인 꿈−환영을 경험한다. 트래킹 숏이 폐허가 된 좁은 도시 골목을 비추는데, 영화 도입부에 나왔던 안마당과 같은 곳이지만 이번에는 무질서하게 뛰어가는 사람들로 가득하다. 카메라는 다시 두 시각적 평면을 포개어 보여주는 유리 제단을 포착하지만, 이번에는 더 아래로 이동하여 불타는 천에 싸인 채 머리에서 피를 흘리며 누워 있는 고센을 비춘다. 이 때 알렉산더를 위로하며 마실 것을 권하는 아델라이데의 목소리가 사운드트랙에 끼어든다. 그 다음에는 아델라이데의 옷차림을 한 마리아의 이미지와 〈동방 박사의 경배〉의 클로즈업, 집안에서 벌거벗고 닭들을 쫓아가는 줄리아의 시퀀스가 연달아 이어진다. 이 꿈은 절반만 조명을 받은 아델라이데가 슬로모션으로 알렉산더의 방을 향해 걸어가는 평범한 트래킹 숏으로 마무리된다. 환영 같은 아내가 입구 옆의 레이스 커튼까지 다가와 멈추는 반면, 카메라는 계속 옆으로 트래킹한다. 이러한 카메라의 연속적 이동을 통해 몽환적인 복도를 벗어나 평소 상태가 평소 조명하에 평소 속도로 비춰지는 현실의 방으로 들어오게 되니, 말 그대로 꿈이 현실로 들어오는 셈이다[그림 7-3]. 환영적인 효과는 전부 사라지고, 오직 샤쿠하치 소리만 남는다. 물론 이 소리도 나중에 방안의 오디오에서 흘러나오던 것으로 밝혀져 존재의 디제시스적 동기를 부여받는다.

주인공은 아름답고 차분하게 불을 밝힌 방의 하얀 베개와 시트가 있는 소파 위에서 담요를 덮은 채 깨어난다. 그는 어머니를 부른 후 눈에 띄게 긴장한 상태로 일어난다. 영화의 내러티브는 알렉산더가 마리아의 집에서 어떻게 돌아왔는지에 대해 아무런 실마리도 주지 않는다. 핵전쟁 따위가 언제 있었냐는 듯, 모든 것이 평상시와 같다. 다른 가족은 야외에서 아침 식사를 즐기고 있다. 다시 전기도 들어오고 전화도 연결된다. 이렇게 잠에서 깨어난 후에도, 현실과 망상의 분명한 경계를 긋기에는 여전히 역부족이다. 전쟁의 선포와 오토와의 만남, 그 후 마리아네 방문이 알렉산더의 꿈이었는지 아닌지는 확실히 밝혀지지 않는다.[29] 그러나 주인공은 단 한 가지만은 확신한다. 이제 행동에 옮길 시간이라는 것이다.

이 영화의 클라이맥스는 알렉산더의 희생적인 행위이다. 그는 스스로를 침묵에 가둠으로써 사랑하는 아들과 다른 가족을 포기하고, 가족의 집도 물질적으로 파괴하여 포기함으로써, 비존재의 영역에 들어간다. 이 전직 미학 교수이자 진리 추구자는 진리를 세우는 길 중 하나는 '본질적

[그림 7-3] 〈희생〉 마지막 종말론적 환영

희생'[30]이라는 마르틴 하이데거Martin Heidegger의 주장에 따르는 듯하다.

알렉산더는 가족과 친구들이 산책을 나간 후 테라스 위에 의자를 잔뜩 쌓아올려 집을 제물로 바치기 위해 불태울 준비를 꼼꼼히 해나간다. 또 빅터의 차에 그의 서류 가방을 가져다놓고 차를 집에서 먼 곳으로 옮겨놓는다. 이 사소하고 이성적인 세부 묘사는 알렉산더의 행동의 전반적인 불합리함을 부각시킨다. 또 주인공이 처음 불을 붙이는 곳이, 첫 번째 꿈-환각 이후 소파 위에 놓여 있고 그 후 마리아에게 달려가는 길의 버려진 차안에 있는 시트와 아마도 동일한 하얀 시트라는 점도 눈길을 끈다. 알렉산더는 집에 불이 붙자 예의 샤쿠하치 음악을 틀기 위해 2층 방에 올라갔다가 거기에 놓인 사다리를 타고 집에서 빠져나온다. 2층에 사다리가 있다는 사실도 의미 있는데, 이 사다리가 집과 별개의 부착물로서 곧 파괴될 집의 구조적 완결성을 저해하기도 하거니와 앞서 알렉산더와 오토가 세상을 구원할 '책략'을 도모하는 과정에서 몇 번 사용된 적이 있기 때문이다.

다음 컷에서는 알렉산더가 집 밖으로 나가 웅덩이를 가로질러 걸으며 화염에 휩싸인 집을 지켜본다. 이 장면에서는 사방이 트인 고틀란드 섬(대기), 불타는 집(불), 크고 작은 웅덩이가 군데군데 팬 진흙탕(흙과 물) 등 네 가지 자연 요소의 궁극적인 결합이 이루어진다. 주인공은 이 신성한, 또는 환각적인 차원에 완전히 투항하여, 관습적인 시-공간을 버린다. 그의 집은 불태워지고 정신은 상실된다. 곧 비탄에 빠진 가족과 하녀 줄리아, 빅터가 알렉산더에게 달려오고, 빅터는 모두에게 '아무것도 묻지 마, 아무것도 말하지 마.'라고 명령한다. 갑자기 전화벨이 울리자 알렉산더는 마치 벨소리에 주문이라도 걸린 듯 절뚝거리며 집을 향해 뛰기 시작한다. 그러나 갑자기 장면에 등장한 마리아를 본 순간 가던 길을 벗어나 그녀에게 향한다. 이 남자는 '마녀'(망상)와 가족(현실) 사이를 허둥지둥 오간다. 이때부터 인물들이 줄지어 왔다 갔다 하는 다소 연극적이고 한심스런 장면이 연출된다. 오토와 비현실적으로 빨리 현장에 도착한 구급차가 이 우스꽝스런 술래잡기에 동참한다.

비극적이면서도 터무니없는 이 피날레는 수많은 해석을 불렀다. 예를 들어 지젝은 '무의미한 희생 행위를 통해 의미를 유지하고 새로운 영성을 생성한다는'[31] 타르코프스키의 이데올로기적 기획과 실제 미학적 관점 사이에 과연 거리가 있는지 질문한다. 그는 '타르코프스키의 희생적 제스처를 매우 기초적인 이데올로기 작용으로, 즉 전적으로 무의미한 제스처를 통해서 자기 나름의 방법으로 존재의 무의미를 타파하려는— 즉 무의미한 우주적 우연성인 참을 수 없는 타자성을 극복하려는—필사적인 전략으로도'[32] 해석할 수 있다고 주장한다. 또 영화의 마지막 장면은 '마치 애들 장난처럼 촬영되어, 주인공을 정신 병원으로 끌고 가기 위해 그의 뒤를 쫓는 병원 사람들의 코믹한 발레로'[33] 끝나고, 이러한 결말은 이 상황의 명백한 우스꽝스러움과 과장된 성격을 강조한다고 본다.

그러나 터무니없는 결말은 내러티브의 위기에 따른 것이다. 다양한 모순되는 단서들이 영화 전반에 흩어져 있다. 따라서 인물은 우스꽝스런 몸짓을 통해 진실-거짓 또는 현실-망상의 이분법이 없는 영역으로 진입한다. 〈희생〉은 일상 경험의 재현적인 질서에 도전하는 영화다. 모호성은 영화의 결말이기도 한 이 마지막 몸짓에서 정점을 찍는다. 알렉산더는 이성을 상실한 것일까? 그가 정말 세상을 구했을까? 핵 참사가 실제 일어나기는 했을까? 이러한 질문은 계속 열려 있을 것이다. 또 알렉산더의 '무의미한' 희생에 이어 곧바로 가장 긍정적인 인용문 중 하나인 요한복음의 '태초에 말씀이 있었다.'가 등장하고, 마지막 장면 전체가 본질적으로 아버지의 서약을 아들이 완성한다는 긍정적인 메시지로 이루어진다.

'어긋나버린 시간, 다시 과거로 위임되어 이제 더 이상 상상할 수도, 말할 수도 없게 된 잠재적 미래를 상징하는'[34] 집의 붕괴 장면 이후, 고센이 물로 가득한 양동이 두 개를 들고 전날 아버지와 함께 심었던 죽은 나무를 향해 걸어가는 장면으로 전환된다. 그러나 알렉산더는 가족에게 남긴 메모에서 언제 나무를 심었는지 기억하지 못할 정도로 시간적 혼란을 겪는다. 또다시 소떼 모으는 소리가 영화의 청각적 지평을 압도하는데, 근처에 목동과 소떼가 보여 관객은 처음으로 이 소리의 진원지를 짐작하게 된다. 마리아가 자전거에 올라타고 구급차가 시야로 들어온다. 소년과 여자가 지나가는 차를 배웅한다. 여자가 자전거를 타고 떠나자 고센은 나무에 물을 주고 영화의 시작을 장식했던 바흐의 '주여, 저를 불쌍히 여기소서.'가 다시 흘러나온다.

'종말의 시작'이라는 테마는 〈희생〉의 시작과 끝에서, 아리아뿐만 아니라 나무의 삶–죽음의 비유를 통해 명료히 드러난다. 서막인 〈동방 박사의 경배〉에 이은 에피소드는 시든 나무를 '심는' 알렉산더를 보여주는데, 이 나무는 레오나르도가 그린 호랑가시나무의 현상학적 등가물이다. 영화의 마지막 시퀀스에서도 같은 시든 나무가 등장하지만, 이번에는 알렉산더의 아들이 아버지의 가르침대로 나무 '뿌리'에 물을 준 후 그 나무의 '그늘' 아래 누워 있다. 소년은 '"태초에 말씀이 있었다."는데 아빠, 그게 무슨 뜻이죠?'라고 묻는다. 말을 못할 때는 접근할 수 없었던 그 창조적인 말씀에 이제야 흥미가 생긴 것이다. 소년은 마치 만물을 일으키는 요한복음의 말씀을 흉내 내듯, 이 질문–관심사로 다시 말문을 연다.

카메라는 도입부에서와 마찬가지로 나무를 따라 수직 이동하여 그 꼭대기에서 멈추고, 이 이미지는 '이 영화를 아들 안드류샤Andriusha에게 바칩니다. 희망과 확신을 담아.'라는 감독의 제사 겸 헌사로 디졸브된다. 이러한 카메라 이동은 레오나르도의 그림을 비추던 영화 오프닝 장면과 뚜렷이 상응한다[그림 7-4]. 두 그루의 나무, 즉 레오나르도의 호랑가시나무와 알렉산더의 시든 나무는 명백히 상징적이고 인위적이다. 알렉산더의 나무가 죽어있다는 설정과 호랑가시나무의 상징적인 위치(호랑가시나

[그림 7-4] 〈희생〉 도입부와 결말부

무는 바위 위에 홀로 우뚝 서 있어 마치 공중에 떠 있는 듯한 착각을 일으킨다)
가 이 나무들의 허구적 본질을 드러낸다. 그 모호한 상징성은 두 나무
가 죽음의 조짐과 희망의 약속을 동시에 담고 있다는 점에서 극대화된
다. 〈희생〉의 결말 시퀀스도 두 가지를 모두 아우른다. 나아가 〈희생〉의
피날레는 감독의 첫 장편 영화 〈이반의 어린 시절〉의 도입부, 즉 이반
이 나뭇가지에 붙은 거미줄을 살펴보는 장면을 연상시킨다. 이 영화에
서 카메라는 소년이 프레임을 벗어난 후 위로 이동하며 이 침엽수를 더
듬어 나가는데, 〈희생〉의 카메라는 바로 이러한 움직임을 모방한 것이
다. 〈이반의 어린 시절〉의 맨 첫 화면은 (제2차 세계 대전 때 타르코프스키
의 동료였던) 이반이 영화적 공간에 입성하는 순간을 묘사하는 반면, 〈희
생〉의 마지막 시퀀스는 (1986년에 대략 타르코프스키와 같은 나이일) 알렉
산더가 구급차에 실려 그 영화적 공간을 떠나는 광경을 묘사한다. 이 지
점에서 마지막으로, 끝과 시작이 만나게 된다.

＊＊＊

〈희생〉의 결말 에피소드는 일찍이 제작 단계에서부터 전설이 되었다.
장비 고장으로 촬영 기사 스벤 닉비스트Sven Nyqvist와 감독이 화재 현장
을 하나의 연속적인 테이크로 담아내지 못했던 것이다. 이 영화의 결말
부는 중도에 촬영이 중단되어 영화를 제대로 마무리 짓지 못했고, 결국
재촬영이 필요했다. 이 불운한 사고는 타르코프스키의 원대한 영화 기
획 전체에 대한 은유로 볼 수도 있다. 〈희생〉은 예술의 원료가 감독의
철학적 입장과 야심을 거부한 사례로서, 그 유일무이하고 완결적 성격
의 결말이 무산되어 모든 것을 처음부터 다시 시작해야만 했다. 마찬가

지로, '태초에 말씀이 있었다.'와 같은 진술—확언의 독백극 형식도 본질
적으로 시각적 표현이 애매한 소재와 내러티브 구성상의 문제로 좌절되
고 말았다. 이처럼 〈희생〉은 영화가 맹렬히 추구한 담론과 영화가 취한
미학적 전략 간의 투쟁으로 발전했다.

영화는 유령의 예술, 환영의 전쟁, 혹은 유령을 되불러 내는 예술이다.
― 자크 데리다

타르코프스키의 마지막 영화는 정신적인 절대성, 즉 유일하고 초세속적인 진리에 도달하기 위한 한 남자의 절박한 시도를 보여준다. 〈희생〉의 주인공은 집으로 상징되는 일상적 현실을 무너뜨리고, 신성한 전체성에 이르려 노력한다. 타르코프스키는 마지막 장면을 단일한 시간적 흐름 하에, 일정 범위의 공간을 연속해서 보여주는 하나의 테이크로 찍어야 한다고 고집했다. 시―공간적 통일성을 유지하기 위한 이 필사적인 노력의 결과, 이 마지막 장면은 재촬영해야만 했다. 이 장면의 최종 편집본에는 그저 카메라 트래킹만 있을 뿐, 몽타주의 자유도, 다른 시―공간의 개입도 없다. 그러나 이 통일성 내에는 기이하고 일관성 없는 사건이 있다. 바로 주인공의 희생 행위다. 여기에는 절대성과 우스꽝스러움이 공존한다. 나아가 주인공을 실은 구급차가 어딘지 모를 곳으로 떠날 때는 모호함마저 끼어든다. 현실 감각을 상실한 알렉산더는 제거되고,

구급차의 목적지와 그의 운명은 아무도 모르는 것이다.

이반, 크리스, 고르차코프의 여정도 현실과 망상, 행복과 슬픔, 삶과 죽음 사이의 경계선 위에서 모두 비슷한 최후를 맞이한다. 이반의 사후 술래잡기, 크리스와 고르차코프의 환각적인 귀향 등은 모두 일상의 정상적인 상태를 초월한다. 〈거울〉과 〈스토커〉의 피날레, 즉 나이든 어머니와 젊은 어머니가 교차하는 메밀밭 길과 멍키의 염력이 드러나는 장면도 그 못지않게 신비롭고 불가사의하다. 타르코프스키의 전작 중 유일하게 결말이 긍정적인 작품은 〈안드레이 루블료프〉로, 〈즈베니고로드의 구세주〉의 명징한 신의 현존(신의 이미지가 아니다. 이콘은 신을 재현하지 않고 나타내기 때문이다)으로 영화가 끝맺는다. 이콘을 훑어가는 트래킹 카메라가 누구의 시점을 대변하는지는 불분명하지만, 그리스도의 현존은 직접적이고 거의 압도적일 정도이다. 타르코프스키의 전작 중 유일하게 명료한 피날레 부분에 권위 있고 비범한 종교적 메시지가 반영되어 있는 것이 과연 우연일까?

타르코프스키의 장편 영화 일곱 편에서는 모두 엄격한 신학적 성향과 환각적인 환영이 나란히 등장한다. 영화의 주인공들, 즉 이반, 루블료프, 크리스, 〈거울〉의 화자, 스토커, 고르차코프, 알렉산더는 당혹스러우리만치 복잡하게 얽힌 시−공간적 미로 속에서 길을 잃는다. 이들의 정처 없는 탐색 과정에는 길잡이도 없어 보인다. 그러나 모든 미로에는 반드시 중심부로 통하는 확실한 경로가 있고, 아무리 방향 감각을 잃고 헤매더라도 모든 방랑의 끝은 결국 중심부로 이어진다. 이러한 의미에서 미로는, 비선형적인 일련의 시−공간적 관계를 제시하면서도 동시에 유일무이하고, 엄격하며, 정신적인 메시지를 전달하고자 노력하는 타르코프스키의 미학과 맞닿아 있다. '결코 진실을 추구하지 않고 항상 오로지 자신의 아리아드네만 추구한다.'는 니체의 '미로적 인간'[1]과는 달리, 타르코프스키의 주인공들은 항상, 오로지 진실만을 추구한다. 이들은 시간과 공간의 일탈을 수없이 되풀이하여 겪어 낸 끝에 모종의 정신적인 전체성을 형성하게 된다.

그러나 이러한 전체성은 여전히 몽환적인 성격이 강하다. 타르코프스키의 영화에서는 단 한 명의 인물도 궁극적으로 현실과 완전한 타협을 이루지 못한다. 독단주의는 오로지 환각의 영역으로 치달을 뿐이다. 감독의 신학적 체계의 중심 개념인 '이미지'라는 용어는, 그 모순된 어원에 걸맞게 타르코프스키의 영화 기획에 내재된 긴장을 반영한다. 이미지image란 현실을 모방하는 행위, 즉 현실에 다가가는 움직임('인위적인 모방 또는 재현', OED)인 동시에 한편으론 현실에서 멀어지는 과정('가공의 환영, 유령, 환각, 상상에 대한 표현', OED)을 의미한다. 더구나 영화는 이미지의 흐름이기에, 이러한 양면성이 더욱 강화된다. 러시아 태생의 미국 시인 알렉세이 츠베트코프Alexei Tsvetkov는 '길 잃은 고양이Stray cats'라는 시에서 현실의 시간이 보다 꿈같은 순간으로 변하는 과정을 아름답게 묘사한다.

시간은 신비로운 방식으로 흘러가지
우거진 여름 나무—관 아래로
숨 막히는 열기가 가닥가닥 녹아내리고
이제 사방에서 몰려들어
김이 서린 어느 숨은 분지로 흘러가지

아무도 뚫을 수 없는 울창한 숲의 심장부로

지독히 나쁜 꿈의 도가니로[2]

현재의 시간은 '우거진 여름 나무-관 아래로'라는 공간을 통해 나타나고, '녹아내린' 가닥으로 갈라져 단일하지만 환각적인 '숨은 분지', 즉 '지독히 나쁜 꿈의 도가니'로 부지런히 흘러간다. 이와 유사하게 타르코프스키의 영화는 표준적인 시간적 지형을 거부한다. 그의 영화 속 시간은, 분기점 없이 양 방향으로 무한히 늘어나는 단일하고 직선적이며 연속적인 선이 아니다. 오히려 그의 시간의 길은 끝없이 여러 갈래로 갈라지고, 보통은 공간적 비정상성을 통해 표현되는 일탈과 탈선으로 가득하다. 꿈, 환영, 환상, 기억, 계시, 회상, 망상에서 비롯된, 이 미로를 헤매는 듯한 이동은 오로지 비현실적인 현실로만 이어질 뿐이다.

이 같은 역설은 영화의 시-공간적 불연속성과 대척점을 이루는 연속적인 롱테이크에도 해당한다. 감독의 비선형적인 영화 미학은 결코 지점과 순간의 연속으로 규정될 수 없다. 오히려 다양한 시-공간적 체계가 혼란스럽게 공존하는 것이 그 주된 특징이다. 그런가 하면, 타르코프스키의 가장 대표적인 영화적 기법인 롱테이크는 시-공간적 불연속성을 제외한 모든 것을 표현한다. 일반적인 롱테이크에서 카메라의 트래킹은 시간적 중단 없이 단일한 장소에서 이루어진다. 이로서 관객은 시간 속에 길게 머무는 경험을 할 수 있다. 끊임없이 흘러가는 시간이 연속적인 범위의 공간 속에 담기는 것이다. 따라서 타르코프스키의 영화는 대비의 영화이다. 단일한 시-공간 내에 오랜 시간 머무는 시-공간적 통일성을 표현하는 롱테이크 기법은, 다른 시-공간적 체계로 끊임없이 비약하고 비논리적으로 전환하는 그의 방식과 사뭇 대조적이기 때문이다.

그러나 타르코프스키의 롱테이크에서는 심지어 동질적인 시―공간에조차 유령 같은 환영이 침투하여, 전체처럼 보이던 세계를 무너뜨린다. 감독의 모든 영화에는 인물들의 분신이 등장하여, 인간이 유일무이하다는 위안적인 개념을 깨뜨린다. 이 현상은 주로 카메라의 트래킹을 통해 구현되는데, 카메라가 중단되지 않고 연속적으로 이동하면서 한 인물과 그의 명백히 실재하는 분신이 같은 공간에 불가능하게 공존하고 있음을 드러내는 식이다. 한 인물이 두 배우로 갈라지거나 두 장소에 동시에 존재하는 현상 역시 내러티브의 흐름을 파괴하고 정체성의 혼돈을 야기한다. 동질적이고 연속적인 공간은 이질적인 유령과 환영에 침범당하여, 공간적인 방향 감각을 완전히 상실하게 된다.

타르코프스키의 상반되는 두 얼굴을 가진 미학적 기획(연속적인 롱테이크와 전체적인 시―공간적 불연속성의 충돌)은 환영적인 현상이자 삶에 대한 실체 없는 환영이라는 영화의 존재론적 위상과도 공명한다. 영화란 환영을 빚어내는 작업이고, 영화의 이미지는 4차원적 연속체에 대한 완벽한 환영이다. 가장 관습적인 영화를 찍어내는 할리우드조차 '꿈의 공장'이라고 불릴 정도이다. 손에 만져질 듯 고정되어 있는 공간을 직사각형의 스크린상의 꿈결 같은 무정형의 영상 시퀀스로 바꾸는 것이 바로 영화적 표현의 본질이다. 영화라는 몽환적인 매체는 현실을 실체가 없는 그림자로 바꾸어버린다. 막심 고리키Maxim Gorky가 1896년 7월에 니즈니 노브고로드 페어Nizhny Novgorod Fair에서 뤼미에르Lumière형제의 〈열차의 도착Arrival Of A Train〉을 보고나서 한 말은 영화라는 새로운 매혹의 양면성을 잘 드러낸다. 이 러시아 작가는 영화 관람을 '그림자 왕국'[3]으로의 여행이라고 표현한다. 그가 본 세계는 그저 생생함과 생명력을 상실한, 생명의 유령일 뿐이다.

> 소리도 없고 색채도 없다. 거기에서는 모든 것, 즉 지구, 나무, 물, 공기 등이 모두 회색의 모노톤을 띤다. 회색의 하늘에 회색의 햇빛이 비추고, 회색의 얼굴에 회색의 눈이 있으며, 나뭇잎도 재와 똑같은 회색이다. 이것은 생명이 아니라 생명의 그림자일 뿐이고, 움직임이 아니라 움직임의 소리 없는 그림자일 뿐이다.[4]

고리키의 말에서 이 세계의 '회색성greyness'은 이내 더욱 불길한 무언가로 발전한다. '이것은 보기에 두렵지만, 그림자의 운동, 단지 그림자일 뿐이다. 저주와 유령, 심지어 전 도시를 영원한 잠 속에 빠트리는 악령이 떠오르면서, 우리는 마치 멀린Merlin의 잔인한 마술이 눈앞에서 펼쳐지는 듯한 느낌을 받는다.'[5] 일단 현실이라는 개념, 그 안정적인 견고함과 위안이 되는 구체성을 지닌 개념이 깨지고 나면 묘사적인 내러티브의 기조는 극적으로 변화한다. 유령이란 현상은 과거 어느 시점에서는 현실이었고 손으로 만져졌던 존재를 닮아 혼란을 초래한다. 이것은 다른 시간적 체계에서 온 사람 또는 사물의 환영이다. 고리키보다 약 100년 후에 자크 데리다는 켄 맥뮬렌Ken McMullen의 영화 〈고스트 댄스Ghost Dance〉 (1983)에서 이 같은 주장을 되풀이한다. '영화는 유령의 예술, 환영의 전쟁, 혹은 유령을 되불러 내는 예술이다.' 사회주의적 리얼리즘의 선구자와 후기 구조주의의 창시자가, 서로 현격히 다른 미학적 인식

양식에도 불구하고, 기묘하게도 동일한 결론에 도달하는 것이다.

안정적인 현실을 환영적이고 비현실적인 표현으로 바꾸는, 언뜻 복잡하지 않고 간단해 보이는 이 작업은 의미심장한 존재론적 함의를 지닌다. 장 엡스탱Jean Epstein은 영화에서 '화면이 항상 고정된 것처럼 표현하는 빛과 그림자의 모자이크에는 운동도, 흐름도, 생명도 없다.'[6]고 주장한다. 스크린에 투사된 셀룰로이드 띠는 별개의 정지 화면, 즉 멈춰진 사진의 인상들로 구성된다. 연속성의 환상은 카메라나 영사기를 통해서가 아니라 관객의 마음 속, 즉 '다른 모든 감각적 정보와 마찬가지로 대상에 대한 해석인 인상, 즉 환상, 환영이 있는 곳'[7]에서 생겨난다. 인간의 인식이 필름을 살아 움직이게 만든다. 영화의 이미지는 가상의 정신적 공간에서 생명을 얻는다. 이러한 변형은 세계를 모델링하는 일반적인 과정과도 상통하는데, 개개인의 인간 의식에 의해 인식된 일상적 현실 역시 환영이기 때문이다.

일반적으로 말해서, 모든 것을 포함하는 절대적인 실재는 인간의 의식이나 감각적 경험으로 도달할 수 없다. 기껏해야 도달 가능한 것은 그 파편, 시—공간의 덩어리뿐이다. 철학자 앤서니 퀸톤Anthony Quinton의 말처럼, 개인의 주관적인 시—공간은 '일종의 존재론적 쓰레기로, 그것이 한 데 엮이면 상상이라는 쓰레기통이 된다.'[8] 플라톤의 동굴 수감자는 설사 사슬을 끊고 그 유명한 동굴에서 풀려난다고 해도, 결코 절대적 실재의 진정한 형상은 볼 수 없을 것이다. 그것은 궁극적으로 도달 불가능하기 때문이다. 이렇게 영화의 환상은 항상 현실에 깊이 뿌리내리고 있고, 실체가 없는 영화 이미지는 '겨우' 인간의 인식 행위를 모방하면서도 '다소 잔인하게 시—공간의 비현실성'[9]과 직면하게 만든다.

　　그러나 이러한 상태, 모종의 존재론적 저주의 결과로 보이는 이 상태
에는 교훈적인 잠재성이 있다. 영화라는 매체는 관객을 교화시킨다. 수
전 손태그는 '이미지의 형태로 세계를 소유한다는 것은 곧 현실적인 것
의 비현실성과 거리감을 다시 체험한다는 것이다.'[10]라고 주장한다. 어
두운 영화관에서 명멸하는 스크린 앞에 앉아 있는 행위는 현실-생활 경
험에 대한 자기 성찰의 동기를 부여한다. 실질적인 시간과 공간을 드러
내 보일 환영적인 시-공간적 체계를 만든다는 타르코프스키의 미학적
의제 역시 분명히 인식론적인 특징을 반영한다. 그러나 그의 영화에서
절대적인 진리에 대한 집요한 추구는 언제나 현실 자체보다도 더 불안
정한 상태에 이르곤 한다.

　　영화는 궁극적으로 인공적인 '산물'로서, 현실의 환영을 창조하는 동
시에 현실의 요소를 그 구성 인자로 활용한다. 앙드레 바쟁의 표현대로,
'스크린에서 가상적인 것은 뭔가 현실적인 것으로 이루어진 공간적 밀
도를 지녀야 한다.'[11] 타르코프스키는 영화 언어의 이러한 본질적인 역
할을 추구했던 선구자 중 하나이다. 그의 전략은 현실과 그 환상적인 모
습 사이의 구분을 거부하는 것이었다. 그의 영화의 인물들은 구체적인
현실과 추상적인 환상의 중간 영역으로 진입하여, 명목적인 현실적 사
건과 명목적인 환상적 사건의 경계가 흔들리고 때로는 완전히 사라지는
상황에 직면한다. 시간적, 공간적으로 비정상적인 여행이 그들을 더욱
명료한 곳이 아니라 우주적 홈리스의 감각으로 둘러싸인 불확실성의 세
계로 안내하는 것이다.

이 책을 번역하기 전까지 타르코프스키의 영화하면 가장 먼저 떠올랐던 것은 그의 영화를 본 관객들의 반응이었다. 영화를 관람하던 중 어느 순간 잠이 들었는데 깨어나 보니 여전히 잠들기 전 그 화면이 이어지고 있더라는 식의 농담처럼 지루하고 난해하다는 평과 함께 그래도 꼭 참고 영화를 한 번 더 봤더니 처음에는 지루하던 장면에서 본인도 모르게 눈물이 나더라는 인간 승리의 기쁨에 찬 평가가 팽팽히 엇갈렸던 것 같다. 역자로 말하자면 단연코 전자의 부류이면서도 은근히 후자의 관객이 부러웠고, 이 난공불락의 영화들을 언젠가는 꼭 도전해 보고 싶었다.

이 책은 그런 독자들에게 가장 반가울 작품이다. 타르코프스키의 명성에 이끌려 영화를 보기는 했지만 내가 대체 무엇을 봤는지, 감독이 대체 무엇을 말하고 싶은 건지 도통 감이 안 잡히는 경우부터 왜 하필 저 순간에 배우들이 저런 말과 행동을 하는지, 수시로 등장하는 시나 각종 인용문과 그림 그리고 음악들이 주제와 무슨 관련이 있는지, 또 총 7편에 불과한 타르코프스키의 주요 장편 영화들이 서로 어떤 공통점과 차이점, 나아가 어떤 주제적 지향성을 가지는지에 대한 의문까지, 각자 원하던 답들을 이 책에서 찾을 수 있을 것이라고 확신한다.

원서 편집자의 말에서도 알 수 있듯이, 이 책은 학계의 최신 연구 성과를 가장 대중적인 언어로 풀어 써 가급적 널리 공유하려는 기획 의도로 집필되었다. 그래서 타르코프스키 특유의 철학적 메시지 및 영화 기법을 비롯하여 전쟁, 동방 정교회 이콘, 반인간중심주의적 SF, 20세기 러시아의 시, 요한 계시록, 번역 이론, 종말론 등 하나같이 묵직한 영화 속 모티프들을 깊이 있게 파고들면서도 결코 난해하거나 학술적인 방식으로 접근하지 않는다. 덕분에 독자 입장에서는 평소 접하기 힘든 독특한 세계와 담론들을 조금이나마 큰 부담 없이 맛볼 수 있으니, 이 역시 반가운 일이다.

번역하면서 가장 놀랐던 것은 상당량의 주석과 참고 문헌에서 엿볼수 있듯이 해외에서는 타르코프스키와 그의 영화에 대한 연구가 최근까지도 활발하게 이어지고 있으며 많은 자료들이 책으로 출간된 반면, 국내에 그와 관련된 참고할 만한 책은 정말 손에 꼽을 정도로 드물었다는 점이다. 극심한 정보 격차를 느끼지 않을 수 없었다. 언론 노출과 저술활동이 왕성했던 타르코프스키를 언어의 장벽 때문에 국내에서는 쉽게접할 수 없었던 것이 못내 아쉬움으로 남아 있다. 적지 않을 영화팬과연구자들을 위해 타르코프스키 관련 책들이 좀 더 많이 소개되었으면 하는 바람이 절로 들었다.

개인적으로 이 책을 계기로 타르코프스키의 영화들을 다시 찾아보고, 또 전혀 몰랐던 새로운 분야와 작품들을 여럿 접하게 되어 뿌듯했지만, 무엇보다 가장 큰 보람은 드디어 처음에 말한 후자의 관객의 경지를 맛보았다는 점이다. 책과 보조를 맞춰가며 영화를 한 장면 한 장면 곱씹어가다보니, 정말 기적적으로 비참하고도 숭고한 몇몇 장면에서 나도 모르게 벅찬 감정이 북받쳤다. 백치처럼 그동안 뻔히 보면서도 이해하지 못했던 세계를 뒤늦게 발견한 자책과 감동이었다.

2012년 11월

이시은

| 주 |

(프롤로그) 공간(들)과 시간(들)의 대하여

1. A. Tarkovsky, Time Within Time: The Diaries 1970 – 1986, transl. K. Hunter-Blair, London, 1994, p. 53.

2. O. Mandelstam, The Noise of Time: Selected Prose, transl. C. Brown, Evanston, IL, 2002, p. 143.

3. A. Tarkovsky, Sculpting in Time: Reflections on the Cinema, transl. K. Hunter-Blair, Austin, 2006, p. 139. 번역서는 『봉인된 시간』(안드레이 타르코프스키 저, 김창우 역, 분도출판사) p. 181 참조.

4. Tarkovsky, Time Within Time, p. 343.

5. Tarkovsky, Sculpting in Time, pp. 63 – 4.

6. A. Tarkovskii, 'Edinomyshlennik prezhde vsego', Sovetskie khudozhniki teatra i kino, Moscow, 1977, p. 181.

7. Tarkovsky, Sculpting in Time, pp. 64 – 5. 번역서는 『봉인된 시간』 p. 81 참조.

8. A. Bazin, 'The Evolution of the Language of Cinema', in What is Cinema? Volume 1, transl. H. Gray, Berkeley, CA, 2005, p. 25.

9. Tarkovsky, Sculpting in Time, p. 121.

10. A. Tarkovskii, Uroki rezhissury, Moscow, 1993, p. 59.

11. Ibid., p. 60. 번역서는 『봉인된 시간』 p. 146 참조.

12. 예를 들어, 마이아 투로브스카야Maiia Turovskaia는 시간의 범주를 타르코프스키 영화에 이르는 관문으로 보았고 (M. Turovskaia, 7 s ½ ili fil'my Andreia Tarkovskogo, Moscow, 1991, p. 229), 슬라보예 지젝Slavoj Žižek은 타르코프스키 영화의 주된 특징 중 하나로 시간적 왜상의 효과를 꼽는다 (S. Žižek, The Fright of Real Tears: Krzysztof Kieklowski Between Theory and Post-Theory, London, 2001, p. 102).

13. G. Deleuze, Cinema 2: The Time-Image, transl. H. Tomlinson and R. Galeta, London, 2005, p. xi.

14. 모든 '예술 작품은 기억에 의존하며, 기억을 결정화하는 수단이다.'라는 타르코프스키의 주장과 비교해 보자 (C. Devarrieux, 'The Artist Lives Off His Childhood like a Parasite: An Interview with the Author of The Mirror [1978]', in J. Gianvito (ed.), Andrei Tarkovsky: Interviews, Jackson, MS, 2006, p. 45).

15. Deleuze, Cinema 2, pp. 125 – 6. 번역서는 『시네마 II: 시간-이미지』(질 들뢰즈 저, 이정하 역, 시각과 언어) p. 261 참조.

16. '접합juncture'이란 에이젠시테인에게 결정적인 개념으로, 그의 몽타주 이론에 접근하

는 관문이라 할 수 있다 (S. Eisenstein, 'An Unexpected Juncture', in S. M. Eisenstein: Selected Works: Volume 1, Writings, 1922–34, ed. and transl. R. Taylor, London, 1988, pp. 115–22 참조).

17. M. Foucault, 'Of Other Spaces', transl. J. Miskowiec, Diacritics, vol. 16, no. 1 (1986), p. 22.

18. 들뢰즈 역시 미래 불확실성의 문제를 설명하기 위해 이 이야기를 인용한다 (G. Deleuze, The Fold: Leibniz and the Baroque, transl. T. Conley, London, 2006, p. 71).

19. J. L. Borges, Labyrinths: Selected Stories and Other Writings, New York, 2007, pp. 27–8. 번역본은 『보르헤스 전집 2 : 픽션들』(호르헤 루이스 보르헤스 저, 황병하 역, 민음사) p. 164-5 참조.

20. E. Rohmer, The Taste for Beauty, transl. C. Volk, Cambridge, 1989, p. 21.

21. A. Tarkovskii, Martirolog. Dnevniki 1970–1986, Florence, 2009, p. 309.

22. 이러한 의미에서 슬로모션 현상은 관습적인 시간의 흐름을 조작하는 특정한 유형의 롱테이크라고 정의할 수 있다.

23. Deleuze, Cinema 2, p. 1. 번역서는 『시네마 II: 시간-이미지』 p. 9 참조.

24. Tarkovsky, Sculpting in Time, p. 104. 번역서는 『봉인된 시간』 p. 128 참조.

25. Béla Balázs Early Film Theory. Visible Man and The Spirit of Film, transl. R. Livingstone, New York, 2010, pp. 137–8.

26. J. Aumont, A. Bergala, M. Marie and M. Vernet, Aesthetics of Film, transl. and revised by R. Neupert, Austin, TX, 1992, pp. 214–5.

27. W. Benjamin, 'On Some Motifs in Baudelaire', in Selected Writings: Volume 4, 1938–1940, transl. by E. Jephcott, Cambridge, MA, 2003, p. 335.

28. 앤서니 맥콜Anthony McCall의 영화 프로젝트 〈원뿔을 묘사하는 선Line Describing A Cone〉(1973)은 아마도 시간 속의 조각의 이상적인 사례로서, 타르코프스키의 영화 예술에 대한 논의를 한층 더 복잡하게 만들며 영화적 관습 전반에 도전장을 내민다. 맥콜의 영화는 관객이 스크린에 영사된 이미지에 주의를 기울이는 대신, 영사기의 빛 자체를 인식하게 만든다. 빛의 광선은 점점 커지는 원뿔을 이루며 대기 중의 다양한 입자를 가시화시킨다. 이로서 관객은 '영화'와 상호 작용하도록 초대 받는다. 그 결과 나타나는 3차원의 빛 조각은 영화 체험을 환상이 아닌 현실의 시간과 공간이 핵심적 역할을 하는 또 다른 차원으로 고양시킨다.

29. Bazin, 'The Ontology of the Photographic Image', in What is Cinema? Volume 1, p. 15. 번역서는 『영화란 무엇인가?』(앙드레 바쟁 저, 박상규 역, 시각과 언어) pp. 20-22 참조. 바쟁은 또 사진 기술이 '시간을 방부 처리하여 단지 그 고유한 부패로부터 지킬 뿐이다'라고 주장한다 (ibid. p. 14). 타르코프스키의 '영화는 시간에 가시적인 실제의 형상을 제공함으로써 두드러진다.' (Tarkovsky, Sculpting in Time, p. 104, 이탤릭체는 저

자 추가)는 주장과 비교해 보자.

30. Tarkovsky, Sculpting in Time, p. 63. 번역서는『봉인된 시간』 p. 77 참조.

31. Ibid.

32. D. C. Williams, 'The Myth of Passage', Journal of Philosophy, vol. 48, no. 15 (1951), pp. 457 – 72.

33. M. Bakhtin, 'Forms of Time and Chronotope in the Novel', in The Dialogic Imagination, transl. C. Emerson and M. Holquist, Austin, TX, 1981, p. 208. 번역서는『장편 소설과 민중 언어』(미하일 바흐쩐 저, 전승희 역, 창비) p. 410 참조.

34. H. Bergson, Matter and Memory, transl. N. M. Paul and W. S. Palmer, Mineola, NY, 2004, p. 250. 번역서는『물질과 기억』(앙리 베르그송 저, 박종원 역, 아카넷) p. 319 참조.

35. H. Bergson, Key Writings, transl. K. A. Pearson and J. Mullarkey, London, 2002, p. 258.

36. Bergson, Matter and Memory, p. 250. 번역서는『물질과 기억』p. 319 참조.

37. Ibid., p. 77. 번역서는『물질과 기억』p. 124 참조.

38. H. Bergson, Creative Evolution, transl. A. Mitchell, New York, 1944, pp. 7, 20, 45. 번역서는『창조적 진화』(앙리 베르그송 저, 황수영 역, 아카넷) p. 24, 76, 44 참조.

39. G. Deleuze, Bergsonism, transl. H. Tomlinson and B. Habberjam, New York, 1991.

40. Deleuze, Cinema 2, p. 5. 번역서는『시네마 II: 시간-이미지』 p. 18 참조.

41. R. Stam, Reflexivity in Film and Literature: From Don Quixote to Jean-Luc Godard, New York, 1992, p. 260. 번역서는『자기 반영의 영화와 문학』(로버트 스탬 저, 오세필, 구종상 공역, 한나래) p. 359 참조.

42. C. Metz, 'Photography and Fetish', October, vol. 34 (1985), p. 82.

43. R. Descartes, The Philosophical Writings of Descartes: Volume II, Cambridge, 1984, p. 13. 번역서는『방법서설/성찰/철학의 원리/정념론』(르네 데카르트 저, 소두영 역, 동서문화사) p. 89 참조. 단, 이 책에서 꿈의 사례는 외부 세계가 아예 없을 수 있다는 보다 근본적인 회의적 가설의 일부로 제시된 것임을 밝혀둔다.

44. J. Brodsky, 'Spoils of War', in On Grief and Reason: Essays, New York, 1995, p. 13.

45. F. H. Bradley, Appearance and Reality: A Metaphysical Essay, London, 7th impression, 1920.

46. J. Epstein, 'Magnification and Other Writings', transl. S. Liebman, October, vol. 3 (1977), p. 16.

47. J. Hoberman and G. Bachmann, 'Between Two Worlds [1983]', in Gianvito, Andrei Tarkovsky: Interviews, pp. 92 – 3.

48. 이 책은 타르코프스키의 '주요 작품', 즉 일곱 편의 장편 영화에 초점을 맞춘다. 그 외 감독의 라디오, 연극, 오페라 작품은 장르의 특수성 때문에 별도의 연구가 필요하다고 사료되어 논의에서 제외한다. 타르코프스키가 학생 때 만든 세 편의 단편 영화(〈살인자들The Killers〉, 〈오늘 저녁에는 외출허가가 나오지 않았다There Will Be No Leave Today〉, 〈증기 기관차와 바이올린Steamroller and Violin〉)와 다큐멘터리 (〈시간의 항해Time of Travel〉)는 미학적 가치보다는 주로 역사적, 또는 전기로서의 가치가 더 크다고 본다. 그러나 〈증기 기관차와 바이올린〉은 앞선 두 편의 미숙한 영화와는 달리 주목할 가치가 있다. 이 영화의 주요 인물인 사샤Sasha라는 소년은 또래 아이들에게 괴롭힘을 당하는 현실을 회피하기 위해 끊임없이 몽상 속으로 비약한다. 또 이 영화에는 여러 반사적 표면에 비친 다양한 반사상이 사이사이에 등장하여, 영상 표현의 동질성을 강조한다.

1장 〈이반의 어린 시절〉의 꿈

1. V. Bogomolov, 'Ivan', transl. B. Isaacs, in The Third Flare: Three War Stories, Moscow, 1963, p. 7.

2. 이 용어는 러시아 시인 안드레이 보즈네센스키Andrei Voznesensky가 만들고, 장 폴 사르트르Jean-Paul Sartre가 1963년 10월 9일 〈우니타L'Unità〉에 게재된 〈이반의 어린 시절〉에 관한 기사에서 사용했다. J.-P. Sartre, 'Letter on the Critique of Ivan's Childhood', transl. J. Berenbeim, Tarkovsky, ed. N. Dunne, London, 2008, p. 39.

3. P. Florensky, Iconostasis, transl. D. Sheehan and O. Andrejev, New York, 2000, p. 44.

4. Tarkovskii, Martirolog, p. 583.

5. Tarkovsky, Sculpting in Time, p. 30.

6. E. Montale, Satura: 1962-1970, transl. W. Arrowsmith, New York, 1998, p. 25.

7. Sartre, 'Letter on the Critique of Ivan's Childhood', p. 39.

8. Ibid., p. 38.

9. Tarkovsky, Time Within Time, p. 154.

10. 그러나 실패로 끝난 낭만적인 만남은 이 영화에도 나온다. 콜린과 간호사 마샤Masha와의 불발로 그친 관계를 보라. 이 젊은 여인은 노래가 흐르는 도중에 콜린과 갈체프에게 작별 인사를 하러 들어온다.

11. G. Bachelard, Water and Dreams: An Essay on the Imagination of Matter, transl. E. R. Farrell, Dallas, TX, 1983, p. 55. 번역서는 『물과 꿈』(가스통 바슐라르 저, 이가림 역, 문예출판사) p. 109 참조.

12. Ibid., p. 6. 번역서는 『물과 꿈』 pp. 17-8 참조.

13. Deleuze, Cinema 2, p. xi.

14. Tarkovsky, Sculpting in Time, p. 58. 번역서는 『봉인된 시간』 p. 72 참조.

15. Ibid., pp. 30-1. 번역서는『봉인된 시간』p. 38 참조.

16. S. Sontag, On Photography, New York, 1977, p. 15. 번역서는『사진에 관하여』(수잔 손택 저, 이재원 역, 이후), p. 35 참조.

17. R. Barthes, Camera Lucida: Reflections on Photography, transl. R. Howard, New York, 1981, p. 49.
번역서는『밝은 방』(롤랑 바르트 저, 김웅권 역, 동문선) pp. 67-8 참조.

18. Ibid. 번역서는『밝은 방』p. 68 참조.

19. Foucault, 'Of Other Spaces', p. 23.

20. Arseni Tarkovskii, Poems/Stikhi, transl. P. Norman, London, 1998, p. 9. 번역서는 『하얀 날』(아르세니 따르꼽스끼 저, 김선명 역, 뿌쉬낀하우스) p. 174-5 참조.

21. Tarkovsky, Time Within Time, p. 280. 번역서는『타르코프스키의 순교일기』(안드레이 타르코프스키 저, 김창우 역, 두레) p. 236 참조.

22. Bakhtin, 'Forms of Time and Chronotope in the Novel', p. 154. 번역서는『장편소설과 민중 언어』p. 345 참조.

2장 〈안드레이 루블료프〉의 환영

1. 시중에 나온 이 영화의 DVD에는 세 가지 버전이 있다 (175분짜리 [Krupnyi plan], 175분짜리 [Artificial Eye], 205분짜리 [The Passion According To Andrei, The Criterion Collection]). 한 인터뷰에서 타르코프스키는 짧은 버전이 '가장 완결된' 버전이라고 주장한다(M. Ciment, L. Schnitzer, and J. Schnitzer, 'The Artist in Ancient Russia and in the New USSR [1969]', in Gianvio, Andrei Tarkovsky: Interviews, p. 29). 감독은 또 '축약된 부분이 영화의 주제나 강조하는 바, 중요한 대화 등에는 전혀 영향을 미치지 않는다. 요컨대 애초에 서투르게 계산했던 타이밍을 바꾼 것뿐이다'라고 주장한다. 이 장에서 사용된 모든 스틸 사진과 대사는 별도 언급이 없을 경우 전부 짧은 버전에서 따온 것이다.

2. 예를 들어, 안드레이 루블료프의 즈베니고로드 이콘들은 1918년에 낡은 헛간에서 장작더미에 파묻힌 상태로 발견되었다.

3. 205분짜리 확장판의 각 장 제목과 연대는 175분짜리 표준판과 조금 차이가 난다. 더구나 205분짜리 버전에서는 '안드레이의 수난' 부분이 아예 부각되지 않는데, 아마도 영화 전체의 제목과 동일하기 때문일 것이다.

4. 감독이 '에피소드들'을 비연대순으로 배치할 생각도 했었다는 증거가 남아 있다 (A. Tarkovskii, 'Iskat' i dobivat'sia', Sovetskii Ekran, 1962, no. 17, p. 9). 그러나 영화를 만들고 몇 년 후에 감독은 이렇게 주장했다. '내 작품 〈안드레이 루블료프〉의 구조는 이제는 상당히 혼란스럽고 통일적이지 못하다고 생각된다 (Tarkovsky, Sculpting in Time, p. 204. 번역서는『봉인된 시간』p. 261 참조).

5. Tarkovskii, 'Iskat' i dobivat'sia', p. 20.

6. 시나리오(A. Tarkovsky, Andrei Rublëv, transl, K. Hunter-Blair, London, 1991, p. 180)에 따르면, 다닐은 안드레이가 보리스카를 위로하며 침묵 서약을 깨는 '종' 에피소드에서 재등장한다.

7. Tarkovsky, Sculpting in Time, pp. 34-5. 번역서는『봉인된 시간』pp. 43-4 참조.

8. L. Ouspensky and V. Lossky, The Meaning of Icons, ed. U. Graf-Verlag, Olten, 1952, p. 28,

9. Ibid.,

10. V. N. Lazarev, Andrei Rublev, Moscow, 1960, p. 5.

11. V. N. Lazarev, Andrei Rublev i ego shkola, Moscow, 1960, p. 32.

12. Ibid., p. 50. 번역서는『봉인된 시간』p. 62 참조.

13. K. Lindsay and B. Huppé, 'Meaning and Method in Brueghel's Painting', Journal Of Aesthetics and Art Criticism, vol. 14, no. 3 (1956), p. 376.

14. 타르코프스키의 〈안드레이 루블료프〉에 관한 혼란스럽고 모순되는 언급과 비교해보자. '예컨대 어떻게 한 그림을 바탕으로 화면 구성 연출을 구축할 수 있는지 나는 결코 이해할 수 없었다' (Tarkovsky, Sculpting in Time, p. 78. 번역서는『봉인된 시간』p. 98 참조).

15. Tarkovsky, Andrei Rublëv, p. 73.

16. 시나리오에 이 비행에 대한 상세한 묘사가 있다. 백조 떼의 우두머리는 '비행 중에 위에서 땅을 내려다본다. 구름 사이의 틈새로 노랗고 푸른 들판 위에 드리워진 구름의 그림자가 보인다. 울창하고 어두운 숲과 듬성듬성하고 밝은 숲, 큰 불로 검게 타들어가는 땅들과 하늘처럼 밝은 작은 원들, 즉 백조들이 그리던 호수가 내려다보인다' (Ibid., p. 49).

17. Ibid., p. 71.

18. Ouspensky and Lossky, The Meaning of Icons, p. 41.

19. 예를 들어, N. Demina, 'Troitsa' Andreiia Rubleva, Moscow, 1963, p. 29 또는 Lazarev, Andrei Rublev, p. 15.

20. 이 점은 1969년의 인터뷰(Ciment et al., 'The Artist in Ancient Russia', pp. 21-2)에서 분명히 드러난다.

21. S. Žižek, 'The Thing from Inner Space: On Tarkovsky', Angelaki: Journal of Theoretical Humanities, vol. 4, no. 3. (1999), p. 229.

22. Ouspensky and Lossky, The Meaning of Icons, pp. 44-5.

23. A. Konchalovskii and A. Tarkovskii, 'Andrei Rublev (Chast' I)', Iskusstvo kino, 1964, no. 4, p. 188.

24. Tarkovsky, Sculpting in Time, p. 45.

25. J. Barclay, 'I Corinthians', in The Oxford Bible Commentary, ed. J. Barton and J. Muddiman, Oxford, 2001, p. 1128.

26. Tarkovsky, Andrei Rublëv, p. 111.

27. 205분짜리 확장판에는 블라디미르의 약탈 도중에 플래시백 장면이 추가로 삽입된다. 공작은 공개 결투가 끝난 후 형에게 얼굴을 짓밟혀 사람들 앞에서 신체적 굴욕을 당했던 장면을 떠올린다. 중요한 것은 이 장면이 이 성당 근처에서 벌어졌다는 점이다.

28. Florensky, Iconostasis, p. 62.

29. Ibid.

30. R. Bird, Andrei Tarkovsky: Elements of Cinema, London, 2008, p. 97.

31. Bachelard, Water and Dreams, p. 16. 번역서는 『물과 꿈』 p. 36 참조.

32. Ibid., p. 97. 번역서는 『물과 꿈』 p. 184 참조.

33. Ibid. 번역서는 『물과 꿈』 p. 184 참조.

34. Mary Ann Doane, The Emergence of Cinematic Time: Modernity, Contingency, the Archive, Cambridge, MA, 2002, p. 30.

35. K. Marker [C. Marker], 'Sem' pechatei', Kinovedcheskie zapiski, no. 57 (2002), p. 283.

36. N. Misler in A. Dalle Vacche, Cinema and Painting: How Art Is Used in Film, London, 1996, p. 148.

37. P. Floensky, 'Reverse Perspective', in Beyond Vision: Essays on the Perception of Art, transl. W. Salmond, London, 2002, pp. 197-272.

38. B. Uspenskii, 'Semioika ikony', in Semiotika iskusstva, Moscow, 1995, pp. 219-94.

39. L. F. Zhegin, Iazyk zhivopisnogo proizvedeniia (Uslovnost' drevnego iskusstva), Moscow, 1970.

40. C. Antonova and M. Kemp, "Reverse Perspective": Historical Fallacies and an Alternative View', in Visual Mind II, ed. M. Emmer, Cambridge, MA, 2005, pp. 399-431; D. Likhachev, Razvitie russkoi literatury X-XVII vekov: Epokhi i stili, Leningrad, 1973, p. 313.

41. Ciment et al., 'The Artist in Ancient Russia and in the New USSR [1969]', p. 24.

42. Ibid.

43. Tarkovsky, Andrei Rublëv, p. 187, 이탤릭체는 저자 추가.

44. A. Tarkovskii, 'Beseda o tsvete', Kinovedcheskie zapiski, no. 1 (1988). p. 148.

45. Ibid., p. 150.

46. Antonova and Kemp, "Reverse Perspective", p. 426.

47. M. Alpatov, Andrei Rublev: Okolo 1370-1430, Moscow, 1972, p. 99.

48. Ouspensky and Lossky, The Meaning of Icons, p. 29.

49. Ciment et al., 'The Artist in Ancient Russia and in the New USSR [1969]', p. 24.

3장 〈솔라리스〉의 환상

1. S. Lem, Solaris, transl. J. Kilmartin and S. Cox, London, 1970, p. 1. 번역서는 『솔라리스』(스타니스와프 렘 저, 안종설 역, 집사재) p. 7 참조.

2. Bakhtin, 'Forms of Time and Chronotope in the Novel', p. 147. 번역서는 『장편 소설과 민중 언어』 p. 336 참조.

3. S. Lem, 'The Profession of Science Fiction: XV: Answers to a Questionnaire', transl. M. Jakubowski and D. Jakubowski, in Foundation: The Review of Science Fiction, no. 15 (1979), pp. 45-6.

4. Lem, Solaris, p. 75. 번역서는 『솔라리스』 p. 109 참조.

5. Ciment et al., 'The Artist in Ancient Russia', p. 21.

6. Žižek, The Fright of Real Tears, p. 102. 번역서는 『진짜 눈물의 공포』(슬라보예 지젝 저, 곽현자 외 역, 울력) p. 183 참조.

7. Lem, Solaris, p. 92. 번역서는 『솔라리스』 p. 131 참조.

8. Ibid., p. 205. 번역서는 『솔라리스』 p. 281 참조.

9. Ibid., p. 43. 번역서는 『솔라리스』 p. 63 참조.

10. S. Sontag, Against Interpretation, London, 1994, p. 255. 번역서는 『해석에 반대한다』(수전 손택 저, 이민아 역, 이후) p. 334 참조.

11. M. Purcell, 'Tarkovsky's Film Solaris (1972): A Freudian Slip?', Extrapolation, vol. 19, no. 2 (1978), p. 126.

12. Tarkovsky, Time Within Time, p. 37.

13. Tarkovsky, Sculpting in Time, p. 92. 번역서는 『봉인된 시간』 p. 117 참조.

14. Ibid., p. 66.

15. Ibid. 번역서는 『봉인된 시간』 p. 83 참조.

16. M. de Cervantes, Don Quixote, transl. J. Ormsby, New York, 1981, p. 469.

17. Ibid., p. 185. 번역서는 『돈 끼호떼 1』(미겔 데 세르반떼스 저, 민용태 역, 창비) p. 346 참조.

18. S. Freud, 'The Uncanny', in The Pelican Freud Library, Volumn 14: Art and Literature, transl. J. Strachey, ed. A. Dickson, Harmondsworth, 1985, p. 367. 번역서는 『예술, 문학, 정신분석』(지그문트 프로이트 저, 정장진 역, 열린책들) p. 439 참조.

19. Lem, Solaris, p. 105. 번역서는 『솔라리스』 p. 150 참조.

20. Cervantes, Don Quixote, p. 801. 번역서는 『돈 끼호떼 2』(미겔 데 세르반떼스 저, 민용

태 역, 창비) p. 769 참조.

21. Ibid. 번역서는『돈 끼호떼 2』p. 769 참조.

22. J. Lacan, Écrits: A Selection, transl. A. Sheridan, London, 1977, p. 166.

23. Deleuze, Cinema 2, p. 73. 번역서는『시네마 II: 시간-이미지』p. 155 참조.

24. 타르코프스키는 이 에피소드 전체를 거울 방에서 촬영했지만, 나중에 이 부분을 짧게 만 등장시킨다.

25. T. Todorov, The Fantastic: A Structural Approach to a Literary Genre, transl. R. Howard, New York, 1973, p. 120.

26. Deleuze, The Fold: Leibniz and the Baroque, p. 143. 번역서는『주름 : 라이프니츠 와 바로크』(질 들뢰즈 저, 이찬웅 역, 문학과지성사) p. 228 참조.

27. Žižek, 'The Thing from Inner Space: On Tarkovsky', p. 223.

28. Lem, Solaris, p. 212. 번역서는『솔라리스』p. 291 참조.

29. 이 이미지는 타르코프스키의 다음 영화인 〈거울〉에서 더욱 확대된 범위로 탐색된다. 아버지가 집으로 돌아와 아이들을 껴안을 때 동일한 재회가 이루어질 것이다.

30. Tarkovskii, Martirolog, p. 34.

31. J. Baudrillard, Simulacra and Simulation, transl. S. F. Glaser, Ann Arbor, MI, 1994, pp. 123-4. 번역서는『시뮬라시옹』(장 보드리야르 저, 하태환 역, 민음사) p. 201 참조.

32. A. Tarkovskii, 'Poiasneniia rezhissera k fil'mu 'Solaris'', Kinovedcheskie zapiski. no. 14 (1992), p. 53.

4장 〈거울〉의 기억

1. M. Proust, In Search of Lost Time, Volume I: Swann's Way, transl. S. Moncrieff and T. Kilmartin, New York, 2003, p. 64. 번역서는『잃어버린 시간을 찾아서 1』(마르셀 프루스트 저, 김창석 역, 국일미디어) p. 70 참조.

2. G. Bachelard, The Poetics of Space, transl. E. Gilson, Boston, MA, 1969, p. 9. 번역 서는『공간의 시학』(가스통 바슐라르 저, 곽광수 역, 동문선) p. 84 참조.

3. Tarkovsky, Time Within Time, p. 300. 번역서는『타르코프스키의 순교일기』p. 256 참조.

4. A. Tarkovskii, '"Vstat' na put'", beseda s Ezhi Illgom i Leonardom Noigerom', Iskusstvo kino, 1989, no. 2, p. 109.

5. Tarkovsky, Sculpting in Time, p. 117. 번역서는『봉인된 시간』p. 147 참조.

6. K. Mets (C. Metz), 'Zerkala v kino', Kinovedcheskie zapiski, no. 13 (1992), p. 29.

7. Foucault, 'Of Other Spaces', p. 24.

8. Ibid.

9. 드미트리 살린스키Dmitri Salynsky는 (저서 Kinogermenevtika Tarkovskogo, Moscow,

2009, p. 206에서) 이 영화 속 의사의 집 장면에서 감독이 '우연히' 등장한다고 언급한다. 누군가 거울 달린 옷장 문을 움직일 때, 카메라가 불 옆에 앉아 있는 빨간 머리 소녀에 초점을 맞추기 전에 아주 잠깐 거울에 비친 타르코프스키를 볼 수 있다. 타르코프스키는 잠시 돌아서 있다가 걸어 나간다. 이 '카메오' 출현은 〈거울〉의 전반적인 담론에도 잘 맞아 떨어진다. 실제-자전적 영역이 영화에 하나의 상으로 반영된 것이다.

10. The Norton Shakespeare, ed. S. Greenblatt, New York, 1997, p. 1944.

11. M. Sheringham, French Autobiography Devices and Desires: Rousseau to Perec, Oxford, 1993, p. 8.

12. Devarrieux, 'The Artist Lives Off His Childhood like a Parasite', p. 45.

13. Deleuze, Cinema 2, p. 73. 번역서는 『시네마 II: 시간-이미지』 p. 155 참조.

14. Tarkovskii, 'Edinomyshlennik prezhde vsego', p. 182.

15. F. Ermash, et al., 'Glavnaia tema-sovremennost'', Iskusstvo kino, 1975, no. 3, p. 14.

16. A. Tarkovskii, 'Belyi den'', Iskusstvo kino, 1970, no. 6, pp. 109-14.

17. M. A. Doane, 'The Voice in the Cinema: The Articulation of Body and Space', Yale French Studies, no. 60, 1980, p. 35.

18. 예를 들어 S. Sandler ('On Grief and Reason, On Poetry and Film: Elena Shvarts, Joseph Brodsky, Andrei Tarkovsky', Russian Review, vol. 66 [2007])와 A. Smith ('Andrei Tarkovsky as Reader of Areseni Tarkovsky's Poetry in the Film Mirror', Russian Studies in literature, vol. 40, no. 3 [2004])가 이 분석적 계보를 따른다.

19. L. Renza, 'The Veto of the Imagination: A Theory of Autobiography', New Literary History, vol. 9, no. 1 (1977), p. 2.

20. N. Synessios, Mirror, London, 2001, p. 92.

21. Renza, 'The Veto of the Imagination: A Theory of Autobiography', p. 22.

22. 타르코프스키의 두 번째 아내와 의붓딸 역시 〈거울〉에서 배우로 분한다. 그러나 그들의 출현이 영화의 자전적 의도에서 비롯된 것 같지는 않다.

23. 이하 모든 아르세니 타르코프스키의 시 번역은 별도 명시되지 않을 경우 알렉산더 넴서(Alexander Nemser)와 나리만 스카코브(저자)의 번역에 따른다. 한글 번역은 모두 『하얀 날』(아르세니 따르꼽스끼 저, 김선명 역, 뿌쉬낀하우스)을 참조.

24. A. Misharin and A. Tarkovskii, 'Zerkalo', Kinostsenarii, 1988, no. 2, p. 132.

25. Doane, 'The Voice in the Cinema', p. 45.

26. Bachelard, The Poetics of Space, p. 6. 번역서는 『공간의 시학』 p. 80 참조. 횔덜린Hölderlin의 시 '인간은 시적으로 거주한다Poetically man dwells.'에 대한 마르틴 하이데거Martin Heidegger의 분석 중 집/건축 현상에 대한 논의와 비교해보자(M. Heidegger, Poetry, Language, Thought, transl. A. Hofstadter, New York, 1971. 번역서는 『강연과 논문』(마르틴 하이데거 저, 이기상, 신상희 등역, 이학사) 참조). 이 독일 철

학자는 시와 인간 거주의 개념을 한 데 결합시킨다. '시 지음이 거주함을 비로소 하나의 거주함으로 존재하게 한다… 시 지음이란 본래적으로 거주하게 함이다. 그러나 무엇을 통해 우리는 거주함에 이르는가? 건축함을 통해서다. 시 지음은 거주하게 함으로서, 일종의 건축함이다' (p. 213. 번역서는 pp. 246-7 참조). 게다가 건물을 지을 가능성도 시의 영역에서 발생한다. '인간이 시를 지으며 이미 척도를 획득한다는 의미에서 짓고 있을 때에만, 인간은 이러한 건축함(짓기)을 할 능력이 있다. 시인들이 존재하는 한에서만, 즉 건축양식을 위한, 다시 말해 거주함의 건축 구조를 위한 척도를 획득하는 시인들이 존재하는 한에서만, 본래적인 건축함은 발생한다' (p. 225. 번역서는 pp. 264-5 참조).

27. Tarkovsky, Sculpting in Time, p. 58, 번역서는 『봉인된 시간』 p. 72 참조.

28. A. Tarkovsky, Collected Screenplays, transl. N. Synessios and W. Powell, London, 1999, p. 298.

29. Bachelard, The Poetics of Space, p. 7. 번역서는 『공간의 시학』 p. 82 참조.

30. 러시아어 원시에서 유일하게 불규칙하여 운율의 규칙이 깨지는 부분은 '비도 내리고, 참으로 늦은 시각이었지' 행이다. 그 결과 시에서 이 구절(즉, 비의 중요성)이 특별히 강조된 인상을 준다.

31. 이 영화는 또 레오나르도 다빈치의 『회화론Treatise on Painting』의 존재-부재로도 특징 지워진다. 본래는 전쟁 장면을 그리기 위한 구체적 지침을 일러주는 몇몇 긴 구절이 이우레베츠Iurevets의 마을 교회의 파괴를 묘사하는 시퀀스와 함께 보이스오버로 삽입될 계획이었으나 (Misharin and Tarkovskii, 'Zerkalo', pp. 133-5, 145), 이 아이디어는 촬영 도중에 포기하게 된다.

32. Tarkovskii, 'Edinomyshlennik prezhde vsego', p. 182.

33. Tarkovskii, 'Vstat' na out'' p. 112.

34. T. Nelson, 'Sculpting the End of Time: The Anamorphosis of History and Memory in Andrei Tarkovsky's Mirror (1975)', Cinémas, vol. 13, no. 3 (2003), p. 129.

35. 이를테면 다음과 같은 구절. 1) '비방이나 독약으로부터/도망치지 않겠다.' 2) '불멸이 물고기 떼처럼 몰려올 때' 3) '나는 내가 좋아하는 시대를 불러내서/ 그곳에서 나의 가정을 꾸미리라.' 4) '땅을 측량하듯 시간을 쟀고/ 우랄 산맥을 지나듯 시간 속을 걸었다.' 5) '우리는 먼지 나는 초원을 가로질러 남쪽으로 향했다.' 6) '나는 덧없는 인생의 바늘귀에 꿰어서/ 온 세상에 옮겨질 수 있으리.'

36. Žižek, The Fright of Real Tears, p. 77. 번역서는 『진짜 눈물의 공포』 p. 135 참조.

37. Ibid. 번역서는 『진짜 눈물의 공포』 p. 135 참조.
들뢰즈 역시 현실적인 것과 잠재적인 것의 대립이란 견지에서 운동-이미지와 시간-이미지의 상호 작용에 대한 사유를 촉발한다. 운동-이미지의 현실성은 시간-이미지의 잠재 지향성에 도전을 받는다. 그러나 '잠재적인 것과 현실적인 것이 대립된 것이라 해도, 잠재적인 것과 실재적인 것이 대립된 것은 아니다' (Deleuze, Cinema 2, p. 40. 번역서는 『시네마 II: 시간-이미지』 p. 89 참조). 따라서 이 프랑스 비평가에 따르면, 다큐멘터리 연대기는 그 명백한 실재적 속성에도 불구하고 직접적인 시간-이미지를 부추길 잠재성을 지닌다.

38. G. W. F. Hegel, Aesthetics: Lectures on Fine Art Volume I, transl. T. M. Knox, Oxford, 1975, p. 363. 번역서는 『헤겔의 미학강의 2』(게오르그 빌헬름 프리드리히 헤겔 저, 두행숙 역, 은행나무) p. 137 참조.

39. Ibid. 번역서는 『헤겔의 미학강의 2』 p. 137 참조.

40. Frank Kermode, The Sense of an Ending: Studies in the Theory of Fiction, London, 1967, p. 81.

41. Deleuze, Cinema 2, p. xii.

42. P. Lejeune, On Autobiography, transl. K. Leary, Minneapolis, MN, 1989, p. 113.

43. J. Brodsky, 'In the Shadow of Dante', in Less Than One: Selected Essays, New York, 1986, p. 100.

44. Ibid., p. 104.

45. Sheringham, French Autobiography, p. 14.

46. Dante, Inferno, transl. C. Singleton, Princeton, NJ, 1970, p. 3.

47. O. Mandelstam, The Complete Critical Prose, transl. J. G. Harris and C. Link, Dana Point, CA, 1979, p. 254.

48. E. Auerbach, Dante: Poet of the Secular World, transl. R. Manheim, Chicago, II, 1961, p. 175.

49. Dante, Paradiso, transl. C. Singleton, Princeton, NJ, 1977, p. 349. 번역서는 『신곡 천국』(단테 알리기에리 저, 김운찬 역, 열린책들) p. 271 참조.

50. A. Steiner, 'St Jerome and the First Terzina of the Divine Comedy', Modern Language Notes, vol. 52, no. 4 (1937), p. 260.

5장 〈스토커〉의 계시

1. B. Strugatsky, 'Working for Tarkovsky', transl. E. Simon, Science Fiction Studies, vol. 31, no. 3 (2004), Soviet Science Fiction: The Thaw and After, p. 419.

2. 영어로 번역된 시나리오(Tarkovsky, Collected Screenplays, pp. 381–416)는 최종 버전이 아니라 중간 버전 중 하나로 러시아어로 출판된 유일한 판본을 번역한 것이다.

3. Tarkovsky, Sculpting in Time, pp. 193–4. 번역서는 『봉인된 시간』 pp. 244–8 참조.

4. Strugatsky, 'Working for Tarkovsky', p. 419.

5. A. Tarkovskii, 'Slovo ob Apokalipsise', Iskusstvo kino, 1989, no. 2, p. 96.

6. Tarkovsky, Sculpting in Time, p. 57. 번역서는 『봉인된 시간』 p. 69 참조.

7. F. Jameson, The Geopolitical Aesthetic: Cinema and Space in the World System, London, 1992, p. 91. 번역서는 『지정학적 미학』(프레드릭 제임슨 저, 조성훈 역, 현대미학사) p. 153 참조.

8. 이 미니어처 풍경이란 장치는 〈향수〉와 〈희생〉에서 더욱 발전된 형태로 등장한다.

9. Žižek, The Fright of Real Tears, p.104. 번역서는 『진짜 눈물의 공포』 p. 186 참조.

10. The Classic of the Way and Virtue: A New Translation of the Tao-te Ching of Laozi as Interpreted by Wang Bi, transl. R. J. Lynn, New York, 1999, p. 187. 그러나 타르코프스키는 인용된 구절에서 『도덕경』의 여러 측면 중 한 가지, 즉 유연한 물질이 뻣뻣한 물질을 언제나 이긴다는 개념만을 추출한다. 이로서 이 인용문은 본래의 맥락에서 벗어나 영화에서 이국적인 지적 장식물의 역할을 하게 된다. 타르코프스키는 이 텍스트의 의미론을 깊이 있게 파고들지 않는다. 피상적인 수준에서 이 인용문은 일종의 이분법적 대립, 즉 단단하고 뻣뻣한 것과 부드럽고 유연한 것의 대립을 설파한다. 그러나 노장 철학의 궁극적인 목표는, 당대의 비평가 중 한사람에 따르면, '반대되는 요인의 상호 의존성을 인식하고 이를 바탕으로 양자를 대등하게 만들어 초월함으로써 상대주의에서 변증법으로 옮겨가는' 것이다 (L. Kohn and M. LaFargue, eds, Lao-Tzu and the Tao-Te-Ching, Albany, NY, 1998, p. 14). 유연성은 분명 도의 본질적인 속성이지만, 동시에 완전히 상극의 요인으로 변화하려는 속성을 지닌다. 그러므로 명백한 이분법은 극복되어야 하고, 이것이 바로 이 중국 고전 텍스트가 실제 말하려는 바이다.

11. 〈스토커〉에서 인용된 요한 계시록 텍스트는 원본 시나리오에 없는 것으로 미루어, 나중에 촬영 단계에서 추가됐음을 짐작할 수 있다. 이 사실은 본래 이 텍스트와 이미지를 중첩시킬 계획이 없었고, 결국 이 에피소드가 특정한 주제에 대해 즉흥적으로 착안된 것임을 시사한다.

12. Tarkovskii, 'Slovo ob Apokalipsise', pp. 96-7.

13. D. H. Lawrence, Apocalypse and the Writings on Revelation, Cambridge, 1980, pp. 59, 62. 번역서는 『로렌스의 묵시록』(데이비드 허버트 로렌스 저, 김명복 역, 나남출판) pp. 5, 13 참조.

14. P. Green, Andrei Tarkovsky: The Winding Quest, London. 1993. p. 96.

15. Bird, Andrei Tarkovsky, p. 9.

16. J. Kovacs and C. Rowland, Revelation: The Apocalypse of Jesus Christ, Oxford, 2004, p. 40.

17. Ibid., p. 248.

18. Deleuze, Cinema 2, p. xii.

19. Kovacs and C. Rowland, Revelation, pp. 81, 83

20. E. Dhanens, Van Eyck: Ghent Altarpiece, London, 1973, p. 76.

21. Tarkovskii, 'Slovo ob Apokalipsise', p. 100.

22. J. Derrida, The Gift of Death, transl. D, Wills, Chicago, IL, 1995, p. 59.

23. 이 점은 현실적인 이유로 설명될 수 있다. 소련에서는 예수 그리스도와 성경을 언급하는 일이 일반적으로 회피되었기 때문이다.

24. 이 모호함 덕분에 누구 또는 어떤 장소로도 대체될 수 있어, 기독교에 대한 보편적인 호소가 될 수 있다.

25. 한 명의 작은 예외는 있다. 리우커(Liuker)라는 바텐더.

26. N. Boldyrev, Zhertvoprinoshenie Andreia Tarkovskogo, Moscow, 2004, p. 315.

27. Tarkovsky, Time Within Time, p. 169.

28. C. Castaneda, Journey to Ixtlan: The Lessons of Don Juan, London, 1974.

29. Ibid., p. 9.

30. 카스타네다Castaneda는 '스토킹stalking'이라는 또 다른 개념을 창시했다. 스토킹이란 또 다른 현실을 보다 조화롭게 인식하는 방법이다. 선각자들이 '꾸준히 그들에게 습관적이지 않은 방식으로 행동하면, […] 그들의 연결점Assemblage point[즉, 복수의 현실을 "안정시켜" 인식되게 만드는 가상의 점]이 이동한다.' (C. Castaneda, The Fire from Within, London, 1998, pp. 168-9). 이처럼 여러 현실들 간에 연결점을 꾸준히 이동시킬 수 있는 능력이 바로 스토킹인데, 그렇게 불리는 이유는 이 단어가 '[선각자로 하여금 평소와 다르게 행동하게 만들어, 예를 들어 폭군처럼 굴게 하여 경계-상황을 만드는] 특수한 종류의 사람들의 행위, 뭔가 비밀스럽다고 분류되는 행위를 포함하기' 때문이다 (ibid., p. 169). 카스타네다의 사상을 영화에 체계적으로 적용하기란 무리겠지만, 교차되는 현실이란 개념은 미지의 세계에 대한 이치를 따지지 않고 비밀을 유지하는 개념에 관한 담론을 나타나는 강력한 메타포이다. 또 영화 속 스토커의 직업(스토킹)은 스토킹을 행하는 선견자와 비슷하게 자유로운 행위인데, 구역의 법칙은 이성을 넘어서기 때문이다. 마지막으로, 영화의 원작 소설인 스트루가츠키 형제의 『길가의 피크닉』에서 스토커의 환영을 보는 능력과도 연관이 있음을 짚고 넘어가야겠다. 이 공상 과학 소설 작가들은 심지어 주인공이 카스타네다의 선견자의 방식대로 주어진 현실을 다르게 인식하는 환영 중 하나를 묘사하기도 한다. (A. Strugatskii and B. Strugatskii, Zona, New York. 1983, p. 70).

31. 이 반사는 세트 디자이너의 부주의의 소치일 가능성이 높고, 크레디트에 따르면 그 디자이너는 바로 타르코프스키 감독 본인이다. 그러나 의도하지 않았던 반사상 역시 영화의 최종 편집본의 일부이므로, 그 의미론적 잠재성을 고려할 필요가 있다.

32. Norton Shakespeare, p. 1708.

33. G. Deleuze, Cinema 1: The Movement-Image, transl. H. Tomlinson and B. Habberjam, London, 2005, p. 21. 번역서는 『시네마 I: 운동-이미지』(질 들뢰즈 저, 유진상 역, 시각과 언어) p. 43 참조.

34. 화가는 이 그림에서 이미지로 등장하는 데 그치지 않고, 뒷벽의 볼록거울 위에 라틴
    어로 '얀 반에이크가 여기에 있다, 1434'라고 새겼다.

35. Borges, Labyrinths, p. 196. 번역서는『만리장성과 책들』(호르헤 루이스 보르헤스 저,
    정경원 역, 열린책들) p. 98 참조.

36. Tarkovsky, Collected Screenplays, p. 416.

37. Tarkovskii, Martirolog, p. 129. 번역서는『타르코프스키의 순교 일기』pp. 130-1
    참조.

38. Tarkovsky, Time Within Time, p. 101. 번역서는『타르코프스키의 순교 일기』p. 131
    참조.

39. Tarkovsky, Sculpting in Time, p. 194. 번역서는『봉인된 시간』p. 248 참조.

40. Ibid., p. 193.

6장 〈향수〉의 회상

1. 이 장은 과거에 발표한 논문(N. Skakov, 'The (im)possible translation of Nostalgia',
    Studies in Russian and Soviet Cinema, vol. 3, no. 3 (2009), pp. 309-33)을 상당 부
    분 개고한 내용이다.

2. Tarkovsky, Sculpting in Time, pp. 204-5.

3. J. Macgillivray, 'Andrei Tarkovsky's Madonna del Parto', in N. Dunne, ed., Tar-
    kovsky, London, 2008, p. 163.

4. 'Recollection'은 또 '진지하게 집중하는 생각, 특히 종교적 명상'으로도 정의되고
    (OED), 이 정의는 이 영화의 다소 분명하고 압도적인 종교적 메시지를 설명해 준다.

5. 'ennui권태'라는 개념을 '국수주의적'으로 전용하는 오르한 파묵Orhan Pamuk의 또
    다른 사례와 비교해 보자. 그는 터키어로 'ennui(hüzün)'가 깊은 정신적 상실감을 나
    타내는 특수한 형태의 우울감과 동시에 삶을 바라보는 희망적 방식을 지칭한다고 주
    장한다. '궁극적으로 삶을 부정하는 만큼이나 긍정하는 정신 상태'라는 것이다 (O.
    Pamuk, Istanbul: Memories and the City, transl. M. Freely, London, 2005, p. 82).
    덧붙여 포르투갈어인 '사우다지saudade' 역시 번역하기 힘든 단어로, 누군가 또는 무
    엇인가에 대해 깊은 그리움을 느끼는 정서적 향수의 상태를 나타낸다.

6. 아이러니하게도 타르코프스키는 추가 제작비 발생을 피하기 위해 공동 제작팀의 이
    탈리아인 측에 이 영화는 러시아어 대화에 대한 더빙이나 자막이 필요 없다고 안심시
    켰다. 결국 경제적 동기에 의해 번역 '불가능성'이란 담론이 영화에 반영된 것이다.

7. R. Jakobson, 'On Linguistic Aspects of Translation', in Selected Writings II: Word
    and Language, The Hague, 1971, p. 261. 번역서는『번역 이론-드라이든에서 데리
    다까지의 논선』(이재성 역, 동인) p. 230 참조.

8. Ibid., p. 262. 번역서는『번역 이론』p. 231 참조.

9. W. Benjamin, 'The Task of the Translator', Selected Writings, Volume 1: 1913 –
1926, ed. M. Bullock and M. Jennings, Cambridge, MA, 1996, p. 257. 번역서는『번
역 이론』p. 113 참조.

10. Ibid., p. 255. 번역서는『번역 이론』p. 111 참조.

11. Ibid., p. 260. 번역서는『번역 이론』p. 119 참조.
폴 드 만Paul De Man은 (저서 The Resistance to Theory, Minneapolis, MN, 1986, p. 91.
번역서는『이론에 대한 저항』(폴 드 만 저, 황성필 역, 동문선) pp. 190-1 참조)에서 베냐민
의 텍스트에 대한 해리 존Harry Zohn의 영어 번역이 일부 부정확하다고 지적한다.
일례로, 본문에 인용된 구절에서는 결정적 단어인 '깨진'이 누락되어 있다. 그 결과 독
자는 상당히 왜곡된 텍스트 번역을 접하게 되고, 이로서 번역은 본질적으로 불완전한
영역에 놓이게 된다.

12. 흥미롭게도 야콥슨은 이 구절을 영어로 'A translator is a betrayer(번역자는 배반자)'
로 번역한다. 좀 더 적절해 보이는 '반역자(traitor)' 대신 '배반자(betrayer)'라고 번역
하면 이 운율을 갖춘 이탈리아어 경구는 재담이 가진 모든 가치를 잃고 만다. 이 '오
역'에도 불구하고, 심지어는 그 덕분에 야콥슨은 다음과 같은 날카로운 관찰에 이르
게 된다. '인지적 태도로서 이 경구를 더욱 명백한 진술로 바꾸게 되면 우리는 다음과
같은 질문에 답해야만 할 것이다. 어떤 메시지의 번역가를 말하는가? 어떤 가치의 배
반자를 의미하는가? (Jakobson, 'On Linguistic Aspects of Translation', p. 266. 번역서는
『번역 이론』pp. 239-240 참조).

13. Tarkovsky, Collected Screenplays, pp. 475-6, 이탤릭체는 저자 추가. 이탤릭체로 된
구절과 행동은 영화에는 나오지만 시나리오의 내용과는 다르다.

14. J. Derrida, 'Des Tours de Babel', transl. J. Graham, in Difference in Translation,
ed. J. Graham, Ithaca, NY, 1985, pp. 165 – 207. 이 논문의 제목 자체가 '번역 불가
능한' 말장난이다. 'Des'는 '어떤', '~의', '~에서', '~에 대해'라는 의미이고, 'tours'는
'탑', '회전', '계략', '선회' 등을 의미한다. 'Des tours'는 또 'détour우회'와도 발음이
같다. 이 논문의 영어 번역자는 이 모호성을 유지하기 위해 제목을 원어 그대로 남겨
두었다.

15. Ibid., pp. 174-5. 번역서는『번역 이론』p. 351 참조.

16. Benjamin, 'The Task of the Translator', p. 260. 번역서는『번역 이론』p. 119 참조.

17. Tarkovsky, Collected Screenplays, p. 495.

18. W. V. Quine, 'Meaning and Translation', On Translation, ed. R. Brower, New
York, 1966, p. 148.

19. Ibid.

20. 1979년 일기 중에 〈향수〉와 관련하여 이 아이디어를 적어 놓은 기록이 있다. '카메라
로 로마의 전경을 잡을까? 각기 다른 시간에, (날씨, 하루 중 시간, 강수량, 빛이 달라지

는) 시간 내내.' (Tarkovsky, Time Within Time, p. 188. 번역서는 『타르코프스키의 순교 일기』p. 190 참조).

21. Tarkovsky, Time Within Time, p. 307.

22. Z. Samardzija, '1+1=1: Impossible Translations in Andrey Tarkovsky's Nostalghia', Literature/Film Quarterly, vol. 32, no. 4 (2004), p. 303.

23. A. Tarkovskii, 'Dlia tselei lichnosti vysokikh', Iskusstvo kino, 1992, no. 4, p. 120.

24. 이 목소리가 감독의 실제 부인 라리사(Larisa)의 음성이라는 사실이 다시 한 번 타르코프스키의 전 작품에서 현실과 허구 간의 복잡한 상호 작용을 드러낸다.

25. 고르차코프가 거울에서 자신의 모습 대신 도메니코의 모습을 보는 시퀀스는 타르코프스키의 또 다른 영화 기획 〈호프마니아나Hoffmanniana〉에 포함된 에피소드와 밀접한 관계를 갖는다. 이 영화는 E.T.A. 호프만E.T.A. Hoffmann의 중편 및 단편 소설의 에피소드와 결합된 그의 가상의 전기로 구상되었다. 여기에서 타르코프스키는 거울이 달린 옷장이 기괴한 물체가 되는 에피소드를 묘사한다. '[호프만은] 침대에서 일어나 머리를 빗기 위해 거울 앞으로 걸어가지만, 그 속에서 젊은 자신의 모습은 보지 못한다. 거울에 비친 유일한 모습은 햇빛이 비친 방과 반쯤 문이 열린 옷장뿐이다. 그의 얼굴은 보이지 않는다. 그는 조용히 부스럭거리는 소리에 이끌려 옷장으로 다가가서 귀를 기울인다. 그런 다음 소리 나지 않게 옷장 문을 활짝 연다. 옷장의 뒷면이 없는 것처럼 보인다' (Tarkovsky, Collected Screenplays, p. 367). 이 두 가지 시퀀스는 정신 분석학적 해석을 부른다. 이 에피소드들은 프로이트적 의미에서 자아의 분열과 치환으로 해석하거나 오토 랭크Otto Rank의 관점에 따라 죽음을 통한 자아의 완전한 붕괴를 피하려는 수단(즉, 분신이 물질적 소멸에 대항하는 방어 수단이라는 것)으로 해석할 수 있다 (O. Rank, The Double: A Psychoanalytic Study, transl. and ed. H. Tucker, Chapel Hill, NC, 1971). 또는 라캉의 모델을 적용하여 이 시퀀스를 '아무리 이질적이라도 정신적인 현실이 표현되는 분신의' 이미지를 담는 거울이란 장치의 작동 사례로 볼 수도 있다 (Lacan, Écrits : A Selection, p. 3).

26. 예를 들어, T. Mitchell, 'Tarkovsky in Italy [1982]'와 J. Gianvito, Andrei Tarkovsky: Interviews, p. 74에서 그의 주장이 분명히 드러난다. 그러나 번역 불가능성의 개념은 타르코프스키만 흥미를 느낀 것이 아니었다. 이 감독이 〈향수〉에 앞서 찍은 다큐멘터리 영화 〈시간의 항해〉에서, 함께 시나리오를 쓴 토니노 게라는 명백히 같은 문제를 거론한다. '나는 회화 복제품을 믿지 않아. 나는 시의 번역을 믿지 않아. 예술은 똑같은 것을 쉽게 허락하지 않아. 경계가 매우 심하지.'

27. Tarkovsky, Time Within Time, p. 183.

28. G. Loughlin, 'The Long Take: Messianic Time in Andrei Tarkovsky's Nostalghia', Journal for Cultural Research, vol. 13, nos 3 and 4 (2009), p. 376.

29. H. Naficy, An Accented Cinema: Exilic and Diasporic Filmmaking, Princeton, NJ,

2001, p. 177.

30. 〈황야의 정거장Ostanovka v pustyne〉에서 같은 현상에 매료되었던 조지프 브로드스키 Joseph Brodsky와 비교해 보자. 폐허가 된 그리스 교회가 갑자기 무언가 불안한 요소를 드러내는 것이다. '그리고 밤 자체가 / 제단의 크게 벌어진 구멍 안에서 입을 딱 벌린다. / 나는 같은 제단의 구멍을 통해 밖을 내다본다. / 멀리에서 달아나는 전차를, / 줄지어 늘어선 어두컴 가로등을. / 그리고 교회 안에서는 결코 보지 못했던 것을 / 이제 나는 교회의 프리즘을 통해 또렷이 바라본다. (M. Wachtel, The Development of Russian Verse: Meter and its Meanings, 2006, p. 106).

31. Derrida, 'Des Tours de Babel', p. 165. 번역서는 『번역 이론』 p. 340 참조.

32. J. Derrida, 'What is a "Relevant" Translation?', transl. L. Venuti, in L. Venuti, ed., The Translation Studies Reader, New York, 2004, p. 429.

33. J. Pallasmaa, 'Space and Image in Andrei Tarkovsky's Nostalgia: Notes on a Phenomenology of Architecture', in A. Pérez-Gómez and S. Parcell, eds., Chora 1: Intervals in the Philosophy of Architecture, Montreal, 1994, p. 156.

34. P. Kamuf, 'A Post Card from San Galgano', Assemblage, no. 20, Violence Space, p. 46.

35. 흥미롭게도 다른 건물을 포함한 건물이라는 개념은 타르코프스키가 이탈리아 여행 중에 이방의 관광객으로서 마주친 광경에서 영감을 얻은 것이다. '로레토Loreto에는 유명한 성당이 있는데, […] 그 한복판에는 예수가 태어났다는 성모 마리아의 집이 나사렛Nazareth에서 옮겨와 세워져 있다 (Tarkovsky, Time Within Time, p. 274).

36. Quine, 'Meaning and Translation', p. 171.

37. Benjamin, 'The Task of the Translator', p. 258.

38. Ibid.

39. P. P. Pasolini, 'Observations on the Long Take', transl. N. MacAfee and C. Owens, October, vol. 13 (1980), p. 5.

40. Ibid., p. 6.

41. B. Johnson, 'Taking Fidelity Philosophically', in J. Graham ed., Difference in Translation, Ithaca, NY, 1985, pp. 143-4.

42. A. Tarkovskii, 'O prirode nostal'gii [Interview with Gideon Bachmann]', Iskusstvo kino, 1989, no. 2, p. 136.

7장 〈희생〉의 망상

1. 지젝은 조셉슨이 연기한 두 인물의 행위가 그저 신경증적 장애의 결과일 뿐이라고 주장한다. '이 무의미한 희생의 몸짓은 전적으로 강박 신경증적인 행위로 보아야 한다. 만약 내가 "그것(희생적 행위)"을 해낸다면, 대재앙(〈희생〉에서는 핵전쟁에 따른

말 그대로의 지구의 종말)이 오지 않거나 없던 상태로 되돌아가리라는 생각 하에, "만약 내가 이것(그 돌 위에서 두 번 뛰고 손을 이런 식으로 두 번 꼬는 등등)을 하지 않으면 뭔가 나쁜 일이 일어날 것이다"라는 그 잘 알려진 강박적 행동인 것이다. (이 강박적 희생 행위의 유치한 속성은 〈향수〉에서 주인공이 죽은 도메니코의 경고에 따라 세계를 구하기 위해 타오르는 촛불을 들고 연못을 건너는 장면에서 명백히 드러난다…) 정신 분석을 통해 익히 알다시피, 우리가 발생할까봐 두려워하는 이 대재앙 X는 다름 아닌 주이상스 jouissance 그 자체이다 (Žižek, 'The Thing from Inner Space: On Tarkovsky', p. 228).

2. 타르코프스키는 이 전설(수도사의 삶)의 기독교 버전을 일기에 적어 놓았다 (Tarkovskii, Martirolog, p. 391). 그러나 몇몇 비평가들(예를 들어 N. Zorkaia, 'Konets', in A. Sandler, ed., Mir i fil'my Andreia Tarkovskogo: Razmyshleniia, issledovaniia, vospominaniia, pis'ma, Moscow, 1991, p. 182와 V. Mikhalkovich, 'Energiia obraza', in ibid., p. 241)이 보여주었듯이, 이 이야기에는 다양한 버전이 존재한다. 다른 버전 중에는 김기덕 감독이 2003년 영화 〈봄 여름 가을 겨울 그리고 봄 Spring, Summer, Fall, Winter… and Spring〉에 삽입한 불교 이야기도 있다.

3. A. Truppin, 'And Then There Was Sound: The Films of Andrei Tarkovsky', in R. Altman, ed., Sound Theory/Sound Practice, New York, 1992, p. 235.

4. M. Kemp, Leonardo da Vinci: The Marvellous Works of Nature and Man, Oxford, 2006, p. 52.

5. V. P. Zubov, Leonardo Da Vinci, transl. D. Kraus, Cambridge, MA, 1962, p. 262.

6. Ibid., p. 263.

7. Kemp, Leonardo da Vinci, p. 54.

8. 죽음이란 일상적인 현실, 그 시간과 공간을 압도한다. 삶-죽음의 나무라는 시각적 모티프는 〈희생〉의 담론 차원에서 인간 생명의 결정적 종말인 죽음을 거부함으로써 보완된다. 알렉산더는 긴 독백 중에 레프 톨스토이의 『이반 일리치의 죽음The Death of Ivan Il'ich』을 언급한다. '죽음이란 없다. 오로지 죽음에 대한 두려움이 있을 뿐이다'라는 그의 의견은 톨스토이의 이 단편의 끝부분에서 제시되는 결정적 관념을 바꾸어 표현한 것이다 (L. Tolstoy, The Death of Ivan Ilyich and Other Stories, transl. R. Pevear and L. Volokhonsky, New York, 2009, p. 91). 모든 것을 없애는 죽음을 제거하려는 필사적인 노력이 이반 일리치와 〈희생〉의 알렉산더란 인물을 한 데 연결시킨다. 한편 모든 사람의 삶에서 가장 본질적인 한계적 경험인 죽음에 대한 관념은 세네카의 편지의 핵심 개념이기도 하여, 세네카의 편지 한 장은 이 영화 기획 초기 단계에서 영감의 원천으로 거론되기도 했다. 1981년 9월 3일에 아직 러시아에 머물며 〈향수〉 촬영을 들어가기 전에, 타르코프스키는 일기에 다음과 같이 적었다. '세네카의 〈루실리우스에게 보낸 편지Letters to Lucilius〉를 읽었다. '편지 30'은 〈마녀〉의 시나리오 도입부에 나오는 극중 인물인 철학자의 성격을 만들기 위한 뼈대로 사용할 수 있을 것 같다' (Tarkovsky, Time Within Time, p. 292. 번역서는 『타르코프스키의 순교일

기』 p. 244 참조). '편지 30'은 죽어야 할 자신의 운명에 괴로워하지 않고 죽어가는 나이든 철학자 바수스 아우피디우스Bassus Aufidius에 바치는 찬사이다. '그는 자신의 마지막을 응시하는 영혼과 얼굴에 불안한 그림자를 전혀 보이지 않고 있어, 마치 남의 최후를 응시하고 있는 것처럼 보일 정도라네' (L. A. Seneca, Epistulae Morales, Volume I, transl. R. Gumere, London, 1917, p. 213. 번역서는 『세네카 인생론』(세네카 저, 김천운 역, 동서문화사) p. 430 참조). 이 철학자는 고통스러울 리 없는 것을 두려워할 수는 없다는 합리적인 주장을 펼친다. 영원한 마취 상태라는 것이다. 이 일련의 사고를 통해 세네카는 이반 일리치와 동일한 결론에 도달한다. '우리가 두려워하는 것은 죽음이 아니라 죽음이라는 생각이네. 실제로 우리는 죽음에서 항상 같은 거리를 유지하고 있네. 그러므로 죽음을 두려워해야 한다면 항상 두려워해야 하는 거지. 사실 죽음을 면제받을 때가 언제 있었던가?' (Ibid., p. 221. 번역서는 『세네카 인생론』 p. 433-4 참조).

9. Tarkovsky, Time Within Time, pp. 174, 176.

10. Tarkovsky, Collected Screenplays, p. 507.

11. A. Strugatskii and B. Strugatskii, 'Vde'ma: stsenarii', Iskusstvo kino, 2008, no. 2, p. 133.

12. 덧붙여 오토는 요한 계시록 8장 1절 — 궁극적인 종말을 묘사하는 텍스트 — 의 유명한 문구 '하늘에 약 반 시간쯤 정적이 있더라.' (Tarkovsky, Collected Screenplays, p. 514)를 인용하는데, 이는 이 영화 시나리오에서 침묵에 대한 가장 인상적인 인용문에 속한다.

13. 이 대사는 아마도 다음과 같은 잠언을 남긴 니체의 차라투스트라에서 영감을 받았을 것이다. '사람들과 함께 사는 것은 어렵다. 침묵하기가 매우 어렵기 때문이다. 수다스러운 사람에게는 특히 그러하다' (F. Nietzsche, Thus Spoke Zarathustra, transl. R. J. Hollingdale, London, 2003, p. 163. 번역서는 『차라투스트라는 이렇게 말했다』(프리드리히 니체 저, 장희창 역, 민음사) p. 251. 참조).

14. Norton Shakespeare, p. 1695.

15. 타르코프스키는 소련에서 『햄릿』을 각색하여 무대에 올린 적이 있는데, 이것이 그의 유일한 연극 연출 경험이었다. 『햄릿』은 그가 가장 높이 평가했던 문학 텍스트 중 하나다.

16. 두 사람이 2층 방에서 만날 때, 오토는 알렉산더에게 만약 마리아와 동침을 하면 '이것이 모두 끝날 것이다.'라고 말한다. 알렉산더는 '이것'이 정확히 무슨 의미인지 이해하지 못하고 그 후 이어지는 설명에서도 오토는 '이것이 모두'라는 말만 되풀이한다.

17. C. Lévi-Strauss, The Savage Mind, Chicago, IL, 1966, p. 23.

18. Ibid. 번역서는 『야생의 사고』(레비스트로스 저, 안정남 역, 한길사) p. 80 참조.

19. Bachelard, The Poetics of Space, p. 152. 번역서는『공간의 시학』p. 276 참조.

20. 뱅쿠오의 유령 등장, 맥베스의 자리에 앉는다.

　맥베스　잘 상기시켜 주었소! 자 많이들 드시고 잘 소화하시어 건강하시길 비오!

　레녹스　폐하도 앉으시옵소서.

　맥베스　우리의 자애로운 뱅쿠오 장군만 참석했더라면 우리의 고관대작이 이 자리
　　　　에 모두 모였을 터인데. 그가 뭔가 좋지 않은 일이 생겨 불참한 것이기보다는 차
　　　　라리 무례하여 안 온 것이길 바라는 바요.

　로스　　폐하, 뱅쿠오 장군은 명령 불이행의 비난을 받아 마땅합니다. 폐하께서도 함
　　　　께 자리해 주시옵소서.

　맥베스　좌석이 다 차지 않았소?

　레녹스　여기 자리가 있사옵니다.

　맥베스　어디 말이요?

　레녹스　여기 옵니다. 폐하, 왜 그리 놀라시옵니까?

　맥베스　누가 이런 짓을 했소?

　영주들　무슨 짓 말씀이십니까, 폐하?

　맥베스　[유령에게] 내가 했다고는 말 못하오. 그 피투성이 머리칼을 내게 흔들지 마
　　　　라.

　로스　　[일어나며] 여러분, 일어납시다. 폐하께서 편찮으신 듯합니다.

　　Norton Shakespeare, p. 2591. 번역서는『맥베스』(윌리엄 셰익스피어 저, 권오숙 역, 열
　　　　린책들) pp. 81-2 참조.

21. W. Shakespeare, Macbeth, ed. A. R. Braunmuller, Cambridge, 1997, p. 178.

22. H. Bloom, Shakespeare: The Invention of the Human, London, 1999, p. 517.

23. 〈희생〉에서는 현실-비현실의 혼동이 타르코프스키의 전체 미학적 전략의 일환인 듯
　　하다. 그러나 이것은 이 영화에 대한 일부 비평 텍스트에서도 혼란을 일으켰다. 예를
　　들어 존슨Johnson과 피트리Petrie는 '불행히도 본래의 줄거리와 새로운 줄거리가 결합
　　되다 보니 플롯 차원에서 불협화음과 혼란이 생겨난다. 알렉산더가 새로운 예언자인
　　우편배달부 오토의 권유로 마녀와 동침을 할 때와 자신의 집을 불태우고 침묵을 지
　　켜 신에 대한 서약을 지킬 때 설명되지 않는 이중의 희생이 발생한다. 그 결과 주제
　　적, 철학적 일관성의 참담한 부재가 초래되어, 궁극적으로 영화를 위험에 빠뜨린다.'
　　라고 쓴다 (V. Johnson and G. Petrie, The Films of Andrei Tarkovsky: A Visual Fugue,
　　Bloomington, IN, 1994, p. 172). 그러나 이 비평가들은 뒤에서 이러한 결론에 이른다.
　　'우리는 궁극적으로, 아마도 의도적으로 서로 모순되고 딱히 "현실적"이라고도 혹은
　　"전부, 혹은 대부분 꿈"이라고도 설명할 수 없는 사건들의 논리적 구조를 짜맞추려
　　하기보다는 믿으면서 동시에 믿지 않는 태도를 견지해야 한다.' (ibid., p. 178). 반면
　　그린Green은 영화에서 꿈과 현실이 극명히 구분된다고 주장한다 (Green, Andrei Tar-

kovsky, p. 133). 이 비평가에 따르면, 잠에 대한 다양한 언급과 더 중요하게는 차별화되는 색채 코드를 통해 핵 참사가 꿈이었음이 암시된다. '알렉산더가 꼬마를 찾기 위해 정원으로 나가 마리아와 미니어처 집을 발견하는 순간부터 그가 아침에 소파 위에서 깨어나는 시점까지, 영화의 중간 부분 전체이자 밤에 일어나는 부분이 꿈의 형태로 제시되고, 사실상 색채가 사라진 어두운 조명의 시퀀스로 촬영된다. 영화의 시작과 끝 부분의 일상적인 현실은 북부 지방의 여름답고 희미한 자연색으로 묘사되어, 꿈이라는 내면세계의 프레임 기능을 한다. 이밖에 제3의 차원의 화면도 있다. 환영이나 다른 시간대, 즉 과거나 미래를 찍은 시퀀스는 흑백이나 세피아 톤의 형태로 천연색의 현실에 삽입되어 침울한 중간 부분을 이룬다.' (ibid., p. 134).

24. Kermode, The Sense of an Ending, p. 84.

25. 영화의 한 장면에서, 오토는 소떼 모으는 소리가 들린 후 갑자기 넘어진다. 그는 몇 초 동안 꼼짝 않고 마루에 누워 있다가 악한 천사의 날개에 맞았다고 주장하며 일어난다. 그가 마치 시간이 곧 어긋날 것을 아는 사람처럼 바로 회중시계가 멈추지 않았는지 확인하는 모습도 주목할 만하다.

26. S. Anglo, 'Evident Authority and Authoritative Evidence: The Malleus Maleficarum', in S. Anglo, ed., The Damned Art: Essays in the Literature of Witchcraft, London, 1977, p. 17.

27. 라스 폰 트리에Lars Von Trier 감독이 안드레이 타르코프스키에게 바친 영화 〈안티크라이스트 Antichrist〉(2009) 역시 마술의 현상에 대해 탐색한다. 뿐만 아니라 〈안티크라이스트〉는 〈희생〉의 구조를 모방하여, 헨델Hendel의 아리아 '울게 하소서Lascia Ch'io Pianga'가 흐르는 우화 같은 에피소드로 영화의 시작과 끝 부분을 장식한다.

28. Tarkovskii, Martirolog, p. 453.

29. 이 영화 시나리오에서는 극적인 사건들이 알렉산더의 상상의 산물임을 암시하는 부분이 일부 눈에 띈다. 핵전쟁 에피소드는 아델라이데가 꿈꾸는 주인공을 달래는 대사로 끝이 난다. '그게 다예요, 전부 끝났어…이제… 이제 모두 지나갔어요…그냥 나쁜 꿈이에요, 그뿐이에요…이제 모두 지나갔어요…전부 끝났어요.' (Tarkovsky, Collected Screenplays, p. 545). 또 오토가 2층 방으로 올라오기 전에, 알렉산더는 '주변이 마치 꿈의 연장선상에 있는 듯 느껴졌다' (ibid.)고 묘사되고, 오토와 만날 때는 그가 '완전히 꿈에 취해 몽롱한 상태였다' (ibid., p. 546)고 묘사된다.

30. M. Heidegger, 'The Origin of the Work of Art', in D. F. Krell, ed., Basic Writings From Being and Time (1927) to The Task of Thinking (1964), London, 1993, p. 187.

31. Žižek, The Fright of Real Tears, p.107. 번역서는 『진짜 눈물의 공포』 p. 190 참조.

32. Ibid. 번역서는 『진짜 눈물의 공포』 p. 190 참조.

33. Žižek, 'The Thing from Inner Space', pp. 228-9.

34. J. Beasley-Murray, 'Whatever Happened to Neorealism? Bazin, Deleuze, and Tarkovsky's Long Take', Iris, no. 23 (1997), p. 48.

후기

1. K. Jaspers, Nietzsche: An Introduction to the Understanding of His Philosophical Activity, transl. C. Wallraff and F. Schmitz, Baltimore, MD, 1997, p. 226.
2. 〈http://aptsvet.livejournal.com/660360.html〉, 2011. 1. 1. 접속
3. R. Taylor, ed. and transl. and I. Christie, ed., The Film Factory: Russian and Soviet Cinema in Documents, 1896-1939, London, 1988, p. 25.
4. Ibid.
5. Ibid.
6. Epstein, 'Magnification and Other Writings', p. 23.
7. Ibid.
8. A. Quinton, 'Spaces and Times', Philosophy, vol. 37, no. 140 (1962), p. 138.
9. Epstein, 'Magnification and Other Writings', p. 20.
10. Sontag, On Photography, p. 164. 번역서는 『사진에 관하여』 p. 234 참조.
11. Bazin, What is Cinema? Volumn 1, p. 48. 번역서는 『영화란 무엇인가?』 p. 79 참조.

The Killers (Ubiitsy), 19 minutes. Black and white
Production Company: VGIK (All-Union State Institute of Cinematography)
Directors: Marika Beiku, Aleksandr Gordon, Andrei Tarkovskii
Screenplay: Aleksandr Gordon, Andrei Tarkovskii, based on the story 'The Killer' by Ernest Hemingway
Cinematography: Aleksandr Rybin, Alfred Alvares
Cast: Iulii Fait (Nick Adams), Aleksandr Gordon (George), Iuii Dubrovin (first customer), Vasilii Shukshin (Old Andreson)

There Will Be No Leave Today (segodnia uvol'neniia ne budet), 1958, 47minutes. Black and white
Production company: the training studio of VGIK and the Central Television Studio
Producer: A. Kotoshev
Directors: Aleksandr Gordon, Andrei Tarkovskii, under the supervision of I. Zhigalko and E. Foss in the course of Mikhail Romm
Assistant Director: A. Kuptsova
Screenplay: Aleksandr Gordon, Inna Makhova, Andrei Tarkovskii
Cinematography: Lev Bunin, Ernst Iakovlev, under the supervision of K. vents
Assistant to cameramen: V. Ponomarev
Art Director: Semen Peterson
Music: Iurii Matskevich
Sound: O. polisonov
Military consultant: Lieutenant-Colonel I. I. Sklifus
Cast: Oleg Borisov (Captain Galich), Aleksei Alekseev (Colonel Gvelesiani), Petr Liubeshkin (Vershinin), Oleg Moshkantsev (Vishniakov), Vladimir Marankov (Vasin), Igor' Kosukhin (Tsignadze), Leonid Kuravlev (Morozov), Stanislav Liubshin (sadovnikov), A. Smirnov (man in a cowboy shirt), Aleksei Dobronravov (Dr. Kuz'mim), Nina Golovina (Galich's wife)

Steamroller and Violin (Katok I skripka), 1961, 46 minutes. Colour (Sovcolour)
Production Company: Mosfil'm (Creative Unit for the Production of Children's films)
Producer: A. Karetin

Director: Andrei Tarkovskii

Assistant Director: O. Gerts

Screenplay: Andron Konchalovskii, Andrei Tarkovskii

Screenplay Editor: S. Bakhmet'eva

Cinematography: Vadim Iusov

Editor: Liubov' Butuzova

Art Director: Savet Agoian

Special effects cinematography: B. Pluzhnikov, Vasilii Sevost'ianov

Special effects design: Al'bert Rudachenko

Music: Viacheslav Ovchinnikov

Conductor: Emin Khachaturian

Sound: Vladimir Krachkovskii

Costumes: A. Martinson

Make-up: Anna Makashova

Cast: Iurii Brusser, Viacheslav, Aleksandr Vitoslavskii, Aleksandr Il'in, Nikolai Kozyrev, Gennadii Kliachkovskii, Igor' Korovikov, Evgenii Fedchenko, Tat'iana Prokhorova, Antonina Maksimova, Liudmila Semenova, G. Zhdanova, M. Figner

Ivan's childhood/My Name is Ivan (Ivanovo detstvo), 1962, 95 minutes. Black and white

Production Company: Mosfil'm (Second Creative Unit 'Time')

Producer: Gleb Kuznetsov

Director: Andrei Tarkovskii

Assistant Director: Georgii Natanson

Screenpaly: Mikhail Papava, Vladimir Bogomolov, based on the story 'Ivan' by Vladimir Bogomolov

Screenplay Editor: E. Smirnov

Cinematography: Vadim Iusov

Editor: Liudmila Feiginova

Art Director: Evgenii cherniaev

Special effects cinematography: Vasilii Sevost'ianov

Special effects design: Sergei Mukhin

Music: Viacheslav Ovchinnikov

Conductor: Emin Khachaturian

Sound: Inna Zelentsova

Make-up: Liudmila Baskakova

Military adviser: Colonel G. Goncharov

Cast: Nikolai Burliaev (Ivan), Valentin Zubkov (Captain Kholin), Evgenii Zharikov (First Lieutenant Galtsev), Stepan Krylov (Corporal Katasonych), Nikolai Grin'ko (Lieutenant-Colonel Griaznov), Valentina Maliavina (Masha), Irma Tarkovskaia (Ivan's mother), Dmitrii Miliutenko (old man)

Supporting cast: Andrei Konchalovskii (soldier with glasses), Ivan Savkin, Vladimir Marenkov, Vera Miturich

Andrei Rublev (Andrei Rublev), 1964-66 (released 1969), 175 minutes. Black and white and part colour (Sovcolour), CinemaScope. Original version: The Passion According to Andrei (Strasti po Andreiu), 205 minutes. Black and white and part colour (Sovcolour), CinemaScope

Production Company: Mosfil'm (Creative Unit of Writers and Cinema Workers)

Producer: Tamara Ogorodnikova

Director: Andrei Tarkovskii

Assistant Director: I. Petrov

Intern Director: Bagrat Oganesian

Assistants to the director: A. Macheret, M. Volovich, A. Nikolaev

Screenplay: Andrei Mikhalkov-Konchalovskii, Andrei Tarkovskii

Screenplay Editors: N. Beliaeva, L. Lazarev

Cinematography: Vadim Iusov

Cameramen: Vasilii Sevost'ianov, assisted by L. Andrianov, R. Ruvinov, P. Sudilin

Editors: Liudmila Feiginova, Tat'iana Egorycheva, Ol'ga Shevkunenko

Art Director: Evgenii Cherniaev, assisted by Ippolit Novoderezhkin and Sergei Voronkov

Special effects cinematography: Vasilii Sevost'ianov

Set design: F. Korablev, assisted by T. Isaeva, L. Pertsev, Pavel Safonov

Music: Viacheslav Ovchinnikov

Sound: Inna Zelentsova

Costumes: Lidiia Novi, Maiia Abar-Baranovskaia

Make-up: Vera Rudina, M. Aliautdinov, S. Barsukov

Advisers: V. Pashuto, S. Iamshchikov, M. Mertsalova

Cast: Anatolii Solonitsyn (Andrei Rublrv), Ivan Lapikov (kirill), nikolai Grin'ko (Daniil Chernyi), Nikolai Sergeev (Feofan Grek), Nikolai Burliaev (Boriska), Iurii Nazarov

(Grand Duke, Duke), Irma Raush (the fool), Iurii Nikulin (Patrikri), Rolan Bykov (jester), Nikolai Grabbe (Stepan), Mikhail Kononov (Foma), Stepan Krylov (head bell-founder), Bolot Beishenaliev (Monogol khan)
Supporting cast: B. Matysik (Petr), Anatolii Obukhov, Vladimir Titov, Nikolai Glazkov (Efim), K. Aleksandrov, S. Bardin, I. Bykov, G. Borisovskii, Vasilii Vasil'ev, Zinaida Vorkul', Aleksandr Titov, Vladimir Volkov, Irina Miroshnichenko (Mary Magdalene), Tamara Ogorodnikova (Mary, Mother of Christ), n. Radolitskaia, Nikolai Kutuzov (old mason), Dmitrii Orlovskii, Vladimir Gus'kov, Igor' Donskoi, I. Ryskulov, P. Makarov, G. Sachevko, Nelli Snegina (Marfa), G. Pokorskii, A. Umuraliev, Viacheslav Tsarev

Solaris (Soliaris), 1972, 169 minutes. Colour (Sovcolour) and black and white, Cinema-Scope
Production Company: Mosfil'm (Creative Unit of Writers and Cinema Workers)
Producer; Viacheslav Tarasov
Director: Andrei Tarkovskii
Assistant Director: Iurii Kushnerev
Assistant to the director: A. Ides, Larisa Tarkovskaia, Mariia Chugunova
Intern Director: N. Mann
screenplay: Fridrikh Gorenshtein, Andrei Tarkovskii, based on the novel Solaris by Stanislaw Lem
Screenplay Editors: N. Boiarova, L. Lazarev
Cinematography: Vadim Iusov
Cameramen: Evgenii Shvedov, assisted by Iurii Nevskii, V. Shmyga
Editor: Liudmila Feiginova
Art Director: Mikhail Romadin
Special effects cinematography: Vasilii Sevost'ianov
Special effects design: A. Klimenko
Music: Eduard Artem'ev, additional music by J. S. Bach
Sound: Semen Litvinov
Set design: S. Gavrilov, V. Prokof'ev
Lighting: E. Paramonov
Costumes: Nelli Fomina
Make-up: vera Rudina
Still photographer: Vadim Murashko
Advisers: Dr. Lupichev, I. Shklovskii

Cast: Natal'ia Bondarchuk (Hari), Donatas Banionis (Chris Kelvin), Jüri Järvet (Snaut),
Vladislav Dvorzhrtskii (Berton), Nikolai Grin'ko (father), Anatolii Solonitsyn (Sartorius)
Supporting cast: Ol'ga Barnet (mother), Vitalii Kerdimun, Ol'ga Kizilova (girl), Tat'iana
Malykh, Aleksandr Misharin (chairman of debriefing), Bagrat Oganesian, Tamara
Ogorodnikova (Anna), Sos Sarkisian (Gibarian), Iulian Semenov, V. Statsinskii, Valentina
Sumenova, Georgii Teikh

Mirror (Zerkalo), 1974, 108 minutes. Colour (Sovcolour) and black and white
Production Company: Mosfil'm (Fourth Creative Unit)
Producer: Erik Vaisberg
Director: Andrei Tarkovskii
Assistant Director: Iurii Kushnerev
Assistants to the director: Larisa Tarkovskaia, V. Kharchenko, Mariia Chugunova
Screenplay: Aleksandr Misharin, Andrei Tarkovskii
Screenplay Editors: N. Boiarova, L. Lazarev
Poems: Arseni Tarkovskii
Cinematography: Georgii Rerberg, assisted by V. Ivanov
Cameramen: Aleksei Nikolaev, I. Shtan'ko
Editor: Liudmila Feiginova
Art Director: Nikolai Dvigubskii
Special effects cinematography: Iurii Potapov
Music: Eduard Artem'ev, additional music by J. S. Bach, Giovanni Batista Pergolesi,
Henry Purcell
Sound: Semen Litvinov
Set construction: A. Merkulov
Lighting: V. Gusev
Costumes: Nelli Fomina
Make-up: Vera Rudina
Still photographer: V. Murashko
Cast: Margarita Terekhova (Maria, Aleksei's mother, Natal'ia, Aleksei's wife), Ignat
Danil'tsev (Aleksei/Ignat, age 12), Nikolai Grin'ko (colleague at the priting house), Alla
Demidova (Liza), Iurii Nazarov (military instructor), Anatolii Solonitsyn (doctor), Inno-
kentii Smoktunovskii (voice of Aleksri, the narrator), Larisa Tarkovskaia (doctor's wife),
Mariia Tarkovskaia (Aleksei's mother as an old woman)
Supporting cast: Tamara Ogorodnikova (visitor), Oleg Iankovskii (Aleksei's father), Filip

Iankovskii (Aleksei, age 5), Iurii Sventikov, Tamara Reshetnikova, Ernesto del Bosque, L. Correcher, Alejandro Guttierez, Diego Garcia, Teresa Pames, Teresa del Bosque, Tat'iana del Bosque

Stalker (Stalker), 1979, 155 minutes. Colour (Sovcolour and Eastmancolor) and black and white, CinemaScope
Production company: Mosfil'm (Second Creative Unit)
Pruducer: Aleksandra Demidova
Director: Andrei Tarkovskii
Assistant Director: Larisa Tarkovskaia
Intern Director: Araik Agaronian
Assistants to the director: Mariia Chugunova, Evgenii Tsymbal
Screenplay: Arkadii strugatskii, Boris Strugatskii, based on their novel The Roadside Picnic
Screenplay Editor: A. Stepanov
Poems: Fedor Tiutchev, Arseni Tarkovskii
Cinematography: Aleksandr Kniazhinskii
Cameramen: N. Fudim, S. Naugol'nykh
Assistants to the director of cinematography: G. Verkhovskii, S. Zaitsev
Editor: Liudmila Feiginova
Assistants to the director of cinematography: G. Verkhovskii, S. Zaitsev
Editor: Liudmila Feiginova
Assistants to the editor: T. Alekseeva, V. Lobkova
Art Director: Andrei Tarkovskii
Artists: Rashit Safiullin, V. Fabrikov
Music: Eduard Artem'ev
Conductor: Emin Khachaturian
Music Editor: R. Lukina
Sound: Vladimir sharun
Set construction: A. Merkulov
Lighting: Lev Kamzin, Tat'iana Maslennikova
Costumes: Nelli Fomina
Make-up: Vitalii L'vov
Administrstive support: Tamara Aleksandrovskaia, Vera Vdovina, Vladimir Mosenkov
Cast: Alisa Freindlikh (Stalker's wife), Aleksandr Kaidanovskii (Stalker), Anatolii Solonit-

syn (Writer), Nikolai Grin'ko (professor)

Supporting cast: Natal'ia Abramova (Stalker's daughter), Faime Iurna, E. Kostin, R. Rendi

Time of Travel (tempo di Viaggio), 1983, 62 minutes. Colour (Technicolor)

Production Company: Genius S.r.l./RAI2, Fono Roma

Director: Andrei Tarkovskii

Screenplay: Tonino Guerra

Cinematography: Luciano Tovoli

Cameraman: Giancarlo Pancaldi

Editor: Franco Ietti

Assistant Editor: Carlo D'Alessandro

Sound: Eugenio Rondani

Mixing: Romano Checcacci

Music selection: Andrei Tarkovskii

General Organization: Franco Terilli

Interpreter: Lora Jabloskina

Voice: Andrei Tarkovskii, Gino La Monica

Nostalghia, 1983, 120 minuts. Colour (technicolor) and black and white

Production Company: Rete 2 TV RAI in association with Sovinfil'm (USSR) for Opera Film (Rome)

Executive Producer: Renzo Rossellini, Manolo Bolognini

Producer: Francesco Casati

Director: Andrei Tarkovskii

Assistant to the director: Norman Mozzato, Larisa Tarkovskaia

Screenplay: Andrei Tarkovskii, Tonino Guerra

Italian Editor: Cesare Noia

Cinematography: Giuseppe Lanci

Cameraman: Giuseppe De Biasi

Editor: Erminia Marani, Amedeo Salfa

Assistant Editor: Roberto Puglisi

Art Director: Andrea Crisanti

Special effects cinematography: Paolo Ricci

Music: Giuseppe Verdi, Richard Wagner, Ludwig van Beethoven, Claude Debussy

Music Editor: Gino Peguri

Sound: Remo Ugolinelli

Dub mixing: Danilo Moroni

Director of dubbing: Filippo Ottoni

Dubbing assistant: Ivana Fidele

Dubbing consultant: Denis Pekarev

Sound effect: Massimo Anzellotti, Luciano Anzellotti

Set design: Mauro Passi

Costumes: Lina Nerli Taviani, Annamode 68

Make-up: Giulio Mastrantonio

Hair: Iole Cecchini

Stills photographer: Bruno Bruni

Press attache: Massimo Perla

RAI representative: Lorenzo Ostuni

Production Supervisor: Filippo Campus, Valentino Signoretti

Production Secretary: Eutizio di Salvarore

Editorial Secretary: Ilde Muscio

Production Administrator: Nestore Baratella

Cast: Oleg Iankovskii (Andrei Gorchakov), Erland Josephson (Domenico), Domiziana Giordano (Eugenia), Patrizia Terreno (Gorchakov's wife), Laura De Marchi (woman with a towel), Delia Boccardo (Domenico's wife), Milena Vukoti? (town worker), Alberto Canepa (peasant)

Supporting cast: Raffaele Di Mario, Rate Furlan, Livio Galassi, Piero Vida, Elena Magoia

Voices: Lia Tanzi (Eugenia), Sergio Fiorentini (Domenico)

Sacrifice (Offret: Sacrificatio), 1986, 142 minutes. Colour (Eastmancolor)

Production Company: Swedish Film Institute (Stockholm) and Argos Films (Paris) in association with Film Four International (London). Josephson & Nykvist, Sveriges Television/SVT 2, Sandrew Film and Theater. With the participation of the French Ministry of Culture

Executive Producer: Anna-Lena Wibom (Swedish Film Institute)

Producer: Katinka Farago (Farago Film)

Director: Andrei Tarkovskii

Assistants to the director: Kerstin Eriksdotter, Michal Leszczylowski

Screenplay: Andrei Tarkovskii

Scriptgirl: Anne von Sydow

Cinematography: Sven Nykvist

Cameramen: Lars Karlsson, Dan Myhrman

Editor: Andrei Tarkovskii, Michal Leszczylowski

Consulting Editors: Henri Colpi, Nils Melander (Film Teknik)

Art Director: Anna Asp

Assistant Art Director: Cecilia Iversen

Special effects cinematography: Lars Hoglund, Lars Palmqvist (Svenska Stuntgruppen)

Music: J.S. Bach, Swedish and Japanese traditional music

Sound: Owe Svensson, Bo Persson, lars Ulander, Christin Loman, Wille Peterson-Berger

Set design: Jan Andersson

Set constrution: Harry Klava, Rolf Persson, Gunilla Bandolin, Teddy Holm, Bengt Svedberg, Percy Nilsson, Jan Eriksson, Martti Malkamaa, Leif Nilsson, Hakan Nilsson

Electrical department: Daniel Bergman, Ocki Hansson, Hans Wallin, Kent Hogberg, Kjell Sundquist

Costumes: Inger Pehrsson

Costumes assistant: Carina Dalunde

Hair and make-up: Kjell Gustavsson, Florence Fouquier

Props: Kicki Ilander

Stills Photographer: Arne Carlsson

Production Manager: Goran Lindberg

Production Assistant: Agneta Jansson

Casting: Priscilla John, Claire Denis, Francoise Menidrey

Interpreters: Layla Alexander, Lars Erik Blomqvist, Håkan Lövgren

Technical manager: Kaj Larsen

Catering: Puck Jansson, Sophie Lundberg, Jan Linderstrom, Peter Schildt, Caterina Ahlander, Stig Bjorkman, Harald Stjerne

Drivers: Goran Andersson, Thure Ljunggren

Cast: Erland Josephson (Alexander), Susan Fleetwood (Adelaide), Allan Edwall (Otto), Gurun Gisladottir (Maria), Sven Wollter (victor), Valerie Mairesse (Julia). Filippa Franzen (Marta), Tommy Kjellqvist (Little Man), Per Kallman (ambulance man), Tommy Nordahl (ambulanceman)

Voice: Tintin Andersson, Helena Brodin, Birgit Carlsten, Jane Friedmann, Martin Lindstrom, Jan-Olof Strandberg

I. Published works by Andrei Tarkovsky

Screenplay

'Andrei Rublev(Chast' I)', with A, Konchalovskii, Iskusstvo kino, 1964, no. 4, pp. 139-200

'Andrei Rublev (Chast' II)', with A. Konchalovskii, Iskusstvo kino, 1964, no. 5, pp. 125-58

Andrei Rublev, translated by Kitty Hunter-Blair, London, Faber &Faber, 1991.

'Atarktida, dalekaia strana. Otryvok iz stsenariia', with A. Bezukhov and O. Osetinskii, Moskovskii komsomolets, 31 January and 2 February, 1960.

Collected screenplays, translated by W. powell and N. Synession, london, Faber & Faber, 1999.'

'Gofmaniana. Stsenarii', Iskusstvo kino, 1976, no. 8, pp. 167-89.

'Svetlyi veter. po motivam povesti aleksandra beliaeva arief: Stsenarii', with Fridrikh Gorenshtein, kinostsenarii, 1995, no. 5, pp. 44-74.

'Zerkalo', with A. Misharin, kinostsenarii, 1988, no. 2, pp. 122-54.

Book

Andrei Tarkovskii: Arkhivy. Dokumenty. Vospominaniia, ed. P. D. Volkova, Moscow, Eksmo-Press, 2002.

Andrei Tarkovskii: Nachalo…i puti(vospominaniia, interv'iu, lektsii, stat'i), ed. M. Rostotskaia, Moscow, VGIK, 1994.

Instant Light: Tarkovsky polaroids, ed. G. Chiaramonte and A. Tarkovsky, London, Thames & Hudson, 2006.

Martirolog: Dnevniki 1970-1986, Florence, Mezhdunarodnyi Institut imeni Andreia Tarkovskogo, 2008

Sculpting in Time: Reflection on the cinema, translated by K. Hunter-Blair, Austin, TX, University of Texas Press, 2005.

Time within Time: The Diaries 1970-1986, translated K. Hunter-Blair, London, Faber & Faber, 1994.

Uroki rezhissury, Moscow, Vserossiiskii institut perepodgotovki i povysheniia kvalifikatsii rabotnikov kinematografii, 1993.

Articles

'20 vek i khudozhik', Iskusstvo kino, 1989, no. 4, pp. 88-106

'Adres neizvesten', Komsomol'skaia pravda, 3june 1965.

'Belyi den', Iskusstvo kino, 1970, no. 6, pp. 109-14

'Beseda o tsvete', Kinovedcheskie zapiski , no. 1 (1988), pp. 147-53

'Between Two World', American Film, vol. 9, no. 2 (1983), pp. 75-9

'Dlia tselei lichnosti vysokikh', Iskusstvo kino, 1992, no. 4, p. 120.

'Dostoianie segodniashnego dnia', Sovetskii ekran, 1967, no. 8, p. 9.

'Edinomyshlennik prezhde vsego', Sovetskie khudozhniki teatra i kino, Moscow,
Sovetskii khudozhnik, 1977, pp. 181-2.

'Eto ochen' vazhno', Literaturnaia gazeta, 20 September 1962, p. 1.

'Eto pridit na ekran', Literaturnaia gazeta, 1 December 1962, p. 1.

'Federiko Fellini', Iskusstvo kino, 1980, no. 12 pp. 158-60.

'Gorenie', Ekran-65: Sbornik, 1966, Moscow, pp. 154-7.

'Gor'koe chuvstvo poteri [on Grigorii Kozintsev]', Iskusstvo kino, 1973, no. 10, pp. 158-
9.

[Introduction to Tonino Guerra], Inostrannaia literatura, 1979, no. 7, pp. 188-9.

'Iskat', I dobivat'sia', Sovetskii ekran,1962, no. 17, pp. 9, 20.

'Istoricheskii fil'm', Vecherniaia Moskva, 10 June 1982.

Kogda fil'm okonchen: Govoriat rezhissery 'Mosfil'ma', Moscow, 1964, pp. 137-71.

'Mezhdu dvumia fil'mami', Iskusstvo kino, 1962, no. 11, pp. 82-4.

'M. I. Rommu 70 let', Sovetskii ekran, 1971, no. 2, p. 5.

'My delaem fil'my', Kino [Vilnius], 1981, no. 10, pp. 16-18.

'On vyrazil vremia, kak nikto [on Vladimir Vysotsky]', V. Vysotskii: Vse ne tak, Moscow,
Vakhazar, 1991, p. 19.

'O kinoobraze', Iskusstvo kino, 1979, no. 3, pp. 80-91.

'Opyt na budushchee', Voprosy literatury, 1973, no. 1, p. 101.

'Pred novymi zadachami', ed. O. Surkova, Iskusstvo kino , 1977, no. 7, pp. 116-18.

'Podoroge k fil'mu Soliaris' Sovetskii ekran, 1971, no. 3, p. 6.

'Poiasneniia rezhissera k fil'my Soliaris', Kinovedcheskie zapiski, no. 14 (1992), pp. 48-
53.

'Rezhisser i zritel',: problema kontakta', ed. O. Surkova, Molodoi kommunist, 1974, no.
6, pp. 86-91.

'Skoro nachnutsia s'emki...Rasskaz o rabote nad fil'mom Andrei Rublev', Moskovskii
komsomolets, 3 June 1965.

'Slovo ob Apokalipsise', Iskusstvo kino, 1989, no. 2, pp. 95-100.

'Spor o geroiakh', Komsomol'skaia pravda, 13 September 1962, p. 4.

'Tam nas zhdet neizverstnoe', Trud, 9 september 1971.

[Vsesoiuznaia pereklichka kinematografistov], Iskusstvo kino, 1971, no. 4, pp. 51.

'zachem proshloe vstrechaetsia s budushchim', Iskusstvo kino, 1971, no. 11, pp. 96-101.

'Zapechatlennoe vremia', Voprosy kinoiskuaatva. Istoriko-teoreticheskii sbornik, no. 10, Moscow, Izdatel'stvo akademii nauk, 1967, pp. 79-102.

'Zhguchii realizm', Luis Buniuel'.: Sbornik, Moscow, 1979, pp. 69-75.

Interviews

abramov, N., 'DialogsA. Taraovskim o nauchnoifantastike na ekrane', Ekran. 1970-1971. Obozrenie kinogoda, Moscow, Iskusstvo, 1971, pp. 162-5.

Andrei Tarkovsky: Interviews, ed. John Gianvito, Jackson, MS, University Press of Mississippi, 2006.

'Andrei Tarkovsky on the film Roublev', Young Cinema & Theatre, 1965, no. 8, pp. 16-23.

Gibu, N., '"Zhizn' rozhdaetsia iz disgarmonii…" Interv'iu 1967 goda', Kinovedcheskie zapiski, no. 50 (2001), pp.219-30.

Bakhmann,G.,'"Oprirode nostal'gii"interv'iu s Gideonom Bakhmannom', Iskusstvo kino, 1989, no. 2, pp. 131-6.

Beliavsky, O., 'The Filming of Andrei Rublyov', soviet Film, 1966, no. 5, pp. 18-21.

Herlinghaus, H., "V besede s Germanom Kherlingkhausom', Kinovedcheskie zapiski, no 14 (1992), pp. 34-48.

'Ia nikogda ne stremilsia byt' aktual'nym ', Forum, 1985, no. 10, pp. 227-36.

Kublanovskii, Iu., 'Inspiratsiia vdokhnoveniia: Andrei Tarkovskii pered Zhertvoprinosheniem', Nezavisimaia gazeta, 29 December 1992, p. 7.

Lipkov,A., 'Strasti po Andreiu', Literaturnoe obozrenie, 1988, no. 9, pp. 74-80.

Loisha, V., 'Iskusstvo sozdaetsia narodom', Kino [Riga], 1979, no. 11, pp.20-2.

Lopukhin,A., 'Nel'zia verit' v budushchee, esli ne verish' v sebia', Moskovskie novosti, 15 February 1987, p. 11.

Nikitin, N. 'Dlia menia kino-eto sposob dostich' kakoi-to istiny', Sovetskaia Rossiia, 3 April 1988, p. 4.

Noiger, L., and I. Illg, 'Vstat' na put' (beseda s Izhi Illgom iLeonardom Noigerom)', Iskusstvo kino, 1989, no. 2, pp. 109-30.

'Stremlius' k maksimal' noi pravdivosti', Kinostsenarii, 2001, no. 5, p. 124.

Verina, T., 'Tarkovskii o Tarkovskom: pochti semeinyi razgovor', Kul'tura i zhizn', 1979, no. 10, p. 23

Zorkaia, N. 'Vozvrashchenie v budushchee', Sovetskii fil'm, 1977, no. 4, pp. 210-21.

II. Selected Studies on Andrei Tarkovsky

Alexander-Garrett, L., Andrei Tarkovskii: sobiratel' snov, Moscow, AST, 2009.

Artem'ev, E., '·Kak poiut derev'ia (besedu vedet I kommentiruet Oleksii-Nestor Naumenko)', Iskusstvo kino, 2007, no. 4, pp. 9-15.

Batkin, L., 'Ne boias' svoego golosa', Iskusstvo kino, 1988, no. 11, pp. 77-101.

Beasley-Murray, J., 'Whatever Happened to Neorealism? Bazin, Deleuze, and Tarkovsky's Long Take', Iris, no. 23 (1997), p. 48.

Bird, R., Andrei Rublev, London, BFI, 2004.

--Andrei Tarkovsky: Elements of Cinema, London, Reaktion Book, 2008.

Boldyrev, N., Zhertvoprinoshenie Andreia Tarkovskogo, Moscow, Vagrius, 2004.

Bulgakova, O., 'Motivy protivostoianiia Zapada I Vostoka', Kinovedcheskie Zapiski, no. 14 (1992), pp. 90-4.

Chion, M., 'La maison ou il pleut: sur l'esthetique de Tarkovski', Cahiers du cinema, no. 358 (1984), pp. 37-43.

Dalle Vacche, A., Cinema and Painting: How Art is Used in Film, London, Athlonr, 1996.

De Baecque, A., Andrei Tarkovski, Paris, Cahiers du cinema 1989.

Deleuze, G., Cinema 2: The Time Image, transl. h. Tomlinson and R. Galeta, London, Continuum,2005.

Deltcheva, R., and E. Vlasov, 'Back to the House II: On the Chronotopic and Ideological Reinterpretation of Lem's Solaris in Tarkovsky's Film, Russian Review, vol. 56, no. 4 (1997), pp. 532-49.

Dempsey, A., 'Lost Harmony: Tarkovsky's The Mirror and The Stalker', Film Quarterly, vol. 35, no. 1 (1981), pp. 12-17.

Dunne, N., ed., Tarkovsky, London, Black Dog Publishing, 2008.

Efird, R., 'Andrei Rublev: Transcendental Style and the Creative Vision', Journal of Popular Film and Television, vol. 35, no. 2 (2007), pp. 86-93.

--'Dreams, Mirrors and Subjective Filtration in Ivan's childhood', Studies in Russian and Soviet Cinema, vol. 3, no. 3 (2009), pp. 289-308.

Ermash, F., et al. 'Glavnaia tema - sovremennost', Iskusstvo kino, 1975, no. 3, pp. 1-18.

Evlampiev, I., Khudozhestvennaia filosofiia Andreia Tarkovskogo, St Petersburg, Aleteiia, 2001.

Filippov, S., 'Teoriia I praktika Andreia Tarkovskogo', Kinovedcheskie zapiski, no. 56 (2002), pp. 41-74.

Foster, D., 'Where flowers Bloom but Have No Scrnt: The Cinematic Space of the Zone in Andrei Tarkovsky's Stalker', Studies in Russian and Soviet Cinema, vol. 4, no. 3 (2010), pp. 307-20.

Green, P., 'Apocalypse & Sacrifice', Sight and Sound, vol. 56, no. 2 (1987), pp. 111-18.

--Andrei Tarkovsky: The Winding Quest, London, Macmillan, 1993.

Herrera de la Muela, J. J., 'Ispanskie tsitaty v tvorchestve Andreia Tarkovskogo', Kinovedcheskie zapiski, no. 78 (2006), pp. 261-72.

Ian'pin, L., 'Simvolika Tarkovskogo i daoizma', Kinovedcheskie zapiski, no. 9 (1991), pp. 154-65.

Johnson, V., and G. Petrie, The Films of Andrey Tarkovsky: A Visual Fugue, Bloomington, IN, Indiana University Press, 1994.

Jones, D., 'Tarkovsky i feminizm: Novyi vzgliad na Nostalgiiu', Iskusstvo kino, 2007, no. 4, pp. 24-8.

Kovács, B. A., and A. Szilagyi, Les Mondes d'Andrei Tarkovski, transl. V. Charaire, Lausanne, L'Are d'Homme, 1987.

--'"Zona" i "Narushiteli"', Kinovedcheskie zapiski, no. 3 (1989), pp. 185-91.

Kozlov, L., Izobrazhenie i obraz: Ocherki po istoricheskoi poetike sovetskogo kino, Moscow, Iskusstvo, 1980.

Lahusen, T., 'Decay or Endurance? The Ruins of Socialism', Slavic Review, vol. 65, no. 4(2006), pp. 736-46.

Lawton, A., 'Art and Religion in the Films of Andrei Tarkovsky', in w. C. Brumfield and M. M. Velimirovic, eds, Christanity and the Arts in Russia, Cambridge, Cambridge University Press, 1991, pp. 151-64.

Le Fanu, M., The Cinema of Andrei Tarkovsky, London, BFI, 1987.

Loughlin, G., 'The Long Take: Messianic Time in andrei Tarkovsky's Nostalghia', Journal for Cultural Research, vol. 13, no. 3 (2009), pp. 365-79.

Lovgreen, H., 'Leonardo da Vinchi I Zhertvoprinoshenie: O roli "Pokloneniia volhvov" v poslednem fil'me Andrei Tarkovskogo', Iskusstvo kino, 1992, no. 6, pp. 55-60.

Marker, C., 'sem' pechatei', Kinovedcheskie zapiski, no. 57 (2002), pp. 281-6.

McCormick, M., Model of a House: An Essay on Andrei Tarkovsky's The Sacrifice, London, Lulu Enterprises, 2006.

Mikheeva, Iu., 'molchanie. Pauza. Tishina. Svet. (Apofatika zvuka v zerkale Andrei Tarkovskogo)', Kinovedcheskie zapiski, no. 57 (2002), pp. 286-91.

Nelson, T., 'Sculpting the End of Time: The Anamorphosis of History and Memory in Andrei Tarkovsky's Mirror (1975)', Cinemas, vol. 13, no. 3 (2003), pp. 119-47.

Nesterova, O., 'khristianskaia simvolika v Andrei Rubleve', Kinovedcheskie zapiski, no. 14 (1992), pp. 86-9.

Odde, T., 'Time Sickness in Andrey Tarkovsky's The sacrifice', Canadian Journal of Film Studies, vol. 19 no. 2 (2009), pp. 66-86.

Pallasmaa, J., 'space and Image in Andrei Tarkovsky's Nostalgia: Notes on a Phenomenology of Architecture', in A. Perez-Gomez and S. Parcell, eds, Chora 1: Intervals in the Philosophy of Architecture, Montreal, McGill-Queen's University Press, 1994, pp. 143-66.

Petric, V., 'Tarkovsky's Dream Imagery', Film Quarterly, vol. 43, no. 2 (1989-90), pp. 28-34.

Petrovskii, M., 'Andrei Tarkovskii I Fedor Tiutchev', kinovedcheskie zapiski, no.9 (1991), pp. 169-82.

Pomerants, g. S., 'V poiskakh utrachennogo kruga', Kinovedcheskie zapiski, no. 14 (1992), pp. 65-9.

Purcell, M., 'Tarkovsky's Film Solaris (1972): A Freudian Slip?', Extrapolation, vol. 19, no. 2 (1978), pp. 126-31.

Raush, I., ed., 'Andrei Tarkovskii: Odin god zhizni', Kinostseaarii, 1991, no. 4, pp. 169-78.

Rosenbaum, J., Movies as Politics, Berkeley, CA, University of California Press, 1997.

Salvestroni, S., 'The Science-Fiction Films of Andrei Tarkovsky', Science-fiction Studies, vol. 14, no. 3 (1987), pp. 294-306.

--Fil'my Andreia Tarkovskogo I russkaia dukhovnaia kul'tura, Moscow, Bibleisko-bogoslovskii institut Sv. Apostola Andreia, 2007.

Salynskii, D., Kinogermenevtika Tarkovskogo, Moscow, Kvadriga, 2009.

Samardzija, Z., '1+1=1: Impossible Translations in Andrey Tarkovsky's Nostalghia', Literature/Film Quarterly, vol. 32, no. 4 (2004), pp. 300-4.

Sandler, A., ed., Mir i fil'my andreia Tarkovskogo: Razmyshleniia, issledovaniia, vospominaniia, pis'ma, Moscow, Iskusstvo, 1991.

Sandler, S., 'On Grief and Reason, On Poetry and Film: Elena Shvarts, Joseph Broodsky, Andrei Tarkovsky', Russian Review, no. 66 (2007), pp. 647-70.

Sartre, J. P., 'Letter on the Critique of Ivan's Childhood', transl. J. Berenbeim, in N. Dunne, ed., Tarkovsky, London, Black Dog Publishing, 2008, pp. 34-45.

Semeniuk, V., 'Za "Zerkalom"', Kinovedcheskie zapiski, no. 9 (1991), pp. 183-6.

Shumakov, S., 'V poiskskh utrachennogo slova', Kinovedcheskie zapiski, no. 3 (1989), pp. 163-75.

Skakov, N., 'The (Im)possible Translation of Nostalgia', studies in Russian and Soviet Cinema, vol.3, no. 3 (2009), pp. 309-33.

Skramtaeva, Iu., 'Postsovetskoe myshlenie I avangard', Iskusstvo kino, 1995, no. 9, pp. 114-21.

Slevin, T., 'Existence, Ethics and Death in Andrei Tarkovsky's Cinema: The Cultural Philosophy of Solaris', Film International vol. 8, no. 2 (2010), pp. 49-62.

Smith, A., 'Andrei Tarkovsky as reader of Arsenii Tarkovsky's poetry in the Film Mirror', Russian Studies in Literature, vol. 40, no. 3 (2004), pp. 46-63.

Solov'ev, V., 'Dvoinoe tiagotenie vremeni', Iskusstvo kino, 1989, no. 10, pp. 40-9.

Solzhenitsyn, a., 'fil'm o Rubleve', in Publitsistika. V trekh tomakh. Tom 3. Stat'i, pis'ma, interv'iu, predisloviia, Yaroslavl, Verkhniaia Volga, 1997, pp. 157-67.

Strugatskii, A., 'Kakim ia ego znal', Ogonek, 1987, no. 29, pp. 7-8.

Strugatskii, A., and B. Strugatskii, 'Ved'ma: stsenarii', Iskusstvo kino, 2008, no. 2,pp. 129-46.

Strugatsky, B., 'Working for Tarkovsky', transl. E. simon, Science Fiction Studies, vol. 31, no. 3 (2004), Soviet Science Fiction: The thaw and After, P. 419.

Surkova, O., 'avtobiograficheskie motivy v tvorchestve Andreia Tarkovskogo', Kinovedcheskie zapiski, no. 9 (1991), pp. 187-93.

-- Kniga sopostavlenii: Tarkovsky - 79 , Moscow, Vsesoiuznoe tvorchesko-prpizvodstvennoe ob"edinenie Kinotsentr, 1991.

-- S Tarkovskim I o Tarkovskom, Moscow, Raduga, 2005.

-- Tarkovsky I ia: Dnevnik pionerki, Moscow, Zebra E, 2005.

Synessios, N., Mirror, London, I.B.Tauris,2001.

Tarkovskaia, M., Oskolki zerkala, Moscow, Vagrius, 2006.

Thomson, C., 'It's All About Snow; Limning the Post-Human Body in Copuc/Solaris (Tarkovsky, 1972) and It's All about Love (Vinterberg, 2003)', New Cinemas: Journal of Contemporary Film, vol. 5, no. 1 (2007), pp. 3-21.

Truppin, A., 'And Then There Was Sound: The Films of Andrei Tarkovsky', in R. Altman, ed., Sound Theory/sound Practice, New York, Routledge, 1992, pp. 234-48.

-- Tarkovsky: Cinema as Poetry, ed. and transl. N, Ward, London, Faber & Faber, 1989.

Turovskaia, M., 7 s ½ili fil'my andreia tarkovskogo, Moscow, Iskusstvo, 1991.

Urban, A., 'V chelovecheskom kosmose', Iskusstvo kino, 1973, no. 5, pp. 46-59.

Yezzi, D., 'Helicon's filmmaker', Parnassus: Poetry in Review, vol. 22, nos 1 & 2 (1997), pp. 184-200.

Zamiatin, D., 'Neuverennost' bytiia: Obrazy doma I dorogi v fil'me Andreia Tarkovskogo Zerkalo', Kinovedcheskie zapiski, no. 82 (2007), pp. 14-22.

Zizek, S., 'The Thing from Inner Space: On Tarkovsky', Angelaki: Journal of Theoretical Humanities, vol. 4, no. 3 (1999), pp. 221-31.

-- The Fright of Real Tears: Krzysztof Kieslowski Between Theory and Post-Theory, London, BFI, 2001.

III. General Bibliography

Alpatov, M., Andrei Rublev: Okolo 1370-1430, Moscow, Izobrazitel'noe iskusstvo,1972.

Anglo, S., ed., The Damned Art: Essays in the Literature of Witchcraft, London, Routledge 7 Kegan Paul, 1977.

Antonova, C., and M. Kemp,'"Reverse Perspective"': Historical Fallacies and an Alternative View', in M. Emmer, ed., Visual Mind II, Cambridge, MA, MITpress, 2005, pp. 399-431.

Auerbach, E., Dante: Poet of the Secular World, transl, R. Manheim, Chicago, IL, University of Chicago Press, 1961.

Aumont, J., A. Bergala, M. Marie and M. Vernet, Aesthetics of Film, transl. and revised by R. Neupert, Austin, TX, University of Texas Press, 1992.

Bachelard, G., The Poetics of Space, transl. E. Gilson, Boston, MA, Beacon, 1969.

--Water and Dreams: An Essay on the Imagination of Matter, translated by E. R. Farrell, Dallas, TX, Dallas Institute Publication, 1983.

Bakhtin, M., The Dialogic Imagination, transl. C. Emerson and M. Holquist, Austin, TX, University of texas Press, 1981.

Balazs, B., Bela Balazs: Early Film Theory. Visible Man and The Spirit of Film, transl . R. Livingstone, New York, Berghahn, 2010.

Barthes, R., Camera Lucida: Reflections on Photography, transl. R. Howard, New York, Hill & wang, 1981.

Barton, J., and J. Muddiman, eds, The Oxford Bible Commentary, Oxford, Oxford University Press, 2001.

Baudrillard, J., Simulacra and Simulation, transl. S. F. Glaser, Ann Arbor, MI, University of Michigan Press, 1994.

Bazin, A., What is Cinema? Volume I, transl. H. Gray, Berkeley, CA, University of California Press, 2005.

Benjamin, W., selected Writings, volume 1: 1913-1926, ed. M. Bullock and M. Jennings, Cambridge, MA, Harvard University Press, 1996.

--Selected Writings, Volume 4: 1938-1940, transl. E. Jephcott, Cambridge, MA, Harvard University Press, 2003.

Bergson, H., Creative evolution, transl. A. Michell, New York, Modern Library, 1944.

-- Key Writings, transl. K. A. Pearson and J. Mullarkey, London, Continuum, 2002.

-- Matter and Memory, transl. N. M. Paul and w. S. Palmer, Mineola, NY, Dover, 2004.

Bloom, H., shakespeare: The Invention of the Human, London, Fourth Estate, 1999.

Bradley, H. F., Appearance and reality: a Metaphysical Essay, 7th impression, London, Clarendon, 1920.

Brodsky, J., Less Than One: Selected Essays, New York, FSG, 1986.

--On Grief and rason: Essays, New York, FSG, 1995.

Bogomolov, V., The Third Flare: Three War Stories, Moscow, Foreign Languages Publishing House, 1963.

Borges,J.-L., Labyrinths: Selected Stories and Other Writing, New York, New Directions, 2007.

Castaneda, C., Journey to Ixtlan: The Lessons of Don Juan, Harmondsworth, Penguin, 1974.

-- The Fire from Within, London, touchstone, 1998.

Cervantes, M. de, Don Quixote, transl. J. ormsbt, New York, Norton, 1981.

Dante Alighieri, Inferno, transl. C. Singleton, Princeton, NJ, Princeton University Press, 1970.

--Paradiso, transl. C. Singleton, Princeton, NJ, princeton University Press, 1977.

De Man, P., The Resistance to Theory, Minneapolis, MN, University of Minnesota Press, 1986.

Deleuze, G., Bergsonism, transl. H. Tomlinson and B, Habberjam, New York, Zone, 1991.

--Cinema 1: The Movement-Image, transl. H. Tomlinson and B. Habberjam, London, Continuum, 2005.

-- The Fold: Leibniz and the Baroque, transl. T. Conley, London, Continuum, 2006.

Demina, N., 'Troitsa' Andreiia Rubleva, Moscow, Iskusstvo, 1963.

Derrida,J.,'Des Tours de Babel', transl.J. Graham, inJ. Graham, ed., Difference in Translation, Ithaca, NY< Cornell University Press, 1985, pp. 165-207.

-- The Gift of Death, transl. D. Wills, Chicago, IL, University of Chicago Press, 1995.

--'What Is a "Relevant" Translation?', transl. L. Venuti, in L. Venuti, ed.,
 The Translation Studies Reader, New York, 2004, pp. 423-46.

Descartes, R., The Philosophical Writings of Descartes, Volume II, Cambridge, Cambridge University Press, 1984.

Dhanens, E., Van Eyck: The Ghent Altarpiece, London, Allen Lane, 1973.

Doane, M. A.,'The Voice in the Cinema: The Articulation of Body and Space', Yale French Studies, no. 60 (1980), pp. 33-50.

-- The Emergence of Cinematic Time: Modernity, Contingency, the Archive, Cambridge, MA, Harvard University Press, 2002.

Eisenstein, S., S. M. Eisenstein: Selected work, Volume 1: Writings, 1922-34, ed. and transl. R. Taylor, London, BFI, 1988.

Epstein, J., 'Magnification and Other Writing', transl. S. Liebman, October, vol. 3 (1977), pp. 9-25.

Florensky, P., Iconostasis, transl. D. Sheehan and O. andrejev, New york, st Vladimir's Seminary Press, 2000.

-- Beyond vision: Essays on the perception of Art, transl. W. Salmond, London, Reaktion, 2002.

Foucault, m., 'Of Other Spaces', transl. J. Miskowiec, Diacritics, vol. 16, no. 1 (1986), pp. 22-7.

Freud, S., The Pelican Freud library, Volume 14: Art and Literature, transl. j. Strachey, ed. A. Dickson, Harmondsworth, Penguin, 1985.

Hegel, G. W. F., Aesthetics: Lectures on Fine Art, Volume I, transl. T. M. Knox, Oxford, clarendon, 1975.

Heidegger, M., Basic Writings From Being and Time (1972) to The Task of Thinking (1964), ed. D. F. Krell, London, Routledge, 1993.

Jakobson, R., Selected Writing II: Word and Language, The Hague, Mouton, 1971.

Jameson, F., The Geopolitical Aesthetic: Cinema and Space in the World System, London, BFI, 1992.

Jaspers, K., Nietzsche: an Introduction to the Understanding of His Philosophical Activity, transl. C. Wallraffand F. Schmitz, Baltimore, MD, Johns Hopkins University Press, 1997.

Johnson, B., 'Taking Fidelity Philosophically', Difference in Translation, ed.J. graham, Ithaca, NY, Cornell University Press, 1985,pp. 142-8.

Kamuf, P., 'A Post Card from San Galgano', Assemblage, no. 20, Violence, Space (1993), pp. 46-7.

Kemp, M., Leonardo da Vinci: The Marvellous Works of Nature and Man, Oxford, Oxford University Press, 2006.

Kermode, F., The Sense of an Ending: Studies in the Theory of fiction, London, Oxford University Press, 1967.

Kohn, L., and M. LaFargue, eds, Lao-tzu and the Tao-te-ching, Albany, NY, State University of New York Press, 1998.

Kovacs, J., and C. Rowland, Revelation: The Apocalypse of Jesus Christ, Oxford, Blackwell, 2004.

Lacan, J., Ecrits: A Selection, transl. A. Sheridan, London, Routledge, 1977.

Lazarev, V. N.., Andrei Rublev, Moscow, Sovetskii khudozhnik, 1960.

-- Andrei rublev I ego shkola, Moscow, Iskusstvo, 1966.

Laozi, The Classic of the Way and Virtue: A New Translation of the tao-te Ching of Laozi as Interpreted by Wang Bi , transl. R. J. Lynn, New York, Columbia University Press, 1999.

Lawrence, D. H., Apocalypse and the Writings on Revelation, Cambridge, Cambridge University Press, 1980.

Lejeune, P., On Autobiography, transl. K. Leary, Minneapolis, MN, University of Minnesota Press, 1989.

Lem, S., Solarris, transl. J. Kilmartin and S. Cox, London, Faber & Faber, 1970.

-- 'The Profession of Science Fiction: XV: Answers to a questionnaire', transl. M. and D. Jakubowski, Foundation: The Review of Science Fiction, no. 15 (1979), pp. 41-50.

Lévi-Strauss, C., The Savage Mind, Chicago,IL, University of Chicago Press, 1966.

Likhachev, D., Razvitie russkoi literatury X-XVII vekov: Epokhi I stili, Leningrad, Nauka, 1973.

Lindsay, K., and B. Huppe, 'Meaning and Method in Brueghel's Painting', Journal of Aesthetics and Art Criticism, col. 14, no. 3 (1956), pp. 376-86.

Mandelstam, O., The noise of Time: Selected Prose, transl. C. Brown, Evanston, IL, Northwestern University Press, 2002.

-- The Complete Critical Prose, transl. J. G. Harris and C. Link, Dana Point, CA, Vintage, 1979.

Mets, K. (C. Metz), 'Zerkala v kino', Kinovedchekie zapiski, no. 13 (1992), pp. 26-30.

Metz, C., 'photography and Fetish', October, vol. 34 (1985), pp. 81-90.

Montale, E., Satura: 1962-1970, transl. W. Arrowsmith, New York, Norton, 1998.

Naficy, H., An Accented Cinema: Exilic and Diasporic Filmmaking, Princeton, NJ, Princeton University Press, 2001.

Nietzsche, F., Thus Spoke Zarathustra, transl. R. J. Hollingdale, London, Penguin, 2003.

Ouspensky, L., and V. Lossky, The Meaning of Icons, ed. U. Graf-Verlag, Olten, 1952.

Pamuk, O., Istanbul: Memories and the City, transl. M. Freely, London, Faber & Faber, 2005.

Pasolini, P. P., 'Observations on the Long Take', transl. N. MacAfee and C. Owens, October, vol. 13 (1980), pp. 3-6.

Proust, M., In Search of Lost Time, Volume I: Swann's Way, transl. S. Moncrieff and T. Kilmartin, New York, Modern Library, 2003.

Quine, W. V. O., 'Meaning and Translation', in R. Brower, ed., On Translation, New York, Oxford University Press, 1966, pp. 148-72.

Quinton, A., 'Spaces and Times', Philosophy, vol. 37, no. 140 (1962), pp. 130-47.

Rank, O., The Double: A Psychoanalytic Study, transl. and ed. H. Tucker, Chapel Hill, NC, University of North Carolina Press, 1971.

Renza, L., 'The Veto of the Imagination: A Theory of Autobiography', New Literary History, vol. 9, no. 1 (1977), pp. 1-26.

Rohmer, E., The Taste for Beauty, transl. C. Volk, Cambridge, Cambridge University Press, 1989.

Seneca, L. a., Epistulae Morales, Volume I, transl. R. Gummere, London, William Heinemann, 1917.

Shakespeare, W., Macbeth, ed. A. R. Braunmuller, Cambridge, Cambridge University Press, 1997.

-- The Norton Shakespeare, ed. S. Greenblatt, New York, Norton, 1997.

Sheringham, M., French Autobiography: Devices and Desires: Rousseau to Perec, Oxford, Clarendon Press, 1993.

sontag, S., On Photography, New York, Picador, 1977.

-- Against Interpretation, London, Vintage, 1994.

Stam, R., reflexivity in Film and Literature: From Don Quixote to Jean-Luc Godard, New York, Columbia University Press, 1992.

Steiner, A., 'St Jerome and the First Terzina of the Divine Comedy' Modern Language Notes, vol. 52, no. 4 (1937), pp. 259-60.

Strugatskii, A., and B. Strugatskii, Zona, New York, Adventa, 1983.

Tarkovskii, Ar., Poems/Stikhi, transl. P. Norman, London, Poets' & Painters' Press, 1998.

Taylor, R., ed. and transl., and I. Christie, ed., The Film Factory: Russian and Soviet Cinema in Documents 1896-1939, London, Routledge, 1988.

Todorov, T., The Fantastic: A Structural Approach to a Literary Genre, transl. R. Howard, Ithaca, NY, Cornell University Press, 1973.

Tolstoy, L., The Death of Ivan Ilyich and Other Stories, transl. R. Pevear and L. Volokhonsky, New York, Vintage, 2009.

Wachtel, M., The Development of Russian Verse: Meler and its Meanings, Cambridge, Cambridge University Press, 2006.

williams, D. C., 'the Myth of Passage', Journal of Philosophy, vol. 48, no. 15 (1951), pp. 457-72.

Uspenskii, B., Semiotika iskusstva, Moscow, Iazyki russkoi kul'tury, 1995.

Zhegin, L. F., Iazyk zhivopisnogo proizvedeniia (Uslovnost' drevnego iskusstva), Moscow, Iskusstvo, 1970.

Zubov, V. P., Leonardo da Vinci, transl. D. Kraus, Cambridge, MA, Harvard University Press, 1962.